스크래치로 배우는

컴퓨팅사고와 문제해결

Scratch 3.0

스크래치로 배우는

컴퓨팅 사고와 문제해결

천인국 · 이화민 공저

INFINITY BOOKS

국립중앙도서관 출판시도서목록(CIP)

이 도서의 국립중앙도서관 출판예정도서목록(CIP)은 서지정보유통지원시스템 홈페이지(http://seoji.nl.go.kr)와 국가자료종합목록시스템(http://www.nl.go.kr/kolisnet)에서 이용하실 수 있습니다.

(CIP제어번호: CIP2019005186)

머리말

컴퓨팅 사고(Computational Thinking)는 자넷 윙 교수가 2006년에 컴퓨터 학술지에서 언급한 이후로 컴퓨터 교육 분야에서 상당한 이슈가 되고 있는 용어이다. 컴퓨팅 사고는 복잡한 문제를 분해하여 문제 안에 내재된 패턴을 찾고 추상화 단계를 거쳐서 문제를 해결하는 알고리즘을 작성하는 과정이다. 작성된 알고리즘은 사람이 수행하거나 컴퓨터를 이용하여 자동화될 수 있다.

과거의 컴퓨터 교육은 주로 오피스와 같은 문서작성 프로그램의 사용법을 익히거나 프로그래밍 언어를 배워서 단순한 프로그램을 만드는 과정에 치중하였다. 하지만 최근에는 문제 해결 능력, 창의력, 단계적인 사고력(알고리즘적인 사고) 등이 더 강조되고 있다. 이처럼 현대 생활은 컴퓨터 없이는 이루어지지 않는다. 해결해야 하는 문제가 있다면 인간과 컴퓨터가 함께 힘을 합쳐서 문제들을 해결해나가야 할 것이다. 컴퓨팅 사고는 컴퓨터 전공자만 배우는 것은 아니다. 어떤 직업이든 해결해야 하는 문제가 있고 이 문제를 해결하는데 컴퓨팅 사고를 사용할 수 있는 것이다.

이 책에서는 컴퓨터에 사전지식이 없는 독자들을 대상으로 일상생활이나 자신의 전공 분야에서 만날 수 있는 문제들을 해결하는 능력을 기르는데 중점을 두고 작성되었다. 이 책을 저술하면서 역점을 두었던 몇 가지는 다음과 같다.

- 컴퓨팅 사고를 처음 시작하는 독자들도 따라 올 수 있도록 컴퓨팅 사고의 기본적인 개념인 "분해", "패턴인식", "추상화", "알고리즘"을 자세히 설명하였다.
- 적절한 그림을 가능한 많이 사용하여 보다 친숙하고, 지루하지 않으며 독자들이 이해하기 쉬운 교재를 만들려고 노력하였다.
- 컴퓨팅 사고는 흥미로운 실습 예제가 많이 필요하다. 최대한 많은 실습 예제를 간추려서 LAB으로 제공하였다. LAB의 끝에는 도전 문제를 두어서 독자들이 추가적으로 실습을 할 수 있도록 하였다.
- 본 책의 UNPLUGGED LAB 문제는 간단한 도구나 언플러그드 활동으로 실습할 수 있다.
- 본 책의 LAB 문제는 스크래치를 이용하여 컴퓨터로 실습할 수 있다.

이 책이 만들어지기까지 많은 도움이 있었다. 이 책의 출판을 적극적으로 지원해주시고 교정을 봐주신 채희만 사장님과 안성일 이사님께 감사드린다. 책이 나올 때마다 오류를 바로 잡아주시고 격려해주시는 모든 분들께도 깊이 감사드린다. 아무쪼록 많은 이들이 이 책을 통하여 자신의 문제를 컴퓨터를 이용하여 창의적으로 해결할 수 있다면 필자들에게는 큰 보람이 될 것이다.

2019년 1월

저자 천인국, 이화민

강의 계획서

한 학기 16주 강의라면 다음과 같은 진행을 생각할 수 있다. 상황에 따라 일부 내용은 제외해도 좋을 것이다. 10장, 11장, 12장의 내용은 필요에 따라 선별적으로 강의한다.

주	해당 chapter	주제
1	1장 4차 산업혁명과 컴퓨터	필수 이론 4차 산업혁명과 컴퓨터 스크래치 실습 컴퓨터 활용법 기초
2	2장 컴퓨터 동작의 이해	필수 이론 컴퓨터 구성 요소와 이진수 스크래치 실습 스크래치 에디터
3	3장 컴퓨팅 사고의 이해	필수 이론 컴퓨팅 사고 스크래치 실습 블록 사용법 익히기
4	4장 컴퓨팅 사고 단계	필수 이론 컴퓨팅 사고의 각 단계 학습 스크래치 실습 스프라이트 사용법
5	5장 분해	필수 이론 컴퓨팅 사고를 통한 문제해결 I 스크래치 실습 자료형과 변수
6	6장 분할정복	필수 이론 컴퓨팅 사고를 통한 문제해결 II 스크래치 실습 선택구조
7	7장 패턴인식	필수 이론 컴퓨팅 사고를 통한 문제해결 III 스크래치 실습 반복 구조, 문자열
8	중간 고사	중간 평가
9	8장 추상화	필수 이론 컴퓨팅 사고를 통한 문제해결 IV 스크래치 실습 함수
10	9장 알고리즘 I	필수 이론 알고리즘의 기초 스크래치 실습 알고리즘 작성
11	10장 알고리즘 II	필수 이론 리스트를 사용하는 알고리즘 스크래치 실습 리스트
12	11장 멀티미디어 처리	필수 이론 멀티미디어 처리 스크래치 실습 이벤트 처리
13	12장 인공지능과 병렬 컴퓨팅	필수 이론 인공지능과 병렬 컴퓨팅 스크래치 실습 인터랙티브 스토리 작성
14	13장 창의 게임 프로그래밍	스크래치 실습 게임 구상 및 설계하기
15	프로젝트 제안서 발표	
16	기말 고사	기말 평가 및 프로젝트 발표

차례

COMPUTATIONAL THINKING

CHAPTER 01

4차 산업혁명과 컴퓨터

이론편: 4차 산업혁명과 컴퓨터
실습편: 컴퓨터 활용법 기초

이번 장에서는 다음과 같은 내용을 학습합니다.

- 컴퓨팅 사고의 개념을 간단히 소개한다.
- 컴퓨팅 사고에서 중요한 4가지의 개념(분해, 패턴 발견, 추상화, 알고리즘)을 살펴본다.
- 스크래치의 중요한 블록들에 대하여 살펴본다.

필수 이론

01
필수 이론

4차 산업혁명의 시대

2016년 1월 스위스 다보스 세계경제포럼에서 중요 의제로 "4차 산업혁명(4th Industrial Revolution)"이 발표되었다. 세계경제포럼 창시자인 클라우스 슈밥은 "4차 산업혁명의 쓰나미가 몰려오고 있고 4차 산업은 우리 삶 속의 모든 것을 바꿀 것"이라고 발표했다. 하지만 당시 많은 사람들은 4차 산업혁명은 아직 먼 이야기라고 너무 앞선 경고라고 생각했다.

클라우스 슈밥(세계경제포럼 회장)

그리고 그해 3월, 대한민국이 큰 충격에 빠지는 사건이 발생한다. 구글 딥마인드의 AI "알파고"가 이세돌 바둑기사와의 대국에서 4-1로 승리한 것이다. 인간이 컴퓨터보다 뛰어난 분야라고 믿어 의심치 않았던 바둑에서 알파고는 인간 고수를 4-1이라는 압도적인 스코어로 이긴 것이다. 우리는 4차 산업혁명이 아주 먼 이야기가 아니라 이미 시작되었다는 것을 직접 눈앞에서 목도하게 된 것이다.

국민 56% "이세돌이 '알파고'이긴다"

2016-03-07 09:14 CBS노컷뉴스 유연석 기자

인공지능, 인간을 넘다

바둑 최고수 이세돌, 알파고에 첫판 충격패 ... "진다 생각 안했는데 놀랐다"
개발사 구글 "우리가 달에 도착했다", 스스로 학습해 발전 ... AI 진화 입증

인류의 미래? 재앙? ... AI 현실 얼마나 준비 됐나

10년 내 전 산업분야 영향..신생기업 진입성장에 사활 / 발목 잡는 시장규제 혁파해 / 천지창조 수준으로 문호개방 / 4차 산업혁명 대비 서둘러야

그림 1-1 2016년 3월 알파고 관련 뉴스 기사

세계 3대 미래학자로 손꼽히는 앨빈 토플러(Alvin Toffler, 1928~2016)는 1980년 출판한 그의 저서 <제3의 물결>에서 '사회 발전의 성공과 실패를 좌우하는 요인은 과거처럼 교통수단이 아니라 컴퓨터와 통신 기술을 결합한 정보화 기술'이라고 예견하였다. 앨빈 토플러는 인류의 3대 혁명을 물결에 비유해 표현했다.

- **제1의 물결**: 수렵 채집사회에서 농경사회로의 농업 혁명
- **제2의 물결**: 농경사회에서 대량생산으로 대표되는 산업사회로의 산업 혁명
- **제3의 물결**: 컴퓨터로 대표되는 지식 · 정보 기반 후기 산업화사회로의 정보화 혁명

20세기 중반 시작된 디지털 혁명은 우리의 일상생활과 사회 전반에 큰 변화를 가져왔다. 디지털 정보를 이용하는 컴퓨터와 인터넷의 눈부신 발달은 우리가 일하고, 놀고, 소통하는 방법까지 우리 삶에 큰 변화를 가져왔다. 특히, 인터넷의 발달은 전 세계가 시간과 공간의 제약을 뛰어넘어 하나의 세상으로 묶이는 글로벌 시대를 도래하게 하였다. 이제 디지털 혁명/정보화 혁명으로 촉발된 제3의 물결 시대를 넘어 4차 산업혁명 시대가 시작되고 있다.

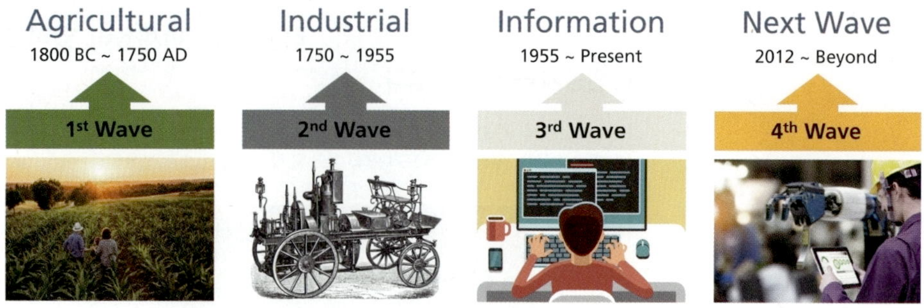

그림 1-2 제1의 물결 ~ 제4의 물결

4차 산업혁명이란?

4차 산업혁명은 **초연결**(hyper-connectivity)과 **초지능**(super-intelligence)이라는 두 단어로 대표된다. 인공지능, 빅데이터, 사물인터넷, 클라우드 컴퓨팅, 무선통신 등 정보기술이 기존 산업에 융합되어 기술의 혁신과 생산성의 비약적 향상을 가져오는 시대를 의미한다. 이를 통해 경제 · 사회 전반의 대변혁과 일과 삶의 총체적 변화를 포괄하는 개념이다. 4차 산업혁명의 가장 핵심 요소는 소프트웨어를 통한 기계와 제품의 지능화라 할 수 있다.

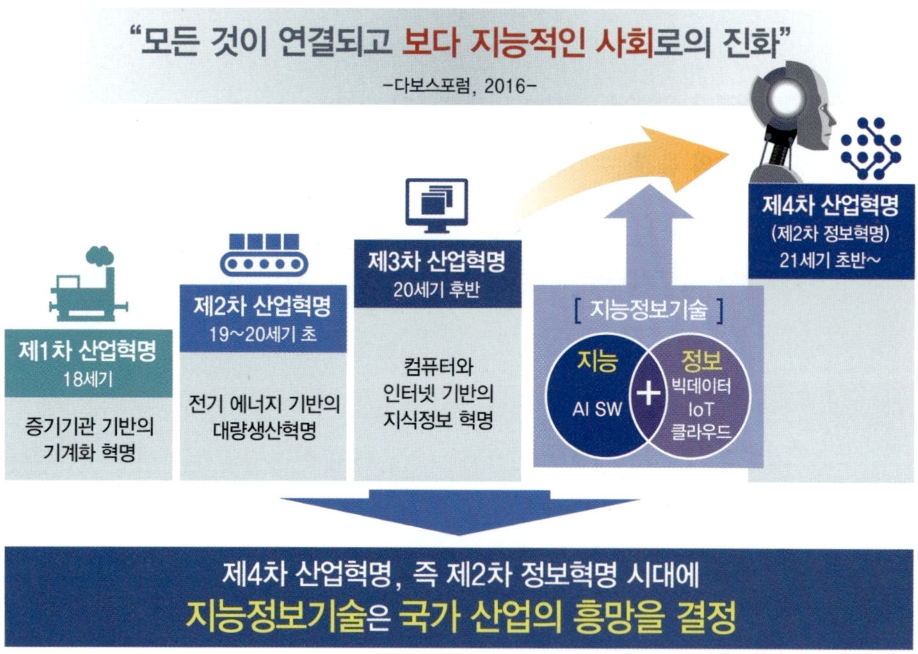

왜 우리는 4차 산업혁명에 대비해야 하는 것일까? 2016년 세계경제포럼은 '직업과 미래' 보고서에서 4차 산업혁명으로 인해 기존에 존재하던 710만개의 일자리가 사라지고, 인공지능, 빅데이터, 로봇 등 4차 산업혁명과 관련성이 높은 기술 분야에서

200만개의 새로운 일자리가 창출될 것으로 전망하였다. 함께 창출되는 신규 일자리 중 65%는 신생 직업이 될 것이라고 발표하였다. 2017년 옥스퍼드대학교 보고서는 20년 이내에 SW 기반의 자동화로 인해 현재 직업의 47%가 사라질 것으로 예측하고, 인간이 하는 업무의 45%가 자동화될 것으로 전망하였다. 이처럼 사회 전반에 거대한 변화를 예고하며 다가오는 4차 산업혁명 시대에 대한 철저한 이해와 발 빠른 대비를 한다면, 4차 산업혁명 시대는 우리에게 도전과 기회의 시대가 될 수 있다. 4차 산업혁명 시대는 소프트웨어를 활용한 **소프트 파워**(soft power)가 절실히 요구되는 시대로, 우리는 이를 위해 **컴퓨팅 사고**(computational thinking)를 통한 문제 해결력을 키워야 한다.

4차 산업혁명 시대의 인재상

3차 산업혁명으로 인하여 굉장히 짧은 시간에 매우 큰 변화가 일어났듯이 4차 산업혁명 시대는 더 짧은 시간에 혁신적인 변화가 예상되고 있다. 지난 50년간 정보화 혁명으로 대부분의 지식을 인터넷 등을 통해 쉽게 찾을 수 있게 되었음에도 여전히 우리 교육은 반복과 암기를 통해 숙련도를 높이는 산업 사회의 교육 패러다임을 그대로 답습하고 있다. 4차 산업혁명으로 표현되는 미래 사회의 변화에 대비하기 위해 시대가 요구하는 인재상도 점차 바뀌고 있다.

그렇다면 4차 산업혁명 시대가 요구하는 인재상은 어떤 모습일까? 많은 전문가들은 미래의 핵심 인재상으로 건전한 소통 능력과 타 분야와의 융합을 통한 창의적 문제해결력을 갖춘 인재를 이야기한다. 그리고 창의적 사고와 문제해결력 함양을 위해 컴퓨팅 사고와 소프트웨어 교육을 강화할 것을 제시하고 있다. 컴퓨터를 이용해서 문제를 해결하는 능력이 더 이상 컴퓨터 전문가들의 전유물이 아니고, 모든 분야에서 활동하는 사람들에게 요구되는 필수적인 기초 역량이다. 산업 사회에서 글을 읽고 쓰는 능력과 간단한 숫자 계산 능력이 필수로 요구되었다면, 4차 산업혁명 시대에는 컴퓨터를 이용해서 문제를 해결하는 기초 능력이 요구되는 것이다. 이제 소프트웨어는 선택이 아니라 필수적인 기초역량이 되었다. 전 미국 대통령 버락 오바마는 미국 내 캠페인을 통해 "컴퓨터 과학은 선택이 아닌 읽기, 쓰기, 연산과 같은 기초적 역량이다"라고 강조한다.

02 필수 이론 소프트웨어 중심사회

2014년 우리 정부는 전 세계가 이미 소프트웨어(SW) 중심사회로 진입하고 있다는 'SW중심사회' 실현 전략을 발표한다. **소프트웨어 중심사회**란 소프트웨어가 혁신, 성장, 가치창출의 중심이 되고 개인 · 기업 · 국가의 경쟁력을 좌우하는 사회를 말한다. 우리나라가 제조업 및 반도체를 바탕으로 한 하드웨어 산업에 집중하고 있는 동안 애플과 구글 등 세계 산업은 소프트웨어로 재편되기 시작했다. 이제는 소프트웨어가 제품 및 서비스의 가치를 결정하는 시대로, 소프트웨어 없이 국가 전반의 경쟁 유지 및 향상은 더 이상 불가능한 사회가 되어가고 있다.

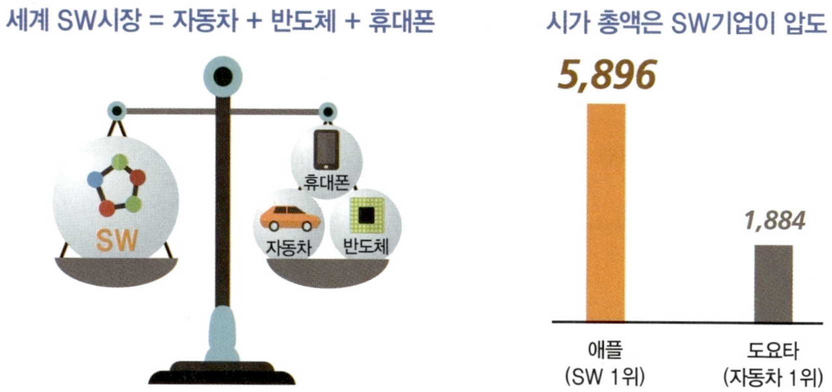

그림 1-3 소프트웨어 산업의 중요성

소프트웨어는 현재 사회 동력원이자 미래 사회의 동력원이다. 소프트웨어의 중요성은 다음의 사례들에서 확인할 수 있다.

- 마크 앤더슨은 2011년 "Why Software is eating the world"라는 제목의 기고문에서 컴퓨터 등장 60년, 마이크로프로세서 발명 40년, 그리고 인터넷 등장 20년 만에 소프트웨어가 세상을 먹어치우고 있다고 함.
- 글로벌자동차회사인 메르세데스-벤츠 CEO 디터 제체는 2014년 "자동차는 이제 가솔린이 아니라 소프트웨어로 달린다"라고 함.
- 뉴스위크는 2015년 기사에서 "All companies are now software companies(이제 모든 기업이 소프트웨어 기업이다)"라고 함.
- 미국의 대표적인 제조업체인 GE(General Electric)는 "GE는 2020년까지 소프트웨어 기업이 될 것이다"라고 선언함.
- 1300조원의 세계 소프트웨어 시장 규모는 반도체, 휴대폰, 자동차 시장을 합친 것과 맞먹는 규모임.
- 의료, 금융, 전자상거래, 자동차, 교육 등 우리 생활 전반에 영향을 주는 대부분의 산업들에서 소프트웨어의 중요성이 부각되고 있음.

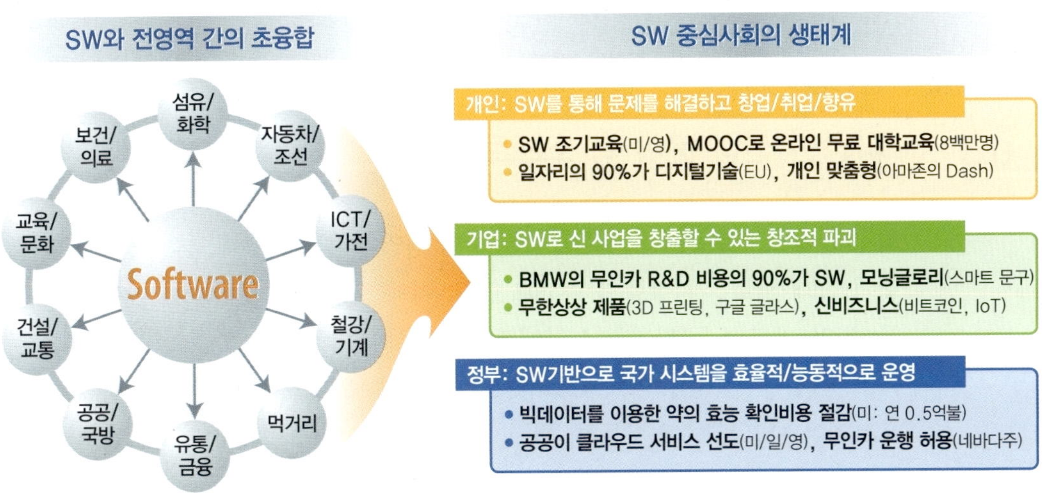

세계 경제와 사회가 소프트웨어를 중심으로 급변하고 있는 환경에서 우리나라의 경쟁력 강화를 위해 우리 정부도 소프트웨어 중심사회 실현을 위한 중점과제들을 발표하고 추진하고 있다. 과학기술정보통신부는 SW 중심사회 실현전략("소프트웨어가 세상을 바꿉니다")을 추진하고 있으며, 교육부는 초 · 중등 SW 교육 활성화 방안에 따라 2018년부터 정규 교육과정에서 SW 교육을 실시하고 있다. 산업통상자원부는 제조업의 SW융합 및 활용방안에 맞춰 다양한 산업 분야에서 SW 혁신을 통한 경쟁력 강화를 추진하고 있으며, 문화체육관광부는 SW 가치 제고를 위한 저작권 보호 및 이용 기반 구축 방안을 추진하고 있다.

그림 1-4　과학기술정보통신부가 운영 중인 SW 중심사회 홈페이지(http://software.kr)

03 필수 이론　다양한 산업 분야 속 소프트웨어

최근 들어 소프트웨어가 기존의 다른 산업 영역과 융합을 통해 놀라울 정도의 파급력과 함께 새로운 시장을 창출하고 있다. 이제 소프트웨어는 의료, 금융, 교육, 유통, 농업, 제조업 등 다양한 산업에 활용되면서 비약적으로 그 중요성이 더욱 강조되고 있다. 구글, 애플, 마이크로소프트, IBM, 페이스북 등 세계적인 IT기업들이 소프트웨어 산업을 넘어 자동차, 헬스케어, 금융 등 타 산업에서도 시장을 확대해가고 있다. 우리나라에서도 '카카오톡'이라는 소프트웨어 하나가 우리 생활 전반을 변화시켰으며, 단순한 모바일 메신저를 넘어 교통, 금융, 유통, 게임 등 다양한 산업과 융합하여 새로운 서비스를 제공하고 있다.

4차 산업혁명 시대에 소프트웨어는 다양한 산업 분야와 융합을 통해 새로운 제품과 서비스를 창출하고 있다. 이제는 거의 모든 전공 분야가 소프트웨어와 융합 하고 있으며, 대표적인 사례들을 살펴보면 다음과 같다.

소프트웨어와 금융

소프트웨어가 가장 먼저 도입이 되어 큰 변화를 일으킨 분야가 금융이다. 금융과 소프트웨어가 융합된 대표적인 사례는 인터넷뱅킹, 모바일뱅킹, 앱카드 등이 있다.

그림 1-5 국내 은행의 인터넷뱅킹과 모바일뱅킹 화면

금융과 소프트웨어의 융합은 핀테크라는 신조어도 탄생시켰다. **핀테크**(FinTech)는 금융(Financial)과 기술(Technology)의 합성어로, 금융과 IT의 융합을 통한 금융서비스와 산업의 변화를 통칭한다. 핀테크는 크게 4가지 영역으로 나뉘는데, ① 삼성페이와 애플페이와 같은 지급 결제 서비스, ② 고객의 다양한 정보를 이용하여 신용도를 분석하는 것과 같은 금융데이터 분석, ③ 금융 업무를 더 효율적으로 만드는 금융 소프트웨어, ④ 금융기관 없이도 전세계 고객이 자유롭게 금융업무를 처리할 수 있는 기반을 제공하는 플랫폼 영역이다.

그림 1-6 금융서비스 분야별 국내 핀테크 스타트업(출처: 한국은행)

소프트웨어와 의료

의료 분야에서의 소프트웨어 융합은 오랜 역사를 자랑한다. 국내 모든 병원에서 사용 중인 병원 정보 시스템을 시작으로 컴퓨터단층촬영(CT)과 같은 전문 의료기기, 혈당 및 맥박 측정과 같은 헬스케어 보조기기까지 굉장히 다양하다.

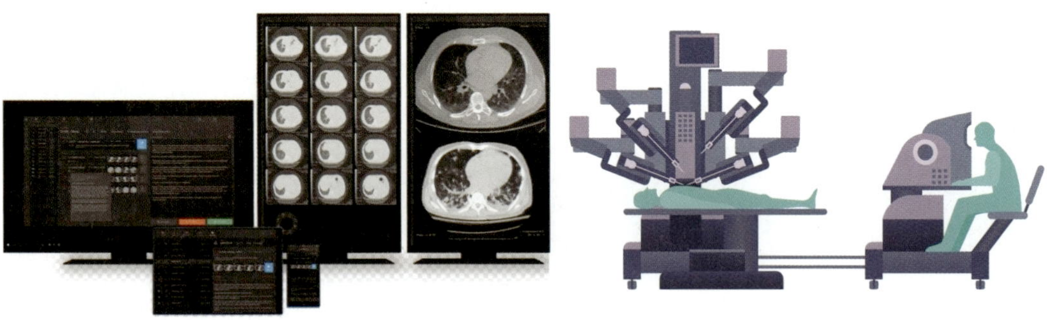

그림 1-7 의료영상전송장치(PACS)와 로봇 수술

노인 인구의 증가, 만성질환 중심의 질병 구조 변화 등으로 의료비 지출이 빠르게 증가하면서, 우리나라를 비롯한 세계 각국은 소프트웨어와 융합을 통해 해결책을 찾고 있다. 또한, 건강한 삶을 원하는 인간의 본능에 따라 의료 분야에서는 빅데이터와 인공지능 기술 등 다양한 소프트웨어 융합이 확대되고 있다. 병원 진료 기록뿐만 아니라 라이프로그, 유전체 등 다양한 빅데이터 분석을 통한 개인 맞춤형 의료 서비스가 개발되고 있으며, 의사의 질병 진단을 위한 인공지능 기반 의료 기술이 개발되고 있다. 글로벌 IT 기업 IBM이 2015년 의료용 인공지능 'Watson Health

Oncology'를 출시하였고, 구글은 2016년 딥마인드 헬스팀을 운영하고 있다. 우리나라도 2018년 한국형 AI 기반 정밀의료솔루션 개발을 목표로 '닥터 앤서' 프로젝트를 시작하였다.

소프트웨어와 건축

건축 분야에서도 다양한 소프트웨어를 활용하여 설계 작업의 효율을 크게 높이고 있다. 건축 설계 분야에서는 과거 2D 기반의 설계 소프트웨어를 넘어 현재는 3D 기반의 설계 소프트웨어를 보편적으로 사용하고 있다. 대표적인 소프트웨어로 2D와 3D를 모두 지원하는 오토캐드(AutoCAD)를 비롯하여, 건축뿐만 아니라 기계 설계에서도 많이 사용되는 스케치업(SketchUp)과 라이노(Rhino) 등이 있다.

최근에는 건설 설계 전반을 관리해주는 BIM(Building Information Modelling) 소프트웨어 사용이 의무화되고 있다. BIM은 설계를 단계별로 지원하고, 건설 기간 동안 설계, 해석, 시공, 조달 등 필요한 모든 데이터를 포함한다. 대표적인 BIM 소프트웨어로 Autodesk사의 Revit, 트림블사의 Tekla 등이 있다.

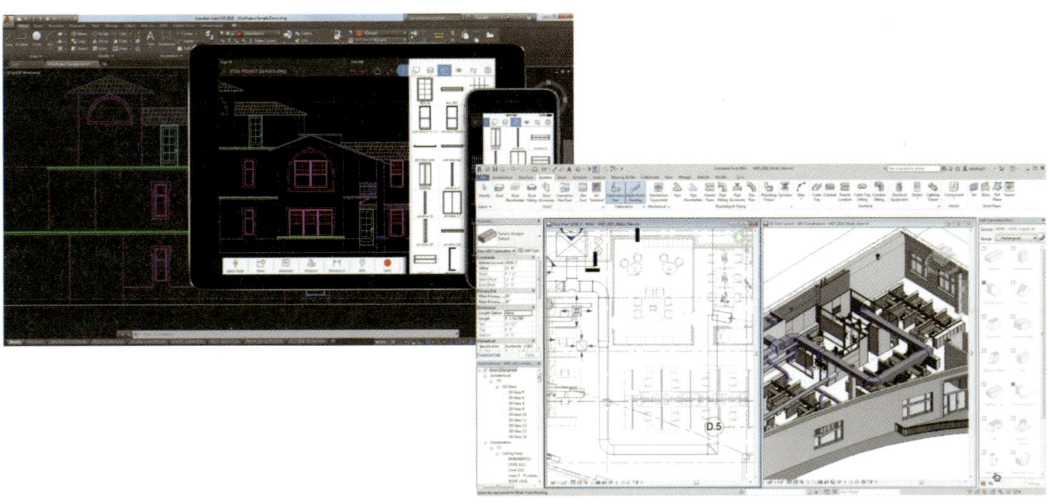

그림 1-8 Autodesk사의 오토캐드(AutoCAD)와 Revit

소프트웨어와 영화

영화 분야에서도 소프트웨어의 중요성은 더욱 커지고 있다. 아바타, 타이타닉, 스타워즈, 어벤져스 등 세계 박스오피스 상위권 영화들은 컴퓨터 그래픽스(CG) 기술이 없었다면 탄생할 수 없었다. 영화 속 CG에도 다양한 소프트웨어와 프로그래밍이 필수적으로 사용된다. 과거 영화 제작에서 소프트웨어의 사용은 특수 시각 효과 기술(VFX)과 CG 특수효과가 대다수였다지만, 현재는 디지털 촬영에서부터 상영 시스템까지 소프트웨어가 사용되고 있다.

그림 1-9 영화 '캐리비안의 해적'과 '어벤져스3'에서 사용된 CG 장면들

소프트웨어와 드라마

인간의 영역으로만 생각되던 창작의 영역에도 소프트웨어가 사용되고 있다. 많은 미국 드라마 작가들은 드라마 대본을 작성하면서 소프트웨어의 도움을 받고 있다. 애미상 수상 작품 중 80%가 '드라마티카 프로'라는 시나리오 저작 소프트웨어의 도움을 받는다고 한다. 글을 쓰면서 작가들은 터무니 없는 방향으로 빠지기도 하고, 극 초반에 죽었던 등장인물이 극 후반에 갑자기 등장하는 실수들을 하지 않도록 소프트웨어의 도움을 받는다. 국내에서도 게임 개발사로 유명한 엔씨소프트에서 영화, 게임 소설 등 이야기를 가진 작품을 구성할 때 도움을 주는 '스토리 헬퍼'라는 소프트웨어를 출시하였다.

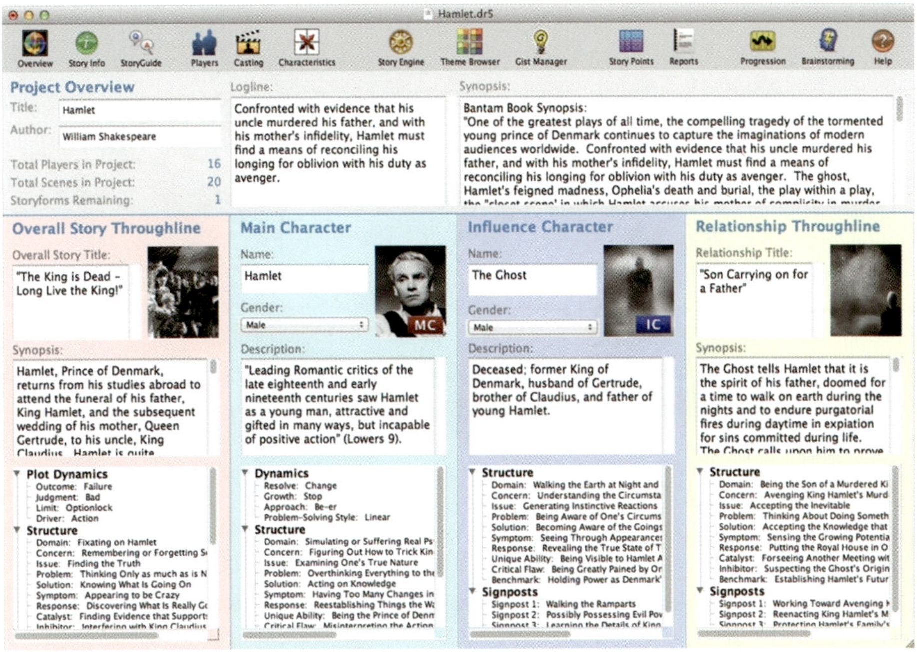

그림 1-10 시나리오 저작 소프트웨어인 드라마티카(Dramatica)

소프트웨어와 자동차

매년 1월 미국 라스베가스에서는 전자제품 전시회로 유명한 CES(Consumer Electronics Show)가 개최된다. 최근 몇 년 전부터 CES에 현대자동차, 기아자동차, 벤츠, 혼다 등 글로벌 자동차 업체들이 총출동하고 있다. 가전제품과 IT 기술이 주류를 이뤘던 CES에 소프트웨어가 접목된 인포테인먼트와 자율주행이 자동차 산업의 미래 기술로 떠오르면서 자동차 업체들이 참여하고 있는 것이다. CES 2019에 참가한 자동차 업계의 키워드는 자율주행과 인공지능 기술이었다. 기아자동차는 AI를 기반으로 하는 실시간 감정반응 차량제어 시스템을 선보였고, 현대자동차는 로봇과 AI 기술을 이용한 걸어다니는 자동차를 공개하였다.

우리가 타는 자동차 1대에는 100개 정도의 전자제어장치(ECU: Electronic Control Unit)와 1억 라인 이상의 프로그래밍 코드가 탑재된다. “자동차는 기름이 아니라 소프트웨어로 달린다”라는 말이 실감되는 순간이다. 전장화된 자동차를 ‘달리는 반도체’라고 했다면, 이러한 전자 장치들을 움직이기 위한 소프트웨어의 중요성이 커지면서 이제는 자동차를 ‘달리는 소프트웨어’라고 해야 하는 시대이다.

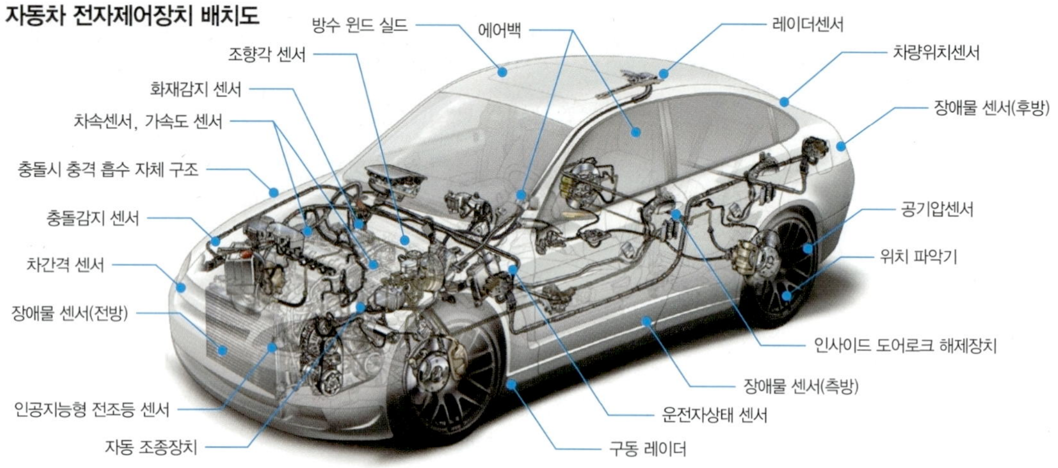

그림 1-11 자동차 속에는 수많은 전자제어장치와 이를 움직이는 소프트웨어가 탑재된다.

2012년 구글이 개발한 무인 자동차가 미국 네바다주에서 최초로 면허를 획득하였다. 테슬라와 우버도 무인 자동차 개발에 힘쓰고 있다. SF 영화 속에 등장하는 자율주행 자동차가 소프트웨어의 발달로 인해 현실로 성큼 다가온 것이다. 자동차업계는 2020년 자율주행차의 상용화가 본격적으로 이루어지면 자율주행 자동차용 소프트웨어 시장규모가 420억 달러(45조4650억원)에 달할 것으로 전망하였다.

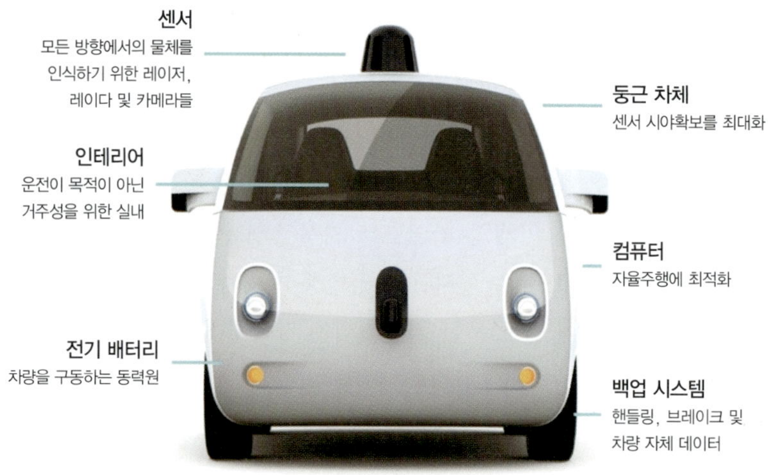

COMPUTATIONAL THINKING

스크래치 실습

이번 장에서는 다음과 같은 사항을 학습해보자.

- 파일과 폴더에 대해 공부한다.
- 스크래치에 대해 알아보자.
- 스크래치 사이트에 가입하고 스크래치를 시작해보자.

04
스크래치 실습

컴퓨터 활용 기초

우리가 컴퓨터에서 사용하는 모든 프로그램과 정보는 **파일**(file)에 저장된다. 컴퓨터에서 사용하는 문서, 이미지, 음악, 동영상 등을 모두 파일이라고 한다. 파일은 파일 이름과 파일 확장자로 식별된다. 파일 이름과 파일 확장자 부분을 구분하기 위해 마침표(.)를 사용한다. 파일 확장자는 컴퓨터에서 해당 파일의 종류와 그 역할을 표시하기 위해 사용한다. 또한, GUI 상에서 파일의 아이콘이나 그와 연관된 작업을 결정하는데 사용한다. 예를 들어, .txt 확장자는 메모장과 같은 텍스트 편집기를, .htm 확장자는 웹 브라우저를, .jpg 확장자는 그래픽 편집기 등의 작업을 지정할 수 있다.

파일은 크게 **텍스트 파일**(text file)과 **바이너리 파일**(binary file)이 있다. 텍스트 파일은 **ASCII**나 **유니코드**로 이루어진다. 텍스트 파일은 메모장, 워드패드와 같은 프로그램에서 읽을 수 있다. 바이너리 파일은 텍스트 파일이 아닌 컴퓨터 파일로, 이진수를 이용하여 인코딩된다. 이진수는 2장에서 자세하게 설명한다. 우리가 컴퓨터에서 자주 사용하는 hwp, mp3, ppt 등이 바이너리 파일이다.

Note

ASCII(American Standard Code for Information Interchange)는 알파벳, 숫자, 특수기호 등을 표현하는 문자 인코딩으로, 컴퓨터와 통신장비 등 문자를 사용하는 전자장치에서 문자를 표현하는데 많이 사용되는 표준이다. 유니코드(Unicode)는 전 세계의 모든 문자를 컴퓨터에서 일관되게 표현하기 위한 문자 집합, 문자 인코딩 표준이다.

폴더(folder) 또는 **디렉토리**(directory)는 컴퓨터 디스크에 저장된 파일들의 목록으로, 관련있는 여러 파일들과 폴더들의 묶음이다. 윈도우즈 운영체제에서는 폴더로, 유닉스/리눅스 운영체제에서는 디렉토리라고 부른다. 폴더 속에 또 다른 폴더를 만들 수도 있는데 이를 하위 폴더(sub folder) 또는 하위 디렉토리(sub directory)라고 한다. 폴더를 사용하는 목적은 서로 관련있는 파일들을 묶어 알아보기 쉽게 정리하기 위해서이다. 폴더나 디렉토리가 일종의 서류함 같은 역할을 하는 것이다.

05 스크래치 소개

스크래치 실습

스크래치(Scratch)는 미국 MIT 미디어랩에서 만든 교육용 프로그래밍 언어이다. 학생, 교사, 학부모 등 누구나 쉽게 컴퓨터 프로그래밍의 개념을 이해하고 간단한 프로그램을 만들 수 있게 구성되어 있다. PC에 다운받아 설치하여 사용하는 방식으로 2007년 Scratch 1.0을 시작으로 2009년 Scratch 1.4까지 발표되었다. 2013년 Scratch 2.0이 공개되었고, 별도의 프로그램 설치없이 스크래치 공식 홈페이지에 접속하여 바로 프로그래밍할 수 있는 온라인 에디터 방식이 도입되었다. 그리고 2019년 1월 HTML5를 도입한 Scratch 3.0이 공개되어, 이제는 안드로이드 스마트폰을 이용한 모바일 환경에서도 실행이 된다. Scratch 2.0부터 한국어 지원이 시작되었으나 완벽하지는 않았고, Scratch 3.0에서 완벽한 한국어 지원이 이루어졌다. 단, 주의할 사항은 Scratch 3.0은 Internet Explorer에서는 실행할 수 없기에, 구글 크롬(chrome)이나 마이크로소프트 에지(Edge)를 사용해야 한다.

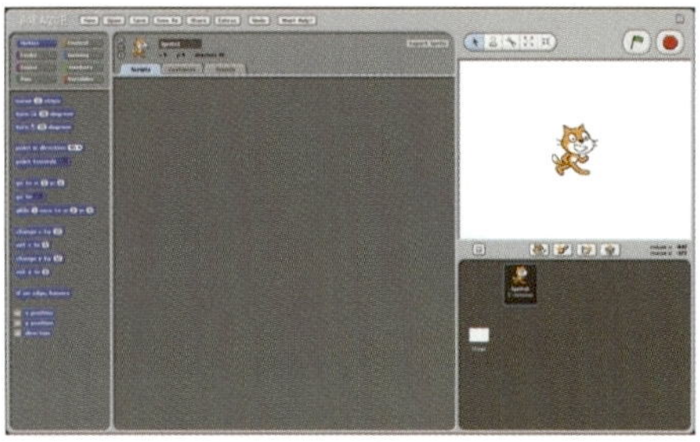

Scratch 1.0

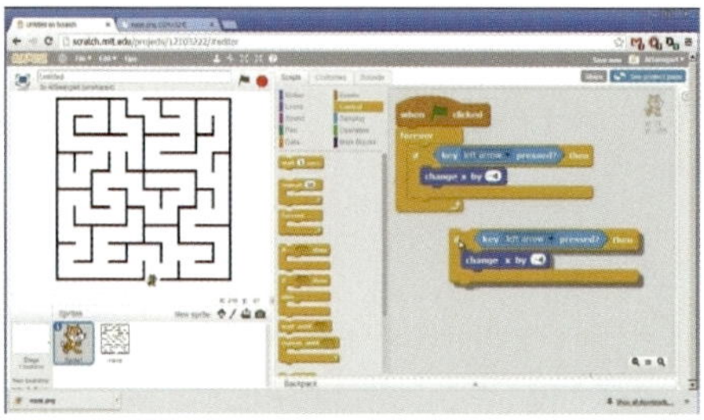

Scratch 2.0

스크래치의 특징

스크래치는 창의 컴퓨팅(Creative Computing) 교육을 목표로 탄생하였다. 창의 컴퓨팅은 주어진 문제를 해결하기 위해 설계, 컴퓨팅, 융합의 과정들을 수행해가며 문제를 해결하는 컴퓨터와 관련된 창작물을 만들어가는 활동이다. 스크래치는 창의 컴퓨팅을 위해 다음과 같은 특징을 갖는다.

스크래치는 블록 방식의 프로그래밍언어이다.

스크래치는 레고 블록을 조립하듯이 제공되는 다양한 모양의 블록을 가져다 차곡차곡 쌓는 방식으로 프로그램을 작성한다. 대표적인 고급 프로그래밍언어인 C나 JAVA는 복잡한 프로그래밍언어의 문법을 배워 문법에 맞춰 영어로 작문하듯이 프로그래밍 해야 하기 때문에 초보자들에게는 어렵다. 반면, 스크래치는 여러 색깔과 모양의 블록들을 조립하여 프로그래밍하기에 초보자들도 쉽게 접근할 수 있다.

그림 1-12 스크래치 블록

스크래치는 스크립트 언어이다.

스크립트(Script)는 원래 연극이나 드라마 대본을 말하는데, 컴퓨터에서는 프로그램이 수행해야 하는 일들을 적은 짧은 명령어들을 의미한다. 고급 프로그래밍 언어가 출연하는 연기자들을 각각 만들고 그들이 연기해야 하는 대사와 행동을 매우 상세하게 작성해야 한다면, 스크립트 언어는 주인공 연기자가 해야 할 대사와 행동을 간략하게 작성하면 되므로 초보자도 쉽게 프로그래밍을 할 수 있다. 스크래치에서는 스프라이트(sprite)라는 주인공과 무대(stage)라는 배경을 대상으로 스크립트(블록)를 작성하면 된다.

그림 1-13 스프라이트와 무대

스크래치는 프로그래밍 작업을 편리하게 통합 지원한다.

스크래치는 프로그래밍을 작성하기 위한 스프라이트 생성에서 무대 설정, 코드 블록, 스크립트 작성, 실행하기 등까지 모든 프로그래밍 작업을 한 화면에서 할 수 있도록 통합 환경을 제공한다.

스크래치는 다양한 멀티미디어를 지원한다.

스크래치는 학생들이 재미있게 프로그래밍을 배울 수 있도록 소리, 이미지, 애니메이션 등 다양한 미디어를 손쉽게 추가하여 자신만의 프로그램을 만들 수 있도록 지원한다.

06 스크래치 가입하기

스크래치 실습

스크래치를 사용하기 위해 웹 브라우저를 실행하고 주소창에 "https://scratch.mit.edu"를 입력한다. 스크래치는 온라인 모드와 오프라인 모드로 사용할 수 있다. 먼저, '스크래치 가입' 메뉴를 이용하여 회원 가입을 한다. 회원 가입이 끝나면 '로그인' 메뉴를 이용하여 사용자 이름과 비밀번호를 입력하고 로그인 해보자.

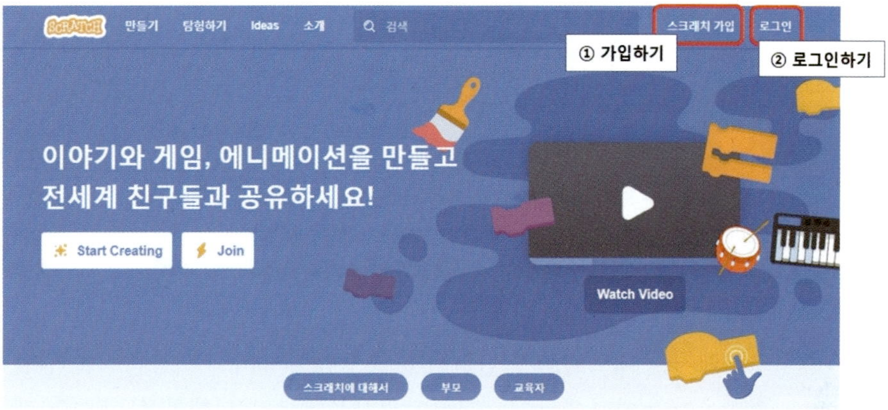

로그인을 한 후 '만들기' 메뉴를 이용하여 온라인 모드로 스크래치를 시작할 수 있다.

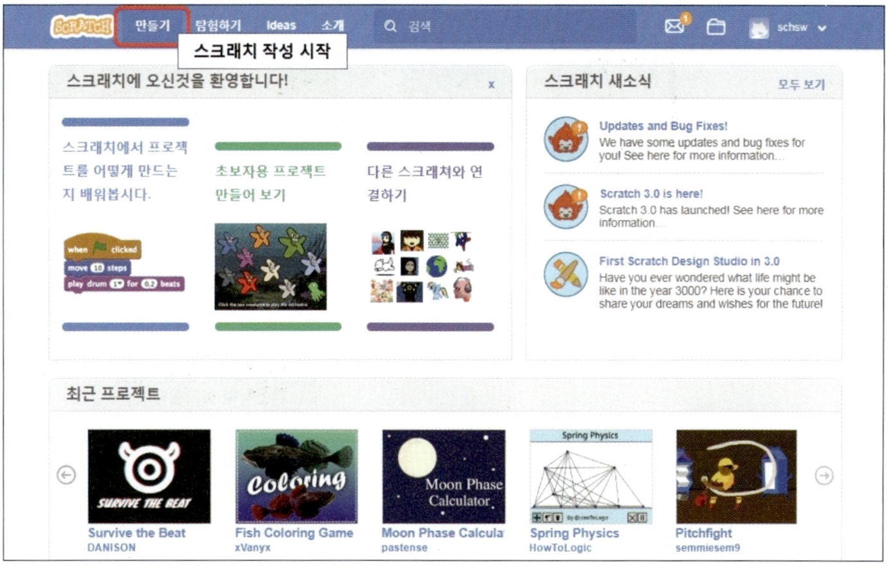

'만들기' 메뉴를 클릭하면 다음과 같은 스크래치 프로그램을 만들 수 있는 메인 화면이 나타난다. 스크래치 사용법을 순차적으로 배우고 싶다면 상단의 '튜토리얼' 메뉴를 이용하면 된다.

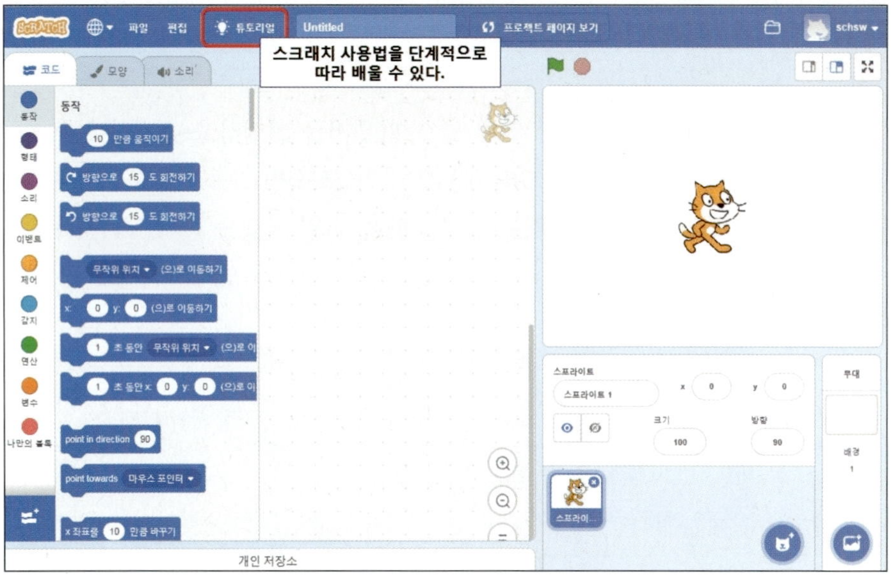

그림 1-14 스크래치 3.0 메인 화면

스크래치를 네트워크가 연결되지 않은 상태에서도 사용하기를 원한다면 스크래치 홈페이지의 하단에서 '오프라인 에디터' 메뉴를 실행하여, 자신의 컴퓨터 운영체제를 선택한 후 스크래치 프로그램을 다운받아 설치하면 된다.

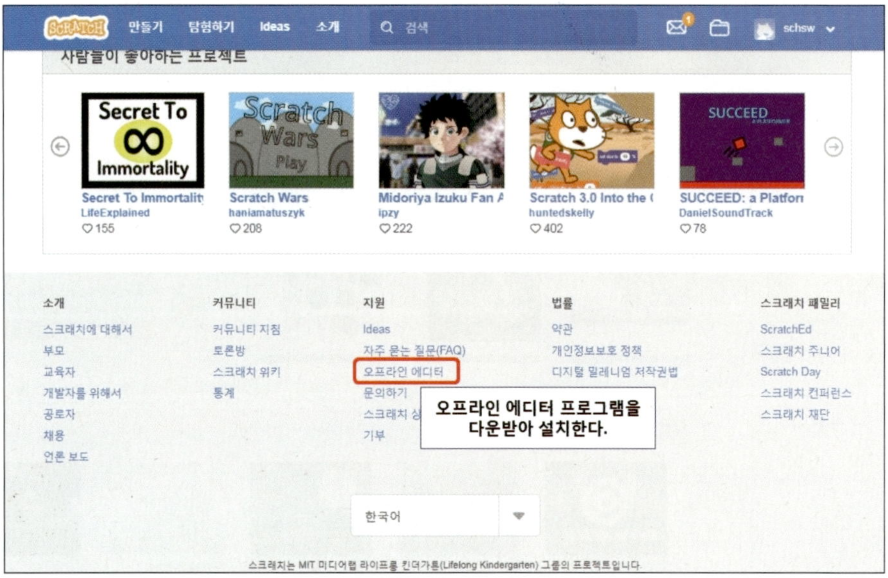

CHAPTER 02

컴퓨터 동작의 이해

이론편: 컴퓨터 구성 요소와 이진수
실습편: 스크래치 에디터

이번 장에서는 다음과 같은 내용을 학습합니다.

- 컴퓨터를 구성하는 하드웨어와 소프트웨어에 대해 간단히 소개한다.
- 컴퓨터가 처리하는 데이터 2진수와 비트에 대해 살펴본다.
- 스크래치 에디터를 살펴보고 스크립트 작성 방법을 배워본다

필수 이론

01 필수 이론 컴퓨터와 소프트웨어

컴퓨터는 **하드웨어**(hardware)와 **소프트웨어**(software)로 이루어진다. 컴퓨터 하드웨어는 컴퓨터를 구성하는 물리적 장치이다. CPU, 메모리, 모니터, 키보드, 마우스, 프린터 등이 대표적인 하드웨어이다. 컴퓨터 소프트웨어는 컴퓨터 프로그램과, 프로그램과 관련된 파일들을 일컫는다. 컴퓨터를 인간에 비유하자면, 하드웨어는 사람의 육체에 해당하고, 소프트웨어는 사람을 움직이게 하는 뇌나 정신에 해당한다.

만약 컴퓨터에 단지 하드웨어만 있다면 어떨까? 가장 빠른 CPU가 장착된 최신의 컴퓨터라도 소프트웨어가 없다면 우리는 컴퓨터로 아무것도 할 수 없다. 소프트웨어가 없다면 컴퓨터는 그저 열과 소음을 발생시키는 쓸모없는 기계에 불과하다. 우리는 소프트웨어를 통해 우리가 원하는 대로 컴퓨터를 작동하게 만들 수 있다.

애플의 스마트폰인 아이폰과 앱 스토어의 등장과 함께 전 세계적으로 소프트웨어 열풍이 불고 있다. 이제 소프트웨어는 컴퓨터를 넘어 우리의 일상생활 전반에 큰 영향을 주고 있다. 인터넷 뱅킹 소프트웨어가 없다면 우리는 근처 은행 지점을 찾아 직접 방문해야 한다. BMW의 경우 연구개발비의 90%가 소프트웨어 개발비에 쓰이고, 전기차를 개발하는 대표적인 회사인 테슬라도 소프트웨어가 자동차 개발의 핵심을 차지하고 있다. 현대 사회에서 점점 더 중요해지는 소프트웨어에 대해 살펴보자.

소프트웨어는 컴퓨터 프로그램과 같은 의미로 사용하는데, 프로그램 안에는 무엇이 들어있을까? 프로그램 안에는 컴퓨터 하드웨어를 움직이게 하는 **명령어**

(instruction)들이 있다. 특정한 작업이나 기능을 수행하는 명령어들의 집합이 **프로그램**(program)이다. 프로그램이란 우리가 컴퓨터로 하고자 하는 일들을 컴퓨터가 수행할 수 있도록 지시하는 명령어들을 순서에 따라 저장해 놓은 것이다. 컴퓨터는 이 명령어들을 하나씩 읽어서 수행한다. 명령어를 이용하여 프로그램을 작성하는 작업을 **프로그래밍**(programming)이라고 한다.

전문적으로 프로그램을 작성하는 사람을 **프로그래머**(programmer)라고 한다. 프로그램은 주문자의 요구사항을 반영해 작성되어야 하고, 이렇게 만들어진 프로그램을 통해 문제를 해결하는 것이다. 즉, 프로그램을 작성한다는 것은 어떤 문제를 해결하는 절차를 만드는 것이다. 따라서 프로그래머도 일종의 문제 해결사라고 부를 수 있다.

컴퓨터는 명령어에 의해 실행되므로 누군가 프로그램을 만들어내기만 하면 이 세상에 존재하지 않았던 작업도 컴퓨터로 해결할 수 있다. 어떤 특정한 작업을 수행하는 프로그램을 애플리케이션(application), 줄여서 앱(app)이라고 한다. 여러분이 스마트폰에 설치하는 프로그램을 '앱'이라고 부르는 이유도 특정한 작업을 수행하는 프로그램이기 때문이다.

소프트웨어 분류

소프트웨어는 컴퓨터를 작동시키는데 필수적인 운영체제와 같은 시스템 소프트웨어(system software)와 게임이나 문서 작성과 같이 특정한 기능이나 업무를 수행하는 응용 소프트웨어(application software)로 나눠진다.

시스템 소프트웨어는 우리가 컴퓨터의 여러 가지 하드웨어들의 복잡한 동작 과정을 알지 못하더라도 컴퓨터를 편리하게 사용하여 원하는 프로그램들을 효율적으로 실행할 수 있도록 지원해주는 프로그램이다. 시스템 소프트웨어에는 운영체제(OS: Operating System), 언어 번역 프로그램, 유틸리티 등이 있다. 운영체제는 하드웨어와 응용 소프트웨어 사이에 위치하여 컴퓨터 사용자들이 컴퓨터를 원활하게 사용할 수 있게 해주는 인터페이스(interface) 역할을 한다. Windows, Unix, Linux, Mac OS 등이 대표적인 운영체제이다. 언어 번역 프로그램은 사람이 작성한 프로그램을 컴퓨터가 이해할 수 있는 명령어로 번역해주는 역할을 하는 프로그램으로, 어셈블러, 컴파일러, 인터프리터 등이 있다. 유틸리티 소프트웨어는 사용자가 더 쉽고 편리하게 컴퓨터를 사용할 수 있도록 도와주는 프로그램으로, 디스크 관리, 파일 압축, 파일 복사, 프린터 관리 등을 담당한다.

응용 소프트웨어는 사용자가 컴퓨터를 통해 특정한 분야의 업무를 처리하기 위해 만든 프로그램이다. 문서 편집을 위한 워드 프로세서, 포토샵과 같은 사진편집 프로그램, 인터넷 사용을 위한 웹 브라우저, 동영상 플레이어, 게임 등 다양한 종류가 있다. 스마트폰에서 특별한 목적을 위하여 설치해 사용하는 카카오톡, 스노우, 코레일톡과 같은 앱들도 응용 소프트웨어이다.

02 필수 이론 컴퓨터 하드웨어

컴퓨터 하드웨어는 기본적으로 중앙 처리 장치(CPU: Central Processing Unit), 주기억 장치(Main Memory), 입력 장치(Input Device), 출력 장치(Output Device), 보조기억 장치(Auxiliary Memory) 등으로 구성된다.

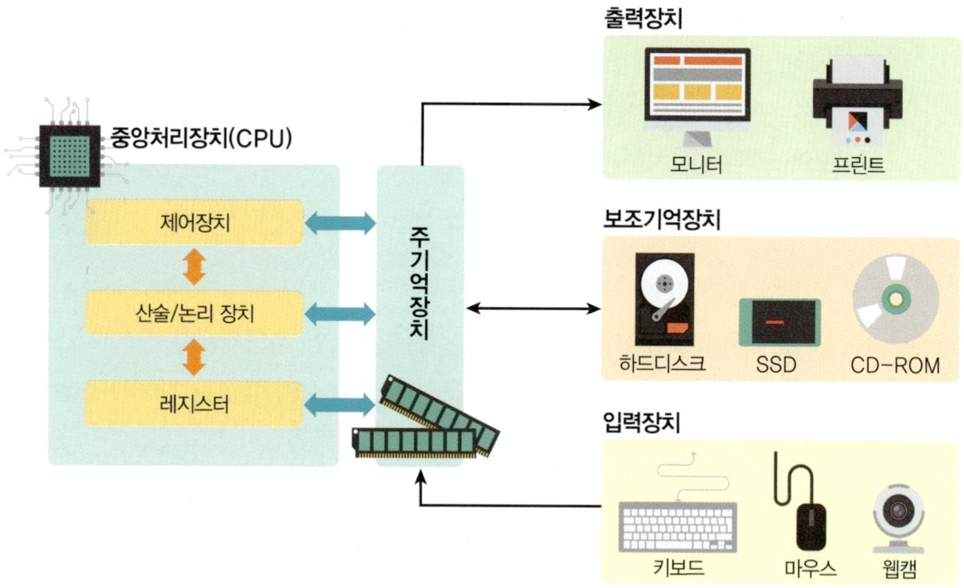

그림 2-1 하드웨어: 중앙 처리 장치, 메인 메모리, 보조 기억장치, 입력장치, 출력장치.

중앙 처리 장치

흔히 CPU로 불리는 중앙 처리 장치는 프로그램을 구성하는 명령어들을 실행하는 장치이다. 중앙 처리 장치는 각종 산술 및 논리 연산을 수행하는 산술/논리 장치(ALU: Arithmetic Logic Unit)와 프로그램 명령어를 해석하고 명령에 따라 동작을 지시하는 제어 장치(Control Unit), 주기억장치로부터 읽어온 명령어나 데이터, 연산 결과를 저장하는 레지스터(Register) 등으로 구성된다. 최근에는 명령어의 빠른 실행을 위하여 캐시(Cache) 메모리가 포함된다.

중앙 처리 장치는 프로세서(Processor) 또는 마이크로프로세서(Microprocessor)라고도 한다. 프로세서 내부의 핵심 연산장치를 코어(Core)라고 하는데, 하나의 CPU

속에 두 개 이상의 코어가 있는 경우 멀티 코어(Multi-core)라고 한다. 인텔 코어 i7 프로세서는 4~8개의 코어로 구성되어 있다.

주기억 장치

주기억 장치는 현재 실행중인 프로그램과 그 프로그램이 사용하는 데이터를 저장하는 장치로 메인 메모리 또는 메모리라고도 불린다. 주기억 장치는 CPU가 접근할 수 있는 저장 공간으로, 크게 ROM(Read Only Memory)과 RAM(Random Access Memory)으로 나뉜다. 메인 메모리는 임시적인 기억장치로 전원이 꺼지면 저장하고 있던 모든 데이터가 지워진다. 이러한 특성 때문에 하드디스크와 같은 보조 기억 장치가 별도로 필요하다. 임시적인 기억 장치이지만 메모리는 컴퓨터의 프로그램 수행에 있어서 아주 중요하다. 그 이유는 현재 메모리에 있지 않은 프로그램은 CPU가 실행할 수 없기 때문이다. 보조 기억 장치에 저장된 프로그램이건 키보드로 프로그램을 직접 작성하건 간에 상관없이 프로그램이 실행되려면 먼저 프로그램이 메모리에 적재(load)되어 있어야 한다.

ROM RAM

입력 장치

입력 장치는 키보드나 마우스처럼 컴퓨터가 외부로부터 데이터를 입력받는 장치이다. 컴퓨터에서 실행되는 프로그램이나 데이터는 모두 입력 장치를 통해 입력된다. 대표적인 입력 장치로는 키보드, 마우스, 조이스틱, 스캐너, 디지타이저, 터치패드, 웹 캠, 터치스크린 등이 있다. 시험 볼 때 자주 사용하는 OMR(Optical Mark Reader) 카드를 읽는 광학 마크 판독기도 컴퓨터 입력 장치 중 하나이다.

출력 장치

출력 장치는 모니터나 프린터와 같이 컴퓨터가 처리한 결과를 외부로 출력하는 장치이다. 컴퓨터에서 처리된 데이터는 여러 가지 출력 장치를 통해 외부로 내보내진다. 대표적인 출력 장치에는 모니터, 프린터, 스피커, 빔 프로젝터, 그래픽카드(VGA: Video Graphics Array), 사운드카드 등이 있다.

보조 기억 장치

보조 기억 장치는 컴퓨터에서 수행되는 프로그램과 데이터를 영구적으로 보관하는 장치이다. 주기억 장치에 비해 읽고 쓰는 접근 속도는 느리지만 비교적 저장 용량이 큰 특징을 가진다. 대표적인 보조 기억 장치에는 하드디스크(HDD: Hard Disk Drive), SSD(Solid State Drive), CD-ROM, USB 등이 있다. 보조 기억 장치에서 논리적인 저장 단위는 파일이다. 현재 실행되지 않는 프로그램이나 데이터는 파일의 형태로 보관된다.

03 필수 이론 컴퓨터의 동작과정

우리가 컴퓨터를 사용하기 위해 컴퓨터의 전원을 넣고 운영체제를 시작하는 과정을 부팅(booting)이라고 한다. 컴퓨터의 부팅 과정을 통해 컴퓨터를 구성하고 있는 하드웨어와 소프트웨어가 어떻게 동작하는지 이해해보자.

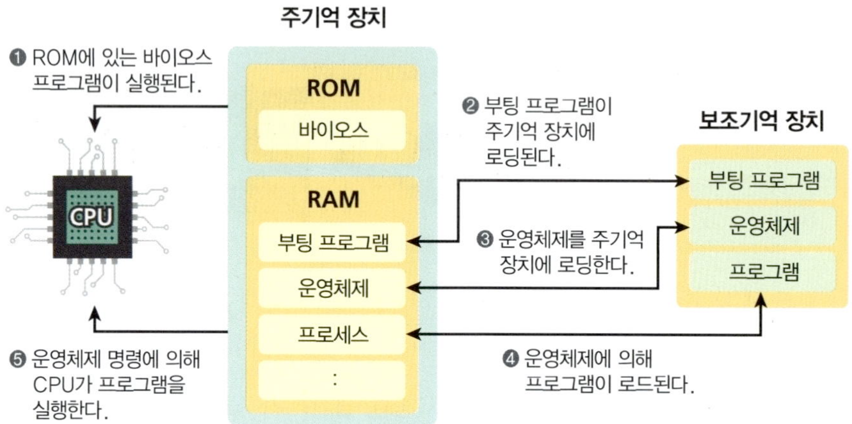

그림 2-3 컴퓨터의 부팅 과정

사용자가 컴퓨터를 켜면 가장 먼저 시작되는 프로그램을 바이오스(BIOS: Basic Input/Output System)라고 하는데, 가장 기본적인 컴퓨터의 입출력을 처리하는 프로그램이다. 바이오스 프로그램은 주기억장치 중 ROM에 저장되어 있는데, 이 때문에 ROM BIOS라고도 부른다. 바이오스는 하드웨어 부품을 초기화하고 검사하는 역할을 수행하고, 하드웨어에 문제가 없으면 부팅 프로그램을 실행하여 보조 기억 장치에 저장된 운영체제를 주기억 장치 RAM으로 적재(로딩)하는 기능을 수행한다. 운영체제는 컴퓨터 시스템을 구성하고 로딩 작업을 완료한다. 이때부터 각종 컴퓨터 하드웨어의 동작은 운영체제에 의해 제어된다. 사용자가 실행하길 원하는 응용 소프트웨어들도 운영체제에 의해 주기억 장치에 로딩되고, 소프트웨어를 구성하고 있는 명령어들을 CPU가 하나씩 실행하여 프로그램이 실행된다.

Note

"부팅(booting)"은 부트스트래핑(bootstrappping)의 줄임말로, "lifting yourself by your bootstraps"라는 문장에서 나온 용어이다. 컴퓨터가 사용자의 간섭 없이 스스로 작업할 수 있는 상태로 만드는 것을 의미한다. 목이 긴 구두를 가리키는 단어인 부트(boot)가 컴퓨터를 켜는 것을 의미하게 된 데는 두 가지 설이 있다. 하나는 운영 체제가 디스크에서 읽혀져 가동될 때까지 동일한 스텝(step; 과정)이 조금씩 실행되는 데에서 기인했다는 설이다. PC가 켜지기까지는 ROM에 들어 있는 프로그램이 HDD나 FDD의 초기 프로그램을 읽어내고 읽어 들인 이 초기 프로그램이 다시 디스크를 읽는 스텝을 몇 번이고 반복한다. 이러한 과정이 마치 군화와 같이 줄을 당겨 묶게 되어 있는 구두의 끝(bootstrap; 부트스트랩)을 밑에서부터 위로 당겨 올리는 동작을 연상시키기 때문에 부트스트랩이라고 이름 붙여졌다는 것이다. 또 하나의 설도 역시 장화와 관계가 있다. 서부 영화 등에서 카우보이들이 말을 탈 때 신는 가죽 장화를 보면 뒤꿈치 부분에 금속 조각이 붙어 있다. 이것은 말에 탄 채 총을 쏠 경우 채찍질 대신 발로 말을 차서 달리기 위한 것으로 장화를 신고 말을 차는 이 행동을 부팅이라고 한다. 위에서 설명했듯이 컴퓨터가 켜지기까지는 일정한 스텝의 반복 과정이 필요한데, 이것을 발로 차서 말을 빨리 달리게 하는 것에 비유하여 부팅이라고 한다는 것이다.

[출처 : 네이버 지식백과]

04 필수 이론 2진수와 비트

우리는 컴퓨터도 우리가 사용하는 문자나 숫자를 똑같이 사용하고, 소리를 듣고 사진이나 동영상을 볼 수 있다고 생각하지만, 컴퓨터 내의 모든 데이터는 2진수로 표현된다. 우리가 컴퓨터에서 사용하는 텍스트, 이미지, 소리, 영상은 모두 0과 1로 바뀌어서 컴퓨터에서 저장되고 처리된다. 우리가 컴퓨터 내부에 들어갈 수 있다면 컴퓨터 속에서 볼 수 있는 것은 0과 1뿐일 것이다.

10진법과 2진법

컴퓨터가 데이터를 표현하는 방법을 이해하기 위해 진법에 대해 복습해 보자. 인간이 숫자를 나타내기 위해 사용하는 것은 10진법이다. 10진법은 0~9까지 10개의 숫자들을 사용하여 수를 표현하는 방법이다. 10진법에서는 하나의 자리수가 10의 거듭제곱을 나타낸다.

10 진법

기본숫자

0, 1, 2, 3, 4, 5, 6, 7, 8, 9

$100 \times 3 + 10 \times 2 + 1 \times 7$

→ 327

진법은 주어진 수를 몇 개의 기호를 사용해서 나타낼 것인가에 관한 법칙이다. 진법은 사용할 수 있는 개수로 결정된다. 10진법은 0~9까지의 기호를 사용하여 수를 표현하고, 2진법은 0과 1, 2개의 기호만을 가지고 숫자를 표현한다. 8진법은 0~7까지 8개의 기호를 사용하고, 16진법은 0~9와 알파벳 A~F, 16개의 기호를 사용한다. 즉, 컴퓨터가 데이터를 표현할 때 사용하는 2진법은 0과 1만을 사용하여 모든 수를 나타낸다.

2진법

이진법의 전개식

$$0010 = 0 \times 2^3 + 0 \times 2^2 + 1 \times 2^1 + 0 \times 2^0 = 2$$

2진수에서 모든 값은 0과 1의 조합으로 구성되는데, 2진수 하나의 자리수를 비트(bit)라고 한다. 비트는 0 또는 1이다.

컴퓨터가 2진수를 사용하는 이유

컴퓨터는 처음에 만들어졌을 때부터 0과 1로 구성된 2진수를 사용하였을까? 최초의 전자 컴퓨터로 간주되는 에니악은 10진수를 사용했다. 즉, 컴퓨터는 10진수를 이용해서도 만들 수 있다. 그런데 왜 지금 우리가 사용하고 있는 현대적인 컴퓨터는 2진수를 사용할까?

이유는 '하드웨어' 때문이다. 반도체에서는 전압이 높고 낮은 고저를 이용하여 2진수의 0과 1을 나타내고, 디스크에서는 자기장의 방향으로 0과 1을 나타낸다. 전자공학의 관점에서 보면, 10개의 전압 레벨보다 2개의 전압 레벨을 구별하는 회로를 설계하는 것이 훨씬 쉽다. 이것을 일상의 예를 가지고 이해해 보자. 두 사람이 공원 벤치에 앉아 폭죽이 터지는 소리를 들었다고 가정하자. 두 사람은 큰 소리가 났다는 것에는 이견 없이 동의할 것이다. 하지만 청각 능력이 사람마다 다르므로 폭죽 소리가 얼마나 강했는지를 0부터 9까지의 숫자로 표현하는 것에는 일치하지 않을 수 있다. 컴퓨터 시스템의 경우도 이와 같다. 컴퓨터 내부의 하드웨어는 전압의 크기를 10단계로 나눠 감지하는 것보다 전압이 있는지 없는지를 더 쉽게 감지할 수 있다.

컴퓨터 하드웨어에서 10진수로 데이터를 저장하려면 하나의 전자 스위치가 10개의 상태를 가지고 있어야 하고, 이들 상태를 신뢰성 있게 유지해야 한다. 이것은 불가능하지는 않지만 상당히 어렵다. 반면 2진수의 0과 1은 전자 스위치를 이용하여 아주 쉽게 구현할 수 있다. 전자 스위치들은 ON 상태와 OFF 상태를 가진다. 즉, ON 상태를 2진수의 1로 해석하면, OFF 상태는 0으로 해석해 2진수를 여러 개의 스위치로 나타낼 수 있다.

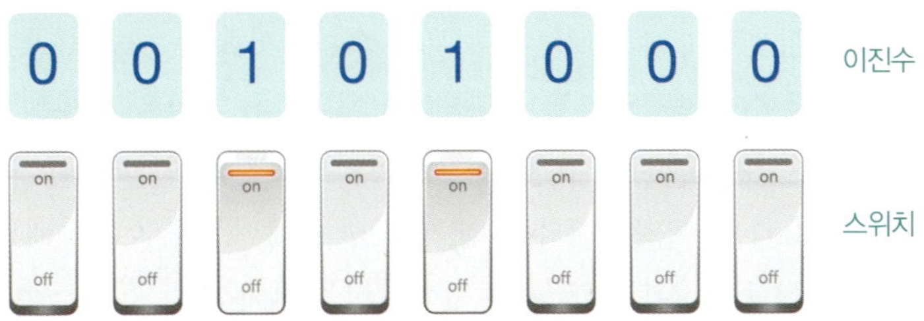

2진수 시스템은 모든 종류의 정보가 컴퓨터에 저장되는 방식에 핵심적인 역할을 한다. 왜냐하면 가장 기초적인 수준에서 보면 컴퓨터는 단지 2진수를 나타내는 전자 스위치를 켜거나 끄면서 모든 작업을 수행하는 전자기계이기 때문이다.

2진수(binary number)는 컴퓨터 작동 방식의 핵심이다. 컴퓨터 내부의 모든 데이터는 0과 1의 신호로 저장되고 전송되고 처리된다. 따라서 컴퓨터가 텍스트, 이미지, 소리, 동영상 등과 같은 다양한 종류의 데이터를 처리하기 위해서는 우리가 사용하는 데이터를 0과 1의 조합으로 변환해야 한다. 데이터가 0과 1의 조합으로 변환되지 않으면 컴퓨터는 이를 이해하지 못하거나 처리할 수 없다.

비트

비트(bit)는 "binary digit"의 약자로 컴퓨터에서 정보를 저장하는 가장 기본적인 단위이다. 비트는 2진수에서 하나의 자리수로, 비트를 전구에 비유하면 좀 더 쉽게 이해할 수 있다. 전구가 켜진 ON 상태이면 1을 나타낸다. 전구가 꺼진 OFF 상태이면 0을 나타낸다. 컴퓨터는 이 간단한 비트들을 많이 모아서 복잡한 데이터를 나타낸다. 0과 1의 값 8개가 모인 8비트를 바이트(Byte)라고 한다. 바이트는 컴퓨터에서 정보를 저장하는 단위로 사용된다.

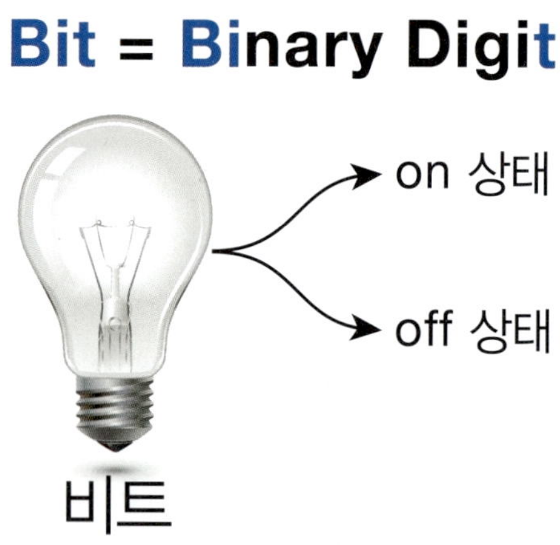

컴퓨터에서는 이렇게 단순한 비트를 이용하여 어떻게 다양하고 복잡한 정보를 표현하고 저장할 수 있을까? 그 이유는 아무리 단순한 것이라도 많이 모이면 복잡한 정보를 표현할 수 있다. 예를 들어 우리는 0과 1, 2진수만을 사용하여 모든 정보를 나타낼 수 있다. 비트를 전구로 표시하여 이 과정을 이해해보자. 전구(비트)가 3개 있다고 가정한다. 전구 3개를 이용하여 만들 수 있는 상태는 모두 8개이다. 이것을 경우의 수와 연결하면 쉽게 이해할 수 있다. 각 전구의 상태는 불이 꺼진 OFF 상태와 불이 켜진 상태 ON 상태, 2가지의 경우가 된다. 각각 2가지 상태를 가지는 전구가 3개 있으므로, $2 \times 2 \times 2 = 2^3$, 8가지의 경우가 되는 것이다.

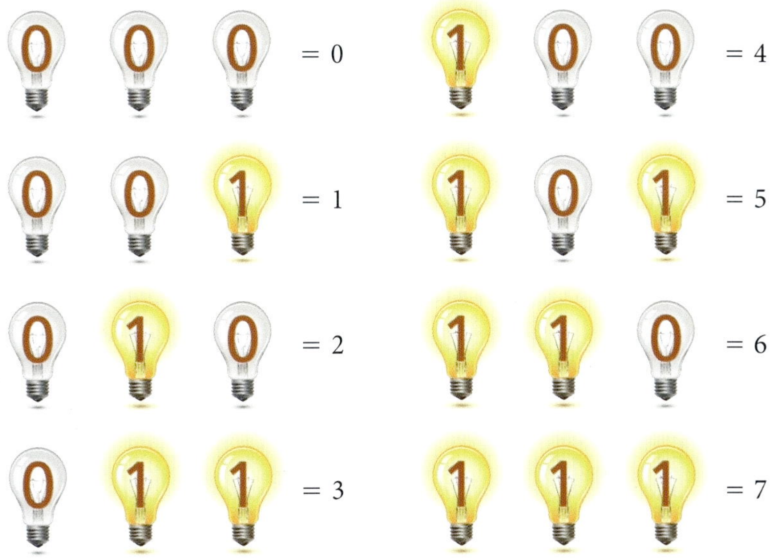

각 전구가 2진수의 자리수를 나타낸다고 생각하면 쉽게 이해할 수 있다. 가장 오른쪽의 전구는 2^0을 나태나고, 그 앞의 전구는 2^1을, 가장 왼쪽 전구는 2^2를 나타낸다.

$$1 \times 2^2 + 0 \times 2^1 + 1 \times 2^0 = 6$$

비트 패턴으로 다양한 정보 나타내기

컴퓨터는 모든 데이터를 0과 1로 구성된 비트로 표현한다. 그럼 컴퓨터는 어떻게 우리가 사용하는 문자, 이미지, 소리 등을 2진수로만 표현할 수 있을까?

이미지를 구성하는 색상을 2진수로 나타내는 예를 생각해보자. 흑백 이미지의 경우 검정과 흰색만 표현하면 되므로, 하나의 비트로 이를 표현할 수 있다. 0이면 검은색, 1이면 흰색으로 표현하면 된다. 무지개의 7가지 색상을 표현하려면, 최소 3개의 비트가 필요하다. 무지개의 7가지 색상은 000(빨간색), 001(주황색), 010(노란색), 011(초록색), 100(파란색), 101(남색), 110(보라색)로 표현하면 된다.

하나의 비트는 0 또는 1이 될 수 있기에, 2가지의 사물을 나타낼 수 있다. 만약 비트가 2개 있다면, 몇 가지의 사물을 나타낼 수 있을까? 2개의 비트는 00, 01, 10, 11이 될 수 있기에, 4가지의 사물을 나타낼 수 있다. 3개의 비트는 000, 001, 010, 011, 100, 101, 110, 111로 조합이 가능하기에, 8가지 사물을 나타낼 수 있다. 즉, 더 많은 비트는 더 많은 가지의 사물을 나타낼 수 있는 것이다. 일반적으로 n개의 비트가 있다면, 최대 2^n개의 사물을 표현할 수 있다. 비트가 하나씩 늘어날 때마다 표현할 수 있는 사물의 개수는 2배가 되는 것이다.

대표적으로 우리가 사용하는 문자를 표현하는 ASCII 코드는 7비트로 구성된다. 0100001(!), 1000001(A), 1011010(Z), 1100001(a), 1111010(z) 등 7개의 비트를 이용하여 우리가 컴퓨터에서 사용하는 문자를 2진수로 정의해 놓고 있는 것이다. 이러한 방법을 통해 우리가 사용하는 문자뿐만 아니라 사진, 음악, 동영상까지 다양한 정보들이 컴퓨터에서 2진수로 표현되고 처리될 수 있다.

Lab | 2진수 이해하기

2진수란 0과 1을 사용하여 모든 수를 표현한다. 0과 1만을 사용하여 어떻게 모든 수를 표현할 수 있을까? 2진수를 이해하기 위하여 다음과 같이 점이 그려진 카드가 있다고 하자. 왼쪽으로 갈수록 점의 개수는 2배가 된다.

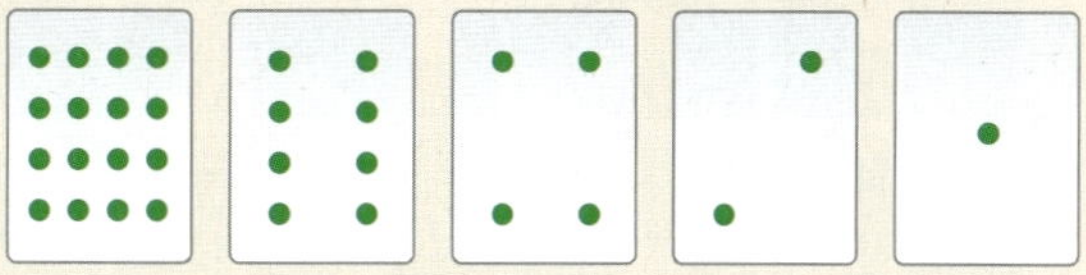

카드는 보이지 않게 엎어놓을 수도 있다. 카드가 보이지 않으면 0을 나타낸다. 카드의 점이 보이면 1을 나타낸다. 따라서 다음과 같이 카드가 배열되어 있으면 10진수 9를 나타낸다. 보이는 점의 개수의 합이 바로 10진수이다.

0 1 0 0 1 = 9

19를 위의 카드로 나타내보자. 어떤 카드를 사용해야 하고 엎어 놓아야 할 카드는 어떤 카드인가?

이렇게 수들을 나타내다보면 모든 수를 0과 1만을 이용하여 나타낼 수 있다.

Lab 2진수 게임

2진수는 우리가 사용하는 현재의 컴퓨터를 작동 가능하게 한 중요한 기본 개념이다. 아래의 표를 이용하여 10진수를 2진수로 변환하는 연습을 해보자.

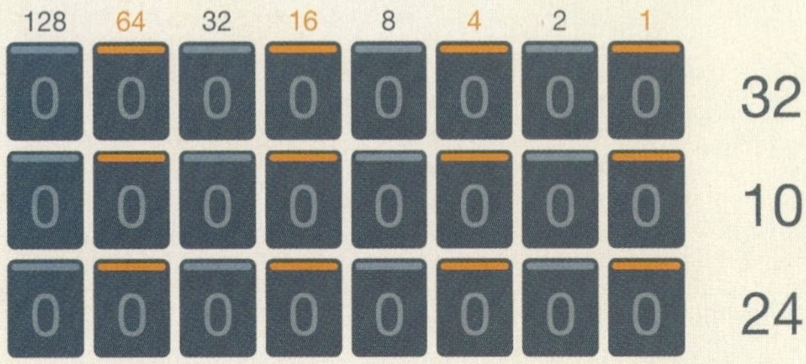

이번에는 2진수를 10진수로 변환하는 연습을 해보자.

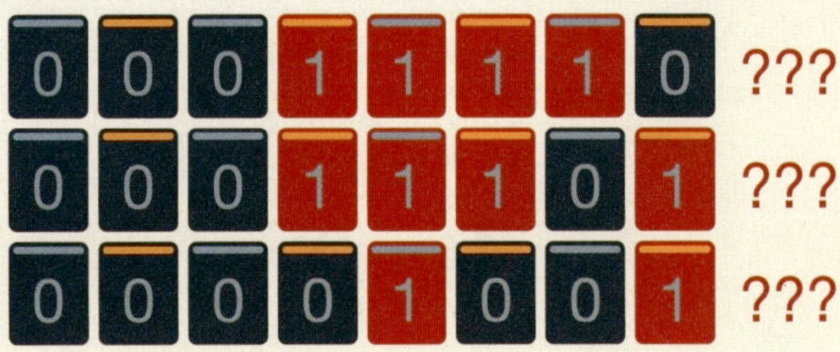

COMPUTATIONAL THINKING

스크래치 실습

이번 장에서는 다음과 같은 사항을 학습해보자.

- 스크래치 홈페이지를 둘러본다.
- 스크래치 에디터 화면을 살펴본다.
- 스크래치 블록들을 사용하여 프로그램을 작성해본다.

05 스크래치 홈페이지 둘러보기

스크래치 홈페이지에서는 스크래치 프로그램 작성뿐만 아니라 세계 각국의 스크래쳐(스크래치 사용자)와 온라인으로 연결이 되어 활동할 수 있도록 지원한다.

스크래치는 스크래치 프로그래밍 언어에 대한 다양한 부가 정보를 제공하기 위해 스크래치 위키(Scratch Wiki, https://en.scratch-wiki.info/)를 운영하고 있다. 스크래치가 발전해 온 히스토리에서부터 최신 뉴스까지 다양한 정보를 제공한다. 현재 영어, 독일어, 일본어 등 8개 국어로 정식 서비스하고 있으며, 한국어, 중국 등 12개 국어는 영어와 혼용하여 테스트 서비스 중이다.

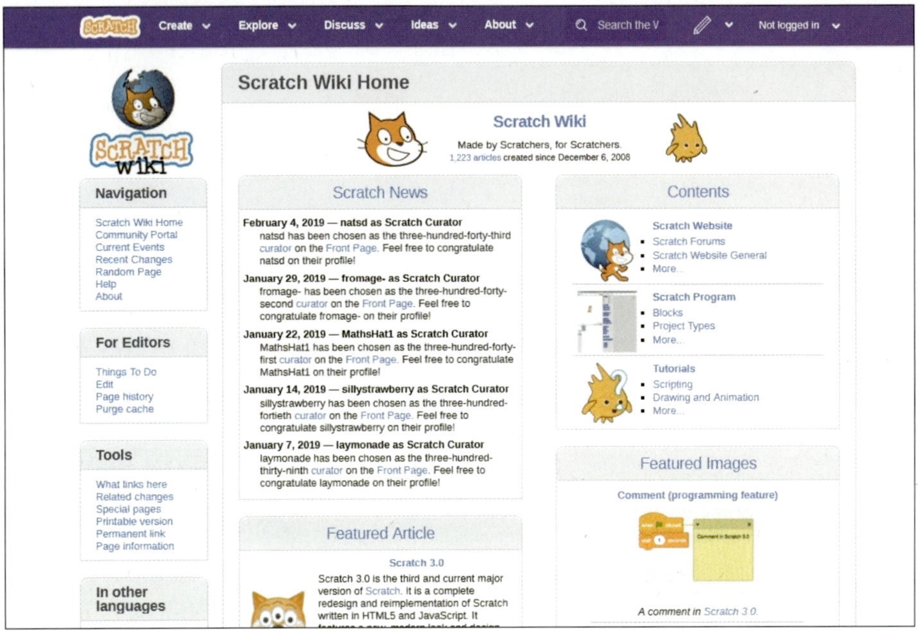

06 스크래치 실습 스크래치 에디터

스크래치 프로젝트를 작성하기 위해서 온라인/오프라인 에디터를 사용한다. 온라인 에디터의 경우 '내 작업실', '개인 저장소', 작성한 프로젝트를 공유할 수 있다는 것만 제외하고는 오프라인 에디터와 동일하다. 스크래치 에디터의 각 구성요소에 대해 살펴보자.

① 메뉴

파일: 스크래치 프로젝트 파일을 만들고 저장하는 작업을 수행한다. 파일을 저장할 때는 온라인에 저장하기와 내 컴퓨터에 저장하기로 구분해서 저장할 수 있다.

편집: 직전에 수행한 작업을 되돌리거나 프로젝트의 실행속도를 빠르게 하는 터보 모드 설정 작업을 수행한다.

언어: 스크래치 에디터의 사용 언어를 설정할 수 있다.

② 블록 팔레트

코드: 스크래치에서 사용할 수 있는 다양한 블록들을 동작, 형태, 제어 등 기능별로 구분하여 서로 다른 색상으로 나타낸다.

모양/배경: 스프라이트의 모양이나 무대의 배경을 보여주고, 이미지 파일을 추가하거나 그림판을 이용하여 편집할 수 있다.

소리: 스프라이트나 무대에서 사용하는 소리 목록을 보여주고, 소리 파일을 추가할 수 있다. 소리의 빠르기, 크기, 효과 등을 편집할 수 있다.

③ 스크립트 작성 창

스프라이트나 무대에서 실행할 스크립트 블록들을 서로 조립하여 작성하고 작성된 스크립트를 보여준다.

④ 프로그램 실행 창

스프라이트와 무대에서 작성한 스크립트의 실행되는 모습을 보여준다. 초록색 깃발을 클릭하여 프로젝트를 실행하고, 빨간색 버튼을 클릭하여 실행을 종료한다.

⑤ 스프라이트 목록

프로젝트에서 사용하는 스프라이트들의 목록과 정보를 보여준다. 새로운 스프라이트를 추가할 수 있으며, 각 스프라이트의 위치, 크기, 방향 등을 설정할 수 있다.

⑥ 무대 설정

프로젝트의 무대를 구성하는 배경을 선택하고, 편집할 수 있다.

⑦ 프로젝트 이름

작성하는 스크래치 프로젝트의 이름을 지정할 수 있다.

⑧ 내 작업실

온라인 에디터를 통해 작성한 스크래치 프로젝트 파일들이 저장되는 공간이다. 프로젝트를 새로 추가할 수도 있고 기존 프로젝트를 삭제할 수도 있다. 나만의 스튜디오를 만들어 프로젝트 파일들을 공유하고 다른 스크래쳐들과 온라인으로 소통할 수 있다.

⑨ 개인 저장소

계속 사용하기 원하는 스프라이트 모양, 무대 배경 등을 개인적으로 저장해놓고 다른 프로젝트에서 재사용할 수 있다. 온라인 에디터에만 존재하는 메뉴이다.

07
스크래치 실습

스크래치 블록

스크래치는 다양한 모양의 블록을 조립하여 프로그램을 작성한다. 스크래치 3.0에서는 블록들의 기능에 따라 블록들을 9가지 카테고리로 구분하여 제공한다. 스크래치 2.0의 소리 카테고리에서 제공되던 악기 연주 블록들과 펜 항목은 '확장 기능 추가하기'를 이용하여 추가해 사용해야 한다.

블록 범주	설명	블록
동작	스프라이트의 위치, 회전, 방향 등 동작과 관련된 블록들로 구성	동작 10 만큼 움직이기
형태	스프라이트의 말하기, 모양, 배경, 크기 등 형태와 관련된 블록들로 구성	형태 안녕! 을(를) 2 초 동안 말하기
소리	스프라이트의 소리 재생, 소리 효과, 음량 조절 등 소리와 관련된 블록들로 구성	소리 야옹 ▾ 끝까지 재생하기
이벤트	실행 깃발 클릭, 키보드 누름 등 특정 상황(이벤트)이 발생하였을 때 자신과 연결된 블록들을 실행하도록 하는 블록들로 구성	이벤트 클릭했을 때
제어	기다리기, 반복, 조건 등 스프라이트의 실행 제어와 관련된 블록들로 구성	제어 1 초 기다리기
감지	스프라이트에 약속된 특정 상황이 발생했는지를 감지하는 블록들로 구성	감지 마우스 포인터 ▾ 에 닿았는가?
연산	사칙연산, 난수, 비교연산, 논리연산 등 스크래치에서 사용할 수 있는 연산 블록들로 구성	연산 ( ) + ( )
변수	스크래치에서 데이터를 저장하기 위한 변수와 리스트를 생성하고 설정하는 블록들로 구성	나의 변수 ▾ 을(를) 0 로 정하기
나만의 블록	입력값 추가, 라벨 넣기 등 사용자가 원하는 기능을 새롭게 생성할 수 있는 블록으로 구성	입력값 추가하기
	확장 기능 추가하기는 음악, 펜, 레고 마인드스톰, Makey Makey, micro:bit 등 스크래치에서 이용할 수 있는 다른 확장 프로그램과 하드웨어를 연동할 수 있도록 해주는 블록들로 구성	

실습

1. 스크래치 에디터를 실행하고 다음 블록들을 이용하여 첫 번째 스크래치 프로젝트를 작성해 보자.

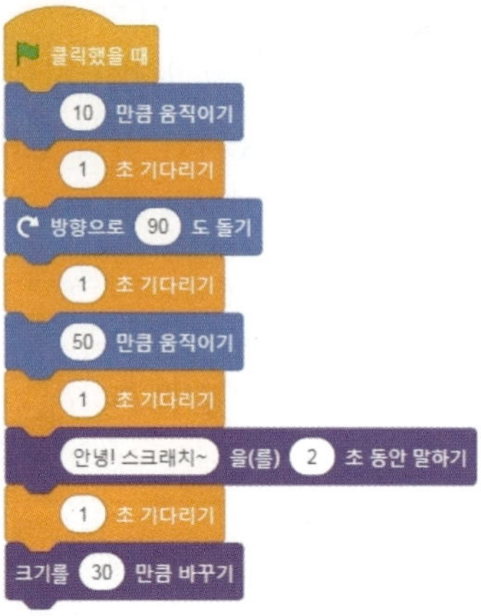

2. 작성한 프로젝트를 컴퓨터에 저장해보자(파일이름: 안녕스크래치.sb3).

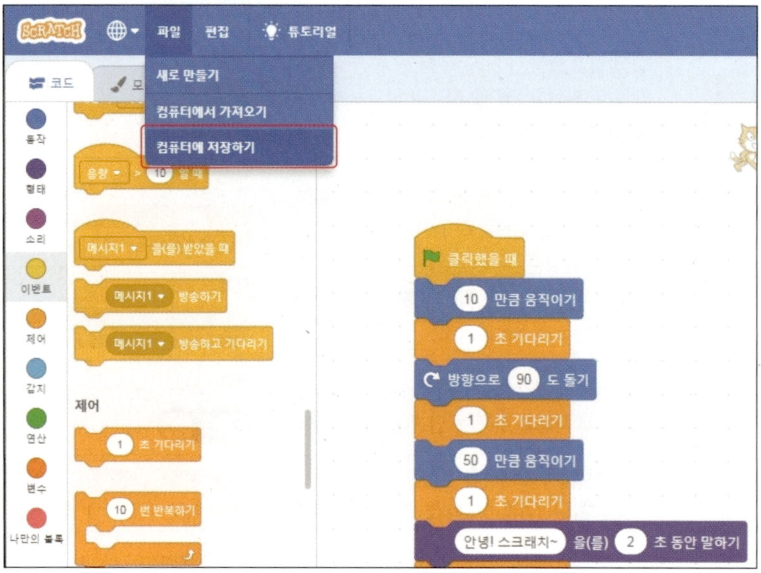

Lab 날아가는 새

문제의 정의

스프라이트와 무대를 이용하여 새가 바닷가에서 날아다니는 애니메이션을 작성해 보자. 배경을 변경하고, 새 스프라이트를 클릭했을 때 움직이게 하자.

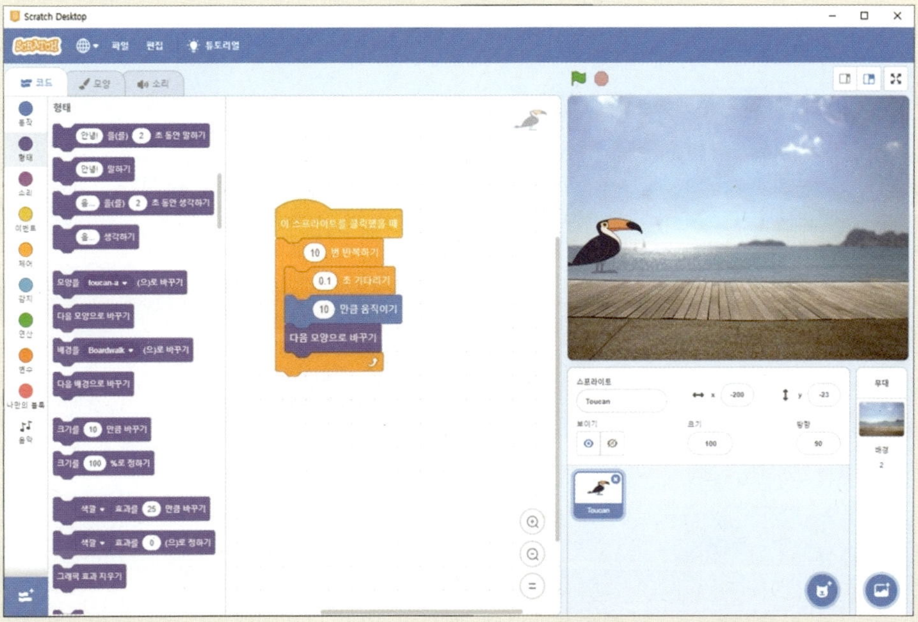

스프라이트 및 배경 설계

스프라이트	이름	기능
	Toucan	• 클릭하면 악기의 소리를 재생한다.
	Boardwalk	• 바닷가 이미지를 무대 배경으로 사용한다.

스크립트 작성

❶ 고양이 스프라이트는 삭제한다. 다음과 같이 "Toucan" 스프라이트를 추가한다.

❷ 무대의 배경을 "Boardwalk"로 변경한다.

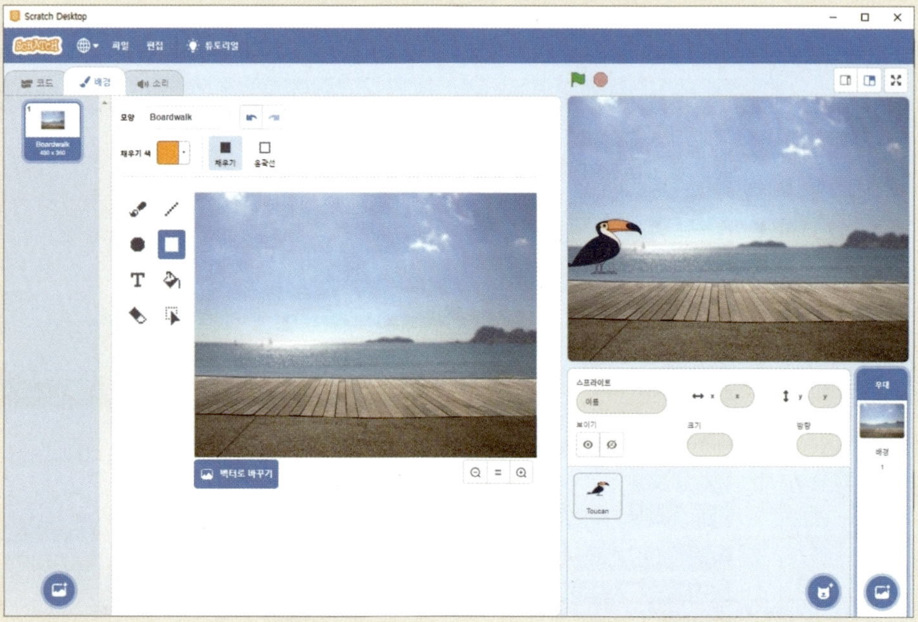

❸ "Toucan" 스프라이트에 다음과 같은 스크립트를 추가한다. 블록이 들어 있는 팔레트를 찾으려면 블록의 색상에 유의한다.

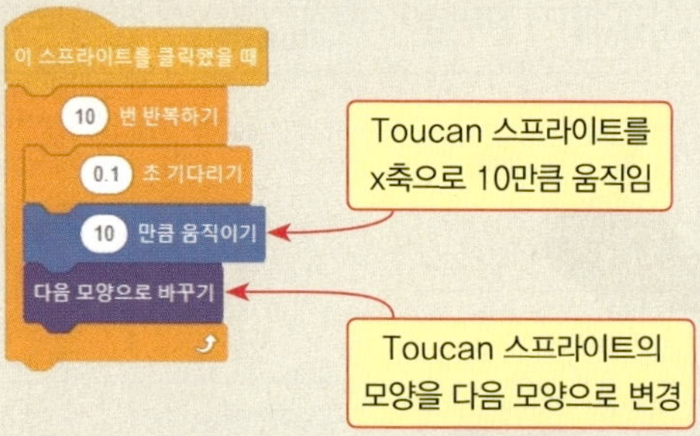

도전문제

1. 자신만의 주인공 스프라이트를 선택하여 움직이는 애니메이션을 만들어보자.

Lab

나만의 밴드 만들기

문제의 정의

스프라이트와 사운드를 결합하여 나만의 밴드를 작성해보자. 배경을 변경하고, 스프라이트를 클릭했을 때 악기가 재생되도록 하자.

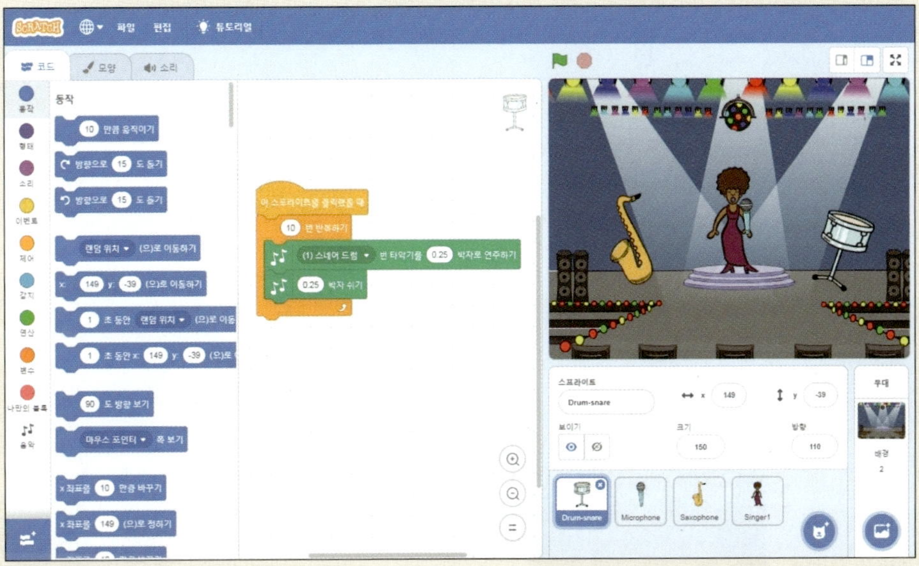

스프라이트 및 배경 설계

스프라이트	이름	기능
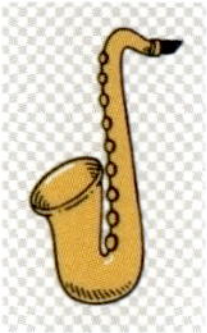	Drum-snare	• 방향을 변경한다. • 클릭하면 악기의 소리를 재생한다.
	Microphone	• 크기를 변경한다.
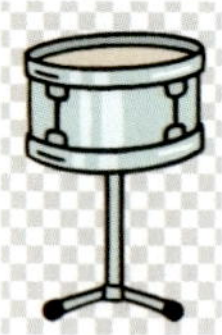	Saxophone	• 방향을 변경한다. • 클릭하면 악기의 소리를 재생한다.
	Singer1	• 가수 스프라이트
	Spotlight	• Spotlight 이미지를 무대 배경으로 사용한다.

스크립트 작성

❶ 고양이 스프라이트는 삭제한다. 다음과 같이 "Drum-snare"와 "Microphone", "Saxophone", "Singer1"스프라이트를 추가한다. "Microphone"스프라이트의 크기를 축소한다. "Drum-snare" 스프라이트와 "Saxophone" 스프라이트의 방향을 변경한다.

❷ 무대의 배경을 "Wall 1"로 변경한다.

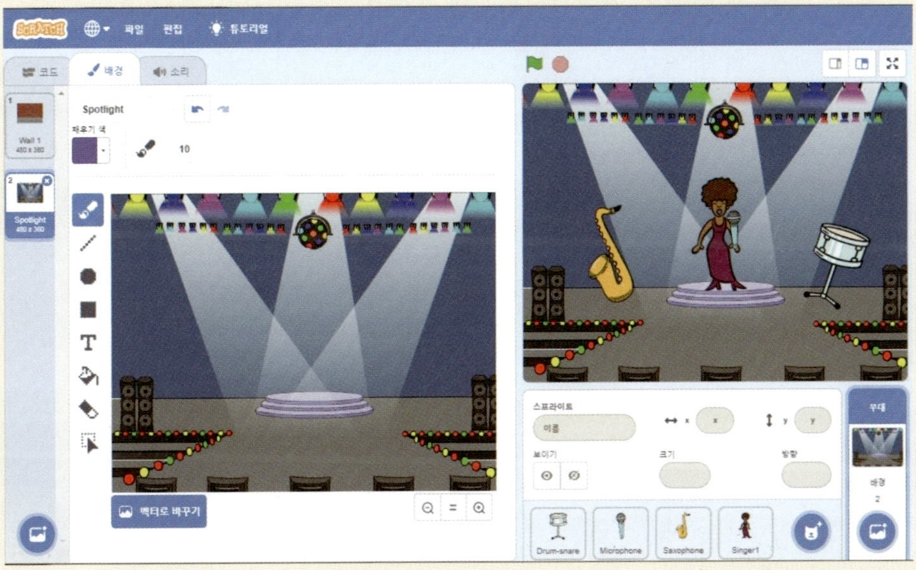

❸ 확장 기능 추가하기를 이용하여 "음악"을 블록 팔레트로 가져온다.

❹ "Drum-snare" 스프라이트에 다음과 같은 스크립트를 추가한다. 악기를 재생하는 블록은 "음악" 팔레트에 있다. 블록이 들어 있는 팔레트를 찾으려면 블록의 색상에 유의한다.

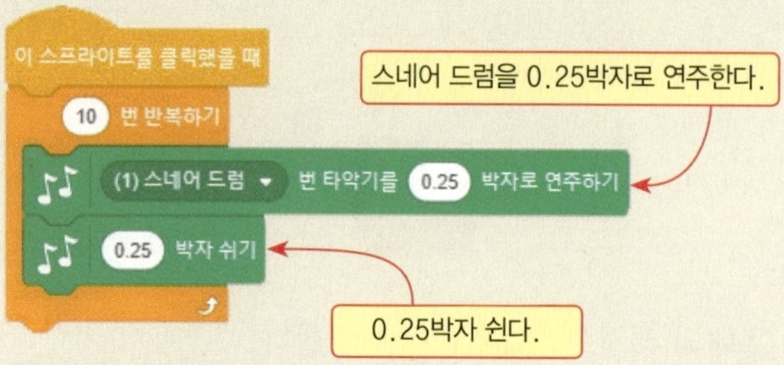

❺ "Saxophone" 스프라이트에 다음과 같은 스크립트를 추가한다. 악기를 재생하는 블록은 "음악" 팔레트에 있다. 블록이 들어 있는 팔레트를 찾으려면 블록의 색상에 유의한다.

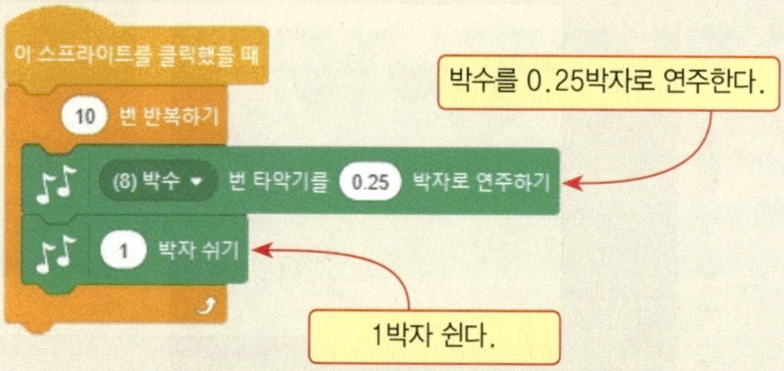

도전문제

1. "Singer1" 스프라이트를 클릭하면 "Singer1" 소리를 재생하도록 스프라이트에 소리를 추가하고, 스크립트를 작성해보자.
2. "Microphone" 스프라이트를 클릭하면 피아노 소리로 "나비야" 노래를 연주하도록 스크립트를 작성해보자.

Lab 뮤직비디오 만들기

문제의 정의

멋진 음악과 신나는 춤이 함께하는 뮤직 비디오를 만들어보자. 배경을 변경하고, 스프라이트를 클릭했을 때 음악이 연주되고 춤을 추게 해보자.

스프라이트 및 배경 설계

스프라이트	이름	기능
	Cassy Dance	• 클릭하면 애니메이션 효과와 악기가 재생된다. • 모양과 방향을 바꿔 움직임을 표현한다.
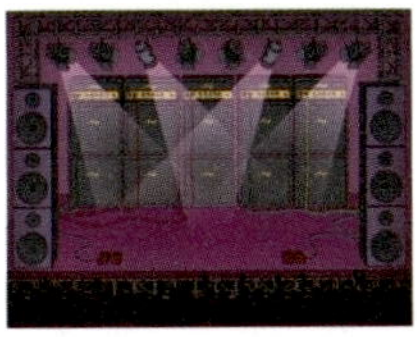	Concert	• 무대 배경으로 콘서트장 이미지를 사용한다.

스크립트 작성

❶ 고양이 스프라이트는 삭제한다. 다음과 같이 "Cassy Dance" 스프라이트를 추가한다.

❷ 무대의 배경을 "Concert"로 변경한다.

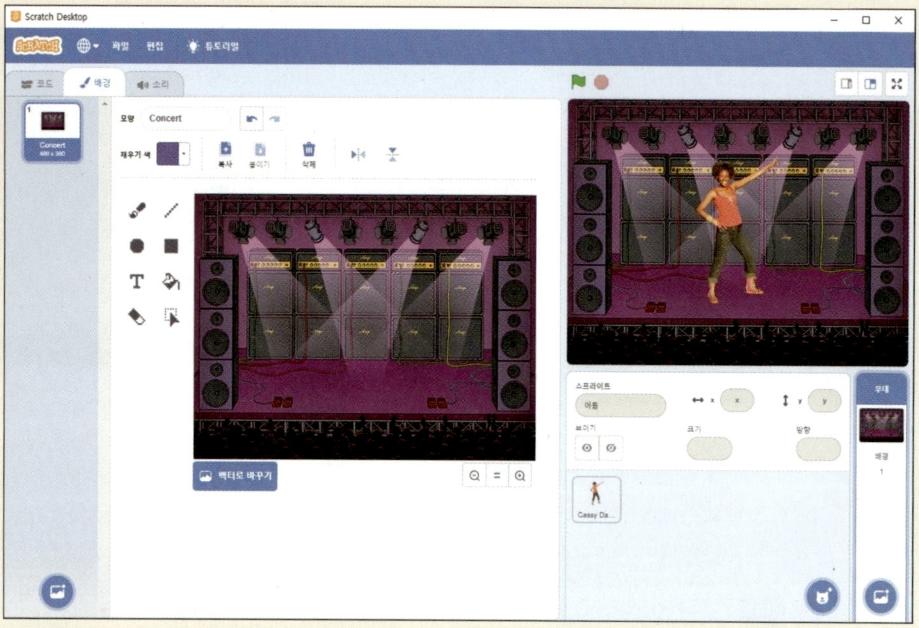

❸ '확장 기능 추가하기'를 이용하여 '음악'을 블록 팔레트로 가져온다.

❹ "Cassy Dance" 스프라이트에 다음과 같은 스크립트를 추가한다. 블록이 들어 있는 팔레트를 찾으려면 블록의 색상을 참고하면 된다.

도전문제

1. 스프라이트 모양을 4개로 바꾸고, 의상도 변경하여 애니메이션 효과에 활력을 불어넣어 보자.

COMPUTATIONAL THINKING

COMPUTATIONAL THINKING

CHAPTER 03

컴퓨팅 사고의 이해

이론편: 컴퓨팅 사고
실습편: 블록 사용법 익히기

이번 장에서는 다음과 같은 내용을 학습합니다.

- 컴퓨팅 사고의 개념을 간단히 소개한다.
- 스크래치의 중요한 블록들에 대하여 살펴본다.

필수 이론

01 컴퓨터와 인간

필수 이론

최근 와튼 스쿨과 「Nightly Business Report」에서 "Top 30 Innovations of the Last 30 Years"란 주제로 최근 30년간 세상을 변화시킨 혁신적인 발명품들을 조사한 적이 있다. 어떤 발명품들이 리스트에 있었을까?

❶ 인터넷
❷ PC 컴퓨터
❸ 모바일 폰
❹ 이메일
❺ DNA 테스팅/인간 유전자 지도
❻ 자기 공명 장치(MRI)
❼ 마이크로프로세서(Microprocessors)
❽ 광섬유(fiber optics)
❾ 오피스 소프트웨어(스프레드시트, 워드 프로세서)
...

상위 10위 내의 대부분이 컴퓨터와 관련되어 있다. 아마 컴퓨터처럼 인간의 삶을 극적으로 변화시킨 발명품은 없을 것이다. 최근에는 전기차, 인공지능 로봇, 사물인터넷, 자율 주행 자동차 등 컴퓨터가 사용되는 분야가 확장되고 있다. 전기차는 전기모터가 장착된 컴퓨터, TV는 대형의 스크린이 부착된 컴퓨터, 디지털 카메라는 렌즈가 장착된 컴퓨터라고 할 수 있다.

우리의 일상생활에서 컴퓨터는 얼마나 자주 사용되고 있을까? 우리는 스마트폰의 알람이 울리면 침대에서 일어난다. 우리가 사용하는 런닝머신에도 조그마한 컴퓨터가 운동거리, 운동시간 등을 표시한다. 냉장고, 토스터나 전자렌지에도 컴퓨터가 내장되어 있다. 우리는 인터넷으로 뉴스를 읽으며, 사무실에서는 워드 프로세서와 스프레드시트를 이용하여 업무를 처리한다. 우리가 타는 지하철도 컴퓨터 시스템에 의해 동작한다. 또한 우리는 소셜 네트워크를 이용하여 친구들과 연락한다.

인간은 이미 컴퓨터 없이는 생활할 수 없다. 이제 우리는 컴퓨터와 같이 살아가는 방법을 배워야 한다. 컴퓨터는 계산이 빠르고 논리적으로 추론할 수 있다. 인간은 계산은 늦지만 창의적으로 문제를 해결할 수 있다. 인간이 문제를 해결하는 방법을 찾아서 알고리즘으로 작성하면 컴퓨터를 이용하여 자동화할 수 있다. 현재도 우주 탐험과 같은 위험한 임무에서는 인간과 컴퓨터가 서로 도우면서 미션을 함께 수행하고 있다.

실세계의 다양한 문제들을 인간보다 빠르고 정확하게 해결해내는 컴퓨터는 인간의 능력을 확장하는데 활용되고 있다. 인간으로 하여금 과거에는 상상도 못했던 일들을 해결하게 하였고, 새로운 방식의 삶을 영위하게 해주었으며, 시간과 공간의 울타리의 제약을 없애주었기 때문이다. 앞으로도 인간과 컴퓨터는 좋은 동반자가 되어서 함께 복잡한 문제들을 처리할 것이다.

알파고와 4차 산업혁명

구글 딥마인드의 AI "알파고"는 우리에게 큰 충격을 안겼다. 2016년 3월에 펼쳐진 이세돌 기사와의 대국에서 알파고가 4-1이라는 압도적인 실력으로 승리한 것을 우리는 생생히 기억하고 있다. "AI, 인간을 넘다." 당시 국내일간지에 실린 기사 제목이다. 인간이 더 잘할 것이라고 믿어 의심치 않았던 바둑 분야에서 알파고는 인간 고수를 압도적인 스코어로 이겼다.

2017년 1월에는 중국의 온라인 바둑 사이트에 마스터(Master)란 이름의 고수가 나타났다. 마스터를 상대로 승리 시 약 1700만원을 주는 이벤트에서 마스터는 세계 1위의 커제 9단을 비롯하여 한 · 중 · 일을 대표하는 프로기사들을 상대로 30전 전승을 기록하였다. 마스터는 한국의 바둑 사이트에서도 30전 전승을 기록하여 마스터의 전체 전적은 60전 60승이 되었다. 마스터는 바둑 팬들의 예상대로 업그레이드된 알파고였다.

알파고는 우리에게 미래 사회의 단면을 보여준다. 우리는 4차 산업혁명 시대에 살고 있다. 1차 산업혁명은 영국에서 시작된 산업혁명을 말한다. 1차 기술 혁명은 증기기관의 힘을 이용한 기계화 혁명이었다. 2차 산업혁명은 대량 생산을 위해 전기를 사용하였고, 3차 산업혁명에서는 생산을 자동화하기 위하여 전자 및 정보기술을 사용하였다. 4차 산업혁명은 사물인터넷(IoT), 빅데이터, 클라우드, 인공지능 등의 기술이 결합되어서 기계의 지능화를 통해 생산성이 고도로 향상되는 산업혁명이다.

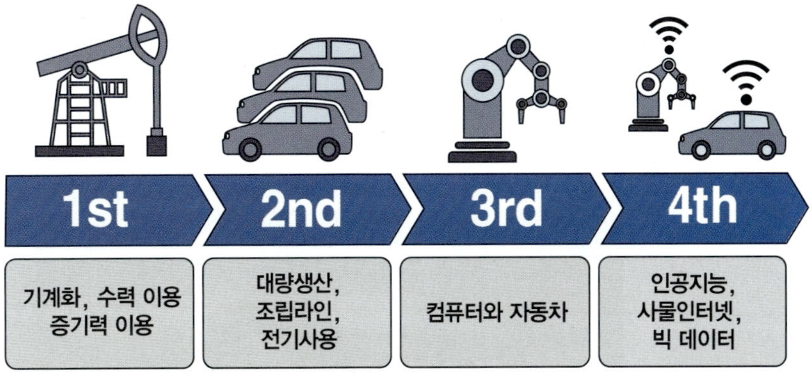

출처: 위키백과

전례 없는 처리 능력, 저장 용량을 가지고 있고 클릭 한 번이면 원하는 지식을 얻을 수 있는 모바일 장치로 무장한 인간의 가능성은 무한대이다. 이러한 가능성은 새롭게 떠오르고 있는 인공 지능, 로봇 공학, 사물 인터넷, 자율 주행 차량, 3D 프린터, 나노 기술, 생명 공학, 재료 과학, 에너지 저장 및 양자 컴퓨팅과 같은 분야로 가속화될 것이다.

자동화와 인간의 직업

미래에는 어떠한 직업들이 인공지능 로봇으로 대체되기 시작할까? 이것은 현재 교육 과정에 있는 학생들한테는 정말 중요한 질문이다. 이제까지 컴퓨터나 로봇에 의하여 없어진 직업이 정말 있었을까? 실제로 많이 있었다. 하나의 예가 "전화교환원"이다. 예전에는 기계식 교환기를 사용하던 시대에는 사람이 전화를 걸어서 상대방의 주소를 알려주면 전화와 전화를 연결해주는 사람이 있었다. 지금은 컴퓨터를 이용하여 전화 회선을 연결하기 때문에 "전화교환원"은 상상도 할 수 없다. 예전에는 지하철역에도 표를 팔던 직원들이 있었다. 현재는 티켓 자동판매기와 선불카드가 대신하고 있다.

단순노무직은 앞으로 컴퓨터나 로봇으로 대체될 것이 확실하다. 아마존에서는 무인 매장 '아마존 고(Amazon Go)'를 2016년 12월에 시애틀에 열 예정이었지만 기술적인 문제로 연기되었다고 한다.

아마존 고는 외형상으로는 일반 매장과 다를 바 없지만, 고객은 스마트폰 앱의 바코드를 찍고 입장한 후에 매장에서 상품을 가방에 담은 후 그냥 걸어 나오면 된다. 고객이 선택한 상품은 컴퓨터 비전과 딥 러닝 알고리즘, 센터 융합 등의 컴퓨터 기술을 이용하여 자동으로 기록되며 물건 값은 고객이 미리 등록한 신용카드에서 자동으로 결제된다. 매장에는 계산대도, 계산원도 없다. 전통 산업이었던 유통업에서도 컴퓨터가 도입되어서 점원을 줄이고 있는 것이다.

2013년도 영국 옥스포드 대학의 조사에 의하면 미국에 있는 702개의 직업 중에서 20년 안에 약 47%의 직업이 사라질 것이라고 전망하고 있다. 미국 <Fortune>의 조사에 의하여 2022년까지 사라질 10개의 직업은 다음과 같다. 아무래도 판매직, 사무직, 행정직 등에 근무하는 많은 사람들이 가장 큰 피해자가 될 것이다.

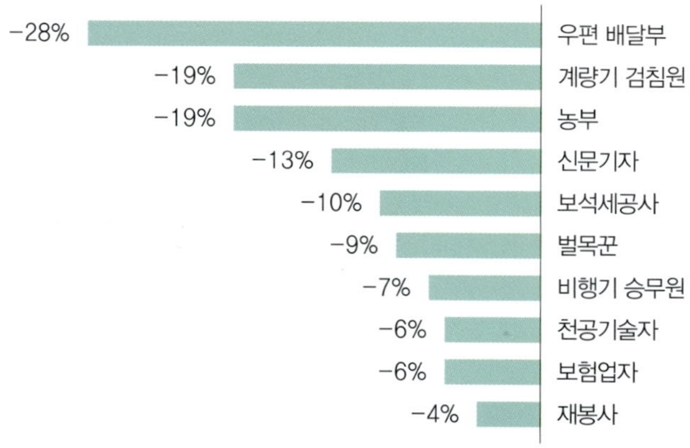

- **우편 배달부:** (택배가 아니다)가 1위이다. 왜 없어질까? 날로 발전하는 문자메시지, 이메일, 온라인 채팅 및 소셜 미디어의 성장 때문이다. 전자 결제 및 온라인 포털로 청구서를 지불하고 있기 때문이다. 모바일 기능은 이러한 추세를 가속화 할 것이다. 미국 우정국(US Postal Service)이 최근 직원을 30% 삭감한 것은 놀라운 일이 아니다.
- **계량기 검침원:** 기존에는 수도 · 전기 검침을 위해 직원이 직접 가정을 방문하였지만 최근에는 원격에서 단말기의 데이터를 읽는 사물인터넷(IoT)을 활용한 신기술을 사용하고 있다. 컴퓨터가 계량기를 확인하고 판독 값을 소비자가 확인할 수 있는 온라인 포털로 보낸다.
- **택시기사:** 최근에 눈부시게 발전한 자율주행 기술을 사용한 무인자동차 때문이다. 물론 아직도 운전을 즐기는 사람들이 많기 때문에 100% 자율 주행으로 바뀌지는 않을 것이다.
- **택배 배달 기사:** 로봇, 드론, 자율주행차가 배달을 대신할 수 있다. 이미 아마존에서는 드론을 이용한 택배 배송도 연구 중이다. 물론 크기와 중량에 따라서 로봇이 못하는 것도 있겠지만 얼마든지 가능한 이야기이다.
- **패스트푸드 직원:** 최근에 국내 패스트푸드점에도 "셀프 계산대"가 등장하고 있다. 컴퓨터가 주문을 받고 컴퓨터(3D 프린터)가 조리를 하는 완전히 자동화된 패스트푸드도 곧 등장할 것이다.
- **펀드매니저:** 컴퓨터가 주식 거래나 각종 원자재 선물을 거래하는 것이다. 현재도 주식 거래에는 컴퓨터가 널리 이용되고 있으며 최근에 로봇 어드바이저라는 이름으로 주식 시장에서 유망한 종목을 추천해주는 서비스가 등장하였다. 컴퓨터의 거래 속도나 자료 처리 속도를 인간이 따라갈 수 없기 때문에 이미 미국에서는 많은 펀드 운용이 컴퓨터 프로그램으로 되어있다.

우리는 어떻게 대처해야 할까?

컴퓨터의 발전에 따라서 많은 사람들이 일자리를 잃을 것이라는 우려는 어느 시대에서나 있었다. 하지만 실제로는 새로운 일자리가 생겨나기 때문에 예전에 비해 크게 줄어들지 않는다. 은행에 ATM이 도입될 때도 일시적으로 직원 수가 줄었지만 이후에는 은행 지점수와 직원 수도 늘었다고 한다. 단순 입출금 업무를 ATM이 대체하면서, 은행 직원들은 대출상담이나 보험 등 수익성 높은 금융상품을 팔 수 있었던 것이다. 단순반복 업무는 컴퓨터로 대체되지만 창의성이나 고차원적인 능력을 요구하는 업무는 여전히 인간이 담당하면서 새로운 일자리가 창출된 것이다. 컴퓨터로 인하여 없어지는 직업도 있지만 그만큼 새로운 일자리가 생겨나는 것이다. 컴퓨터는 분명 인간의 일자리를 위협하는 존재지만 적절하게 사용한다면 인간의 생산성을 높일 뿐 아니라 더 많은 일자리 창출도 가능하다.

우리는 어떻게 대처해야 할까? "컴퓨터가 널리 사용되는 현재에는 컴퓨터 과학자 뿐만 아니라 모든 사람들이 컴퓨팅 사고를 배워야 한다."는 것이 최근의 중론이다. 자라나는 아이들이 배우는 "읽기", "쓰기", "셈하기"에 "컴퓨팅 사고"를 추가해야 한다는 것이다.

컴퓨팅 사고는 우리에게 당면한 문제를 컴퓨터의 도움을 받아서 해결하자는 것이다. 컴퓨팅 사고는 단순히 소프트웨어를 사용하는 방법이 아니다. 즉 워드 프로세서나 엑셀을 사용하는 것이 컴퓨팅 사고는 아니다. 복잡한 문제를 해결하기 위하여 문제를 분석하고 문제를 분해하여 문제를 해결하는 절차를 생각하고 이것을 알고리즘으로 만들어서 필요하다면 컴퓨터를 이용하여 자동화하는 것이 컴퓨팅 사고이다. 컴퓨터로 각자의 문제를 해결하려고 할 때, 컴퓨터에 대하여 어느 정도는 아는 것이 도움이 되지 않을까? 목수가 자신의 연장을 다루지 못한다면 좋은 집을 짓지 못할 것이다.

컴퓨팅 사고는 컴퓨터 분야를 넘어서 다른 학문 분야에도 아주 유용하다. 주식 거래에도 컴퓨터가 이용되고 있고 건축 분야에서도 컴퓨터를 이용하여 건물을 짓기 전에 건물을 거닐 수 있다. 음악가들도 컴퓨터를 이용하여 작곡을 하고 생물학, 물리학에서도 컴퓨터를 이용하여 많은 발견을 하고 있다. 컴퓨터가 인간의 직업을 위협한다고 해서 컴퓨터 없는 삶을 생각할 수 있을까? 인간이 달에 갔을 때도 컴퓨터를 사용하여 우주선을 조종하였다. 현대의 복잡한 생활은 이미 컴퓨터 없이는 돌아가지 않는다. 우리는 컴퓨터를 배척할 것이 아니라 컴퓨터와 함께 문제를 해결하면서 공존하는 길을 모색하여야 한다.

컴퓨터와 인간이 대립하는 경우

켬퓨터와 인간이 협력하는 경우

02 필수 이론 컴퓨팅 사고의 정의

컴퓨터는 우리가 복잡한 문제를 해결하는 데 많은 도움을 준다. 여기서 복잡한 문제란 "정답을 쉽게 알 수 없는 문제"이거나 "공식이 없는 문제"이다. 복잡한 문제를 컴퓨터를 이용하여 처리하려면, 우리(인간)가 문제 자체를 이해하고 문제를 해결하는 방법을 고안하여야 한다. 왜냐하면 현재의 컴퓨터는 문제를 해결할 수 있는 절차를 자체적으로 만들 수 없기 때문이다. 인간이 문제를 분석하고 컴퓨터로 문제를 해결하기 위한 절차를 만드는 것이 바로 **컴퓨팅 사고**(computational thinking)이다. 컴퓨팅 사고는 "계산적 사고" 또는 "컴퓨팅 사고력"이라고도 번역된다.

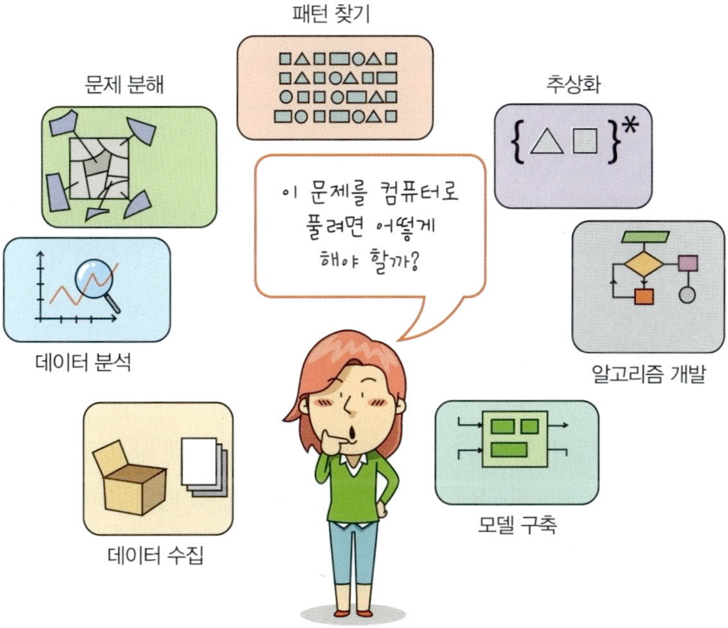

그림 2-1 컴퓨팅 사고의 구성

"컴퓨팅 사고"라는 용어는 2006년 자넷 윙(Jeannette Wing)이 논문에서 사용했다고 되어 있다. 자넷 윙은 "컴퓨팅 사고"를 이용하면 컴퓨터 과학을 전공하는 사람들뿐만 아니라 모든 분야의 사람이 자신의 문제를 해결하는데 도움을 받을 수 있다고 주장한다. 자넷 윙은 2010년 논문에서 컴퓨팅 사고를 다음과 같이 정의하고 있다.

그림 2-2 자넷윙의 컴퓨팅 사고 정의

흔히 컴퓨팅 사고는 컴퓨터 프로그래밍에만 이용되는 방법이라고 오인하기 쉽지만, 컴퓨팅 사고는 공학 분야뿐만 아니라 실생활에서 나타나는 문제에도 적용할 수 있다. 자넷 윙은 일상 생활의 여러 가지 문제도 컴퓨팅 사고로 해결할 수 있다고 이야기한다. "어떻게 하면 회사에서 일을 더 효과적으로 할 수 있을까?", "어떻게 하면 목적지에 더 빠르게 갈 수 있을까?" 등은 일상생활에서 나타나는 중요한 문제들 중 하나이다. 자넷 윙의 설명에 따르면 컴퓨터에서 사용되는 파이프라인(pipeline) 개념을 응용하여 전체 세탁시간을 줄일 수 있다는 것이다(세탁기, 건조기, 다리미를 겹쳐서 동시에 사용하자는 것으로 이것은 컴퓨팅 사고 없이도 이미 우리가 사용하고 방법이긴 하다). 또 알파벳 순으로 정렬된 리스트에서 이름을 찾을 때는 이진 탐색(binary search)이라는 기법을 사용할 수 있다고 이야기하고 있다(이진 탐색은 상당히 유용한 방법이다).

Note

"컴퓨팅 사고"라는 용어가 사용되기 시작한 것은 얼마 되지 않았다. 따라서 지금도 많은 혼란이 존재한다. 컴퓨팅 사고 교육에서 문제점은 개념이 약간 모호하다는 것이다. 컴퓨팅 사고가 다른 사고 방식과 어떻게 다른지 명확하게 밝혀지지 않았기 때문이기도 하다. 우리는 컴퓨팅 사고가 "문제를 해결하는 사고"로 정의하고 결과물은 "알고리즘"이라고 생각하자. 이 알고리즘은 컴퓨터를 사용하여 실행할 수 있다.

컴퓨팅 사고 vs 프로그래밍

컴퓨팅 사고란 복잡한 문제를 받아서 문제가 무엇인지를 이해하고 문제에 대한 해결책을 개발하는 것이다. 이들 해결책을 사람이 수행하거나 컴퓨터가 수행할 수 있다. 컴퓨팅 사고는 프로그래밍과 밀접한 관계가 있지만 프로그래밍 자체와는 구별하여야 한다. 프로그래밍이란 컴퓨터에게 무엇을 어떻게 하는지를 지시하는 것이다. 컴퓨팅 사고는 컴퓨터에게 구체적으로 작업을 시키기 전에 인간이 문제를 분석하고 패턴 발견이나 추상화 과정을 거쳐서 알고리즘을 만들어보는 과정이다. 알고리즘이 만들어지면 프로그래밍 과정을 거쳐서 컴퓨터에서 실행할 수 있다.

위키 백과에 따르면 컴퓨팅 사고는 다음과 같은 것과 관련이 있다.

- 추상화 및 패턴 인식을 사용하여 새롭고 다양한 방식으로 문제를 표현하는 것
- 데이터를 논리적으로 구성하고 분석하는 것
- 문제를 작은 부분 문제들로 나누어서 해결하는 것
- 반복이나 순환, 기호로 표현하기, 논리 연산과 같은 프로그래밍 방식 사고 기술을 사용하여 문제에 접근하는 것
- 일련의 단계(알고리즘적 사고)를 사용하여 문제를 해결하기 위해 문제를 재구성하는 것
- 가장 효율적이고 효과적인 단계와 자원을 결합하여 가능한 해결책을 식별, 분석 및 구현하는 것
- 특정한 문제를 위한 해결 과정을 다양한 문제로 일반화하는 것

컴퓨팅 사고는 다음과 같은 것은 아니다.

- 컴퓨팅 사고는 단순히 소프트웨어를 사용하는 방법을 배우는 것이 아니다.
- 컴퓨터처럼 생각하자는 것은 절대 아니다. 컴퓨터는 스스로 생각할 수 없다.
- 프로그래밍이 아니다(물론 프로그래밍과 밀접한 관련이 있다).
- 컴퓨터가 없어도 할 수 있다(언플러그드 활동).

컴퓨팅 사고의 예 #1

컴퓨팅 사고는 일상 생활에 나타나는 문제를 해결하는 데에도 사용할 수 있다. 자넷 윙의 논문에서 나오는 예를 보자. 아이가 학교에 갈 때, 엄마들은 준비물들을 가방 안에 챙겨준다. 이것은 컴퓨터에서 사용되는 캐시(pre-fetching과 caching)와 비슷한 개념을 사용하는 것이다. 컴퓨터에서도 빈번히 사용되는 자료들은 캐시에 저장하여 전체적인 처리 속도를 높인다.

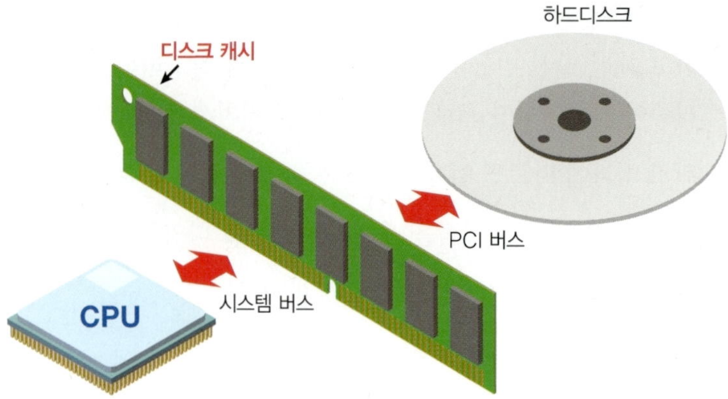

컴퓨팅 사고의 예 #2

컴퓨팅 사고를 이용하여 우리가 해결하려는 문제의 복잡도를 어느 정도 예측할 수 있다. 예를 들어서 단어가 가득 적힌 리스트에서 특정 단어를 찾아야 한다고 하자. 이것은 컴퓨터 과학에서 철저하게 분석된 문제(탐색 문제라고 한다) 중의 하나로서 만약 리스트가 정렬되지 않았다면 최선의 탐색 방법은 앞에서부터 하나씩 찾아보는 것이다. 하지만 리스트 안의 단어들이 정렬되었다면 이진 탐색이라는 획기적인 방법을 사용할 수 있다. 이진 탐색은 리스트의 중간을 우리가 찾고자 하는 단어와 비교하여 탐색 범위를 절반씩 줄여나가는 방법이다. 아래의 그림은 단어가 아니고 숫자가 들어 있는 리스트이지만 원리는 같다.

컴퓨팅 사고의 예 #3

어떤 엄마가 자녀를 축구장, 체육관, 수영장에 매일 데려다 주어야 한다. 어떤 경로를 선택해야 가장 단시간에 이동할 수 있을까? 이것도 컴퓨터 분야에서 널리 분석된 문제로서 외판원 문제(TSP: Traveling Salesman Problem)라고 한다. TSP 문제도 수십 년에 걸쳐서 철저히 분석된 문제로서 정확한 알고리즘은 계산적으로는 무척 어렵지만 많은 근사적인 알고리즘들이 알려져 있다.

컴퓨팅 사고의 예 #4

아이들이 레고 블록을 가지고 논 후에 정리를 안 했다고 하자. 어떻게 레고 블록을 정리해 놓아야 다음번에 찾기 쉬울까? 컴퓨터 분야에서는 해싱(hashing)이라는 방법이 있다. 어떤 특징을 잡아서 특징이 유사한 자료들을 동일한 위치에 저장하는 방법이다. 따라서 레고 블록의 크기나 색상을 기준으로 상자를 만들어서 정리하면 된다.

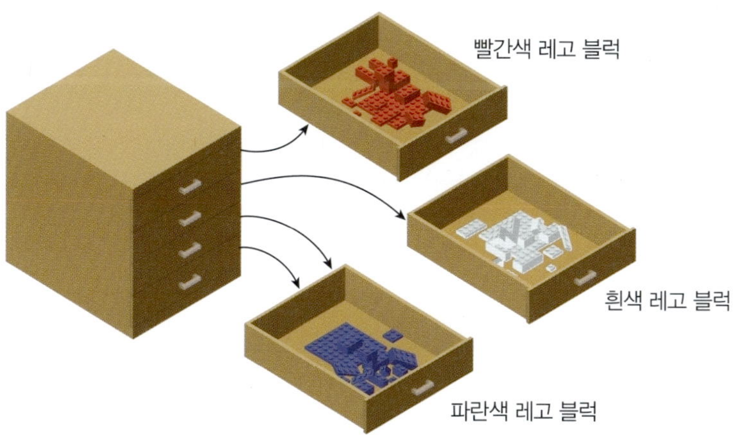

컴퓨팅 사고의 예 #5

자넷 윙의 예를 하나 더 들어보자. 컴퓨터에서는 파이프라인(pipeline)이라는 개념을 사용한다. 컴퓨터에서, 파이프라인이란 연속적인 연산 단계들을 약간 겹치게 하는 것을 의미한다. 우리가 세탁을 할 때는 세탁기와 건조기, 다리미를 순차적으로 사용해야 한다. 하지만 이들 장치를 겹쳐서 사용하게 되면 세탁 시간을 단축할 수 있다.

컴퓨터에서의 파이프라이닝

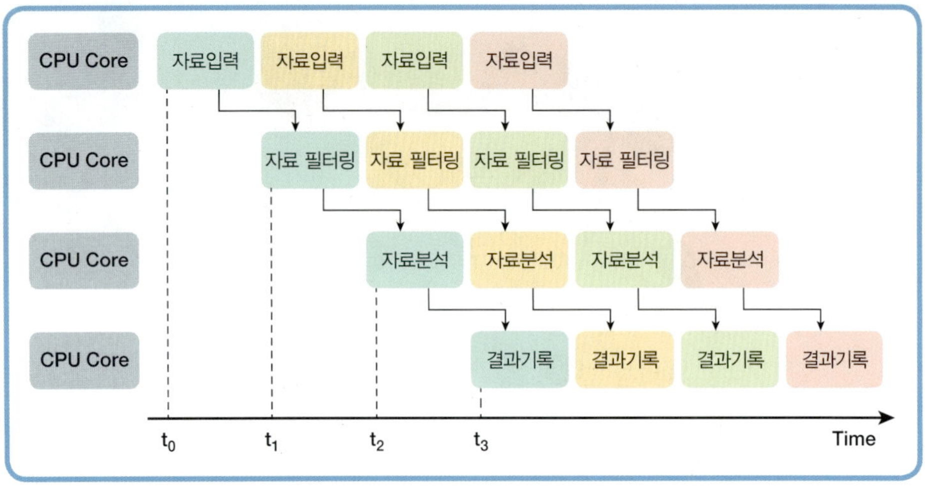

세탁문제에서의 파이프라이닝

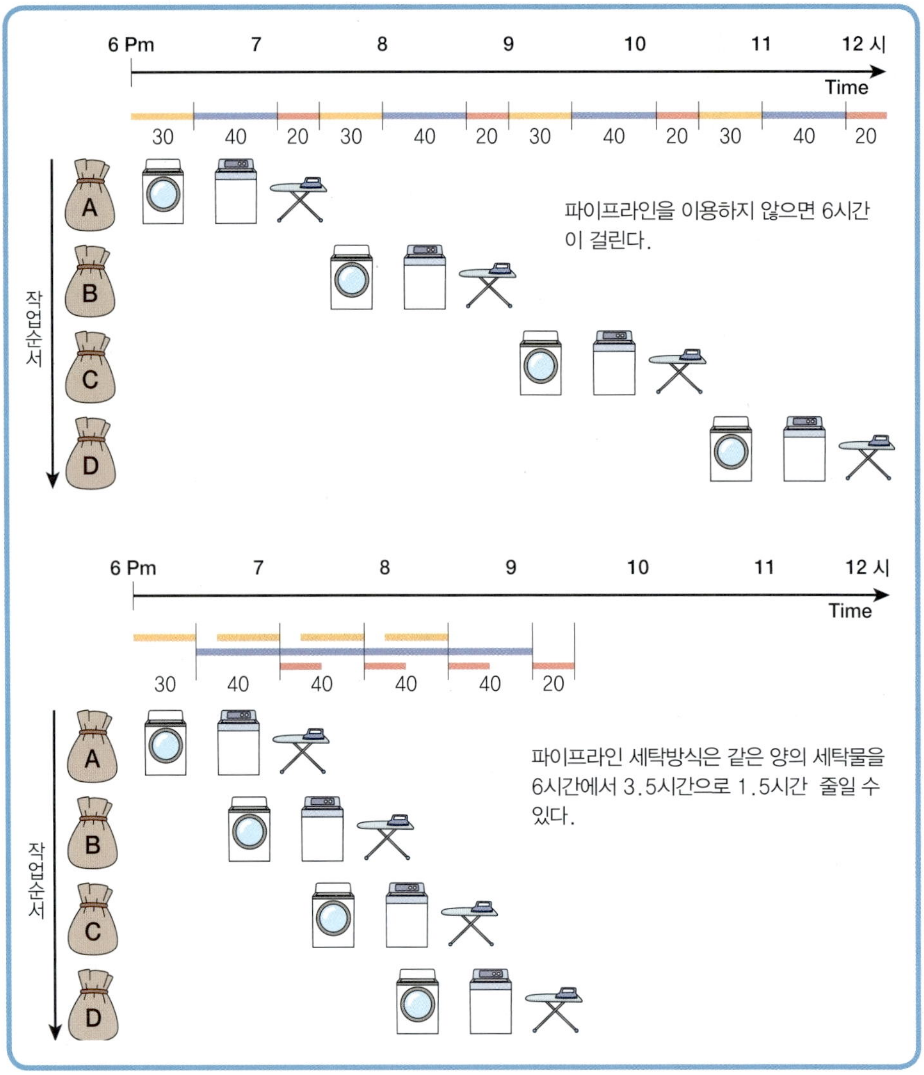

컴퓨팅 사고의 예 #6

예를 들어서 우리가 영화를 만든다고 하자. 우리는 영화를 제작하기 전에 영화의 스토리를 만들어야 하고 어떤 장면들을 제작할 것인지에 대하여 계획을 세워야 할 것이다. 이것을 영화에서는 스토리보드(storyboard)를 만든다고 한다. 영화에서는 스토리보드를 만드는 작업이 바로 컴퓨팅 사고에 해당한다.

컴퓨팅 사고의 예 #7

여러분이 과거에 가보지 않았던 장소에서 친구를 만난다고 하자. 여러분은 분명히 집을 나가기에 앞서서 계획을 세울 것이다. 여러분은 여러 경로를 고려하여서 어떤 길이 최선인지를 생각할 것이다. 최선이라고 하는 것은 가장 빠른 길일 수도 있고 가장 짧은 길일 수도 있다. 계획이 서면 계획에 따라서 목적지까지 가기 위한 단계적인 절차를 따르면 된다. 지도에서 가장 짧은 경로를 찾는 문제는 컴퓨터 분야에서 철저하게 분석되어 있다(최단 경로 알고리즘). 따라서 이것을 응용하여서 경로를 찾으면 될 것이다.

컴퓨팅 사고의 예 #8

복잡한 문제를 우리가 쉽게 이해할 수 있는 문제로 변환시킬 수 있다는 것은 유용한 기술이다. 컴퓨터 분야에서는 복잡한 문제가 있으면 작은 문제들로 분할하라고 가르친다. 예를 들어서 친구들과 해외여행을 간다고 하자.

만약 친구들의 취향이 모두 달라서 해외여행의 목적지를 정하는 것이 복잡하다면 여러분은 다음과 같은 사항을 결정하여야 한다.

- 어디를 갈 수 있는가?
- 얼마나 시간이 있는가?
- 여행 예산은 얼마이고 각 여행지에서 지출할 비용은?
- 예전에 성공적이었던 여행은 무엇인가?

우리는 복잡한 문제를 분해하여 작은 문제들의 집합으로 만들었다. 이들 문제를 해결한 후에 친구들을 만족시키기 위해 해외 여행의 목적지를 보다 쉽게 결정할 수 있다. 또한 문제에 대한 최선의 해결책을 도출하기 위해 컴퓨터를 사용할 수도 있다. 만약 나중에 똑같은 문제가 다시 발생하는 경우에는 이번 분석이 도움이 될 것이다.

컴퓨팅 사고의 예 #9

비디오 게임을 할 때도 컴퓨팅 사고가 필요할 수 있다. 비디오 게임을 해결해야 하는 복잡한 문제로 생각한다면 다음과 같은 부분 문제로 분해해서 생각하는 것이다.

- 어떤 아이템을 수집해야 하는가? 얼마나 수집해야 하는가? 얼마동안 수집해야 하는가?
- 출구가 어디며 가능한 가장 빠른 시간에 출구까지 갈 수 있는 최적의 경로는 무엇인가?
- 어떤 종류의 적들이 있고 적들의 약점은 무엇인가?

이러한 부분 문제의 해결책을 모아서 우리는 비디오 게임을 위한 전략을 만들 수 있다.

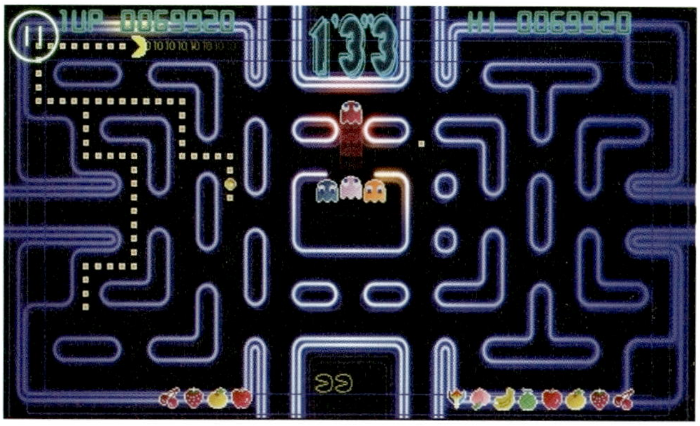

정리

앞의 예제들은 모두 복잡한 문제를 해결하기 위해 컴퓨팅 사고가 사용된 예이다.

- 복잡한 문제는 여러 개의 작은 의사 결정과 단계로 분해되었다(즉 어디로 갈 것인지, 어떻게 게임을 완료할 것인지 – 이것이 분해이다).
- 오직 관련 있는 세부 사항에 집중되었다(예를 들면 게임에서의 출구의 위치 – 이것이 추상화이다).
- 이전에 수행하였던 유사한 문제의 지식이 사용되었다(이것이 패턴 인식이다).
- 행동의 단계적인 계획을 세웠다(이것이 알고리즘이다).

03 필수 이론 왜 우리는 컴퓨팅 사고를 배워야 하는가?

현대 사회를 정보 사회라고 한다. 정보 사회에서는 거의 모든 사람들이 경제활동, 의사소통과 같은 일상적인 문제나 업무처리와 같은 복잡한 문제 해결에 이르기까지 컴퓨터와 인터넷을 사용하고 있다. 정보 사회에서 경쟁력 있게 살아가려면 컴퓨터를 이용하여 이들 문제들을 잘 해결해야 한다. 컴퓨터를 활용하여 문제 해결을 하려면 컴퓨터에 대하여 어느 정도 알아야 하고 컴퓨터 과학자처럼 생각하여 문제를 해결할 수 있어야 한다. 이것이 우리가 컴퓨팅 사고를 배워야 하는 이유이다.

컴퓨터가 없었으면 많은 발견들이 가능하지 않았을 것이다. 현재 컴퓨터는 모든 학문 분야에서 창조적 파괴를 일으키고 있으며 이러한 추세는 앞으로 더욱 가속화될 것이다. 예전부터 과학계에서도 첨단 분야 발전을 위해서는 컴퓨터에 대한 지식이 필요하다는 것을 절감하게 되었다. 생물학에서도 "계산 생물학"(computational biology) 분야가 나타났다. 계산 생물학에서는 컴퓨터만을 이용하여 생물학 또는 생명과학 현상을 연구하는 분야이다. DNA는 컴퓨팅의 힘으로 해독되었다. 생명과학과 컴퓨터의 융합으로 생명과학분야에서 놀라운 성과가 창출된 것이다. 물리학에서도 "계산 물리학" 분야가 출현하게 되었다. 계산 물리학(computational physics)에서는 컴퓨터의 능력을 이용하여 물리적 현상이나 원리를 이해하고자 한다. 수치해석과 모의실험이 이 분야의 대표적인 도구이다. 이 외에도 컴퓨팅과 융합되는 분야는 점점 다양해지고 있으며, 미국이나 유럽의 명문대학에서는 Computational Medicine, Computational Law, Computational History 등과 같은 다양한 융합 전공 과정이 만들어지고 있다.

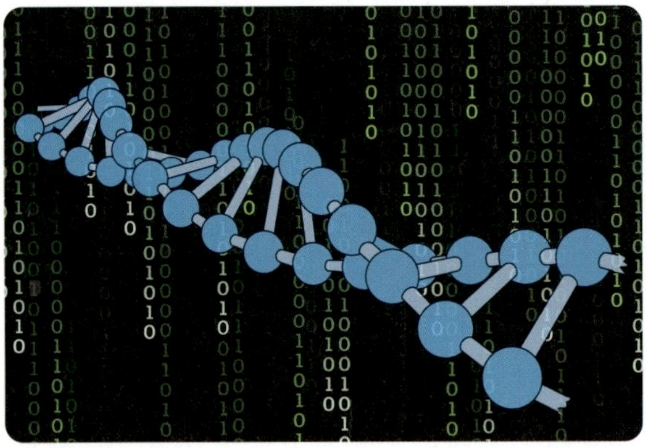

컴퓨팅 사고는 인문사회계에서도 유용하다. 건축학에서도 컴퓨터를 이용하여 아직 완공되지 않은 건물을 둘러볼 수 있으며, 음악가들은 컴퓨터를 이용하여서 작곡을 하고 있다. 영화계에서도 컴퓨터를 이용하여 가상적인 화면들을 만들어낸다. 물론 컴퓨팅 사고를 배우지 않아도 컴퓨터를 이용할 수 있지만 자신이 사용하는 도구에 대하여 많이 알면 알수록 최상의 결과를 얻을 수 있을 것이다. 그림을 그릴 때도 우리는 인공지능 컴퓨터의 도움을 받을 수 있다. 최근에 발표된 구글의 오토드로우(autodraw) 프로그램은 인간의 스케치를 보고 가장 유사한 클립아트를 추천해 준다.

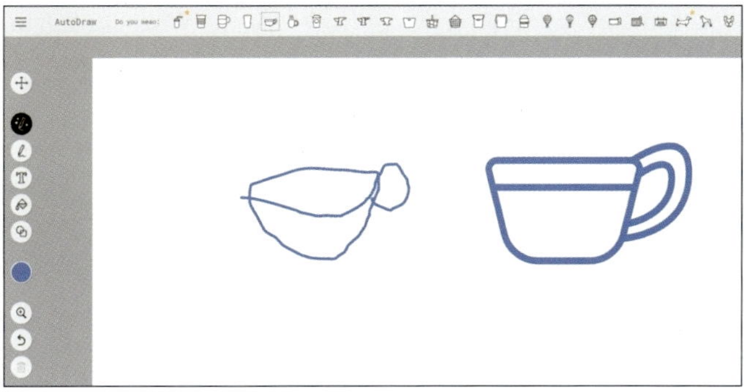

그림 2.2 구글의 오토드로우 프로그램.

최근에 이세돌을 이긴 알파고나 유튜브에서 동영상을 인식하는 인공지능 프로그램을 보면 컴퓨터는 상당히 똑똑한 것처럼 보인다. 하지만 사실 알고 보면 컴퓨터는 상당히 우직한 기계이다. 컴퓨터는 0과 1로 이루어진 비트만을 처리하며 맹목적으로 프로그램의 명령어를 따르고 있다. 그러나 컴퓨터는 명령어만 있으면 어떤 작업이라도 수행할 수 있는 보편적인 기계이다. 컴퓨터가 어떻게 프로그래밍 되어서 작업을 수행하는지를 우리가 자세히 안다면 우리는 더욱 효율적으로 문제를 해결할 수 있다.

스크래치 실습

COMPUTATIONAL THINKING

이번 장에서는 다음과 같은 사항을 학습해보자.

- 스크래치의 동작, 제어, 펜에 속하는 블록들을 살펴 본다.
- 무대 주위로 스프라이트를 움직여보자.
- 예술적이고 기하학적인 패턴을 그려보자.
- 간단한 게임을 작성해보자.
- 스프라이트를 복제해보자.

04 스크래치 블록

스크래치 실습

스크래치의 블록들은 9개의 기본 카테고리와 확장 카테고리로 구성되어 있다. 각 카테고리의 블록들은 서로 구별되는 색상을 가진다. 예를 들어서 "동작" 카테고리의 블록들은 파란색으로 칠해져 있다. 블록에 대한 도움말을 보려면 (?) 아이콘을 선택하고 도움말을 보고 싶은 블록을 클릭하면 된다.

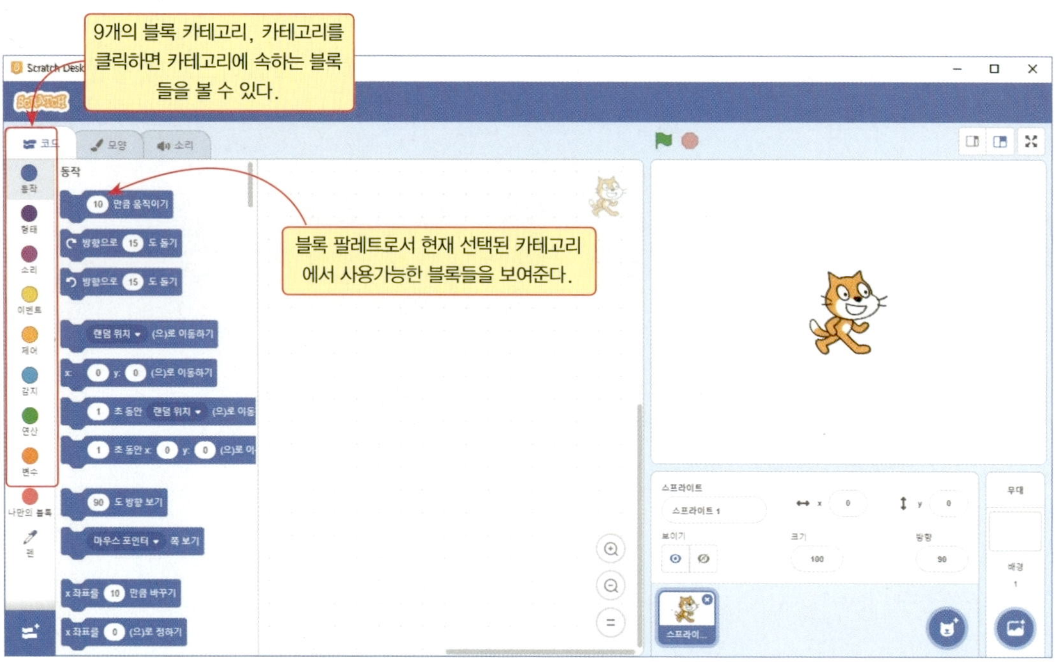

스크래치에서 프로그램을 작성하려면 원하는 블록들을 드래그하여서 스크립트 영역으로 이동시키면 된다. 블록들은 다른 블록과 결합될 수 있다. 현재까지 작성된 스크립트를 실행하려면 마우스로 블록 더미를 클릭하면 된다.

예를 들어서 아래 그림과 같은 스크립트를 작성해서 실행하여 보자. 각 블록들을 왼쪽에서 찾아서 오른쪽으로 드래그하여 결합한다. 블록 더미를 클릭하면 고양이 스프라이트가 45도 방향으로 움직이면서 벽에 반사되는 것을 볼 수 있다. 스크립트를 정지하려면 상단의 빨간 버튼을 누른다.

스크래치에서 프로그램은 블록들의 모임이고 각 블록은 스프라이트에 대한 하나의 명령을 나타낸다. 스크래치의 블록은 프로그램에서의 하나의 명령어와 유사하다고 생각할 수 있다.

05 스크래치 실습 "동작" 블록

2장에서 전체적인 스크래치 인터페이스를 살펴보았다. 이번 장에서는 스프라이트를 이동시키는 방법과 화면에 펜으로 그림을 그리는 방법을 살펴보자. 게임이나 애니메이션 프로그램을 만들려면 "동작" 팔레트의 블록을 사용하여 스프라이트를 이동해야 한다. 무대의 특정한 지점으로 이동하거나 특정 방향으로 회전하는 방법도 알아야 한다.

스프라이트를 이동하는 블록은 다음과 같이 2가지로 나누어진다.

- 절대좌표로 움직이기
- 상대좌표로 움직이기

절대적으로 움직이기

1장에서 살펴보았듯이 스크래치의 무대는 480 × 360 크기의 직사각형과 같다. 원점은 무대의 중앙점이다. 스크래치는 다음과 같은 블록들은 절대 좌표를 사용하여 스프라이트를 이동시킨다.

- “x: 10 y: 10으로 이동하기”
- “1초 동안 x: 10 y: 10으로 움직이기”
- “x좌표를 10으로 정하기”
- “y좌표를 10으로 정하기”

원점에 있는 공을 (100, 100)으로 이동시키려면 “x: 100 y: 100으로 이동하기” 블록을 사용하면 된다. 스프라이트의 x좌표와 y좌표를 따로따로 설정하여도 된다. 이동이 완료되면 스프라이트 중심점의 좌표가 (100, 100)이 된다. 스프라이트의 중심점은 그림 편집기에서 설정할 수 있다. 속도를 낮추어서 대상에 도달하게 하려면 “3초 동안 x: 100 y: 100으로 움직이기” 블록을 사용한다.

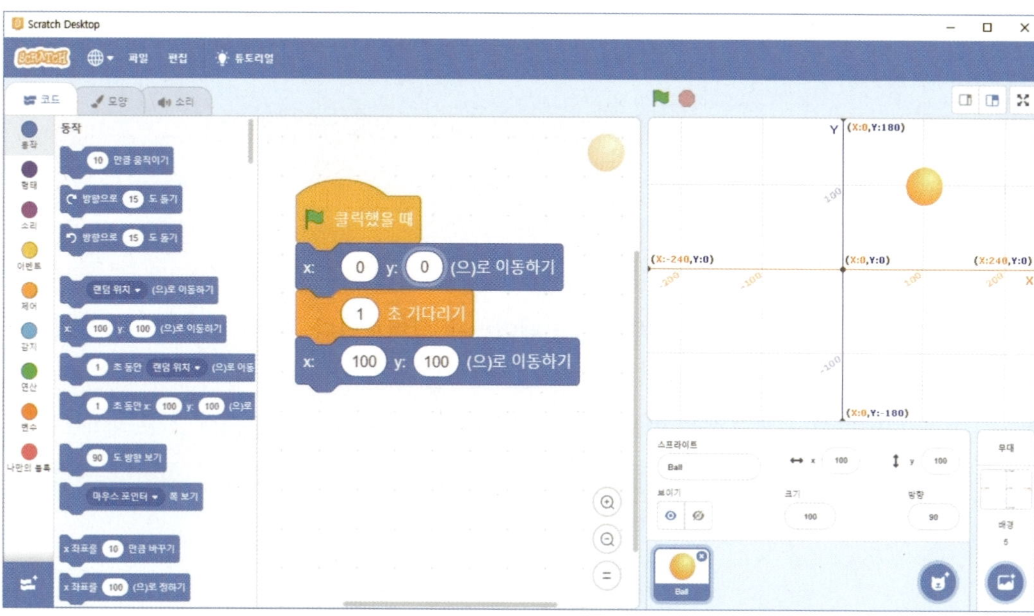

실습

(0, 0)에 있는 스프라이트에 다음과 같은 블록을 수행하면 최종 위치가 어떻게 되는가?

상대적으로 움직이기

"10만큼 움직이기"와 같은 블록들은 상대적인 이동 명령이다. "10만큼 움직이기" 블록을 실행하면 현재 위치에서 10만큼 이동한다. "10만큼 움직이기" 블록은 스프라이트의 현재 방향과 관련이 있다. 스크래치에서 사용하는 방향 규칙은 다음 그림과 같다.

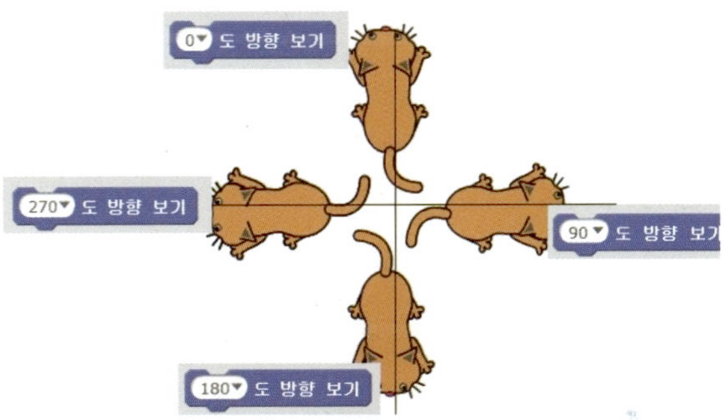

예를 들어서 원점에 있는 고양이를 움직여서 (200, 100)에 있는 쥐를 잡아보자. 어떤 블록을 사용해야 하는가?

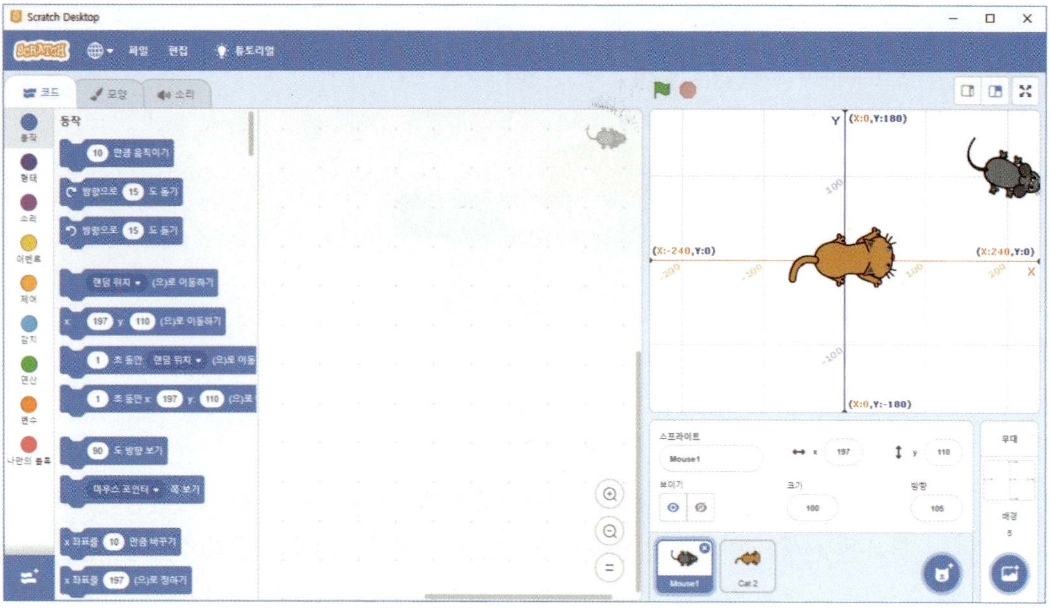

실습

우리는 동일한 지점을 갈 때 다음과 같이 2가지 방법으로 이동이 가능하다. 이것을 스크래치로 구현하여 보자. 우리는 피타고라스 정리에 의하여 두 변의 제곱의 합은 빗변의 제곱과 같다는 것을 알고 있다. 스프라이트를 한번은 빗변을 따라서 움직이게 하고, 또 한번은 두 변을 따라서 움직이게 해보자.

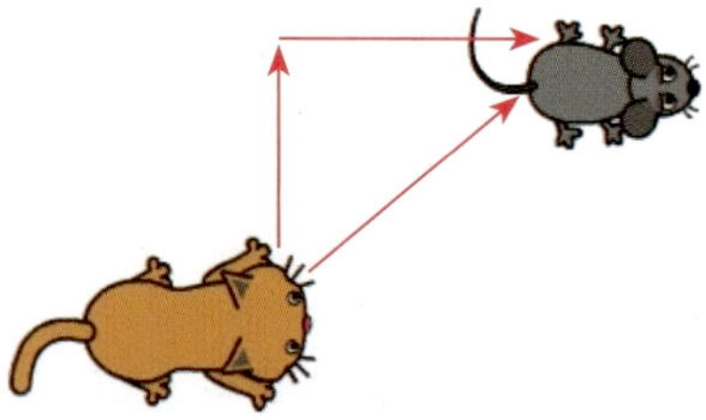

스크래치에서 제곱근을 계산하려면 "연산" 팔레트에서 (제곱근 ▾ (9))을 사용한다.

다른 스프라이트 위치로 움직이기

스크래치에는 하나의 스프라이트가 마우스 위치나 다른 스프라이트 쪽으로 움직이는 편리한 블록이 있다.

- "마우스 포인터 위치로 이동하기"
- "Dog1 위치로 이동하기"

이것을 이용하여서 강아지가 공을 추적하는 앱을 작성하면 다음과 같다. 공은 마우스 포인터로 이동시킨다.

❶ 고양이 스프라이트를 삭제하고 "Dog1"과 "Ball1"을 추가한다.

❷ "Ball1"에 위와 같은 스크립트를 추가한다. "마우스 포인터 위치로 이동하기" 블록을 사용한다.

❸ "Dog1"에 다음과 같은 스프라이트를 추가한다.

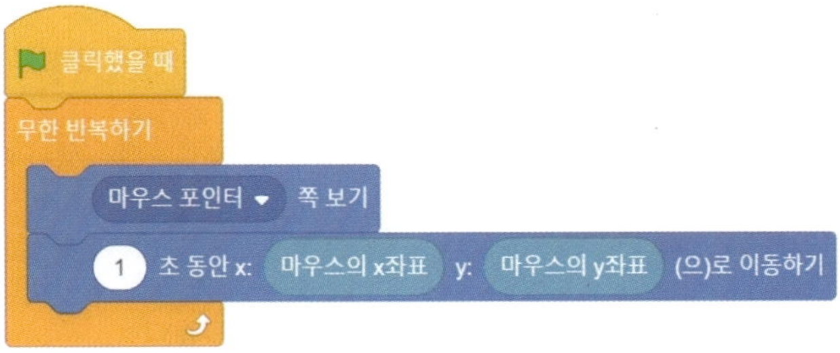

❹ 녹색 깃발을 눌러서 실행하여 본다.

실습

스프라이트가 마우스 포인터를 따라가게 할 수 있다. 또 특정한 대상을 향하여 방향을 변경할 수 있다. 하나의 예제로 상어가 작은 물고기를 따라가도록 해보자. 작은 물고기는 마우스 포인터에 의하여 움직여진다.

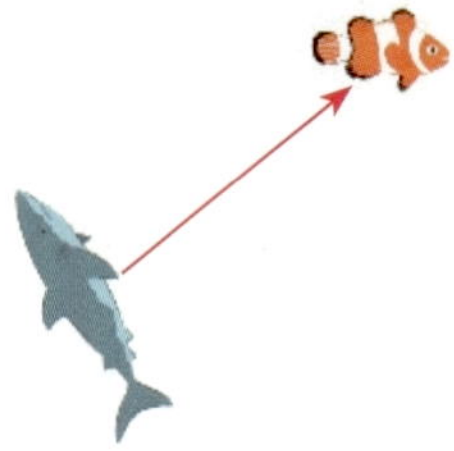

06 스크래치 실습

"제어"블록

제어 블록에는 스프라이트를 제어할 수 있는 블록들이 포함된다. 어떤 조건에 따라서 서로 다른 블록을 선택하는 기능도 있고 어떤 특정한 블록을 무한히 반복시키는 블록도 있다. 우리는 차후에 이들 블록에 대하여 자세히 학습할 것이다. 일단은 가장 많이 사용되는 블록만을 학습하자.

블록	설명
무한 반복하기	내부의 블록을 무한히 반복한다.
10 번 반복하기	내부의 블록을 지정된 횟수만큼 반복한다.
만약 ◆ (이)라면	조건을 만족하면 내부의 블록을 실행한다.
1 초 기다리기	지정된 시간 동안 기다린다.
멈추기 모두 ▾	지정된 스크립트를 중지한다.

실습

1. 무대에서 무한히 앞뒤로 움직이는 고양이를 만들어보자. 앞으로 움직인 후에 1초 동안 기다리게 한다.

2. 무대에서 무한히 회전하는 고양이를 만들어보자.

07 스크래치 실습 "펜" 블록

컴퓨터 프로그램은 명령어(instruction)로 이루어진다. 명령어란 컴퓨터에 내리는 명령을 의미한다. 우리는 명령어의 개념을 터틀 그래픽으로 이해하여 보자. 터틀 그래픽(turtle graphic)은 화면에서 거북이를 이동시켜서 그림을 그리는 기술이다. 터틀 그래픽은 입문자들이 쉽게 이해하고 사용할 수 있는 그래픽 기법이다.

거북이에게 명령을 내리면 거북이가 움직인다. 예를 들어서 "앞으로 전진(forward xxx)", "왼쪽으로 방향 전환(left xxx)", 오른쪽으로 방향 전환(right xxx) 등의 명령

을 사용할 수 있다. 스크래치에서는 터틀 그래픽이 완벽하게 지원된다. 다만 스크래치에는 거북이가 기본으로 제공이 안 되기 때문에 고양이를 사용하자.

스크래치에서는 "펜" 카테고리에 속하는 블록을 사용하면 터틀 그래픽을 구현할 수 있다. 펜 블록들은 확장 블록이라서 다음과 같이 왼쪽 하단을 클릭하여 추가하여야 한다.

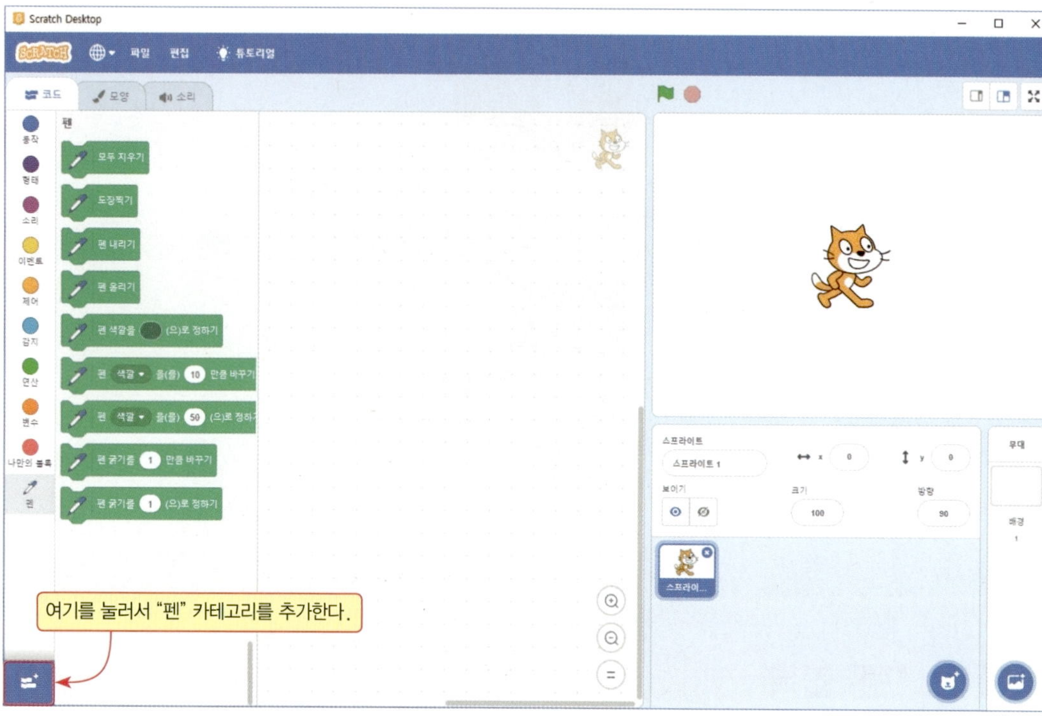

펜 카테고리

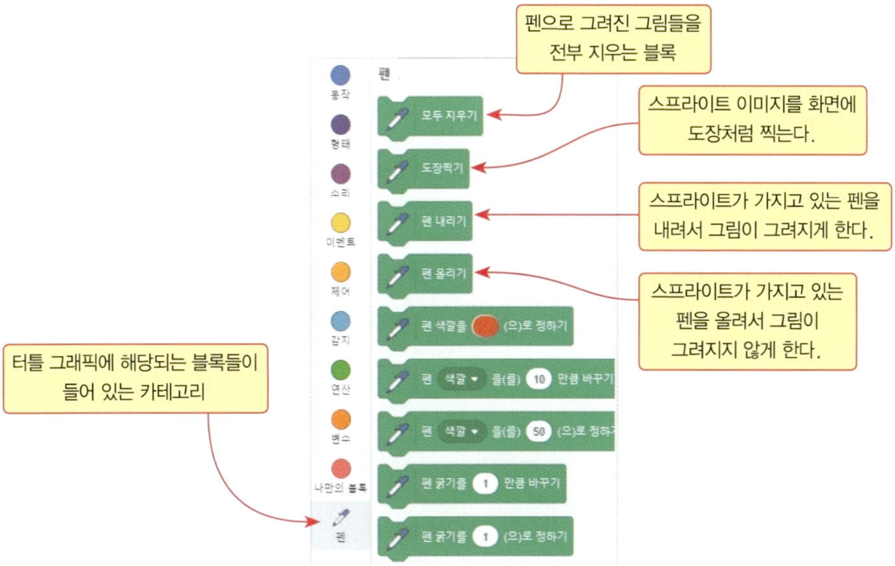

펜 카테고리를 이용해 어떻게 터틀 그래픽으로 사각형을 그릴 수 있을까? 간단히 실습하여 보자.

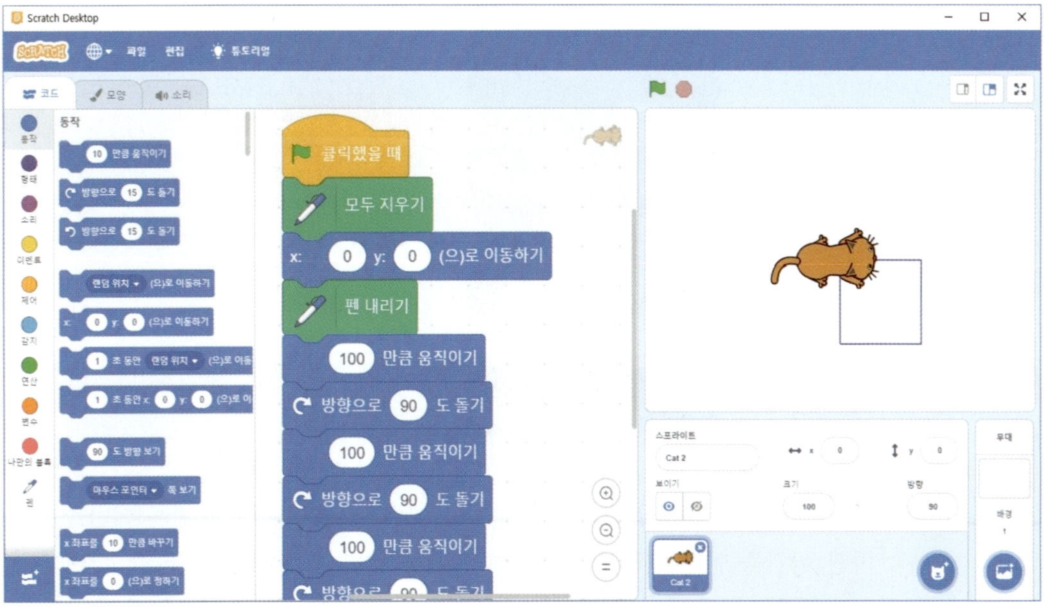

다음과 같은 순서대로 실습해보자.

❶ 고양이 스프라이트를 삭제하고 "Cat2" 스프라이트를 추가한다. 크기를 약간 줄인다.

❷ "Cat2" 스프라이트에 다음과 같은 스크립트를 추가한다. 먼저 펜을 내려야 하고 100만큼 움직인 후에 90도를 돌면 된다. 이 과정을 4번 반복하면 사각형이 그려진다.

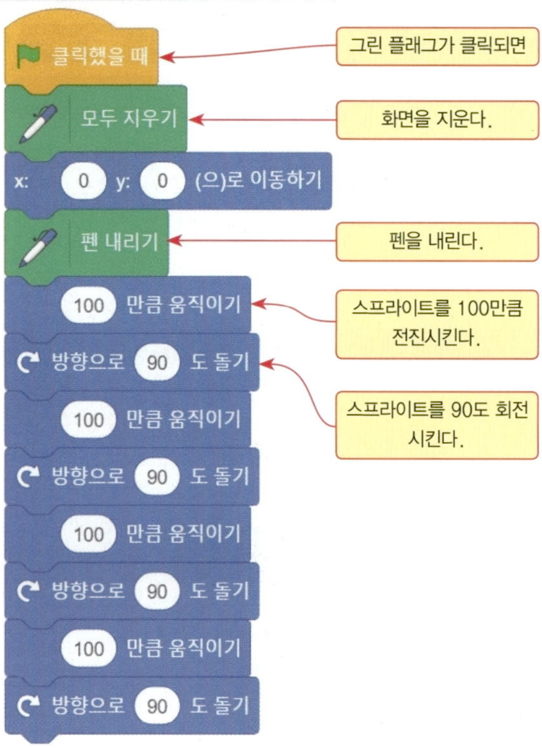

❸ 위의 코드를 보면 동일한 동작이 4번 반복된다. 프로그램에서 반복 패턴을 발견하면 이것을 반복 구조를 사용하여 간단하게 하는 것이 좋다. 스크래치에서는 정해진 횟수만큼 반복시키는 "4번 반복하기" 블록이 "제어" 팔레트에 있다.

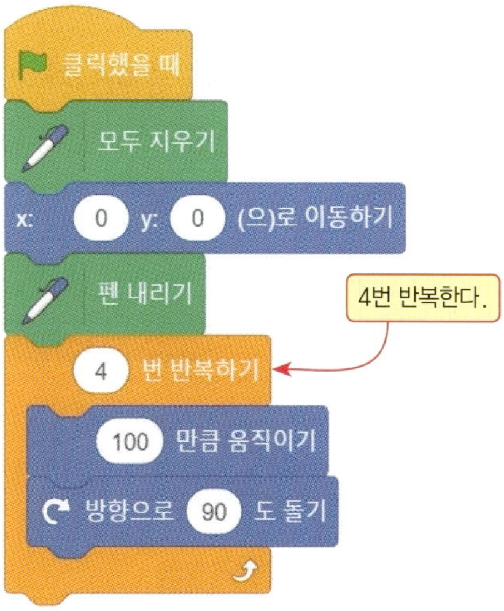

컴퓨터 프로그램은 우리가 CPU에 내리는 명령으로 이루어진다. 터틀 그래픽에서 명령은 "100만큼 움직이기", "90도 돌기"와 같은 블록이라고 할 수 있다.

실습

1. 터틀 그래픽으로 삼각형을 그리려면 어떤 블록들을 모아서 실행하여야 할까?

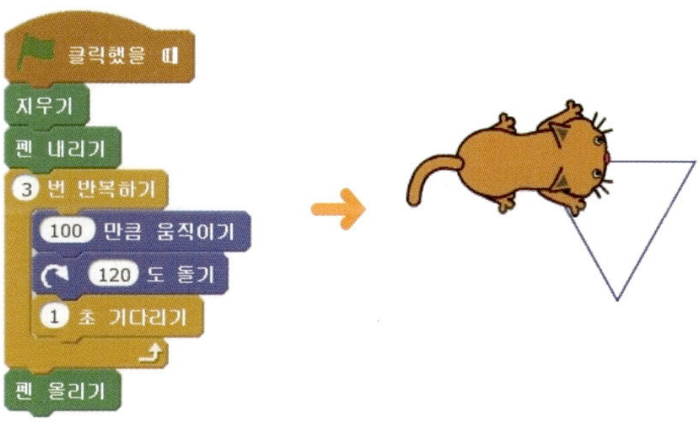

2. 터틀 그래픽으로 육각형을 그리려면 어떤 블록들을 모아서 실행하여야 할까?

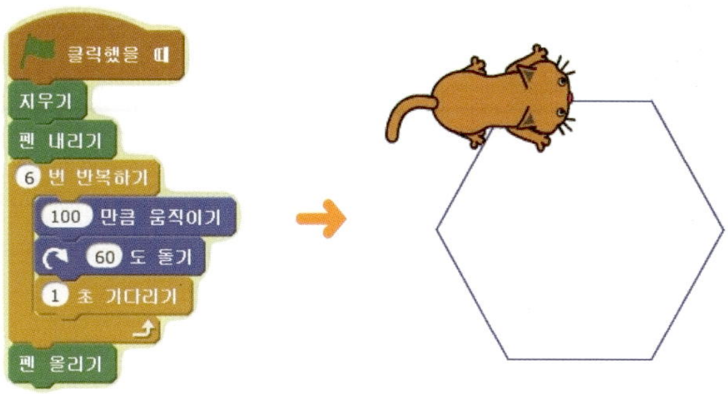

도장찍기

스크래치에 있는 재미있는 블록 중의 하나가 "도장찍기" 블록이다. 이 블록을 실행하면 스프라이트의 이미지를 화면에 찍을 수 있다. 다음과 같은 앱을 작성하여 실습해보자.

도장(stamp)은 무대에 그려지는 스프라이트의 임시적인 이미지이다. "지우기" 블록을 실행하면 도장은 화면에서 사라진다. 도장은 이동할 수 없고 스크립트도 붙일 수 없다. 즉 도장은 스프라이트가 아니다.

실습

반복과 변수를 이용하여서 삼각형 → 사각형 → 오각형 → ...을 그리도록 할 수 있는가?

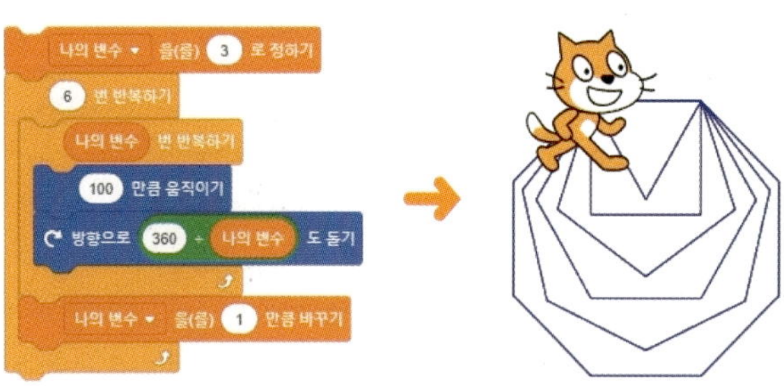

실습

1. 터틀 그래픽으로 집을 그려보자.

2. 터틀 그래픽으로 세일보트를 그려보자.

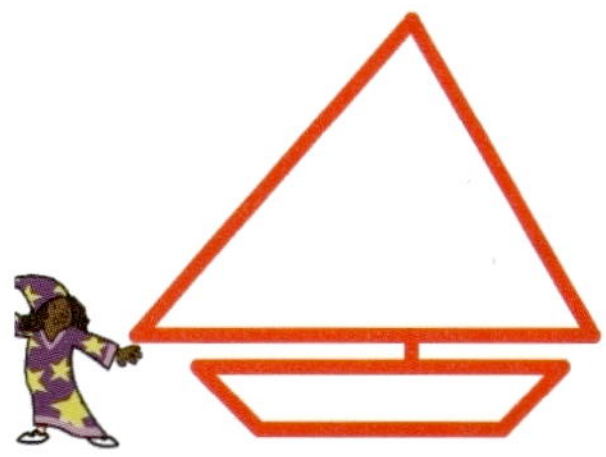

Lab | 터틀 그래픽 사용해서 그림 그리기

문제의 정의

우리는 반복 구조도 간단히 배웠다. 자 이제 반복 구조와 터틀 그래픽을 이용하여 멋있는 그림을 그려보자.

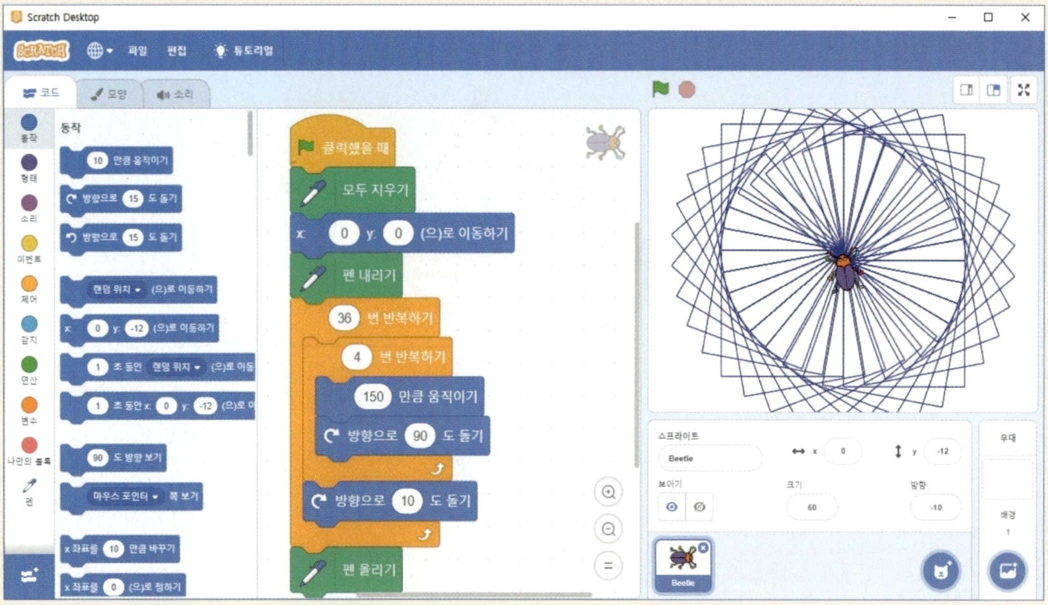

스프라이트 설계

스프라이트	이름	기능
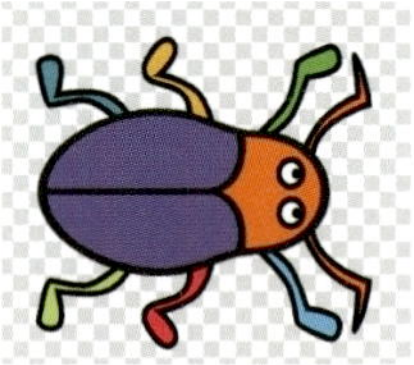	beetle	• 펜을 부착하고 많은 사각형을 그린다. 사각형을 그리기 전에 10도씩 오른쪽으로 회전한다.

스크립트 작성

화면에 그림이 어떻게 그려지고 있는 것인지를 파악해보자. 반복 블록 안에 다시 반복 블록이 들어가 있다. 내부 반복 블록에 의하여 하나의 사각형이 그려진다. 외부 반복 블록은 스프라이트의 방향을 10도씩 변경한다.

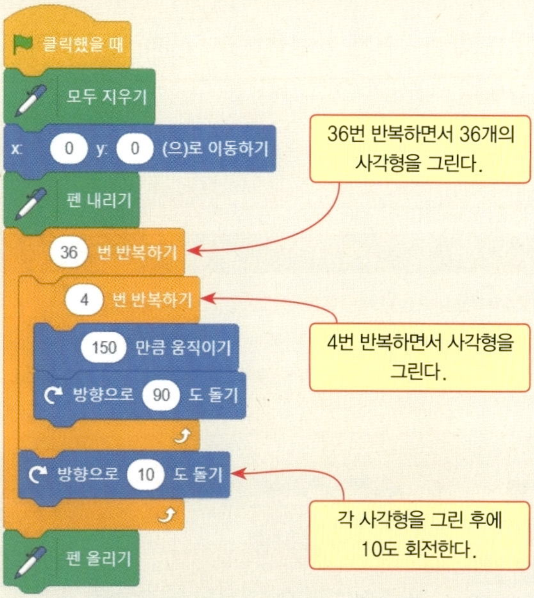

도전문제

1. 삼각형을 그리려면 스크립트를 어떻게 변경하여야 하는가?
2. 오각형을 그리려면 스크립트를 어떻게 변경하여야 하는가?

Lab | 바나나를 먹자

문제의 정의

이 게임은 플레이어가 화살표키를 사용하여 스프라이트를 이동하면서 바나나를 먹는 게임이다. 아래의 그림에서 볼 수 있듯이 바나나는 임의의 위치에 나타난다. 플레이어가 5초 안에 바나나를 먹지 못하면 바나나는 다른 곳으로 이동한다.

스프라이트 설계

스프라이트	이름	기능
	monkey	• 깃발이 클릭되면 (0, 0)으로 이동하고 90도 방향을 본다. • 화살표키가 눌리면 방향을 적절하게 바꿔서 50만큼 움직인다.
	banana	• x좌표는 −200과 200 사이의 난수로 설정된다. • y좌표는 −100과 100 사이의 난수로 설정된다. • monkey에 닿으면 음악을 재생하고 score 변수를 1만큼 증가시킨다. • monkey에 닿거나 타이머가 5 이상이 되면 새로운 위치로 이동한다.

스크립트 작성

제공된 banana.sb3 파일을 열어서 스크립트를 작성한다. 스크립트는 없지만 스프라이트나 배경은 준비되어 있다. 플레이어가 녹색 플래그를 클릭하면 스프라이트를 (0, 0) 위치로 이동하기 위하여 다음과 같은 스크립트가 필요하다.

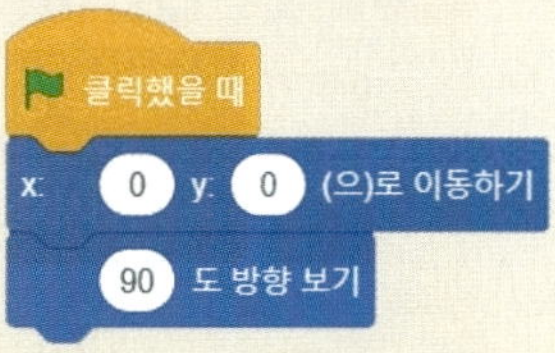

사용자가 누르는 화살표에 반응하기 위하여 다음과 같은 스크립트가 필요하다. 사용자가 화살표 키를 누르면, 스프라이트의 방향을 적절하게 설정하고 간단한 사운드를 재생한다. 이어서 스프라이트 50 단계만큼 이동한다. 스프라이트가 무대를 벗어나지 않도록 "벽에 닿으면 튕기기" 블록을 사용한다.

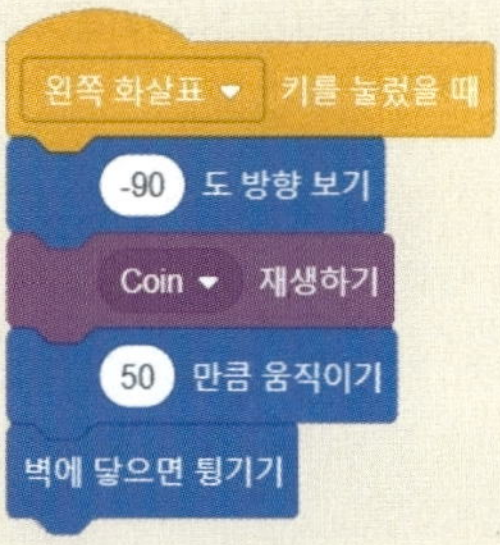

다른 3개의 화살표를 키를 처리하는 블록을 스스로 만들어보자.

banana 스프라이트에는 어떤 스크립트를 붙여야 할까? 사용자가 녹색 깃발을 클릭하면 이 스크립트도 시작된다. 제일 먼저 할 일은 이제까지 먹은 바나나의 수를 나타내는 레이블(이것을 변수라고 한다)을 적절한 값으로 설정하는 일이다. 게임이 막 시작되었기 때문에 아직 먹은 바나나는 없다. 따라서 score를 0으로 설정한다. 변수는 프로그램에서 사용할 정보를 저장한다. 변수에 대한 모든 것은 5장에서 배우게 된다. 이어서 무한 반복 루프가 있다. 반복 루프 안에서는 바나나가 원숭이에 닿았는지를 검사한다. 닿았으면 간단한 사운드를 재생하고 score 변수를 1만큼 증가시킨 후에 바나나의 x좌표와 y좌표를 적절한 난수 값으로 설정한다.

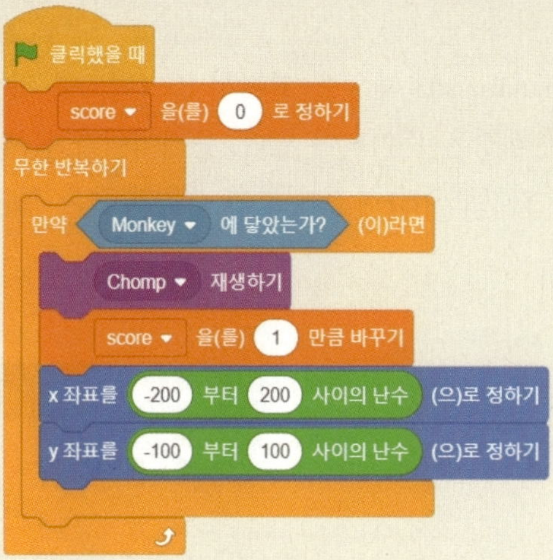

도전문제

1. 새로운 블록을 추가하여서 게임을 좀 더 흥미롭게 만들어본다.
2. 사운드나 스프라이트를 추가하여 게임을 좀 더 흥미롭게 만들어본다.
3. 타이머를 설정하여서 5초가 넘으면 바나나를 새로운 위치로 무조건 이동하도록 해보자.
4. 최대 30번까지만 바나나를 이동시키도록 수정해본다.

CHAPTER 04

컴퓨팅 사고 단계

이론편: 컴퓨팅 사고의 각 단계 학습
실습편: 스프라이트 사용법

이번 장에서는 다음과 같은 내용을 학습합니다.

- 컴퓨팅 사고의 전단계(문제 분석, 데이터 수집 및 표현)를 소개한다.
- 컴퓨팅적 사고 단계(분해, 패턴인식, 추상화, 알고리즘, 평가)를 살펴본다.
- 스프라이트 사용법을 익힌다.

01 필수 이론

컴퓨팅적 사고의 단계

컴퓨팅 사고의 개념

컴퓨팅 사고에는 다음과 같은 중요한 개념이 있다고 한다.

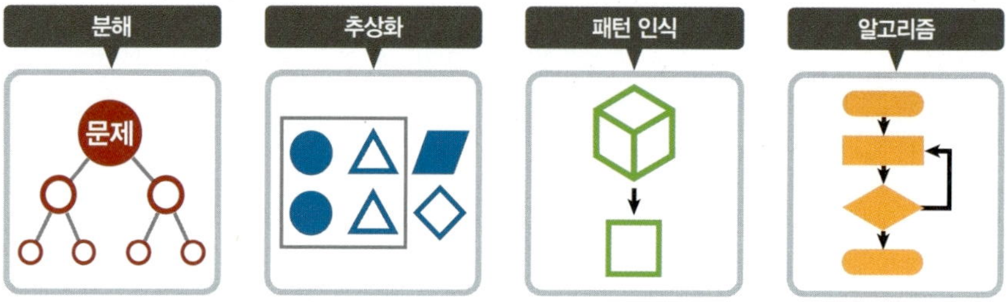

- **논리**(logic): 논리적으로 사고하는 것이다.
- **분해**(decomposition): 복잡한 문제를 좀 더 작고 처리가 가능한 부분 문제로 분해한다.
- **패턴 인식**(pattern recognition): 부분 문제들 중에서 유사성(패턴)을 찾는다.
- **추상화**(abstraction): 오직 중요한 정보에만 집중한다. 관련 없는 세부 사항은 무시한다.
- **알고리즘**(algorithms): 문제에 대한 단계적인 해결책을 개발한다.
- **평가**(evaluation): 개발된 알고리즘의 정확도나 효율성을 평가한다.

6가지 개념은 모두 중요하다. 흔히 이 개념들은 탁자의 다리와 같다고 표현된다. 만약 하나의 다리라도 없다면 탁자는 넘어질 것이다. 해결책을 만들 때 이들 6가지의 개념을 올바르게 적용한다면 큰 도움이 될 것이다.

논리

컴퓨팅 사고의 가장 기본은 항상 논리적으로 생각하는 것이다. 컴퓨터 자체가 "부울 논리"에 기반을 두어 작성되었다. 컴퓨터는 절대로 비논리적으로 작동되지 않는다. 우리는 항상 문제를 해결하거나 결정을 내릴 때 이성적인 사고의 기초인 논리에 바탕을 두어야 한다. 또 논리에 바탕을 두어야만 컴퓨터가 이해하고 처리할 수 있다. 항상 이성적, 논리적으로 사고하여야 한다. 부정적인 원인은 부정적인 결과를 도출한다는 사실을 인정해야 한다. 컴퓨터에서 희망차거나 감정적인 사고를 위한 여지는 없다. 컴퓨터에 작업을 지시할 때도 최대한 정확하고 완벽하게 지시하여야 한다. 모호함은 용인되지 않는다. 세부 사항을 아끼지 말고 자세히 설명하여야 한다.

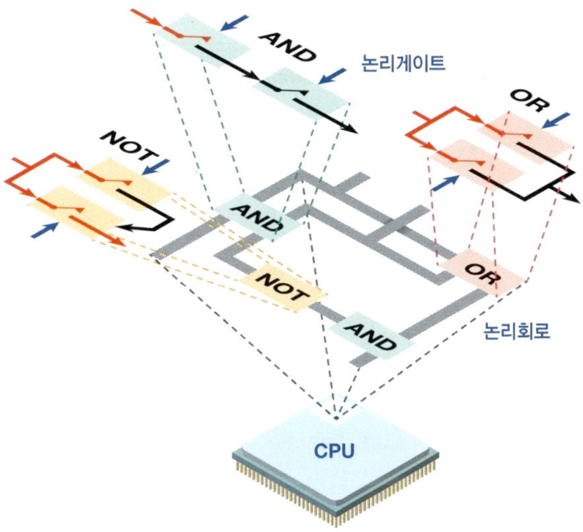

그림 4-1 컴퓨터는 논리게이트들로 구성된다.

분해

정보사회에서 발생하는 문제들은 상당히 복잡하다. 어떤 문제가 복잡한 문제인가? 우리가 한 번에 쉽게 풀 수 없는 문제를 복잡한 문제라고 정의한다. 이러한 복잡한 문제는 한 번에 해결할 수 없으므로 해결하기 쉬운, 작은 크기의 문제들로 "분해"하여야 한다.

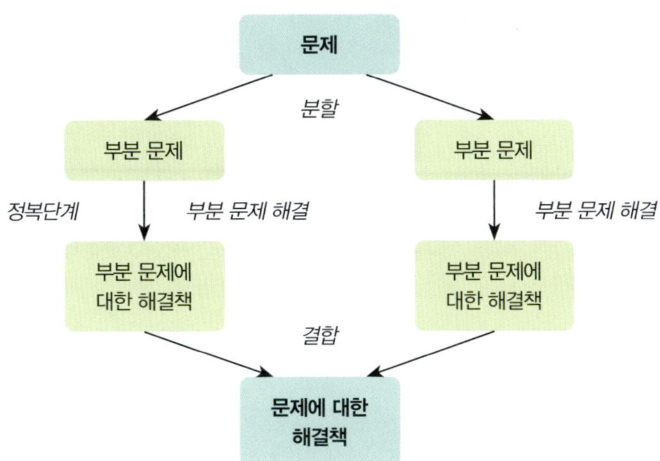

패턴인식

분해된 작은 문제들을 해결하는 과정에서 이전에 해결하였던 유사한 문제들이 있는지를 검사한다. 만약 유사한 문제들이 있었다면 그때 작성하였던 해결책을 그대로 가져온다. 이것이 패턴 인식 과정이다. 컴퓨터 프로그래밍에서 많이 사용하는 반복 및 재귀도 똑같은 기술을 재적용하고 문제를 해결하기 위해 동일한 단계를 반복적으로 실행하는 것이다.

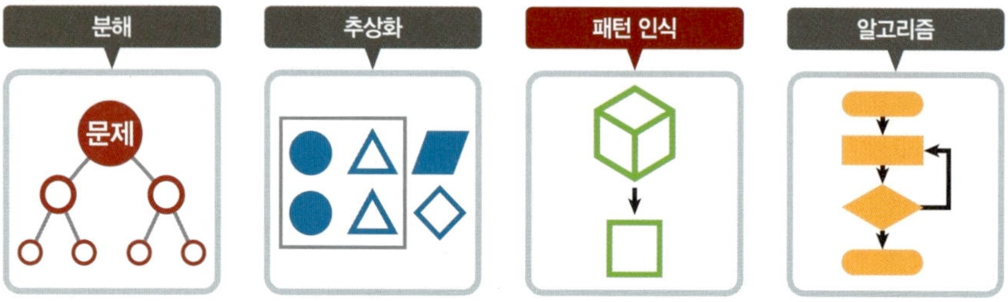

추상화

추상화는 중요하지 않은 부분을 무시하고 중요한 부분에 집중함으로써 복잡성을 줄이는 기술이다. 예를 들어, 운전자는 자동차를 핸들과 페달을 조작하여 작동하는 기계로 간주한다. 자동차가 실제로 어떻게 움직이는지를 신경쓰지 않는다. 우리가 컴퓨터를 사용할 때도 어떤 마우스 버튼을 누를 것인지만 신경쓴다. 컴퓨터가 내부적으로 어떻게 작동하는지는 간과한다.

그림 4-2 동일한 자동차도 사람마다 관심사항이 달라진다.

알고리즘

분할된 작은 문제들의 해법을 찾는다. 이러한 해법을 모아서 알고리즘(문제를 해결하는 절차)으로 만든다. 알고리즘이 간단한 경우에는 사람이 알고리즘을 수행하면 된다. 만약 알고리즘이 복잡하여서 사람이 수행할 수 없다면, 컴퓨터를 사용하여 수행할 수 있다. 컴퓨터는 사람보다 훨씬 빠르게 계산하고, 방대한 내용을 기억할 수 있다. 알고리즘을 프로그램으로 변환하는 과정이 프로그래밍이다. 작업을 진행하는 체계적인 절차(알고리즘)를 만들게 되면 우리는 컴퓨터를 이용하여 효율성과 생산성을 높일 수 있다. 인간과는 달리 컴퓨터는 경험적인 상식을 지니고 있지 않다. 따라서 알고리즘을 작성할 때, 우리는 세 살짜리 아이와 이야기하는 것처럼 자세하게 컴퓨터의 수준에서 생각하여야 한다.

평가

알고리즘을 평가하고 처리 속도나 정확도를 평가하는 것이다. 컴퓨팅 사고를 사용하여 해결책을 설계 한 후에는 해결책이 목적에 부합하는지 확인하는 것이 중요하다. 알고리즘이 작성되면 다음 사항을 확인해야한다.

- 알고리즘을 쉽게 이해할 수 있는가?
- 문제의 모든 면을 해결하는가?
- 가능한 자원을 최대한 활용하여 문제를 해결하는가? 또 가능한 한 빨리 수행하는가? 최소한의 공간만을 사용하는가?
- 주어진 설계 기준을 충족하는가?

알고리즘이 4가지 기준을 충족하면 잘 작동할 것이다. 평가가 끝나면 알고리즘을 프로그래밍할 수 있다.

그림 4-3 잘못된 알고리즘도 만들어 질 수 있다.

Unplugged **Lab**

가우스의 덧셈법

컴퓨터 사고의 첫 번째 예제는 수학자 가우스가 어렸을 때 풀었던 문제이다. 가우스의 담임 선생님은 다음과 같은 문제를 학생들에게 내주었다고 한다.

"1부터 100까지의 정수를 더하면?"

선생님은 어린이들이 이 문제를 해결하는데 상당한 시간이 걸리리라 생각하고 느긋하게 쉬고 계셨지만 가우스는 순식간에 손을 들고 5050이라고 말했다.

가우스는 어떻게 이렇게 복잡한 문제를 풀었을까? 컴퓨팅 사고의 측면에서 분석해 보자. 먼저 가우스는 복잡한 문제를 한 번에 풀려고 하지 않았다. 이 문제를 다음과 같이 분해하였다.

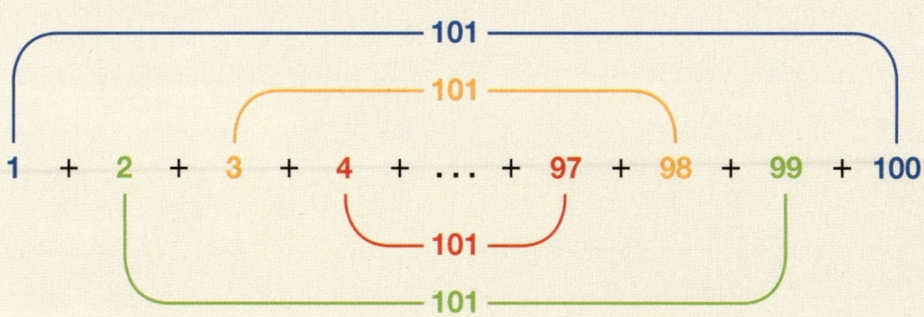

(1 + 100) + (2 + 99) + (3 + 98) + ...

가우스는 문제를 "분해"한 후에 다음과 같은 동일한 "패턴"을 찾을 수 있었다.

$$101 + 101 + 101 + \ldots$$

이렇게 짝지은 수는 50개가 되므로 결국 101에 50을 곱하면 5050이 된다. 결론적으로 가우스는 문제를 "절차적"(알고리즘)으로 해결한 것이 된다.

$$101 \times 50 = 5050$$

Lab 웹 사이트의 비밀번호 기억하기

우리의 일상 생활 중에서 상당히 번거로운 문제 중의 하나가 웹 사이트의 비밀번호를 기억하는 일이다. 모든 웹 사이트에 동일한 비밀 번호를 사용하면 기억하기는 좋겠지만 비밀 번호가 유출되면 모든 웹사이트가 해킹될 가능성이 있다. 웹 사이트마다 다른 비밀번호를 사용하는 것이 좋지만 많은 비밀번호를 사용하다 보니 최근에는 패스워드를 잘 기억하지 못해 혼란을 겪는 '패스워드 증후군'까지 겪게 된다. 어떻게 수많은 사이트의 비밀번호를 기억하고 관리할 것인가?

컴퓨팅 사고의 개념 중에서 "알고리즘적인 사고"를 적용해보자. 비밀 번호에 웹사이트 고유의 특성을 포함시키고 자신만의 비밀 번호 작성 알고리즘을 사용하는 것이다.

Step 1: 사이트 도메인의 일부를 비밀번호의 앞이나 뒤에 포함시킨다. 예를 들어서 네이버(naver) 사이트라면 na와 er을 비밀번호의 앞부분과 뒷부분으로 사용한다.

```
na....er
```

Step 2: 비밀 번호 중간은 자신만이 알고 있는 문자열이나 번호로 한다. 예를 들어서 1234 번호를 중간에 끼워넣는다.

```
na1234er
```

Step 3: 비밀 번호에는 보통 기호를 추가하도록 되어 있다. 기호는 사이트 도메인의 글자수를 센다. 예를 들어서 naver의 글자수는 5이다. 키보드에서 "5"위에 씌여진 특수문자는 %이다. %를 비밀 번호에 추가한다.

```
na1234er%
```

여러분이 기억할 것은 위의 알고리즘뿐이다. 사이트별로 비밀 번호를 기억하지 않아도 된다. 컴퓨터 프로그래밍에 사용되는 알고리즘을 일상생활의 문제를 해결하는데도 사용할 수 있다.

스크래치 실습

이번 장에서는 다음과 같은 사항을 학습해보자.

- 스프라이트의 모양을 변경해보자.
- 스프라이트에 소리를 붙여보자.
- 스프라이트의 모양을 변경하는 애니메이션을 작성해보자.
- 간단한 게임에서 소리를 사용해보자.

02 스크래치 화면 구성

스크래치 실습

이 책에서는 오프라인 에디터 버전으로 설명한다. 스크래치 화면은 크게 4개의 패널로 구성되어 있다. 무대(오른쪽 상단), 스프라이트 리스트(오른쪽 하단), 블록 팔레트(왼쪽), 스크립트(중앙)으로 구성되어 있다.

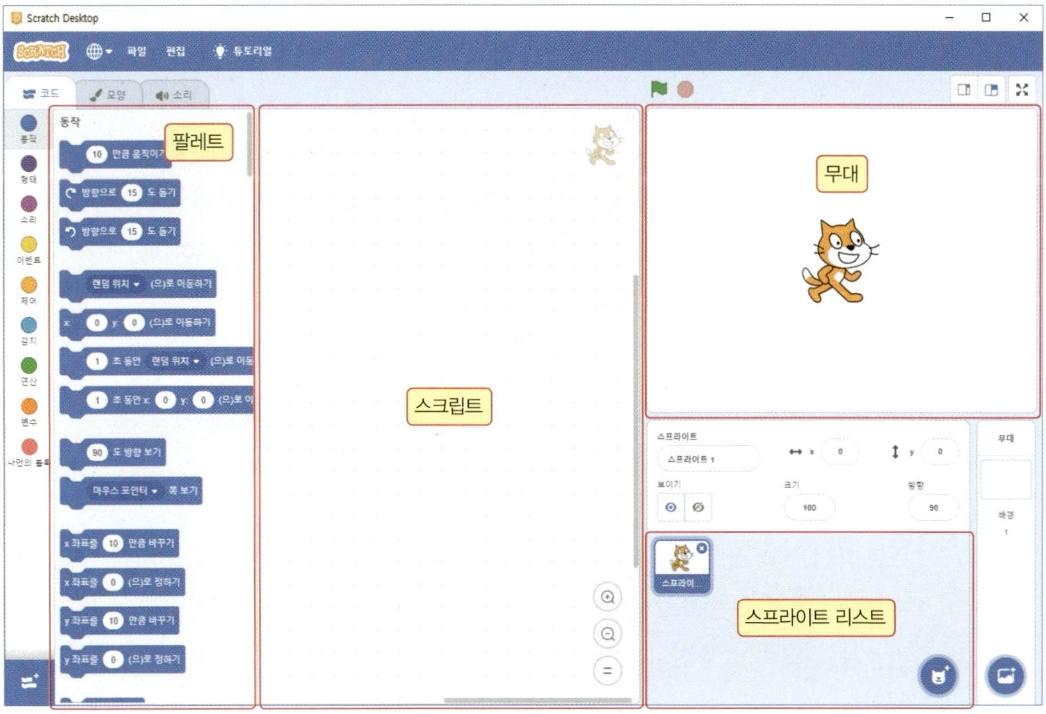

무대

무대(stage)는 스프라이트가 움직이고 그림이 그려지며 사용자와 상호작용하는 공간이다. 무대는 480 × 360의 크기를 가진다. 무대의 중간 부분이 (0, 0)이다.

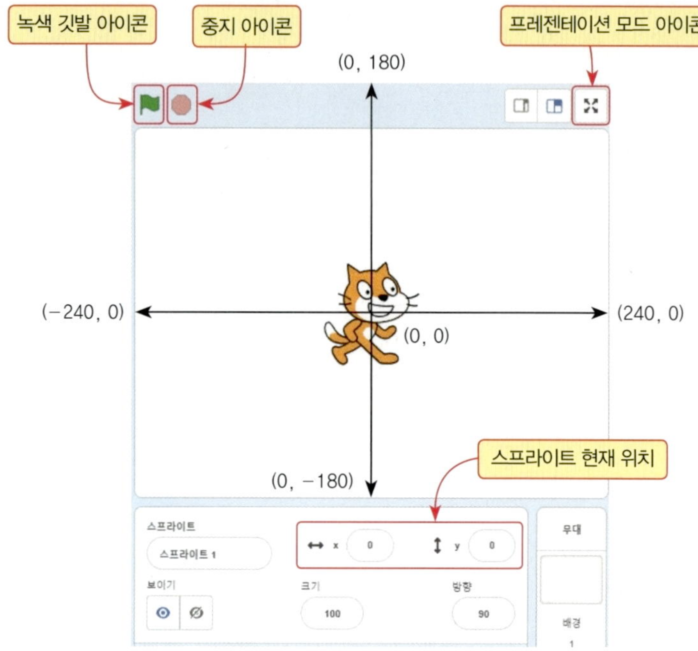

무대에서 특정한 위치의 (x, y) 좌표를 알려면 마우스 커서를 그 위치로 움직이고 무대 화면 하단에 나타나는 숫자를 보면 된다. 무대 위의 작은 바는 여러 개의 아이콘을 가지고 있다. 프레젠테이션 모드 아이콘은 무대 공간을 전체 모니터로 확대한다. 녹색 깃발 아이콘과 중지 아이콘은 프로그램을 시작하고 종료한다.

실습

마우스 커서를 화면의 각 지역으로 이동하면서 현재 커서의 좌표를 관찰해보자.

스프라이트 리스트

스프라이트 리스트는 프로젝트에 있는 모든 스프라이트의 이름과 썸네일을 표시한다. 우리가 새로운 프로젝트를 생성하면 처음에는 흰색 무대와 고양이 스프라이트가 기본적으로 등장한다. 우리는 필요에 따라서 얼마든지 스프라이트를 교체할 수 있다.

"스프라이트 고르기" 아이콘을 클릭하여 우리의 프로젝트에 새로운 스프라이트를 추가할 수 있다. 4가지의 방법이 제공된다.

- 컴퓨터의 그림 파일에서 업로드하기
- 서프라이즈(랜덤으로 스프라이트가 추가된다)
- 내장된 페인트 에디터를 사용해서 새로 만들기
- 스프라이트 라이브러리에서 가져오기

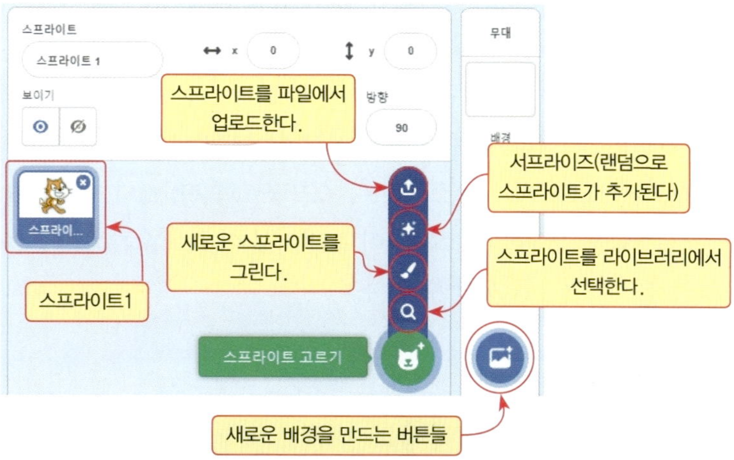

입문자들은 라이브러리에서 가져오는 방법을 가장 많이 사용한다. 해당 아이콘을 눌러서 라이브러리를 둘러본다. 다양한 카테고리에 많은 스프라이트들이 준비되어 있다.

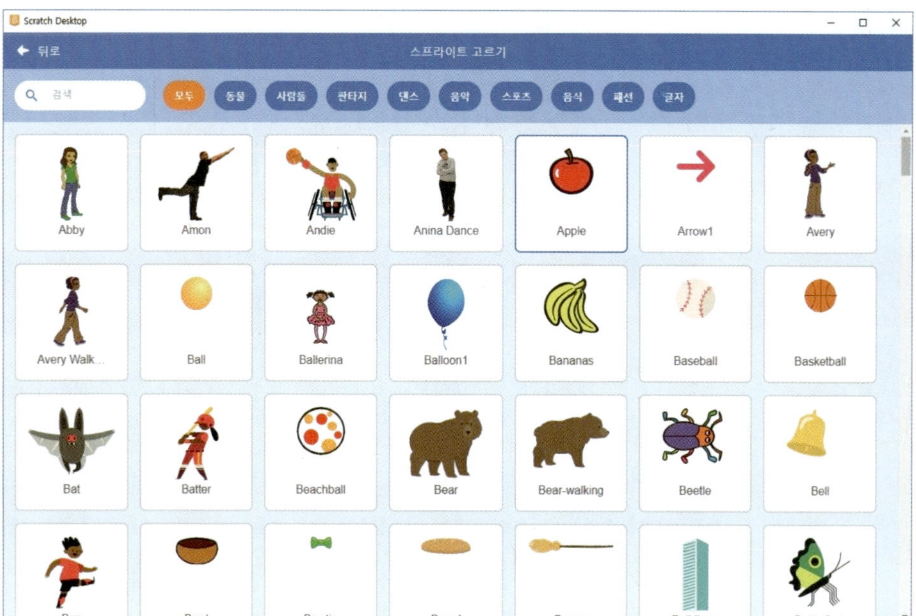

실습

1. 라이브러리에서 "Abby"라는 스프라이트를 선택하여 스프라이트 리스트에 추가하여 본다. "Abby"가 무대에서 이동하는 애니메이션을 작성해본다. 이전 장에서 학습한 내용을 응용한다.
2. 페인트 에디터를 이용하여서 새로운 스프라이트를 그려본다.

스프라이트

각 스프라이트는 자신의 스크립트, 자신의 모양, 자신의 소리를 가지고 있다. 어떤 스프라이트가 가지고 있는 속성을 보려면 스프라이트 리스트에 있는 해당 스프라이트를 클릭한다. 현재 선택된 스프라이트 썸네일은 파란색 테두리가 쳐지게 된다. 선택된 스프라이트의 스크립트, 스크립트, 의상, 소리를 보려면 오른쪽 화면에서 원하는 탭을 선택한다. 스프라이트 위에서 마우스 오른쪽 버튼을 누르면 스프라이트를 복사하거나 삭제할 수 있다.

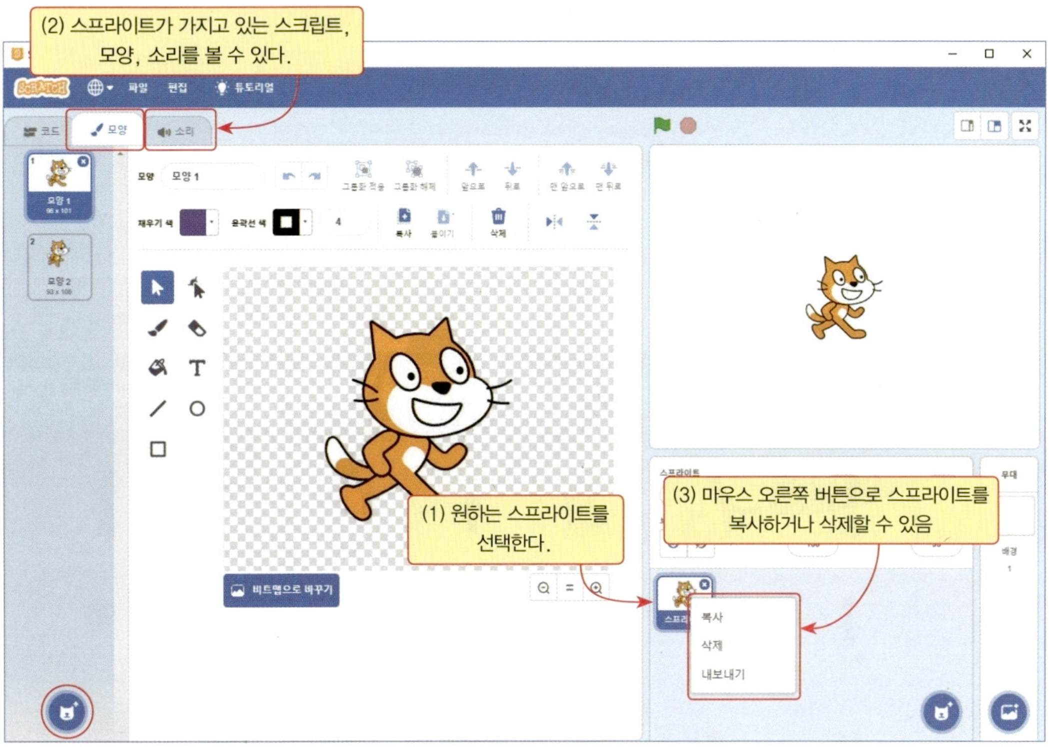

스프라이트 이미지를 마우스 오른쪽 버튼으로 클릭하면 [복사], [삭제], [내보내기]의 3가지 항목이 있는 팝업 메뉴가 나타난다. [복사] 메뉴는 동일한 이미지로 새로운 모양을 추가한다. [삭제] 메뉴는 선택된 복장을 삭제한다. [내보내기] 메뉴를 사용하면 모양을 파일로 저장할 수 있다. 해당 모양을 저장하였다가 다른 프로젝트에서 사용할 수 있다.

03 스크래치 실습 스프라이트 모양 변경하기

우리는 스프라이트의 모양을 변경할 수 있다. 스프라이트의 [모양] 탭에는 스프라이트 모양을 정리하는 데 필요한 모든 것이 있다. 이것을 스프라이트의 옷장으로 생각하면 된다. 옷장에 모양이 많이 있더라도 스프라이트는 한 번에 하나만 착용할 수 있다.

이제 고양이의 모양을 바꾸어 보자. 무대에서 고양이 스프라이트를 클릭하고 [모양] 탭을 선택하자. 아래 그림에 도시된 바와 같이, 현재 고양이는 2개의 모양을 옷장에 가지고 있다. 모양1과 모양2가 그것이다. 현재 모양은 모양1이다.

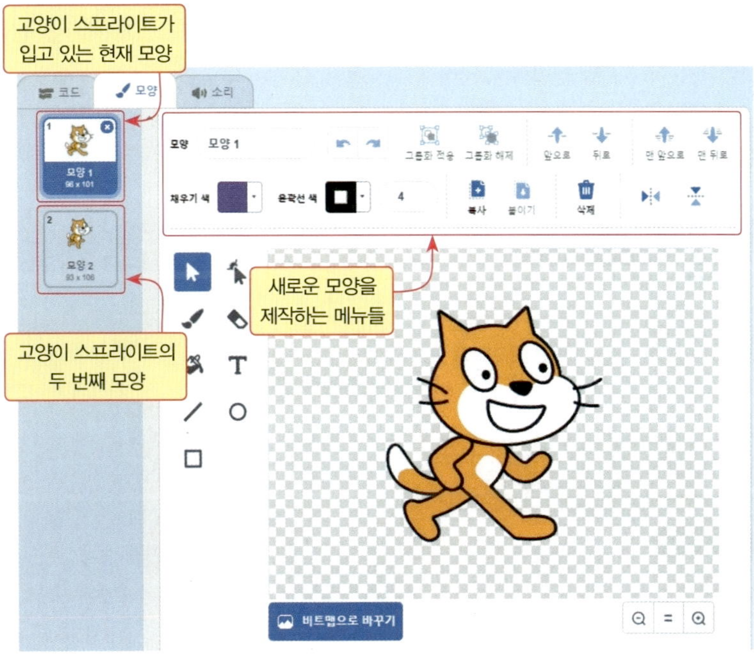

실습

1. 2개의 모양을 번갈아 가면서 변경하여서 고양이가 움직이는 애니메이션을 작성해보자. 0.5초마다 다 모양을 바꾸면서 앞으로 전진 한다.

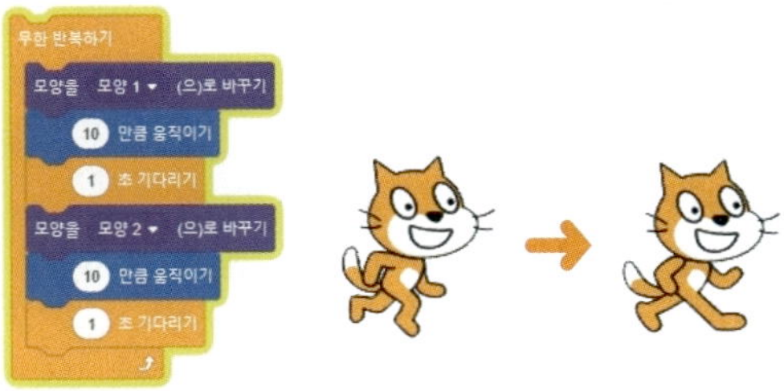

04 사운드 재생하기

스크래치 실습

게임을 작성할 때 사운드를 사용하면 프로그램을 활기차게 할 수 있다. 예를 들어 미사일이 목표물에 부딪힐 때마다 폭발 소리가 나도록 하면 실감나는 게임을 제작할 수 있다.

[소리] 탭을 클릭하면 스프라이트에 다양한 사운드를 추가할 수 있다. 아래 그림에서 볼 수 있듯이 스크래치는 사운드 파일을 편집할 수 있는 간단한 도구도 제공한다. 도구 사용법은 무척 쉬운 편이기 때문에 누구든지 직관적으로 알 수 있다.

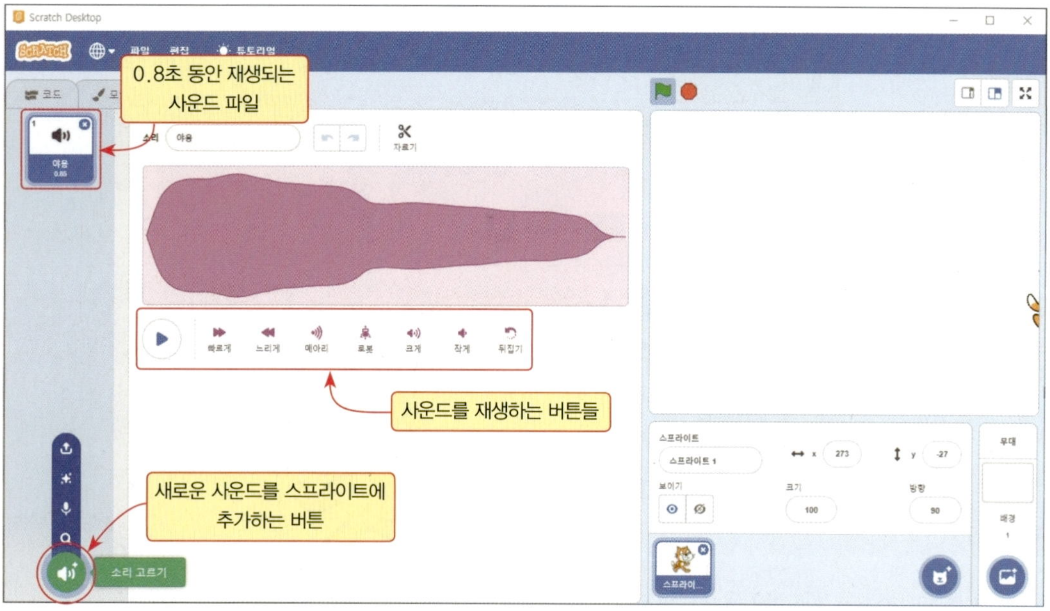

화면 아래쪽의 [소리 고르기] 버튼을 누르면 4개의 이이콘이 나타난다. 이들 아이콘을 이용하여 사운드 라이브러리에서 사운드를 선택하거나 컴퓨터의 마이크를 이용하여 새로운 사운드를 녹음하거나 컴퓨터에서 기존 사운드 파일을 가져올 수 있다. 스크래치는 MP3 및 WAV 사운드 파일만 읽을 수 있다.

실습

1. 고양이 스프라이트의 [소리] 탭에 있는 [재생] 버튼을 눌러서 어떤 소리인지 들어본다.
2. [소리 고르기] 버튼을 눌러서 라이브러리의 다양한 사운드를 클릭하여 들어본다.
3. 고양이가 1초에 한 번씩 "야옹" 소리를 재생하도록 다음과 같은 스크립트를 작성하여 실행해보자.

05 배경 변경하기
스크래치 실습

스프라이트 목록에서 "무대"를 선택하고 화면 중앙의 [배경] 탭을 사용하여 무대의 배경을 변경할 수 있다. 라이브러리에서 적절한 무대 이미지를 선택하거나 우리가 직접 그릴 수도 있다. 아니면 카메라를 이용하여 촬영할 수 있다. 예를 들어서 고양이 스프라이트의 배경을 "blue sky"로 변경해보자.

❶ "무대" 아래의 [새로운 배경]에서 [라이브러리에서 선택] 아이콘을 클릭한다.

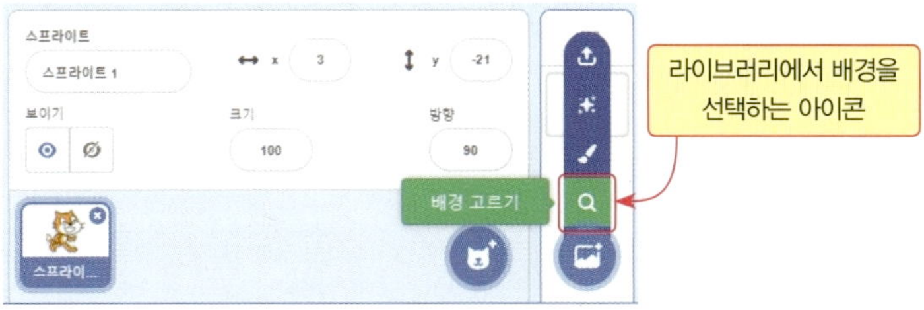

❷ 배경으로 [blue sky]를 선택하고 [확인] 버튼을 누른다. 스크래치는 [blue sky]를 프로젝트에 추가하고 기본 배경으로 만든다.

실습

1. 무대의 배경을 "baseball-field"로 변경한다. 그 배경에서 고양이가 앞뒤로 움직이게 스크립트를 작성한다.

06
스크래치 실습

그림 편집기

그림 편집기를 사용하여 모양과 배경을 만들거나 편집할 수 있다. 여기서는 스프라이트 이미지의 회전 중심점을 설정하고 투명한 색을 설정하는 방법에 대해서만 알아보자.

스프라이트 이미지의 회전 중심점 설정

우리가 스프라이트를 왼쪽이나 오른쪽으로 회전하면, 스크래치는 회전 중심점을 기준으로 스프라이트를 회전시킨다. 그림 편집기의 중앙에 있는 십자가 모양이 바로 회전 중심이다. 회전 중심을 변경하려면 스프라이트를 전부 선택해서 이동하여야 한다.

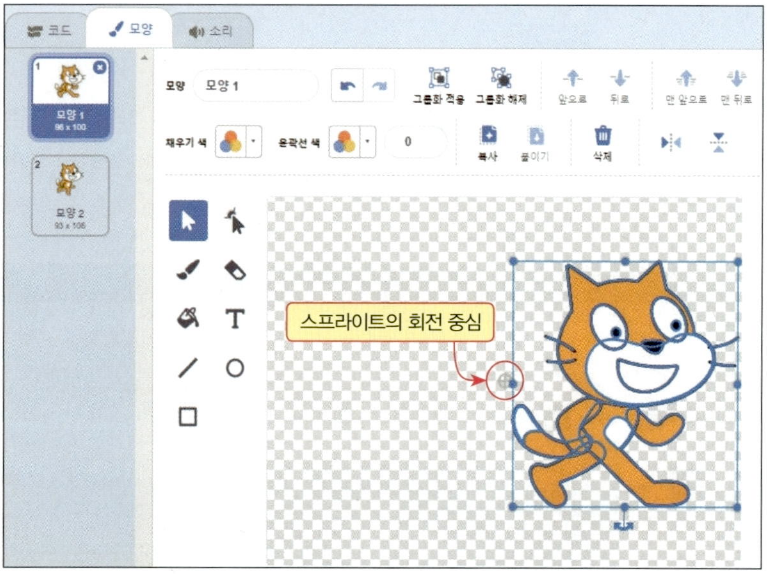

실습

1. 고양이 스프라이트의 회전 중심을 고양이 하단으로 변경하고 다음의 스크립트를 실행해본다.

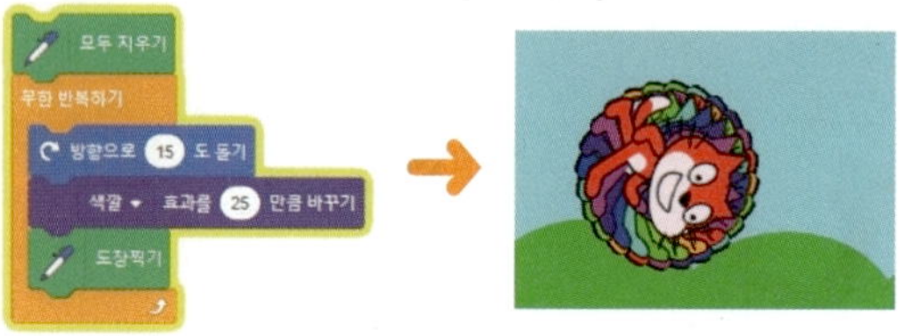

2. 고양이 스프라이트의 회전 중심을 고양이 상단으로 변경하고 동일한 스크립트를 실행해본다.

3. 스프라이트를 연필로 변경하고 회전의 중심의 연필의 끝으로 설정한 후에 연필을 회전시켜보자.

투명한 색상 설정

2개의 이미지가 무대에서 겹쳐서 표시되면 위 이미지는 아래 이미지의 일부를 덮는다. 스프라이트와 무대가 겹쳐지면 스프라이트도 무대의 일부를 덮는다.

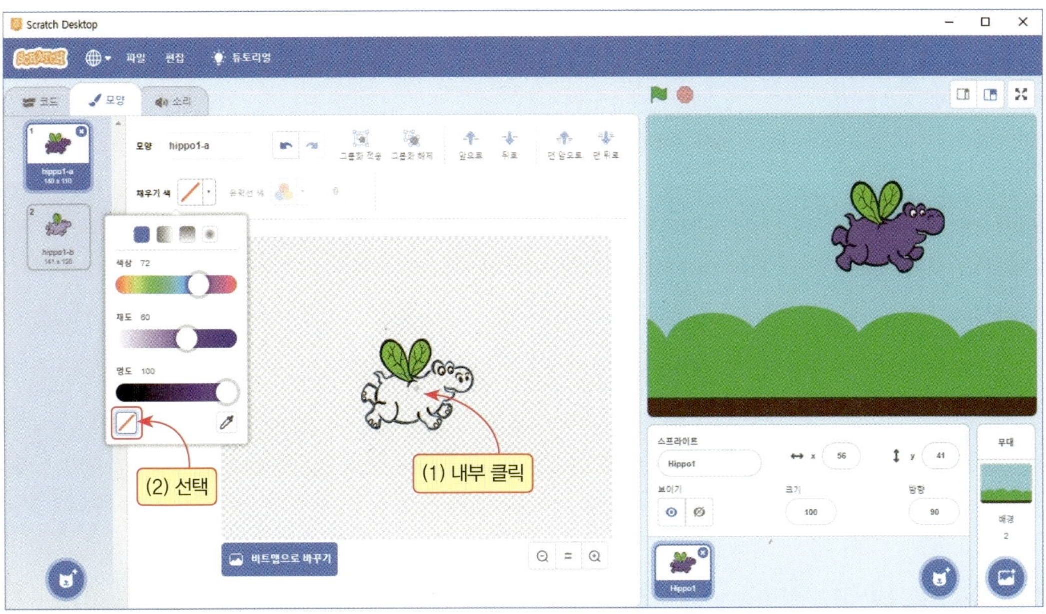

만약 스프라이트 이미지 사이로 무대가 보이게 하려면 그림 편집기에서 해당 이미지의 일부를 투명하게 만들어야 한다. 그림 편집기에서 빨간색 선이 그려진 아이콘을 클릭한 후에 채우기를 하면 투명한 색으로 채워진다. 구체적인 예를 들어보자.

예를 들어서 다음과 같은 배경에서 스프라이트 hipp1의 색을 투명하게 하려면 스프라이트의 내부를 선택하고 (/)아이콘을 클릭한다.

Lab | 간단한 애니메이션 만들기

문제의 정의

애니메이션은 연속적인 그림을 연달아 빠르게 보여주어서 움직이는 것처럼 보이게 한다. 스크래치에서는 스프라이트의 모양을 연속적으로 변경하여서 애니메이션을 만들 수 있다. 다음과 같이 브레이크 댄서가 춤추는 애니메이션을 작성해보자.

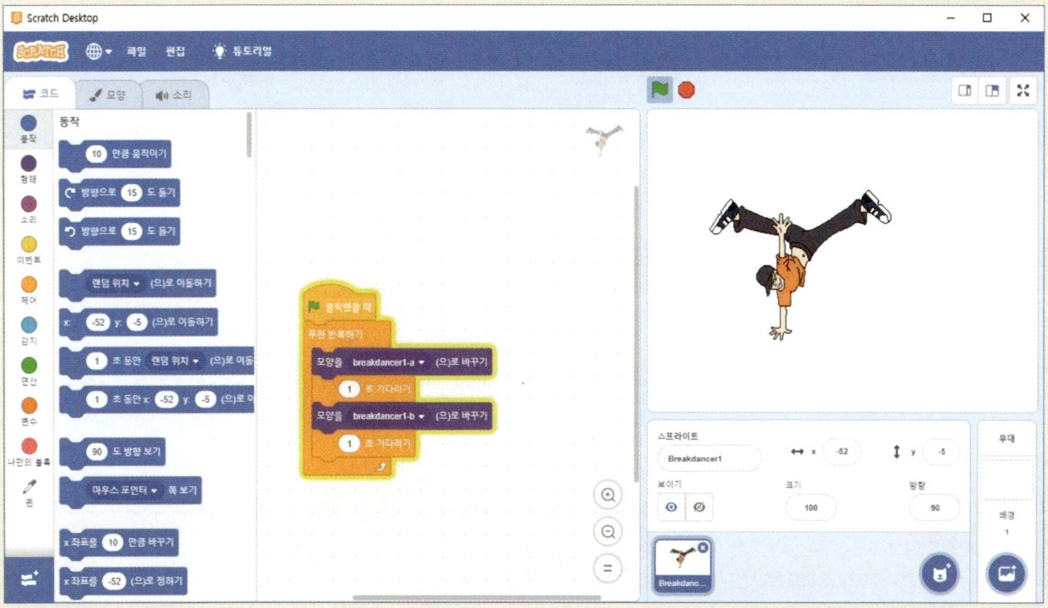

스프라이트 설계

스프라이트	이름	기능
	breakdancer1	• 3가지의 모양을 가지고 있는 스프라이트 • 1초에 한 번씩 다른 모양을 변경한다.

스크립트 작성

제공된 dancer.sb3 파일을 열어서 스크립트를 작성한다. 스프라이트나 배경은 준비되어 있다. dancer 스프라이트에는 어떤 스크립트를 붙여야 할까? 사용자가 녹색 깃발을 클릭하면 이 스크립트도 시작된다. 이번 스크립트에서는 무한 반복하면서 1초에 한 번씩 스프라이트의 모양만 차례대로 변경해주면 된다.

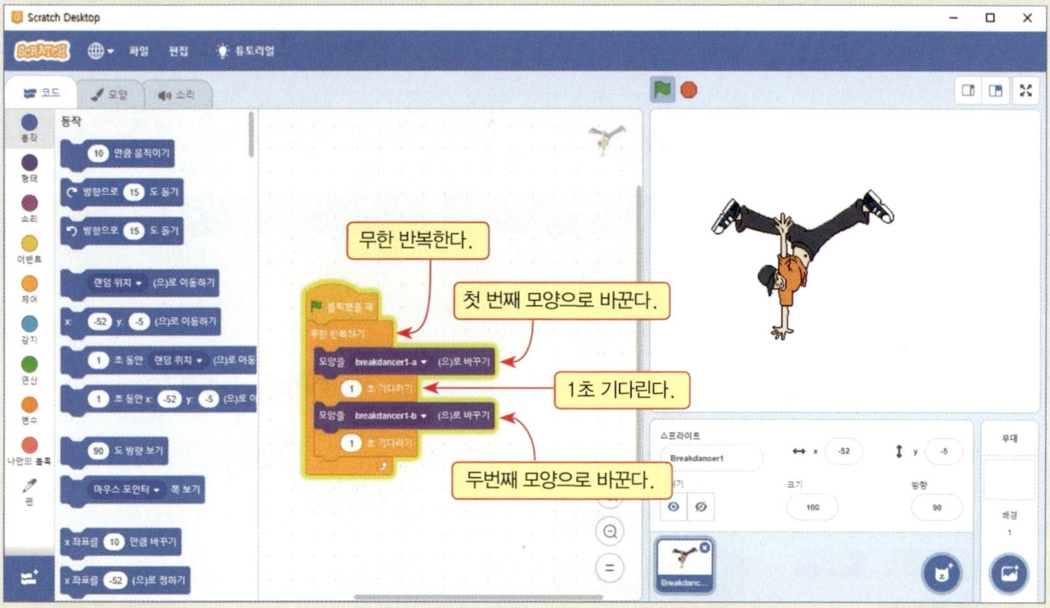

도전문제

1. 댄서 스프라이트의 3번째 모양도 사용해보자.
2. dragon 스프라이트를 선택하여서 3개의 모양이 번갈아서 나오도록 스크립트를 작성해보자.

Lab | 간단한 게임 만들기

문제의 정의

이번 게임은 스크래치의 도움말에 있는 게임이다. 도움말에는 입문자들을 위한 단계별 도움말들이 준비되어 있다. 이번 게임은 떨어지는 사과를 바구니로 받는 게임이다. 도움말을 참조하면서 게임을 작성해보자. 게임의 중간에 소리를 재생해보자.

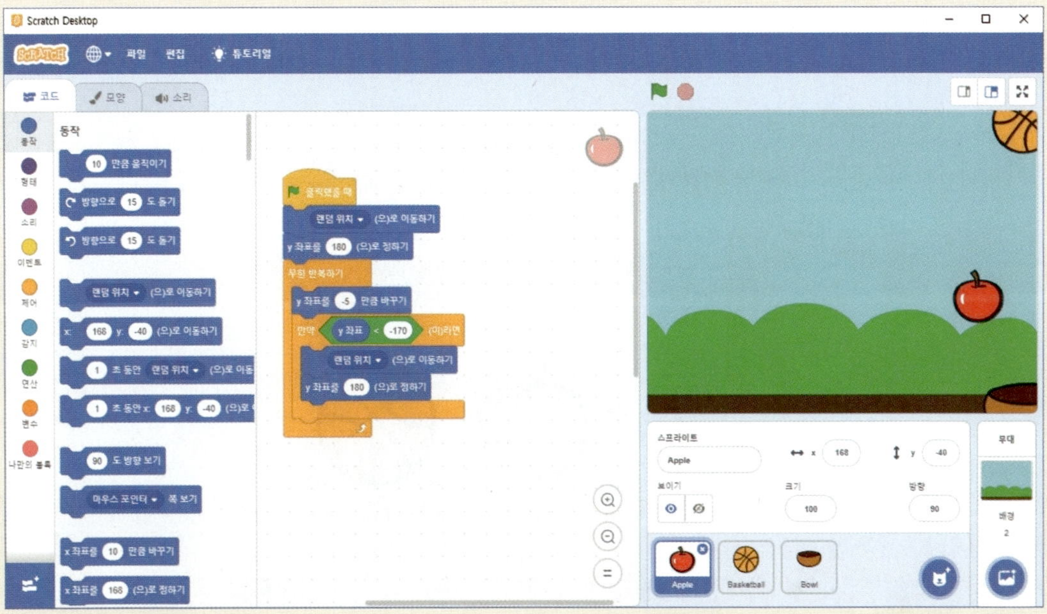

스프라이트 설계

스프라이트	이름	기능
	apple	• 1가지의 모양을 가지고 있는 스프라이트 • 위에서 아래로 떨어진다. • 그릇으로 받으면 점수가 증가한다.

	basketball	• 1가지의 모양을 가지고 있는 스프라이트 • 위에서 아래로 떨어진다.
	bowl-a	• 떨어지는 사과를 받는 그릇

스크립트 작성

❶ 고양이 스프라이트는 삭제한다.

❷ "스프라이트 고르기" 아이콘을 눌러서 떨어질 물체를 라이브러리에서 선택한다. 사과와 농구공을 추가한다.

Apple basketball

❸ "무대"를 선택한 후에 무대의 배경을 "blue sky"로 설정한다.

❹ 사과 스프라이트를 선택하고 사과를 화면의 상단으로 보내서 사과를 화면에서 떨어뜨리기 위하여 다음과 같은 블록들을 추가한다. 녹색 깃발을 클릭하여서 제대로 동작하는지 확인한다.

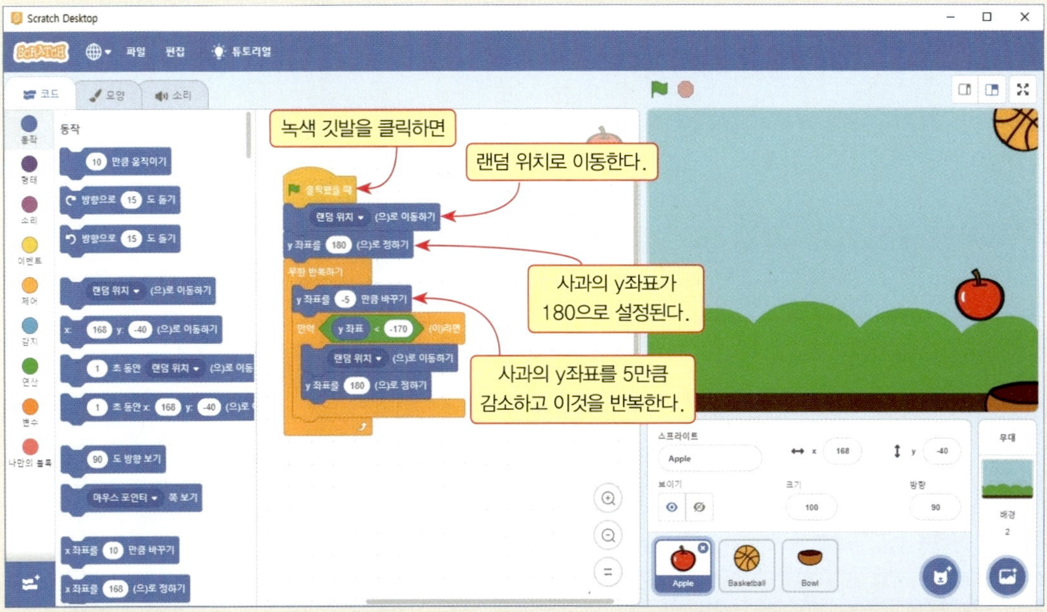

⑤ 사과가 화면의 하단에 도달하면 다시 화면의 상단으로 보내기 위하여 다음과 같은 블록들을 추가한다. 녹색 깃발을 클릭하여서 제대로 동작하는지 확인한다.

❻ 사과를 잡을 수 있는 그릇("Bowl")을 스프라이트 리스트에 추가한다. 그릇의 크기를 적절하게 조절한다.

❼ 그릇을 화살표로 움직일 수 있도록 다음과 같은 스크립트를 붙인다. 녹색 깃발을 클릭하여서 제대로 동작하는지 확인한다.

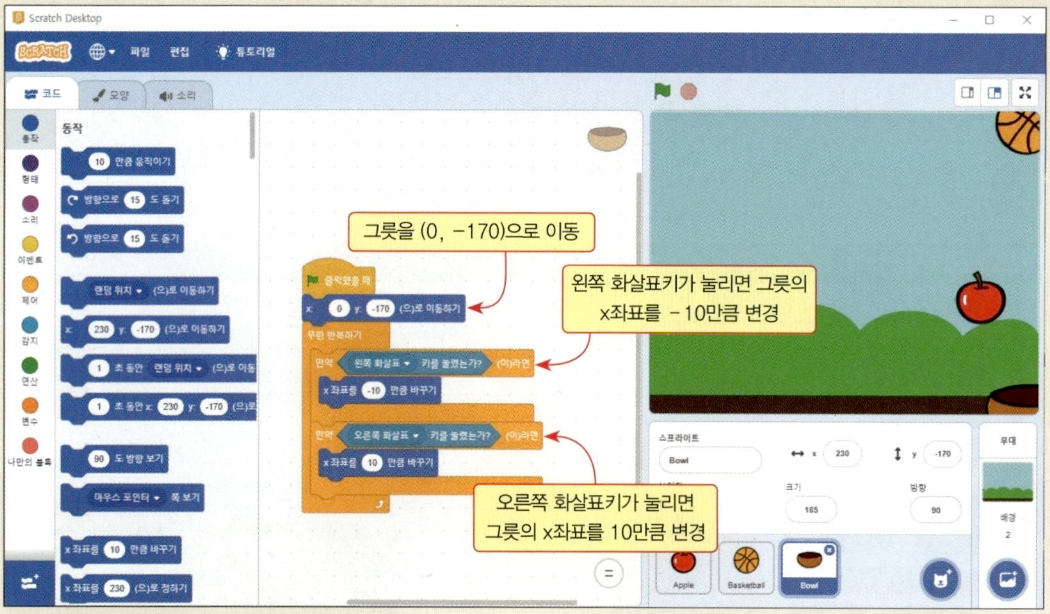

❽ 사과 스프라이트에 다음과 같은 스크립트를 추가한다. 녹색 깃발을 클릭하여서 제대로 동작하는지 확인한다.

도전문제

1. 사과를 그릇에 담을 때마다 점수가 1점씩 올라가도록 하여 보자. 스크래치의 도움말을 참조한다. 변수를 하나 생성하여서 사과를 그릇으로 성공적으로 받을 때보다 점수를 증가시키면 된다.
2. 농구공을 받아도 점수가 올라가도록 한다.
3. 여러 개의 사과를 화면에 등장시켜보자.

Lab | 간단한 시뮬레이션 만들기

문제의 정의

바닷속에서 큰 물고기가 작은 물고기를 잡아먹는 시뮬레이션을 작성해보자. 이번에도 배경을 변경하고 스프라이트들이 1초에 한 번씩 모양을 바꾸도록 하자.

스프라이트 설계

스프라이트	이름	기능
	shark1	• 3가지의 모양을 가지고 있는 스프라이트 • 1초에 한 번씩 다른 모양을 변경한다. • 작은 물고기를 추적한다.
	fish3	• 3가지의 모양을 가지고 있는 스프라이트 • 1초에 한 번씩 다른 모양을 변경한다. • 항상 움직인다.

스크립트 작성

❶ 고양이 스프라이트는 삭제한다. 다음과 같이 "Shark"와 "Fish3" 스프라이트를 추가한다. "Fish3" 스프라이트의 크기를 축소한다.

❷ 무대의 배경을 "underwater-2"로 변경한다.

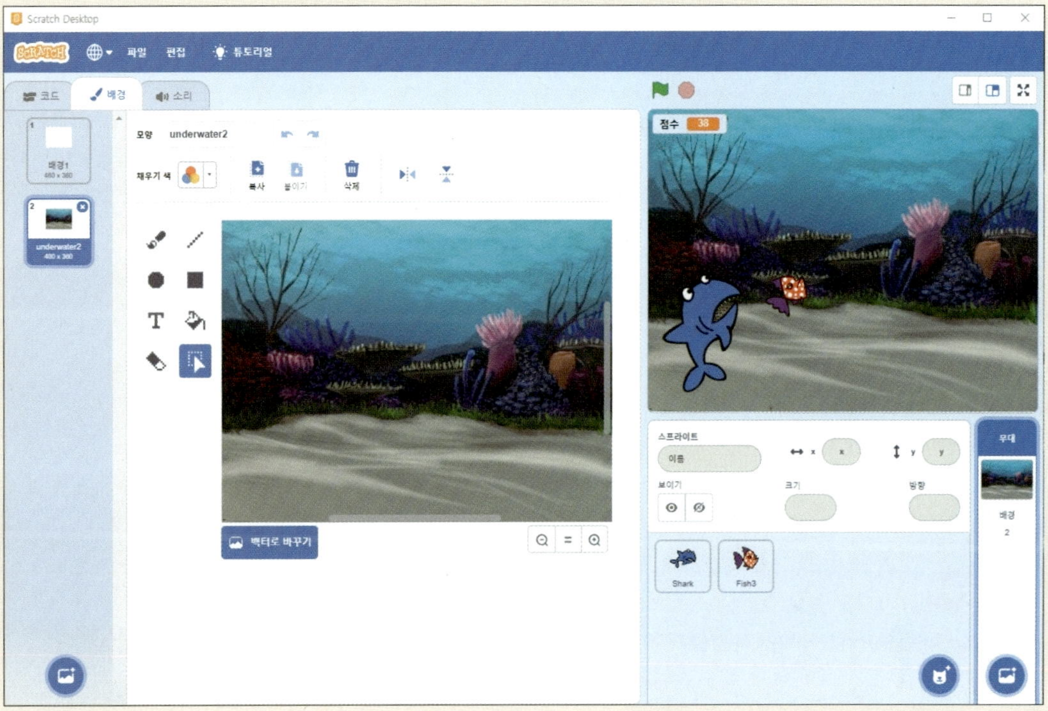

❸ "shark" 스프라이트에 소리 "bubbles"를 추가한다.

❹ "shark" 스프라이트에 다음과 같은 스크립트를 추가한다. 난수를 생성하는 블록은 "연산" 팔레트에 있다. 블록이 들어 있는 팔레트를 찾으려면 블록의 색상에 유의한다.

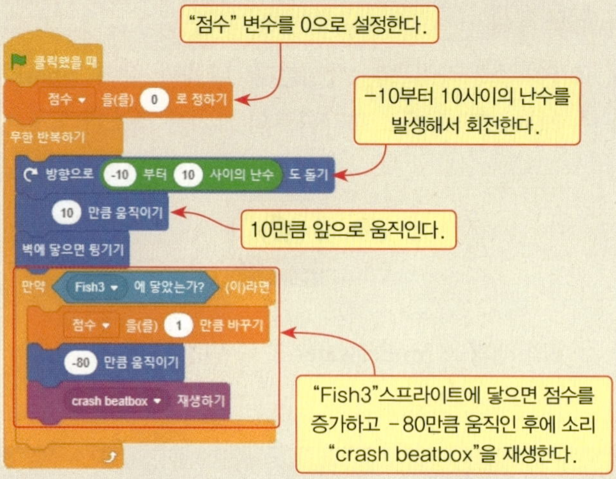

❺ "fish3" 스프라이트에 다음과 같은 스크립트를 추가한다.

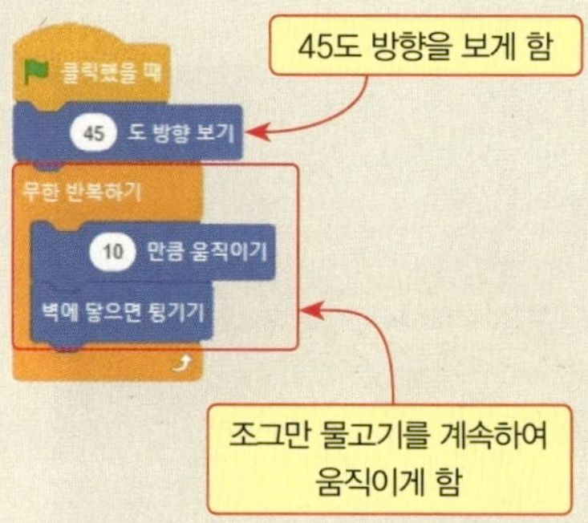

도전문제

1. 상어가 작은 물고기를 먹으면 작은 물고기가 없어지고 새로운 위치에 다시 나타나도록 스크립트를 수정해보자.

CHAPTER 05

분해

이론편: 컴퓨팅 사고를 통한 문제해결 I
실습편: 자료형과 변수

이번 장에서는 다음과 같은 내용을 학습합니다.

- 컴퓨팅 사고의 기본 개념인 분해에 대해 살펴본다.
- 일상에서 분해를 적용한 사례들을 살펴보고 분해의 개념을 이해한다.
- 스크래치에서 자료형과 변수에 대해 공부한다.
- 변수를 만들어 스크래치 프로그램을 작성한다.

01 필수 이론 분해의 개념

우리가 삶을 살아가다 보면 일상에서 해결해야 하는 다양한 문제들을 만나게 된다. 해결해야 하는 문제가 간단한 경우에는 바로 답을 찾을 수 있지만, 문제가 크고 복잡한 경우에는 쉽게 답을 찾지 못하게 된다. 이럴 때 우리가 많이 사용하는 방법이 주어진 복잡한 문제를 여러 개의 작은 문제들로 나누고, 나눠진 작은 문제들을 하나씩 해결하다 보면 전체 문제가 해결되는 분해라는 방법이다.

분해(decomposition)는 컴퓨팅 사고의 기초 개념 중 하나로, 복잡한 문제를 해결 가능한 크기의 작은 문제들로 나누어 해결하는 방법이다. 분해는 수학에서 오래전부터 많이 사용해 왔던 방법으로, 컴퓨팅 사고에서도 사용된다.

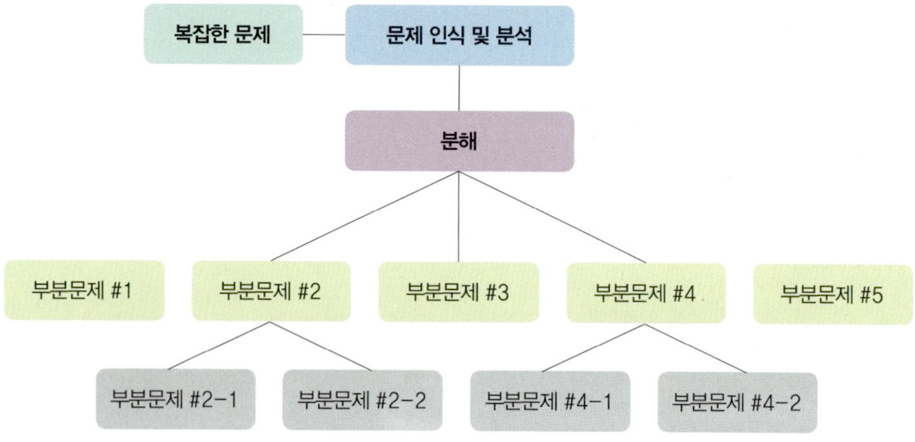

그림 5-1 분해는 복잡한 문제를 해결 가능한 작은 문제들로 나누는 것이다.

앞서 설명한 분해는 우리가 일상생활에서도 많이 사용하는 방법이라고 했다. 예를 들어, 기숙사 한 방에 사는 2명의 친구가 함께 아침식사를 만든다고 생각해보자. 아침식사를 만드는 문제는 한 명은 "토스트 만들기" 문제와 다른 한 명은 "커피 끓이기" 문제로 분해할 수 있다.

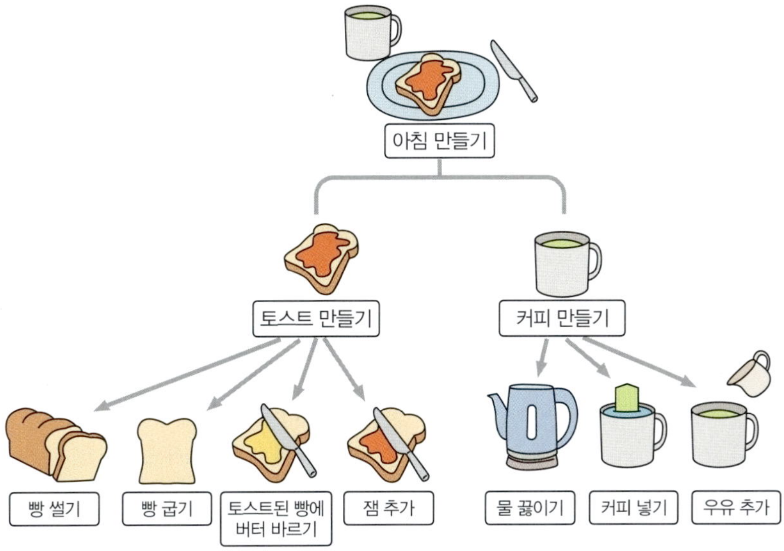

이처럼 분해는 복잡한 문제를 이해하기 쉬운 작은 문제들로 나누는 것이다. 복잡한 문제를 한 번에 해결하기보다 규모가 작고 이해하기 쉬운 작은 문제들을 하나씩 해결하는 것이 훨씬 쉽다. 그렇다면 분해에서 중요한 것은 주어진 문제를 어떻게 작은 부분으로 나눌 것인가이다. 이를 위해 우리가 해야 하는 일이 **분석**(analysis)이다. 분석 과정에서는 주어진 문제가 발생하게 된 원인들을 찾고 각각의 원인들을 해결할 수 있는 부분 문제들을 도출해 낸다. 반대로 부분 문제들의 답을 모아서 주어진 문제의 해결책을 만드는 과정을 **합성**(synthesis)이라고 한다. 자동차나 냉장고와 같은 기계나 제품을 제작할 때 단번에 자동차나 냉장고를 만들 수 없다. 작은 부품들을 먼저 만들고 이것들을 조립하여 자동차와 냉장고를 완성할 수 있다.

분해를 통해 나눠진 작은 문제들을 해결할 때 여러 개를 동시에 수행하여 해결할 수도 있는데, 이 같은 방법을 컴퓨터에서는 **병렬처리**(parallel processing)라고 한다. 병렬처리도 우리가 일상생활에서 자주 사용하는 방법으로, 식사를 준비할 때 가스레인지를 사용하는 모습을 떠올려보자. 한 곳은 밥을 짓고, 한 곳은 국을 끓이고, 다른 곳에서는 반찬을 동시에 만들 수 있다. 2장에서 소개한 것과 같이 우리가 현재 사용하는 CPU는 여러 개의 코어로 구성되어 있기 때문에, 분해를 통해 나눠진 여러 작은 문제들을 각각의 코어에서 나눠서 동시에 수행하여 문제를 더 빠르게 해결할 수 있다.

그림 5-2 병렬처리를 이용한 식사 준비 모습.

02 필수 이론 | 분해 적용하기

우리가 일상생활에 마주하게 되는 사례들을 통해 분해의 기능을 이해해 보자.

분해의 예 #1 : 피자 만들기

여러분이 피자 가게에서 아르바이트를 하게 되었다. 빠르게 피자를 만드는 방법을 생각해보자. 피자를 만드는 문제는 다음과 같은 5개의 부분 문제들로 나눌 수 있다.

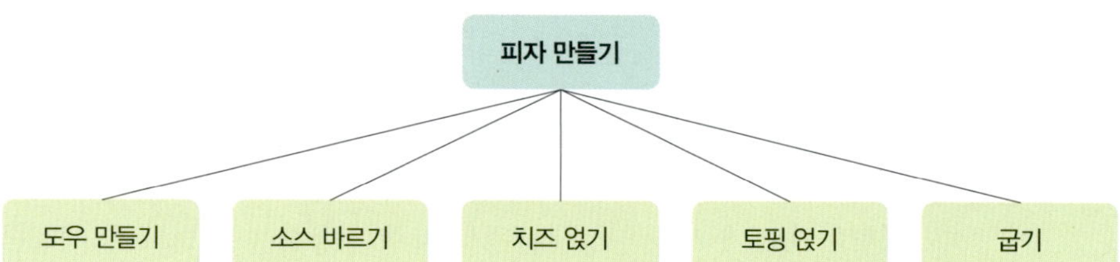

문제를 나눈 후에 부분 문제를 개별적으로 해결하여 본 문제를 해결하면 된다.

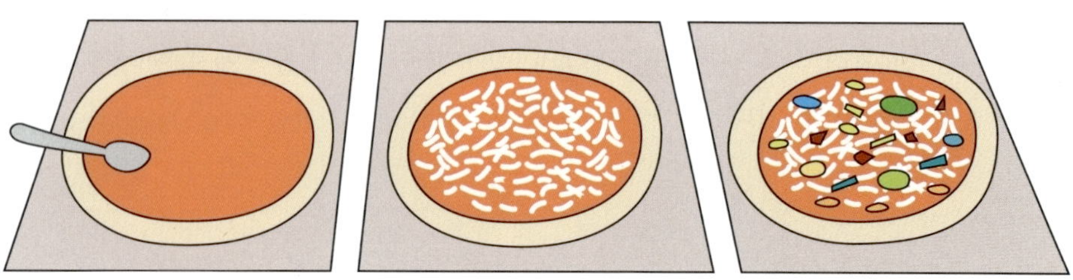

분해의 예 #3: 자동차의 작동 이해하기

자동차 같이 복잡한 시스템이 어떻게 작동하는지를 이해하는 방법 중 한 가지는 자동차를 몇 개의 모듈들로 나누어서 각 모듈들이 어떻게 동작하는지를 이해하는 것이다. 예를 들어, 프레임, 동력발생장치(엔진), 동력전달장치, 조향장치, 제동장치, 현가장치 등으로 분해하여 각각을 이해하면 자동차의 전체적인 작동을 이해할 수 있게 된다.

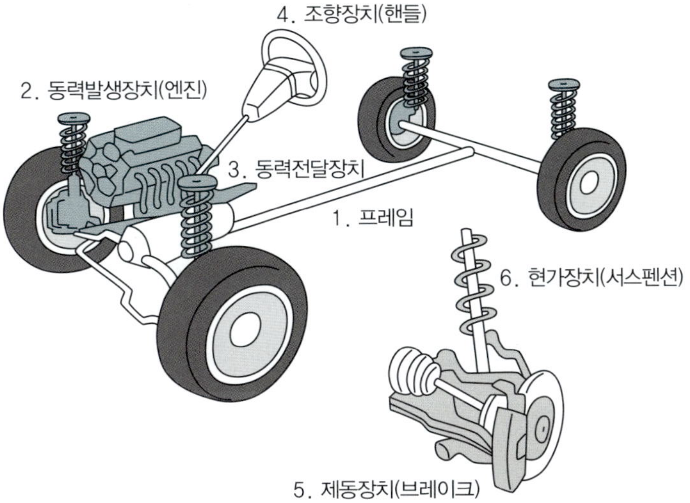

분해의 예 #3: 컴퓨터 프로그램 작성하기

프로그래머들이 컴퓨터 프로그램을 개발할 때도 분해 기법을 자주 사용한다. 프로그래머들은 개발해야 할 프로그램이 복잡한 경우 전체 프로그램을 기능이나 대상에 따라 작은 모듈들로 먼저 나누고, 나눠진 모듈별로 프로그래밍 명령어 코드를 작성한다. 이렇게 분해를 해서 프로그램을 개발하면 개발 기간도 짧아지고 좀 더 쉽게 프로그램을 작성할 수 있다. 이와 같은 프로그래밍 방식을 **하향식 설계**(Top-down design)라고 한다.

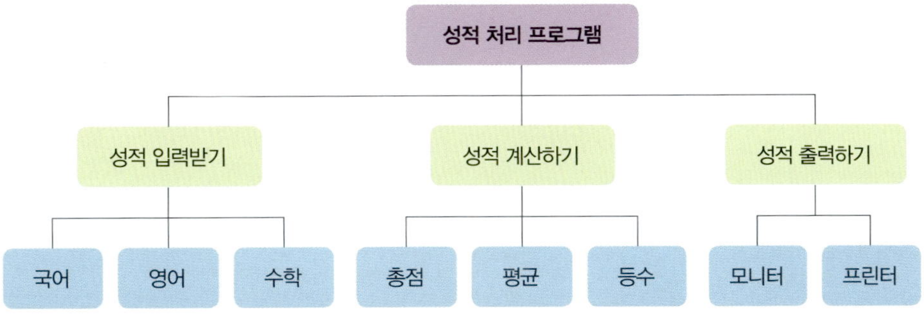

분해의 예 #4: 컴퓨터 게임 개발하기

컴퓨터 게임을 개발하는 작업도 분해 기법을 통해 다음과 같이 필요한 작업들을 나누어 진행할 수 있다.

분해의 예 #5: 이삿짐 나르기

새 학기가 되어 친구의 자동차를 이용해 이사를 하려고 한다. 옮겨야 할 짐은 책상(10kg), 의자(3kg), 옷장(8kg), 컴퓨터(5kg), 모니터(7kg), 책 박스(12kg), 의류 박스(9kg)이다. 자동차에는 20kg까지 짐을 실을 수 있다. 이삿짐을 어떻게 실어 날라야 할까?

분해의 예 #6: 다각형 넓이 구하기

다음과 같은 다각형의 넓이를 구하려고 한다. 넓이를 구하는 방법을 생각해 보자.

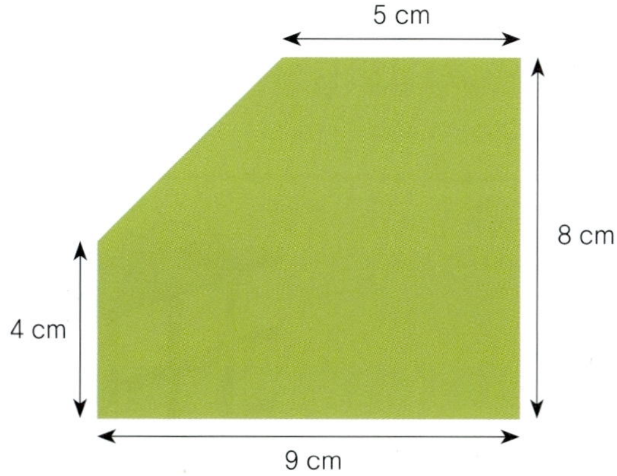

Lab 큐브 스티커 붙이기

다음과 같은 형상의 큐브에 스티커를 붙이려고 한다. 큐브의 각 면마다 다른 색상의 스티커를 붙여야 한다. 스티커는 총 몇 장 필요한가?

❶ 필요한 스티커 색상은 몇 가지인가?

❷ 각 색상별로 필요한 스티커는 몇 장인가?

❸ 총 필요한 스티커는 몇 장인가?

Solution | 큐브 스티커 붙이기

큐브를 분해해서 생각해보자.

❶ 필요한 스티커 색상은 몇 가지인가?

- 사진 속 큐브는 직육면체로 6개의 면으로 구성된다.
- 각 면마다 다른 색상 스티커를 붙여야 하므로 6가지 색상의 스티커가 필요하다.

❷ 각 색상별로 필요한 스티커는 몇 장인가?

- 각 색상마다 필요한 스티커는 각 면을 분해해서 생각해보자.

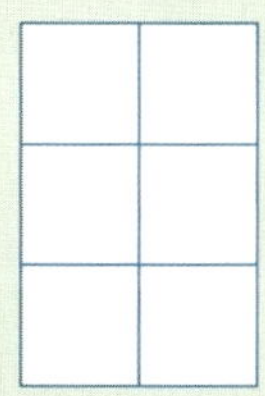

- 위와 같은 모양의 면이 4개이다.
- 각 면마다 서로 다른 4가지 색상의 스티커 6장씩이 필요하다.

- 위와 같은 모양의 면이 2개이다.
- 각 면마다 서로 다른 2가지 색상의 스티커 9장씩이 필요하다.

❸ 총 필요한 스티커는 몇 장인가?

- 4면 × 6장 = 24장
- 2면 × 9장 = 18장

총 필요한 스티커는 24 + 18 = 42장이다.

Lab | 비봇 게임

비봇(Bee-Bot)은 서양에서 어린 아이들이 사용하도록 설계된 로봇이다. 조작이 간단하여 컴퓨터 명령어를 가르치는 도구로 사용된다. 비봇에서 명령어는 4개의 화살표 버튼과 'go'버튼이다. 비봇은 한 번에 하나의 명령어만 실행할 수 있다.

비봇이 다음과 같은 맵에서 꽃을 찾아가는 경로를 찾아보자. 현재 위치에서 출발하여 꽃에 도달하려면 어떤 버튼들을 어떤 순서대로 눌러야 하는가?

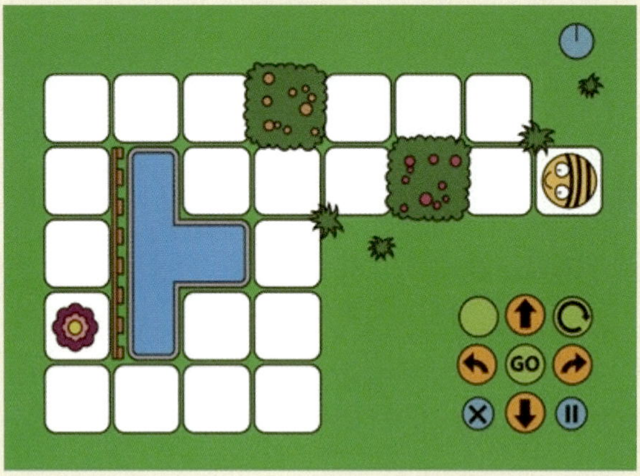

Solution

비봇 게임

비봇의 경로를 찾는 문제도 분해를 사용해 풀 수 있다. 비봇의 현재 위치에서 길이 막힐 때까지 일단 전진한다. 길이 막히면 그 때 오른쪽이나 왼쪽, 아래쪽으로 이동한다. 이 과정을 반복하면 목적지인 꽃까지 도달할 수 있다. 예를 들어 문제를 분해해서 다음과 같은 경로로 꽃이 있는 목적지까지 이동할 수 있다.

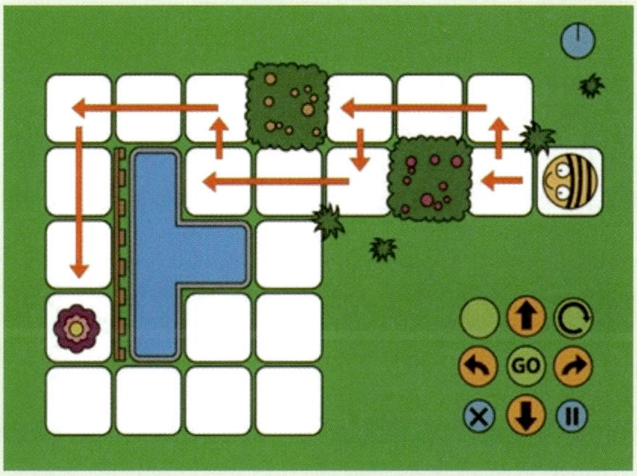

직진 ↑ 우회전 → 직진 ↑ 좌회전 ←
직진 ↑ 직진 ↑ 직진 ↑ 좌회전 ←
직진 ↑ 우회전 → 직진 ↑ 직진 ↑ 직진 ↑
우회전 → 직진 ↑ 좌회전 ←
직진 ↑ 직진 ↑ 직진 ↑ 좌회전 ←
직진 ↑ 직진 ↑ 직진 ↑ 도착 GO

비봇이 목적지까지 갈 수 있는 경로는 여러 경로가 가능하다.

스크래치 실습

COMPUTATIONAL THINKING

이번 장에서는 다음과 같은 사항을 학습해보자.

- 자료와 자료형의 개념을 학습한다.
- 자료형과 연산의 관계를 이해한다.
- 변수의 개념과 변수의 종류를 알아본다.
- 스크래치에서 지역변수와 전역변수를 선언하고 사용해본다.

03 자료형과 연산

스크래치 실습

자료(data)는 우리가 컴퓨터에서 정보를 표현하기 위해 사용하는 모든 것을 의미한다. 우리가 컴퓨터에 로그인할 때 입력하는 사용자 이름과 비밀번호, 특정 웹페이지를 방문하기 위해 입력하는 인터넷 주소, 프로그램을 실행하기 위한 마우스 더블 클릭 등이 자료 즉, 데이터이다. 컴퓨터는 자료를 읽고, 쓰고, 연산할 수 있다.

컴퓨터에서 자료를 종류별로 구별하기 위해 **자료형**(data type)이라는 개념을 사용한다. 컴퓨터에서 사용하는 자료형에는 정수형, 실수형, 문자형, 불린(boolean)형 등이 있다. 자료형은 프로그래밍 언어로 코딩을 할 때 데이터를 저장할 공간과 사용할 수 있는 연산을 결정하는데 있어서 중요하다. 즉, 자료형은 자료의 종류뿐만 아니라 자료에서 수행할 수 있는 **연산**(operation)도 포함한다. 예를 들어, 정수형 자료는 덧셈이나 뺄셈 연산을 할 수 있지만, 알파벳과 같은 문자형은 덧셈이나 뺄셈을 할 수 없다.

표 5-1 자료형과 연산

자료형	자료	대표 연산
정수형(integer)	−2, −1, 0, 1, 2	사칙연산: 덧셈(1), 뺄셈(−), 곱셈(*), 나눗셈(/) 관계연산: 크다(>), 작다(<), 같다(5)
실수형(float/double)	0.5, −1.3, 3.86	사칙연산: 덧셈(1), 뺄셈(−), 곱셈(*), 나눗셈(/) 관계연산: 크다(>), 작다(<), 같다(5)
문자형(char)	‘A’, ‘a’, ‘!’, ‘1’	소문자를 대문자로 바꾸는 연산 대문자를 소문자로 바꾸는 연산
불린 형(bool)	참(true), 거짓(false)	논리연산: AND, OR, NOT

스크래치에서 자료형

대부분의 프로그래밍 언어들은 코딩을 할 때 여러 자료형을 구분해서 사용해야 한다. 하지만 스크래치는 데이터를 사용할 때 최대한 자료형을 신경쓰지 않고 사용할 수 있도록 해준다. 스크래치 2.0에서는 자료형이 숫자인지, 문자인지만 구분하면 된다. 자료를 입력해야 하는 스크래치 블록에서 숫자만 입력하는 창은 둥그런 원형으로, 문자를 입력해도 되는 창은 사각형으로 자료형을 구분한다.

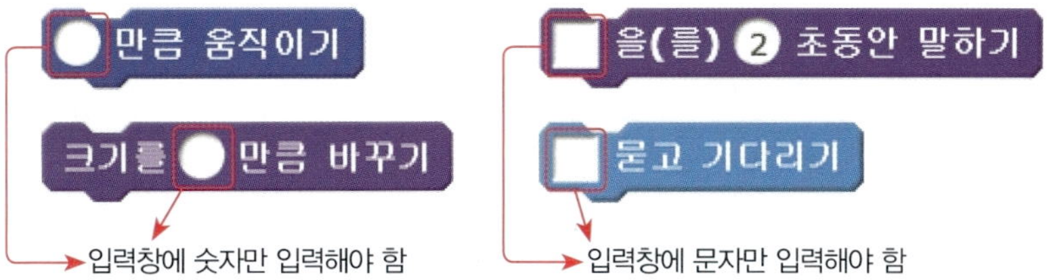

그림 5-3 스크래치 2.0에서의 숫자와 문자 자료형 구분.

스크래치 3.0에서는 자료형을 전혀 구분하지 않고 사용해도 된다. 스크래치 블록에서 자료를 입력해야 하는 입력창의 모양이 둥그런 원형으로 통일되었다. 입력창 모양이 숫자와 문자가 구분되지 않기 때문에 사용자가 각 블록의 동작이나 연산에 따라 사용하지 말아야 하는 자료형을 구분해서 입력해야 한다.

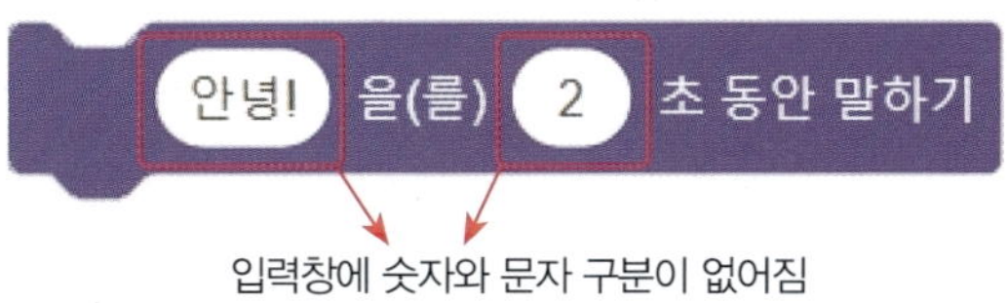

그림 5-4 스크래치 3.0에서는 자료형 구분이 없어졌다.

Note

스크래치 3.0에서 숫자와 문자의 자료형 구분이 없어진 것이 꼭 편리한 것만은 아니다. 예전에는 숫자만 입력해야 하는 블록에는 문자가 전혀 입력되지 않아 각 연산에서 사용할 수 있는 자료형을 쉽게 구분할 수 있었지만, 이 구분이 없어지면서 숫자만 입력해야 하는 블록에 문자를 입력해도 프로그램은 아무 문제없이 실행이 되고 이상한 결과를 보여주기 때문이다.

스크래치에서 연산

스크래치는 사칙연산, 관계연산, 논리연산 등 다양한 연산들을 제공하고 있다. 그 외에도 프로그램을 작성하다 보면 편리하게 사용할 수 있는 추가적인 연산들을 제공한다.

표 5-2 스크래치에서 사용할 수 있는 연산

사칙연산	(3 + 2.5) (0.5 - 2) (4 × 7) (10 ÷ 6)	기타	(1 부터 10 사이의 난수) (가위 와(과) 나무 결합하기) (가위 의 1 번째 글자) (가위 의 길이) <가위 이(가) 가 을(를) 포함하는가?> (10 나누기 3 의 나머지) (3.5 의 반올림) (절댓값 ▾ (-5))
관계연산	<10 > -20> <at > on> <-3.5 < 2> <공 < 차> <30 = 50> <car = car>		
관계연산	<<3 > 5> 그리고 <a < b>> <<3 > 5> 또는 <a > b>> <<car > on> 이(가) 아니다>		

실습

1. 여러 가지 연산들을 사용하여 연산 결과를 확인해보자.

변수

변수(variable)는 프로그램에서 자료를 저장할 수 있는 공간으로, 데이터를 담는 그릇이라고 할 수 있다. 변수는 프로그램이 실행되면서 저장하고 있는 자료의 값(value)이 변할 수 있기 때문에 변수라는 이름을 갖게 되었다. 프로그램에서 사용하는 자료가 여러 개일 경우, 각각의 자료를 구분해서 사용할 수 있어야하기 때문에 변수는 이름을 가지고 있어야 한다. 변수의 이름을 **변수명**(variable name)이라고 한다. 변수를 사용하기 위해서는 프로그래머가 변수 이름을 정해 생성을 해줘야만 한다. 이렇게 변수를 만드는 과정을 "변수를 정의한다." 또는 "변수를 선언한다."라고 표현한다. 변수 이름을 정할 때는 변수가 저장하는 자료의 의미나 특징을 잘 반영한 이름을 사용하는 것이 좋다. 스크래치에서는 스프라이트와 무대에서 변수를 생성할 수 있다.

> **Note**
>
> 스크래치에서 변수 이름은 프로그래머 마음대로 정할 수 있다. 그렇다고 해서 변수 이름을 정할 때, "x"나 "abc"와 같이 의미 없는 이름을 사용하는 것은 바람직하지 않다. 이름을 저장하는 변수라면 "name", "이름", 나이를 저장하는 변수라면 "age"나 "나이"와 같이 의미 있는 변수 이름을 사용하는 것이 프로그램을 이해하는데 훨씬 편리하다.

지역 변수와 전역 변수

하나의 프로그램 내에서도 변수들은 사용할 수 있는 범위가 각각 달라질 수 있다. 변수를 사용할 수 있는 범위를 **변수의 유효 범위**(scope)라고 한다. 변수의 사용 범위가 특정한 영역으로 한정되는 변수를 **지역 변수**(local variable)라고 한다. 지역 변수와 달리 프로그램 모든 곳에서 사용할 수 있는 변수를 **전역 변수**(global variable)라고 한다. 스크래치에서 지역 변수와 전역 변수를 생성하는 방법과 각각의 사용 범위는 다음과 같다.

- **지역 변수**: 변수를 만들 때 [이 스프라이트에서만 사용]을 체크하면 지역 변수로 생성이 되고, 지역 변수는 생성된 스프라이트나 무대에서만 사용할 수 있고 다른 스프라이트나 무대에서는 사용할 수 없다.
- **전역 변수**: 변수를 만들 때 [모든 스프라이트에서 사용]을 체크하면 전역 변수로 생성이 되고, 전역 변수는 프로그램 전체의 모든 스프라이트와 무대에서 사용할 수 있다.

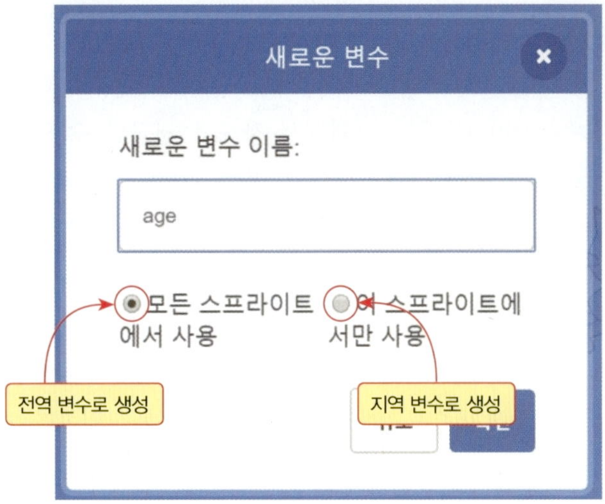

실습

1. 고양이 스프라이트에 전역 변수 “age”와 지역 변수 “name”을 만들어 보자.

2. 이름과 나이를 묻고 이름과 나이를 입력받아 변수 “age”와 “name”에 저장해 보자.

Lab 성적 관리 프로그램 만들기

문제의 정의

국어, 영어, 수학, 과학 과목의 성적을 입력받아 저장하고, 4과목의 총점과 평균을 계산해서 보여주는 성적 관리 프로그램을 만들어 보자.

스프라이트 및 무대 설계

스프라이트	이름	기능
	Abby	• 4과목 성적을 입력받고 총점과 평균을 말한다.
	School	• 학교 배경 이미지를 무대로 사용한다.

스크립트 작성

❶ 고양이 스프라이트는 삭제한다. 다음과 같이 "Abby" 스프라이트를 추가한다.

❷ 무대의 배경을 "School"로 변경한다.

❸ "Abby" 스프라이트에 "변수 만들기"를 이용하여 "국어", "영어", "수학", "과학", "총점", "평균" 변수를 만든다.

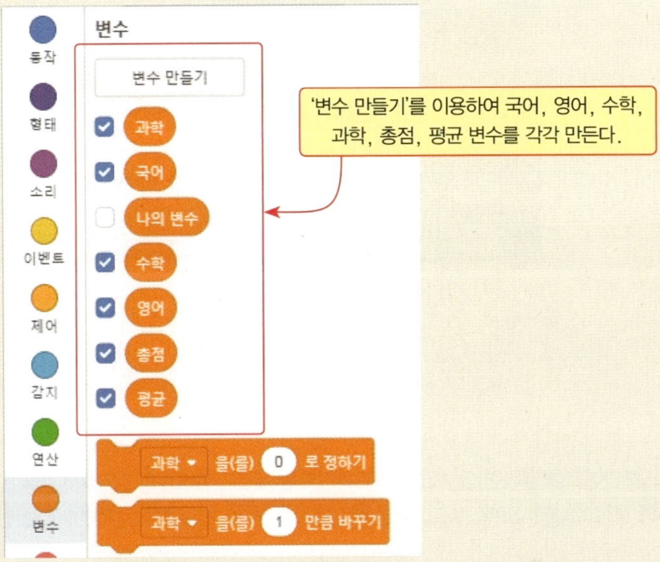

❹ "Abby" 스프라이트에 다음과 같은 스크립트를 추가한다. 무엇인가를 묻고 대답을 받는 블록은 "감지" 팔레트에 있다.

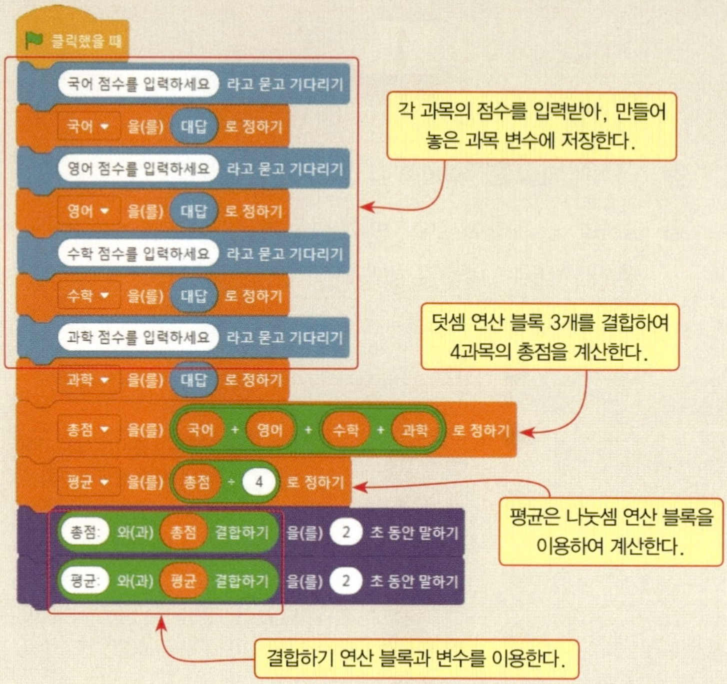

도전문제

1. "Devin" 스프라이트를 추가한다. Abby 스프라이트를 누르면 Abby의 성적이 나타나고, Devin 스프라이트를 누르면 Devin의 성적이 나타나도록 프로그램을 수정해보자(Hint: 변수들을 지역변수로 선언해야 한다).

Lab 핑퐁 게임 만들기

문제의 정의

나만의 핑퐁 게임을 만들어보자. 핑퐁 게임에서 공이 막대에 닿으면 점수가 10점씩 증가하고, 공의 방향을 임의로 바꾼다. 공이 바닥의 빨간색 선에 닿으면 게임은 종료된다. 막대는 화살표키를 이용하여 좌우로 이동할 수 있다.

스프라이트 및 배경 설계

스프라이트	이름	기능
	Ball	• 벽에 닿으면 튕긴다. • Paddle에 닿으면 소리가 재생되며, Ball이 다른 방향으로 이동한다. • 빨간색 선에 닿으면 종료된다.
	Paddle	• 왼쪽과 오른쪽 화살표로 이동한다.
	Wall1	• 무대 배경으로 Wall1을 선택한다. • 그림판을 이용하여 바닥에 빨간색 선을 추가한다.

스크립트 작성

❶ 고양이 스프라이트는 삭제한다. 다음과 같이 "Ball"와 "Paddle" 스프라이트를 추가한다.

❷ 무대의 배경을 "Wall 1"로 변경하고, 바닥에 빨간색 선을 추가한다.

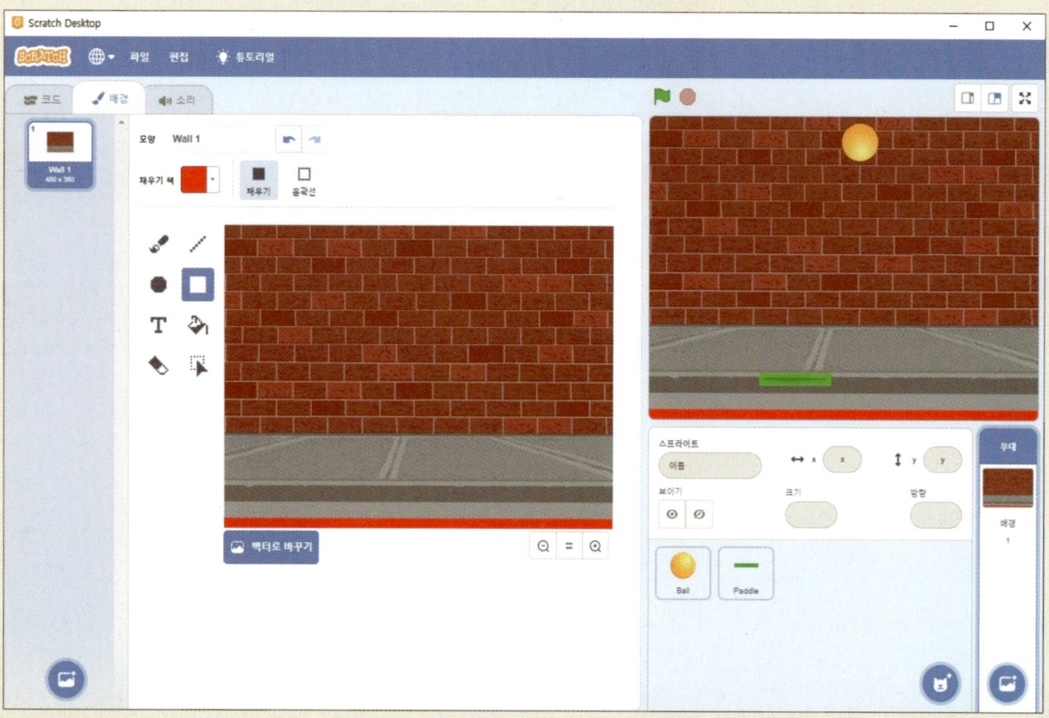

❸ "Ball" 스프라이트를 클릭하고 "소리" 탭에서 Water Drop을 소리에 추가한다.

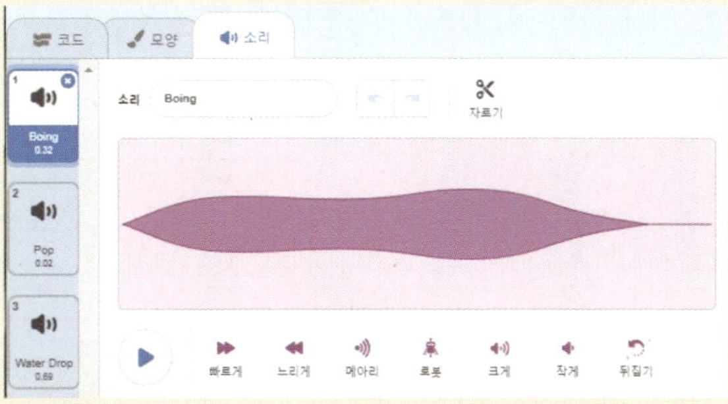

❹ "Ball" 스프라이트에 "변수 만들기"를 이용하여 "점수" 변수를 만든다.

❺ "Ball" 스프라이트에 다음과 같은 스크립트를 추가한다. 블록이 들어 있는 팔레트를 찾으려면 블록의 색상에 유의한다.

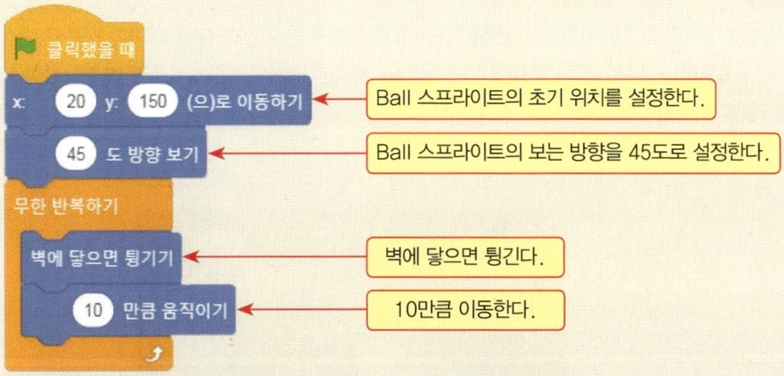

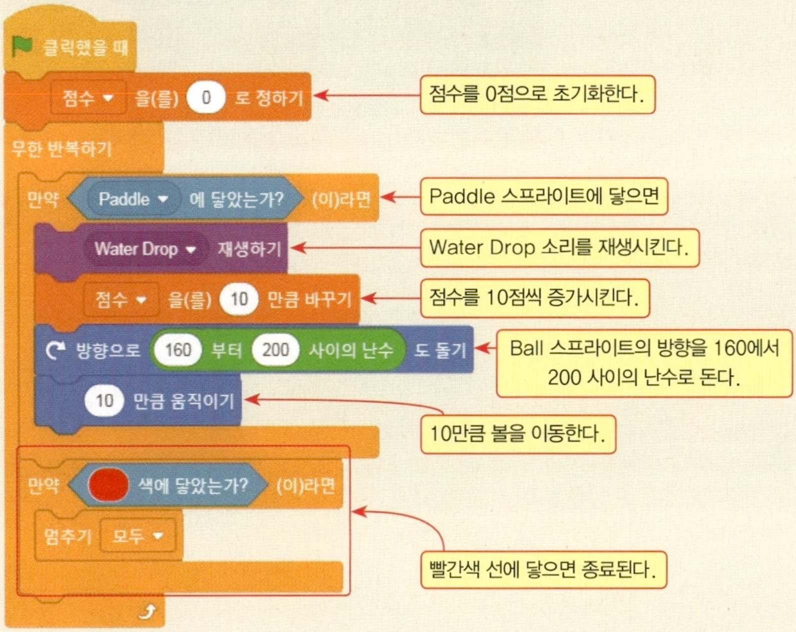

❻ "Paddle" 스프라이트에 다음과 같은 스크립트를 추가한다. 블록이 들어 있는 팔레트를 찾으려면 블록의 색상에 유의한다.

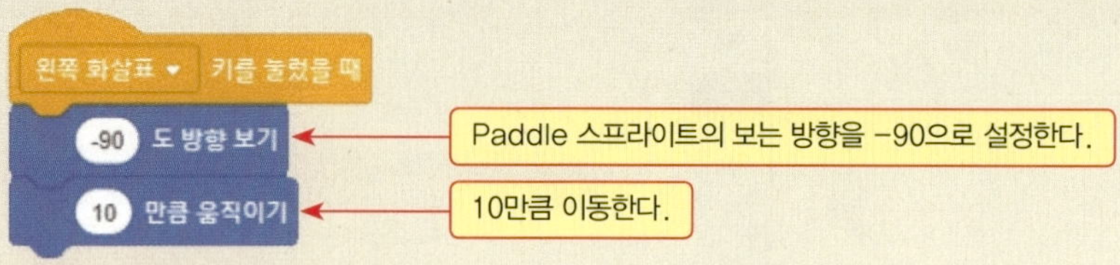

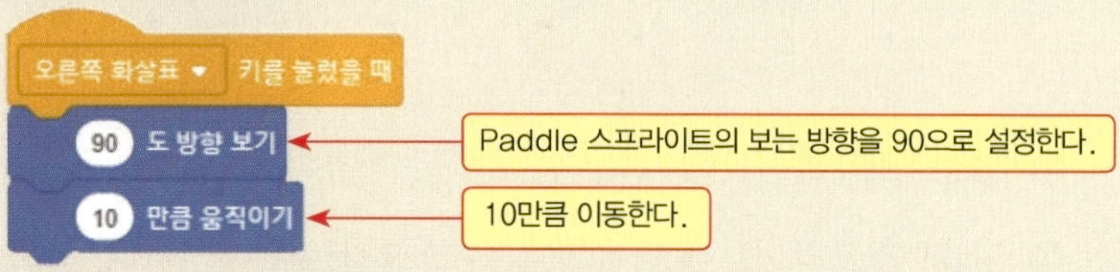

도전문제

1. "생명" 변수를 추가하고, 변수의 값을 3으로 설정한다. 공이 빨간색 선에 닿을 때마다 "생명" 변수는 1씩 감소한다. 생명 변수가 1 이상일 경우는 공이 빨간색 선에 닿아도 게임은 다시 실행되고, 생명 변수가 0이 되면 게임을 종료하도록 프로그램을 수정하시오.

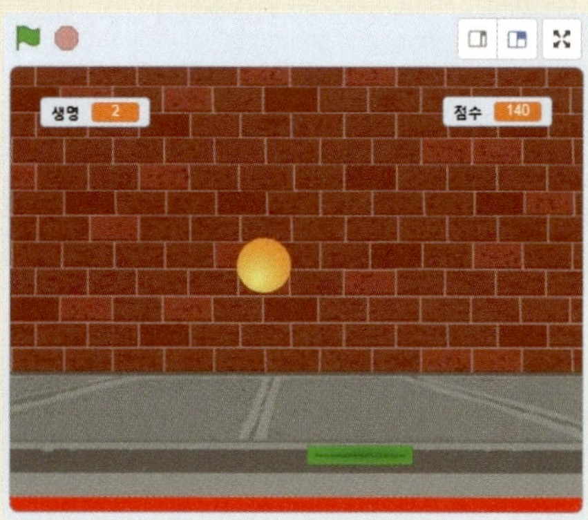

CHAPTER 06

분할정복

이론편: 컴퓨팅 사고를 통한 문제해결 II
실습편: 선택구조

이번 장에서는 다음과 같은 내용을 학습합니다.

- 컴퓨팅 사고를 통한 문제해결 기법 중에서 "분할 정복" 기법을 살펴본다.
- 프로그램을 이루고 있는 3가지 구조를 학습한다.
- 선택 구조에서 자주 사용되는 비교 연산자에 대하여 살펴본다.
- if/else 블록을 살펴본다.
- 중첩 if/else 블록 구조를 살펴본다.
- 논리 연산자를 살펴본다.

필수이론

01 필수 이론 분할 정복 알고리즘

컴퓨터 공학에는 **분할 정복 알고리즘**(Divide and conquer algorithm)이라 불리는 알고리즘이 있다. 이 알고리즘도 분해 기법을 사용한다. 분할 정복 알고리즘은 너무 복잡해서 해결할 수 없는 문제를 작은 문제로 나눈다. 이들 작은 문제를 해결한 후에, 작은 문제의 해답을 모아서 원래의 문제를 해결하는 알고리즘이다.

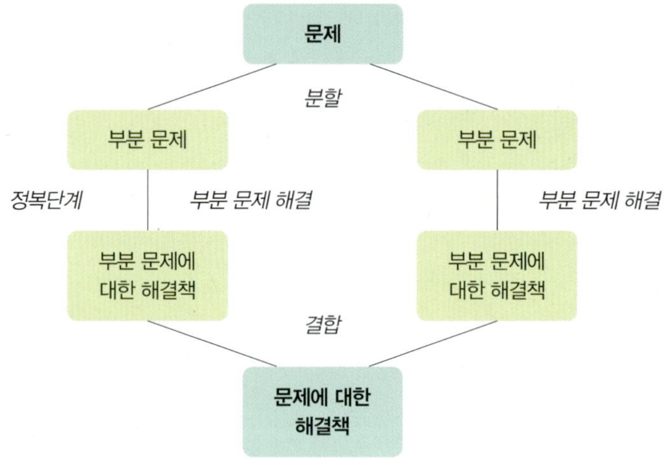

예를 들어서 피자를 만드는 문제를 생각해보자. 피자를 만드는 문제는 다음과 같이 5개의 부분 문제로 나눌 수 있다.

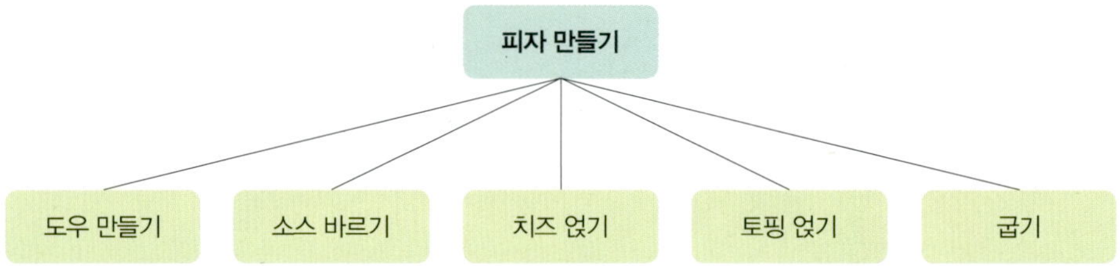

문제를 나눈 후에 부분 문제를 개별적으로 해결하고 이들 해답을 합하여 본 문제를 해결하면 된다.

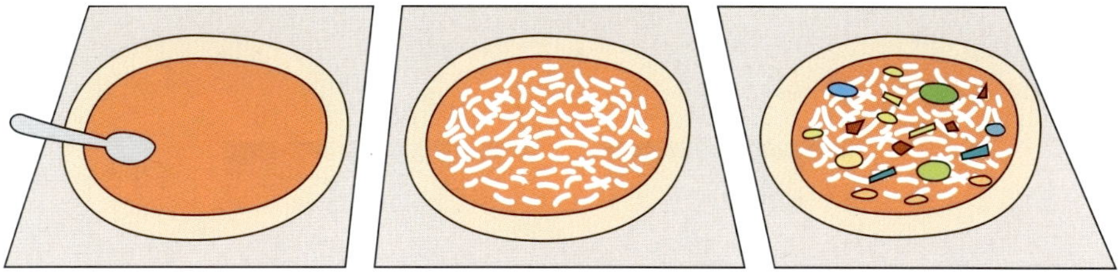

분할 정복 알고리즘의 가장 대표적인 예는 **이진 탐색**(binary search)이다. 숫자들의 리스트가 있다고 가정하자. 숫자들은 크기순으로 정렬되어 있다. 이진 탐색은 리스트에서 하나의 숫자를 찾는 알고리즘이다. 예를 들어서 다음과 같은 숫자들의 리스트에서 30을 찾는다고 가정하자. 어떻게 하면 빠르게 찾을 수 있을까? 리스트 안의 숫자들이 정렬되었다는 사실을 이용하여야 한다.

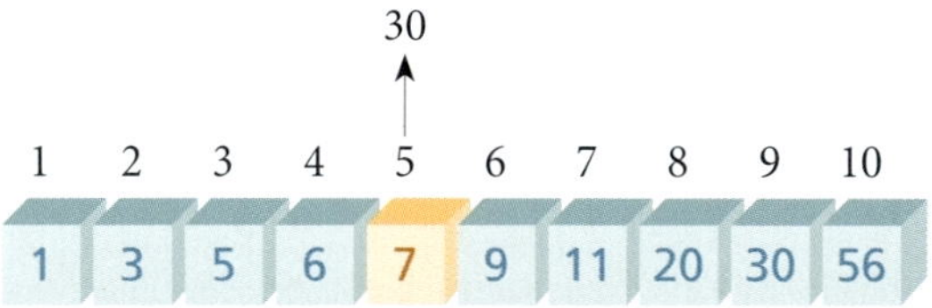

리스트의 중앙에 있는 값을 탐색값과 비교한다. 만약 일치하면 탐색값을 찾은 것이므로 성공이다. 만약 탐색값이 중앙값보다 작으면 우리가 찾고자 하는 값은 리스트의 전반부에 있을 것이다. 따라서 리스트의 후반부는 탐색의 범위에서 제외할 수 있다. 반대로 만약 탐색값이 중앙값보다 크면 우리가 찾고자 하는 값은 리스트의 후반부에 있을 것이다. 따라서 리스트의 전반부는 탐색의 범위에서 제외할 수 있다. 이러한 기법을 남아 있는 숫자들에 대하여 반복적으로 적용한다. 이진 탐색에서는 한 번 비교할 때마다 탐색의 범위가 절반으로 줄어든다.

1024개의 숫자를 가진 리스트를 탐색하는데 얼마만큼의 비교가 필요할까? 한번 비교를 할 때마다 탐색 범위가 절반씩 줄어든다. 첫 번째 비교를 하면 탐색 범위가 512로 줄어들고 이후로 비교를 할 때마다 탐색 범위가 256, 128, 64, 32, 16, 8, 4, 2, 1이 된다. 탐색 범위가 1이 되면 이미 탐색이 성공했거나 실패한 것이다. 이것은 최악의 경우를 가정한 것이다. 중간에 만약 일치하는 숫자가 있으면 탐색이 종료된다. 따라서 $2^{10} = 1024$이므로 최대 10번의 비교만 있으면 된다. 만약 리스트 안의 숫자의 개수가 2^{30}(약 10억개)이라고 하더라도 이진 탐색은 30번만 비교하면 어떤 숫자라도 찾을 수 있다. 반면에 리스트의 모든 원소와 차례대로 비교해서 찾는 순차 탐색은 평균 약 5억 번의 비교가 필요하다.

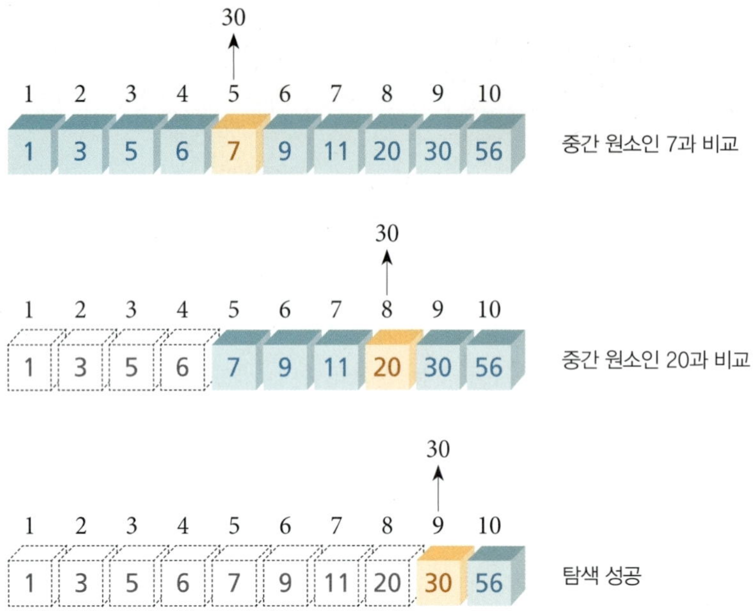

그림 6-1 이진 탐색의 예

이진 탐색에서는 비교가 이루어질 때마다 탐색 범위가 급격하게 줄어든다. 한번 비교할 때마다 탐색 범위가 절반으로 줄어든다. 찾고자 하는 항목이 속해있지 않은 부분은 전혀 고려할 필요가 없기 때문이다. 이러한 방법을 반복적으로 사용하는 방법이 이진 탐색이다. 이진 탐색을 적용하려면 탐색하기 전에 리스트가 반드시 정렬되어 있어야 한다.

Note

실생활에서의 이진 탐색의 예를 들어보자. 두 사람이 서로 상대방이 생각하고 있는 숫자를 맞추는 게임을 생각하자. 예를 들어 1에서 100만까지의 숫자를 하나 생각하라. 상대방은 하나의 숫자를 추측하여 말하고 다른 상대방은 그 숫자가 맞는지 아니면 큰지, 작은지 만을 알려준다. 이러한 게임에서 몇 번 만에 상대방이 생각하는 숫자를 맞출 수 있을까? 정답은 20번이다. 만약 숫자의 범위가 더 작다면 훨씬 적은 횟수만으로 맞출 수 있다. 이러한 방법이 이진 탐색이다.

Unplugged Lab

보물 찾기

12명의 학생들이 있고 그 중의 한 학생이 보물을 가지고 있다. 어떤 학생이 보물을 가지고 있는지 알아내는 게임이다. 우리는 반장 학생한테 보물이 어디에 있냐고 질문할 수 있고 반장 학생은 yes 또는 no로 우리의 질문에 답할 수 있다. 우리가 반장 학생의 답변을 이용하여 보물을 찾는 게임이다.

어떻게 해야 가장 적은 질문을 하면서 보물을 찾을 수 있을까? 즉 어떻게 해야 가장 효율적으로 보물을 찾을 수 있는가? 이진 탐색 알고리즘을 응용해보자.

Solution

보물 찾기

12명의 학생을 중간 학생을 기준으로 하여 두 그룹으로 나눈다. 반장 학생에게 보물이 오른쪽 그룹에 있는지를 질문한다. 답변에 따라서 하나의 그룹을 제외시키고 나머지 그룹에 대하여 똑같은 방법을 적용한다. 최대 4번이면 보물을 찾을 수 있다. 이러한 방법을 "분할하여 정복하기(divide and conquer)"라고 한다.

출판사 홈페이지에서 다운로드 가능한 “보물 찾기” 스크래치 앱을 실행하여 본다.

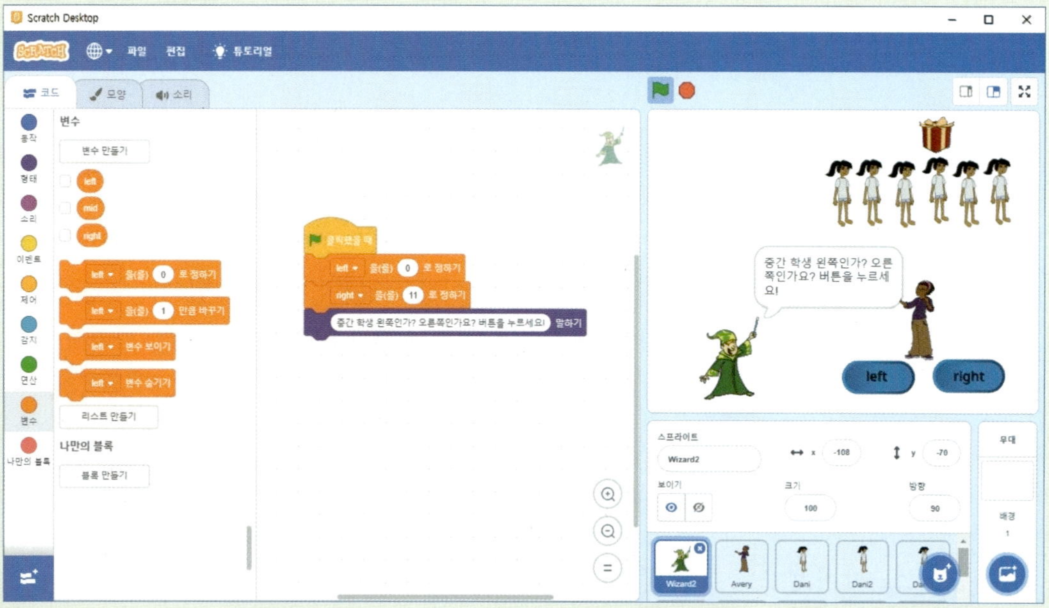

스크래치 앱에서 보물이 있는 위치를 참조하여서 “left”, “right” 버튼을 눌러본다. 탐색의 범위가 1/2로 줄어드는 것을 확인하라.

Unplugged **Lab**

이진 탐색

분할 정복 알고리즘의 가장 대표적인 예는 이진 탐색(binary search)이다. 숫자들의 리스트가 있다고 가정하자. 숫자들은 크기순으로 정렬되어 있다. 이진 탐색은 리스트에서 하나의 숫자를 찾는 알고리즘이다. 리스트의 중앙에 있는 값을 탐색값과 비교한다. 만약 일치하면 탐색값을 찾은 것이므로 성공이다. 만약 탐색값이 중앙값보다 작으면 우리가 찾고자 하는 값은 리스트의 전반부에 있을 것이다. 따라서 리스트의 후반부는 탐색의 범위에서 제외할 수 있다. 반대로 만약 탐색값이 중앙값보다 크면 우리가 찾고자하는 값은 리스트의 후반부에 있을 것이다. 따라서 리스트의 전반부는 탐색의 범위에서 제외할 수 있다. 이러한 기법을 남아 있는 숫자들에 대하여 반복적으로 적용한다. 출판사 홈페이지에서 다운로드받을 수 있는, 다음과 같은 스크래치 앱으로 이진 탐색을 실습해보자. 앱을 실행하고 나서 탐색하고자 하는 값을 입력한다.

Unplugged **Lab**

범죄 해결

박물관 안에 안전하게 보관 중이던 다이아몬드가 도난당하는 범죄가 발생하였다. 우리는 범죄가 일어난 시각을 정확히 알아야 한다. 감시 카메라가 5분 간격으로 정지 사진을 촬영하고 있었다. 사진들은 상당한 양이어서 효과적으로 찾는 방법이 필요하다. 어떻게 하면 좋을까?

❶ 직원들은 일요일에 분명히 있었던 다이아몬드가 월요일 아침에 없어졌다고 보고했다. 따라서 도난은 일요일 아침에서 월요일 아침 사이에 발생한 것이 확실하다.

❷ 다이아몬드를 찍고 있었던 카메라가 있었는데, 24시간 동안 5분에 한 번씩 다이아몬드를 촬영하였다. 즉 1시간에 12장의 사진이 찍혔고 총 12 × 24 = 288장의 사진이 촬영되었다.

이 실습 문제는 구글의 Exploring Computational Thinking 웹페이지에 실린 문제이다.

Solution

범죄 해결

이것도 "**분할하여 정복하기**(divide and conquer)" 방법을 사용하면 된다. 즉 사진들 중에서 중간에 있는 사진(즉 288장의 사진 중에서 144번째 사진)을 본다. 다이아몬드가 아직도 사진에서 보이면 중간 이전 사진들을 볼 필요는 없다. 중간 이후 사진만 보면 된다. 똑같은 방법을 되풀이하여 적용한다.

예를 들면 다음과 같을 수 있다.

❶ 144번째 사진을 확인한다.

❷ 72번째 사진을 확인한다.

❸ 36번째 사진을 확인한다.

❹ 18번째 사진을 확인한다.

❺ ...

Unplugged **Lab**

감금 증후군

감금 증후군(Locked-In 증후군)은 의식은 있지만 전신마비로 인하여 외부자극에 반응하지 못하는 상태이다. 환자가 자발적인 움직임을 보이지 않고 말을 하지 않기 때문에 외관상 혼수상태로 잘못 판단할 수 있지만, 혼수상태와 달리 감금 증후군에서는 각성이 유지되어 있고 단지 운동기능만 차단되어 있다. 척수에서 양쪽 운동신경이 모두 손상을 받으면 얼굴을 포함하여 팔다리를 움직이지 못하게 된다. 그러나 이 경우 중뇌는 손상되지 않았기 때문에 눈을 뜨거나 수직 방향으로 안구를 움직이는 것은 가능하다. 따라서 일부 환자들은 눈을 뜨고 감는 방법으로 다른 사람과 의사소통을 할 수 있다. 또한 감금 증후군 환자는 각성에 관여하는 기관 및 감각신경은 정상이기 때문에 신체감각 및 청각 자극이 대뇌로 전달될 수 있다.

감금 증후군 환자가 외부와 소통할 수 있는 프로그램을 개발하고자 한다. 환자가 모니터에 지나가는 알파벳('A, B, C…') 중에서 자신이 생각한 알파벳이 오면 눈을 깜빡인다. 눈의 깜빡임을 감지하면 프로그램은 그 글자를 입력한다. 이 프로그램의 문제점은 A부터 시작하여서 Z까지 알파벳이 지나가는데 너무 오래 걸린다는 점이다. 만약 "zzzz" 단어는 26 × 4개의 글자를 보아야 한다. 어떤 방법을 사용해야 감금 증후군 환자가 더 쉽게 알파벳을 선택할 수 있을까?

Solution

감금 증후군

몇 가지의 방법이 있다. 먼저 일상 생활에서 많이 사용되는 알파벳('E...S...A...R.…')을 먼저 지나가게 하는 것이다. 하지만 이 방법도 최악의 경우에는 26개의 알파벳을 보아야 한다. 감금 증후군 환자 Jean-Jacques Beineix는 이 방법을 사용하여 책을 썼다고 한다. 그는 누군가가 사용 빈도 순으로 글자 목록을 읽을 때 깜박임으로써 의사 소통하는 방법을 배웠다.

하나의 방법은 컴퓨터 프로그래밍에 사용되는 분할 정복 알고리즘을 사용하는 것이다. 알파벳 중에서 중간에 있는 글자인 n을 기준으로 다음과 같이 질문한다.

a b c d e f g h i j l m n o p q r s t u v w x y z

n 앞에 있는가?

만약 대답이 "yes"라면 우리는 절반의 알파벳은 제외할 수 있다. 이런 방법으로 탐색의 범위를 절반씩 줄인다면 처음에 26, 13, 7, 3, 2, 1과 같이 줄어들 것이다. 따라서 26개의 글자 중에서 하나를 선택하는 문제에서는 최악의 경우라고 하더라도 5번만 눈을 깜빡이면 된다.

"출판사 홈페이지"에서 다운로드할 수 있는 스크래치 앱을 실행하고 "y" 또는 "n"로 답변하여서 몇 번 만에 원하는 글자를 입력할 수 있는지 확인하여 보자.

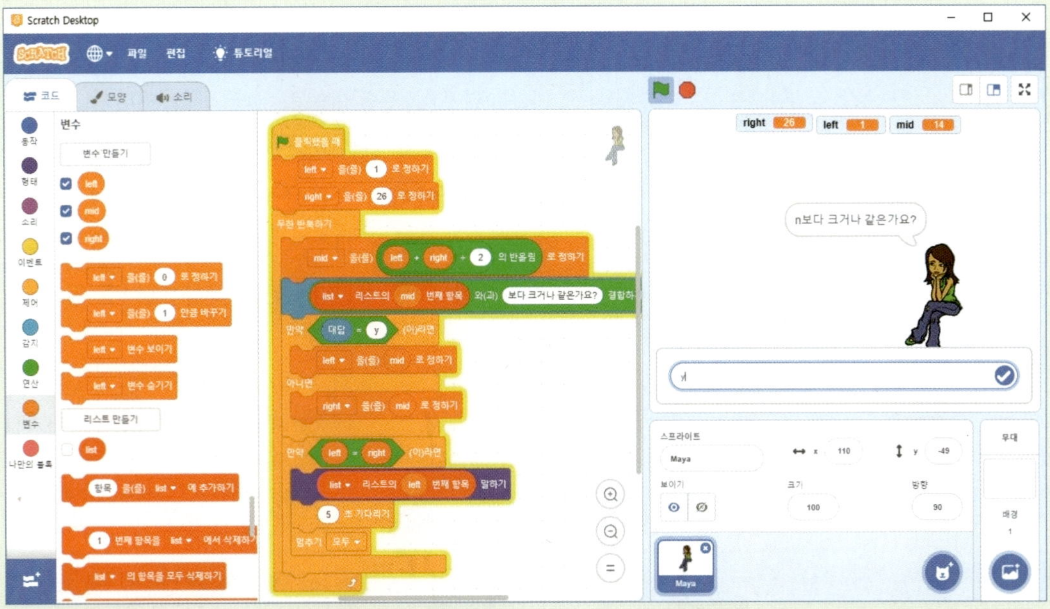

Unplugged **Lab**

잘못된 선물 골라내기

장난감 로봇을 만드는 공장이 있다. 크리스마스를 대비하여 열심히 장난감 로봇을 생산하여 포장하던 중에 직원의 실수로 하나의 선물 박스에 로봇이 들어가지 않은 채로 포장이 되어 버렸다. 이 선물을 받은 아이의 슬픔을 해결하기 위하여 우리는 방법을 찾아야 한다. 직원은 한 명 뿐이고 선물의 개수는 1024개나 되어서 선물을 일일이 하나씩 확인하기에는 너무 시간이 오래 걸린다. 우리가 사용할 수 있는 기구는 천칭뿐이다. 어떻게 하면 될까?

Solution 잘못된 선물 골라내기

제일 먼저 전체 선물 상자를 2개로 나눈다(선물 상자들이 쌓여 있을 것이고 이것을 지게차로 옮긴다고 가정하자). 이것을 천칭의 양쪽에 올린다. 만약 어느 쪽 한쪽이 올라가면 장난감이 들어 있지 않은 선물 상자는 그쪽에 있는 것이다.

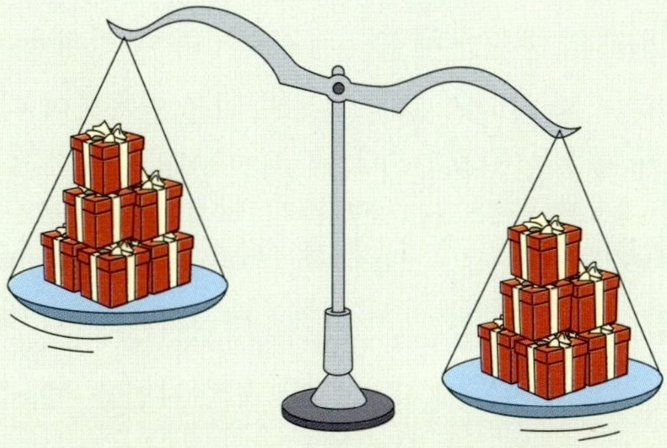

이 과정을 되풀이하면 결국 찾아야 할 선물의 개수가 1024 → 512 → 256 → 128 → … → 1로 줄어 들고 약 10번 만에 쉽게 잘못된 선물 상자를 찾을 수 있다. "출판사 홈페이지"에서 다운로드할 수 있는, 다음과 같은 스크래치 앱을 실행한다. 천칭을 이용하여 잘못된 선물 박스를 골라내는 알고리즘을 실행하여 보자. 공간 제약 상 선물 박스는 8개로 제한하였다. 선물 박스를 마우스로 움직이면 천칭이 달라진다.

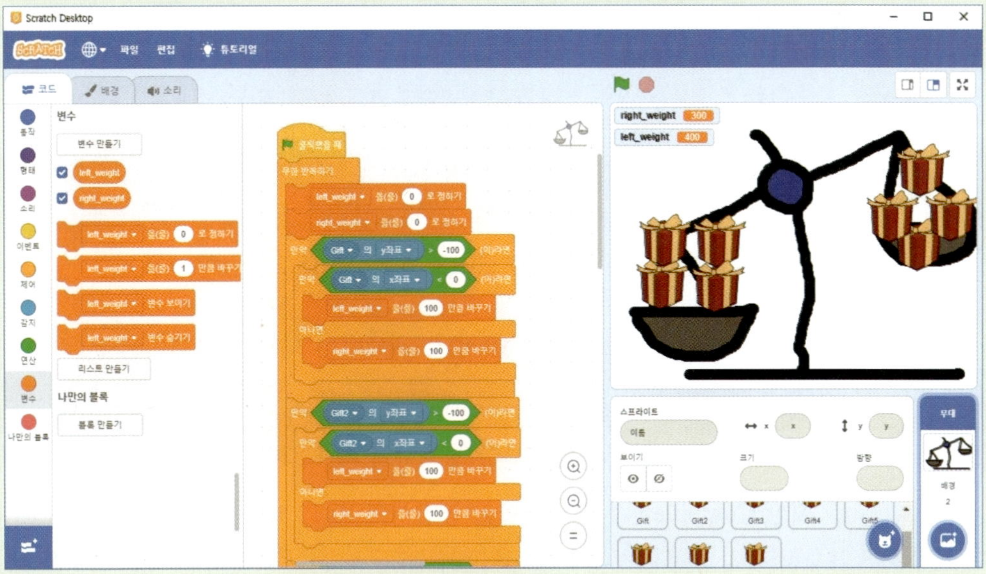

Unplugged
Lab

합병 정렬

합병정렬은 하나의 리스트를 두 개의 균등한 크기로 분할하고 분할된 부분 리스트를 정렬한 다음, 두 개의 정렬된 부분 리스트를 합하여 전체가 정렬된 리스트를 얻고자 하는 것이다. 합병정렬은 분할 정복(divide and conquer) 기법에 바탕을 두고 있다. 분할 정복 기법은 문제를 작은 2개의 문제로 분리하고 각각을 해결한 다음, 결과를 모아서 원래의 문제를 해결하는 전략이다. 분리된 문제가 아직도 해결하기 어렵다면, 즉 충분히 작지 않다면 분할 정복 방법을 연속하여 다시 적용한다. 분할 정복 기법은 대개 순환 호출을 이용하여 구현된다. 합병 정렬은 다음의 단계들로 이루어진다.

❶ **분할**(Divide): 입력 리스트를 같은 크기의 2개의 부분 리스트로 분할한다.

❷ **정복**(Conquer): 부분 리스트를 정렬한다. 부분 리스트의 크기가 충분히 작지 않으면 부분 리스트에 다시 분할 정복 기법을 적용한다.

❸ **결합**(Combine): 정렬된 부분 리스트들을 하나의 리스트에 통합한다.

(a) 분할 (b) 정복

간단한 예를 들어서 위의 개념을 설명하여 보자. 다음과 같은 숫자들의 리스트가 있다고 가정하자.

27 10 12 20 25 13 15 22

❶ **분할**(Divide): 리스트를 27 10 12 20과 25 13 15 22의 2개의 부분 리스트로 나눈다.

❷ **정복**(Conquer): 부분 리스트를 정렬하여 10 12 20 27과 13 15 22 25를 얻는다.

❸ **결합**(Combine): 부분 리스트를 통합하여 10 12 13 15 20 22 25 27을 얻는다.

각각의 부분 리스트들을 어떻게 정렬하여야 할까?

Solution

합병 정렬

해답은 부분 리스트들을 정렬할 때도 합병 정렬을 순환적으로 적용한다는 점이다. 즉 위의 예에서 부분 리스트인 27 10 12 20을 정렬할 때도 합병 정렬의 개념을 다시 적용한다. 따라서 위의 예에 대한 합병 정렬을 그림으로 그려보면 다음 그림과 같다.

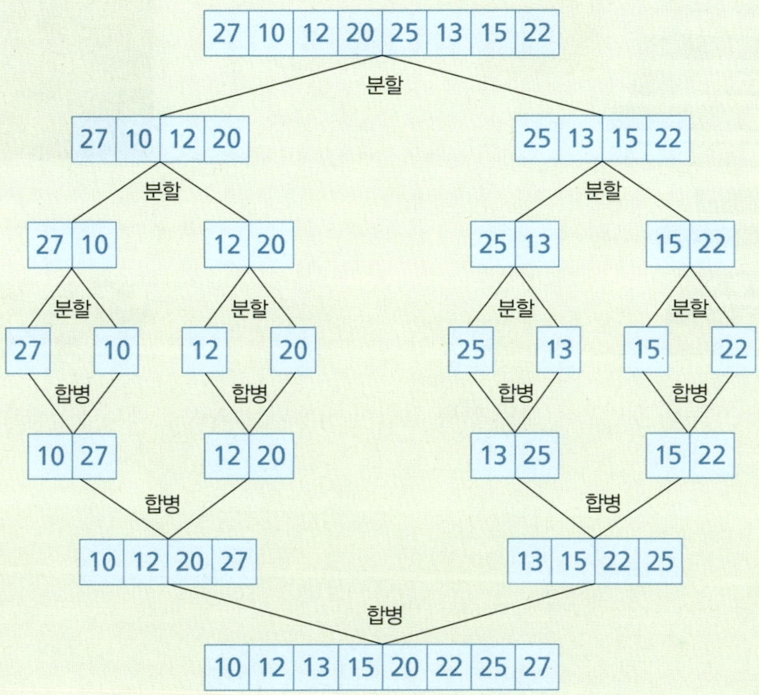

합병 정렬은 https://scratch.mit.edu/projects/46546824/#editor에 올라와 있는 스크래치 앱으로 학습해보자.

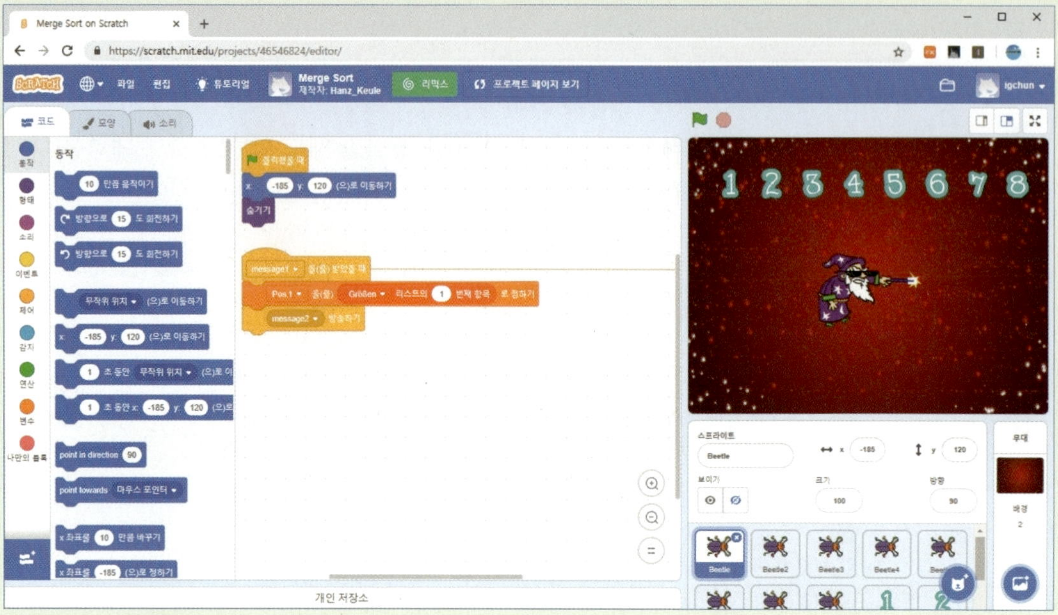

녹색 깃발을 누르면 합병 정렬이 진행되는 과정을 애니메이션으로 보여준다.

Unplugged **Lab**

이미지 압축

흑백 이미지는 런길이 엔코딩 방법으로 압축될 수 있다. 이미지의 어떤 줄이 3, 1, 4로 표현되면 3개의 흰색 픽셀, 1개의 검정색 픽셀, 4개의 흰색 픽셀이라는 의미이다. 0이 나오면 그 줄이 검정색 픽셀부터 시작한다는 의미이다.

3,1,4
2,1,1,3
2,1,1,3,
1,1,3,1,2
1,1,3,1,2
1,1,3,1,2
1,1,3,1,2
1,1,3,1,2

런길이 엔코딩을 할 때 우리는 분해 기법을 사용하고 있는 것이다. 이미지를 각 줄로 나누어서 한 줄씩 숫자로 바꾸고 있기 때문이다. 이미지의 모든 줄에 대하여 숫자가 계산되면 이것들을 모으면 된다. 이것은 합성 기법이다.

"출판사 홈페이지"에서 다운로드할 수 있는, 다음과 같은 앱으로 런길이 엔코딩을 이해하자. 이미지는 "image"라는 리스트 안에 저장되어 있다.

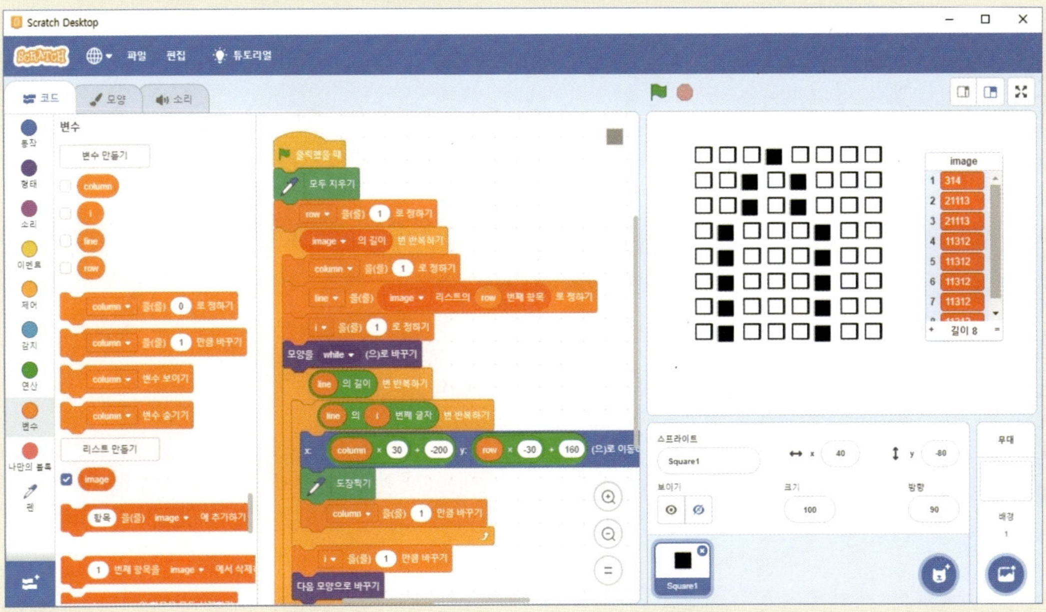

아직 리스트에 대해서는 학습하지 않았지만 리스트는 항목들을 저장하는 자료구조이다. 스크립트를 간단하게 하기 위하여 숫자와 숫자 사이에 쉼표를 넣지 않았다. 그리고 이미지의 크기는 8 × 8로 하였다. 스크립트를 전부 이해할 필요는 없고 리스트 안의 숫자들을 변경해보면서 이미지가 어떻게 달라지는지 관찰해보자. 리스트 안의 숫자를 클릭하여 변경할 수 있다.

Lab

숫자 추측 게임

문제의 정의

분해의 예로서 숫자 추측 게임을 살펴보자. 추측 게임을 하기 위해 사람(경기자 A)이 0에서 100까지의 숫자 중에서 임의의 숫자를 선택할 것이고, 다른 사람(경기자 B)은 경기자 A의 숫자를 추측해야 한다. 경기자 A는 경기자 B가 추측한 숫자가 자신이 선택한 숫자보다 높거나 낮으면 경기자 B에게 알려준다. 경기자 B는 어떤 알고리즘을 사용해야 최선의 결과를 얻을 수 있을까? 최대 몇 번 만에 숫자를 맞출 수 있을까?

경기자 A : 1에서 100까지의 숫자를 생각하고 있습니다. 7번 이내에 내 숫자를 추측할 수 있습니까?
경기자 B : 물론이죠, 50 아닌가요?
경기자 A : 아닙니다. 더 낮습니다.
경기자 B : 25가 맞습니까?
경기자 A : 아닙니다. 더 높습니다.
경기자 B : 37이 맞습니까?
경기자 A : 아닙니다. 더 높습니다.
경기자 B : 좋습니다. 43입니까?
경기자 A : 네, 축하합니다. 4번 만에 정답을 맞혔습니다!

이진 탐색 기법을 사용하여 신속하게 해답을 찾을 수 있다. 제일 먼저 50보다 적은지 큰지를 물어 보아야 한다. 1에서 100까지의 숫자를 추측하는 데 필요한 최대 시도 횟수는 $\log_2(100) = 7$이다. 따라서 최악의 경우에도 7번 만에 숫자를 맞출 수 있다. 다음과 같은 스크래치 앱을 만들어보자. 스크래치 앱에서 우리가 찾아야 할 숫자는 1부터 100 사이의 난수로 설정된다. 회수를 최소로 하여서 숫자를 맞춰보자.

스프라이트 설계

스프라이트	이름	기능
	Avery	• 숫자를 물어보고 맞았는지 틀렸는지를 알려준다.
	Dee	• 숫자를 맞추는 학생

변수 정의

변수	설명
count	시도 횟수
guess	사용자의 대답
number	정답

스크립트 작성

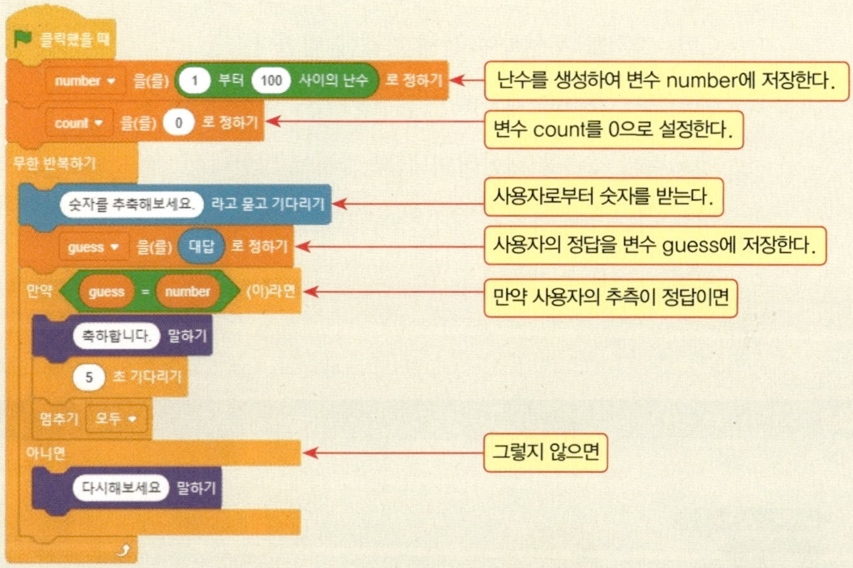

도전문제

1. 사용자가 틀리는 경우에 힌트를 제공하도록 스크립트를 수정해보자. 즉 정답이 30이고 사용자의 추측이 20이라면 "Low"라는 힌트를 제공한다. 반대의 경우에는 "High"라는 메시지를 표시한다.
2. 시도 횟수를 화면에 표시한다. 사용자가 시도할 때마다 count 변수를 1씩 증가시키고 화면에 변수를 표시하도록 하면 될 것이다. 시도 횟수가 10을 넘으면 게임을 강제로 종료시켜보자.

Lab

컴퓨터 조립 비용 계산하기

문제의 정의

스크래치로 컴퓨터 조립 비용을 계산하는 앱을 작성해보자. "컴퓨터 조립 비용 계산" 이라는 복잡한 문제는 다음과 같은 간단한 문제들로 분해될 수 있다.

전체 가격을 0으로 설정한다.

- CPU 가격을 계산하여 전체 가격에 더한다.
- 메인보드 가격을 계산하여 전체 가격에 더한다.
- 메모리의 가격을 계산하여 전체 가격에 더한다.
- 하드 디스크의 가격을 계산하여 전체 가격에 더한다.
- 전체 가격을 출력한다.

변수 만들기

사용자한테서 입력받은 값들을 앱 안에 저장하기 위하여 다음과 같은 변수를 생성한다.

변수이름	설명
total_cost	전체 조립 비용
cpu_count	CPU 개수
cpu_cost	CPU 개당 가격
board_count	메인보드 개수
board_cost	메인보드 개당 가격
memory_count	메모리 개수
memory_cost	메모리 개당 가격
disk_count	하드 디스크 개수
disk_cost	하드 디스크 개당 가격

스크립트 작성

❶ **전체 가격을 0으로 설정하기**: 전체 가격을 나타내는 `total_cost` 변수의 값을 0으로 설정한다.

❷ **CPU 가격 계산하기**: 사용자에게 CPU의 개수와 CPU의 개당 가격을 물어보고 답변을 변수 `cpu_count`와 `cpu_cost`에 저장한다. (`cpu_count*cpu_cost`)을 계산하여 `total_cost` 변수에 누적한다. 다음과 같은 블록들을 사용한다.

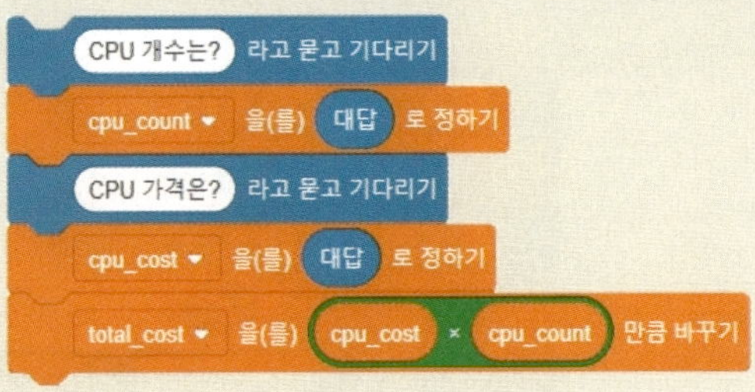

❸ **메인보드 가격 계산하기**: 사용자에게 메인보드의 개수와 메인보드의 개당 가격을 물어보고 답변을 변수 board_count와 board_cost에 저장한다. (board_count*board_cost)을 계산하여 total_cost 변수에 누적한다. 다음과 같은 블록들을 사용한다.

❹ **메모리 가격 계산하기**: 사용자에게 메모리의 개수와 메모리의 개당 가격을 물어보고 답변을 변수 memory_count와 memory_cost에 저장한다. (memory_count*memory_cost)을 계산하여 total_cost 변수에 누적한다. 다음과 같은 블록들을 사용한다.

❺ **하드디스크 가격 계산하기**: 사용자에게 하드디스크의 개수와 하드디스크의 개당 가격을 물어보고 답변을 변수 disk_count와 disk_cost에 저장한다. (disk_count*disk_cost)을 계산하여 total_cost 변수에 누적한다. 다음과 같은 블록들을 사용한다.

⑥ 전체 가격 출력하기

도전문제

1. 자신의 컴퓨터에 필요할 것 같은 컴퓨터의 부품을 추가시켜보자. 예를 들어서 그래픽 카드를 추가시켜서 전체 가격을 계산해보자.

스크래치 실습

COMPUTATIONAL THINKING

이번 장에서는 다음과 같은 사항을 학습해보자.

- 스크래치 제어 구조
- 비교 연산자
- if/else 구조
- 중첩 if/else 구조

02 스크래치 실습

3가지의 기본 제어 구조

우리가 스크래치 스크립트(프로그램)를 작성할 때, 사용할 수 있는 3가지의 기본적인 제어 구조가 있다.

- **순차 구조**(sequence): 명령어(블록)들이 순차적으로 실행되는 구조이다.
- **선택 구조**(selection): 둘 중의 하나의 명령어를 선택하여 실행되는 구조이다.
- **반복 구조**(iteration): 동일한 명령어가 반복되면서 실행되는 구조이다.

아래 그림은 순차 구조, 선택 구조, 반복 구조를 순서도(flowchart)로 나타낸 것이다.

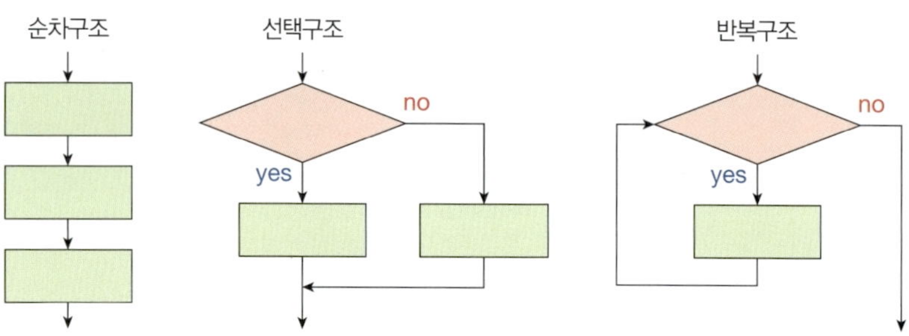

이것들이 스크립트(프로그램)를 구성하는 기본 블록이다. 어떠한 스크립트라도 3가지의 기본 블록만 있으면 만들 수 있다. 기본 블록을 쉽게 이해하려면 이것을 자동차(CPU)가 주행하는 도로로 생각하면 된다.

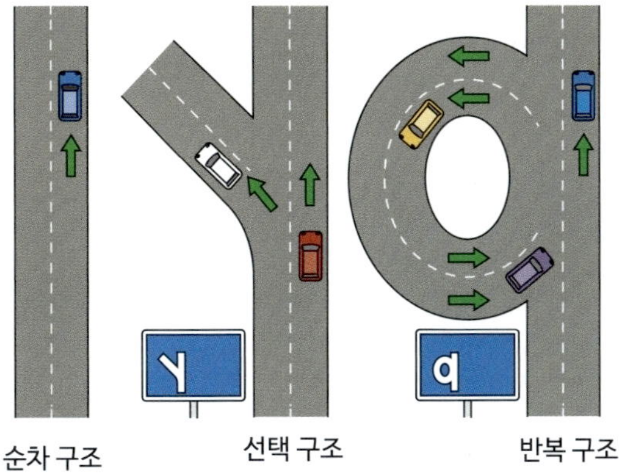

순차 구조는 자동차가 직진만 하는 도로라고 생각할 수 있다. 선택 구조는 자동차가 2가지의 길 중에서 하나를 선택하여 주행하는 교차로이다. 반복 구조는 자동차가 회전하면서 주행하는 회전 교차로라고 할 수 있다. 스크립트는 이들 기본적인 구조를 서로 연결하여서 작성된다. 의사 코드에서 if와 else는 선택 구조를 나타내는 명령어이고 while은 반복 구조를 나타내는 명령어이다.

순차 구조

순차 구조는 순서대로 실행되는 명령어를 실행할 때 사용된다. 순차구조에서는 실행되어야 하는 순서대로 명령어를 나열하면 된다. 위에서 아래로 차례대로 실행된다.

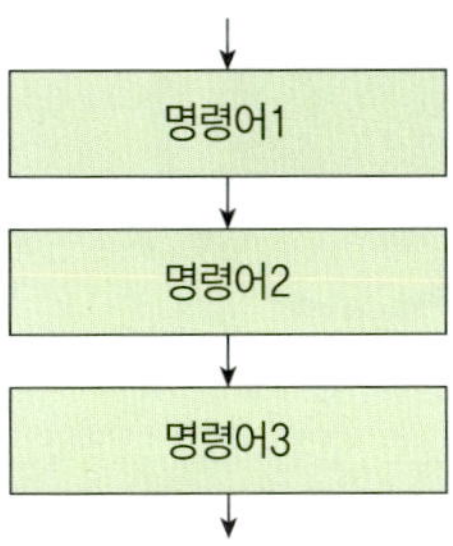


```
명령어1
명령어2
명령어3
...
```

선택 구조

일상생활에서도 조건에 따라서 결정을 내려야 하는 경우는 많이 있다. 예를 들어 날씨가 좋은 경우에만 운동을 하고 그렇지 않으면 공부를 한다고 하자. 이런 경우에 사용할 수 있는 구조가 선택 구조이다. 이것을 순서도로 그리면 아래 그림과 같다.

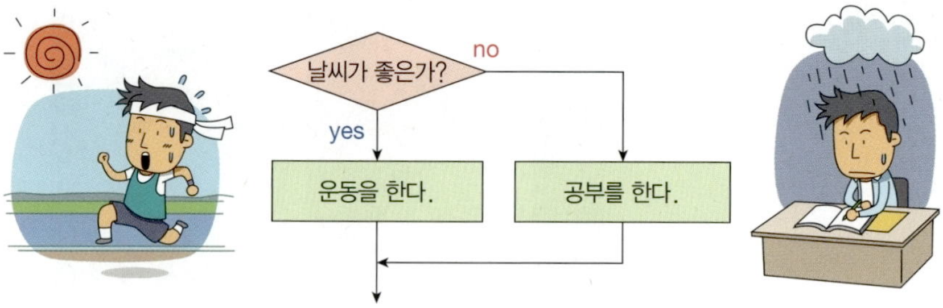

다음 절에서 자세히 살펴본다.

반복 구조

반복은 같은 처리 과정을 여러 번 되풀이하는 것이다. 반복은 왜 필요한가? 학생들의 국어, 영어, 수학 성적의 평균을 구하는 작업을 생각하여 보자. 학생수가 30명이라면 각 학생들의 국어, 영어, 수학 성적을 합하여 3으로 나누는 처리 과정을 30번 반복하여야 할 것이다. 만약 학생 수가 10000명이라면 10000번을 반복하여야 한다. 이러한 반복적인 작업을 사람이 하는 것은 아주 비효율적이다. 여기에 컴퓨터의 강점이 있다. 컴퓨터는 인간이 수행할 경우 막대한 시간이 소요되는 반복 작업을 빠르고 정확하게 처리할 수 있다. 이와 같이 어떤 대상에 대하여 같은 처리 과정을 반복하는 것은 프로그래밍에 있어서 자주 발생한다.

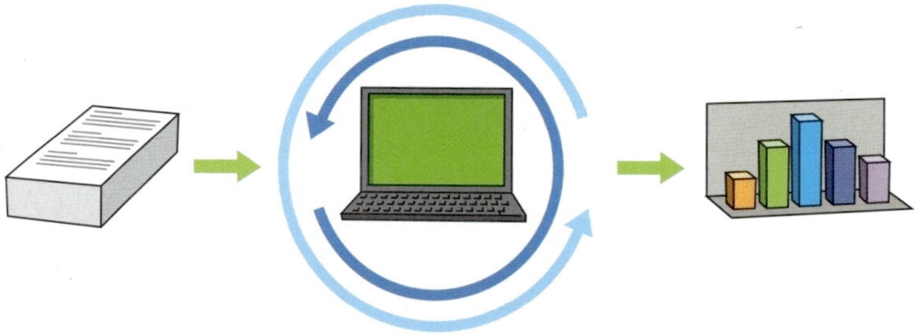

그림 6-2 반복은 같은 처리 과정을 반복하는 것이다.

반복 구조는 문장들을 반복시키기 때문에 흔히 루프(loop)라고 불린다. 루프는 동그라미 모양의 고리를 의미한다. 반복 구조는 어떤 조건이 만족되면 동일한 명령어들을 반복한다. 반복 구조는 7장에서 자세히 살펴본다.

03 스크래치 실습

선택 구조

이번 장에서는 값을 비교하거나, 논리식을 평가한 결과를 기반으로 의사 결정을 내릴 수 있는 구조를 학습한다. 이것을 선택 구조라고 한다. 선택 구조는 스크립트(프로그램)를 구성하는 3가지의 기본 제어 구조 중의 하나이다. 선택 구조를 작성하는데 사용되는 스크래치 블록들을 학습한다. 또한, 유용한 예제 애플리케이션 몇 가지를 살펴본다.

지금까지 작성한 프로그램은 간단한 실행 모델을 따르고 있다. 즉 첫 번째 명령(블록)으로 시작하여 다음 명령으로 차례대로 실행한다. 이제까지는 명령 블록을 건너뛴 적이 없이 순서대로 실행하고 있다. 이것을 순차 구조라고 한다. 순차 구조는 가장 기본적인 제어 구조이지만 복잡한 문제를 해결할 때는 순차 구조만으로 충분하지 않다.

예를 들어서 초등학생한테 간단한 산수를 가르치는 프로그램에서, 사용자가 정답을 입력하면 축하 메시지를 출력하는 블록을 실행하고, 그렇지 않으면 "틀렸습니다"를 출력하고 정답을 출력해주는 블록을 실행하여야 한다고 하자. 프로그램은 사용자의 입력을 정답과 비교하여 다음에 수행할 작업을 결정하여야 한다. 이때 선택 구조가 사용된다. 프로그램이 스마트하게 동작할 수 있는 것은 조건에 따라서 서로 다른 결정을 할 수 있기 때문이다.

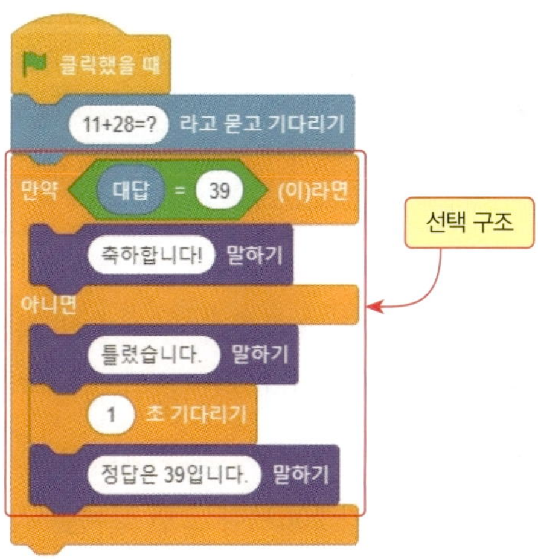

이번 장에서는 스크래치에서 사용할 수 있는 의사 결정 블록들을 살펴보고 사용자의 입력을 검사하기 위하여 이러한 블록들을 사용할 것이다. 먼저 스크래치의 비교 연산자를 소개하고 숫자, 문자 및 문자열을 비교하는 방법을 살펴본다. 이어서 if/else 블록을 소개한다. 이들 블록들은 의사 결정 과정에서 핵심적인 역할을 하게 된다. 또 중첩된 if/else 블록을 사용하여 여러 조건을 테스트하는 방법과 이러한 블록을 사용하여 메뉴를 가진 프로그램을 작성하는 방법도 배우게 된다. 또 여러 조건을 함께 검사하는 논리 연산자를 소개한다. 마지막으로 지금까지 배웠던 모든 개념을 토대로 몇 가지 재미있는 프로그램을 작성해보자.

04 스크래치 실습 비교 연산자

우리는 매일 의사 결정을 하고, 각 결정은 특정 행동을 수행하게 한다. 예를 들어, "자동차의 할인금액이 200만원 이상이라면, 당장 구입한다."라고 의사 결정을 내릴 수 있다. 우리는 세일즈맨한테 자동차 가격을 문의하고 자동차의 할인금액에 따라 자동차 구매를 결정하게 될 것이다.

스크래치에서도 조건에 따라 의사 결정을 내릴 수 있다. 비교 연산자를 사용하면 2개의 변수 값을 비교하여 하나가 다른 것보다 큰지 작은지를 판별할 수 있다. 비교 연산자는 두 값 사이의 관계를 테스트하기 때문에 관계 연산자라고도 한다. 스크래치에서 지원되는 3개의 비교 연산자는 [표 6-1]에 나와 있다.

표 6-1 비교 연산자

연산자	의미	예
( ) > ( )	~보다 큰	discount > 200
( ) < ( )	~보다 작은	discount < 200
( ) = ( )	~과 같은	discount = 200

[표 6-1]의 블록은 모두 육각형이다. 이러한 블록들을 평가하면 결과는 항상 참(true) 또는 거짓(false)이 된다. 이러한 수식을 부울식이라고도 한다.

예를 들어, "discount > 200" 블록은 변수의 값 discount가 200보다 큰지를 테스트한다. 만약 discount가 200보다 크면 블록은 참(true)를 반환한다. 그렇지 않으면 거짓(false)을 반환한다. 이 수식을 사용하여 "만약(discount > 200)이면, 차를 구입하십시오."와 같은 형태로 선택 구조를 구성할 수 있다 .

이러한 테스트를 구현할 수 있는 if 블록을 살펴보기 전에 비교 연산자 블록이 스크래치에서 계산되는 방법을 살펴보자.

비교 연산자의 계산

[표 6-2]에서는 스크래치의 비교 연산자를 사용하는 몇 가지 예제를 보여준다. 예제에서 우리는 비교 연산자의 몇 가지 중요한 점을 알 수 있다. 첫째, 우리는 비교 연산자를 사용하여 변수 x, y를 비교할 수 있고 또한 수식도 비교할 수 있다. 둘째, 비교 결과는 항상 참(true) 또는 거짓(false)이 된다. 셋째, "x = y" 블록은 "x를 y로 설정해라"를 의미하지 않는다. 이 블록은 "x가 y와 같습니까?"라는 질문을 의미한다.

표 6-2 비교 연산자

연산자	의미
result ▾ 을(를) (20) > (10) 로 정하기	"20 > 10" 이므로 result 변수는 참이 된다.
result ▾ 을(를) (x) > (y) 로 정하기	변수 x가 y보다 크면 result 변수는 참이 된다.
result ▾ 을(를) (x) = (y) 로 정하기	변수 x와 변수 y가 같으면 result 변수는 참이 된다.

문자와 문자 비교

사용자가 A와 Z 사이의 한 문자로 된 비밀 코드를 추측하려고 하는 게임을 작성한다고 하자. 게임은 사용자가 입력하는 문자를 읽어서 비밀 코드와 비교하여 힌트를 준다. 예를 들어서 비밀 코드가 K이고 사용자가 C를 입력 하면 화면에 "비밀 코드는 C의 뒤에 있습니다."와 같은 힌트를 출력한다. 물론 사용자가 정답을 입력하였다면 "정답입니다."라는 메시지를 화면에 출력하고 종료한다. 어떻게 사용자의 입력을 비밀 코드와 비교할 수 있을까?

다행스럽게도 스크래치의 관계 연산자는 문자도 비교할 수 있다. 아래의 그림에서 볼 수 있듯이, 스크래치는 알파벳순으로 문자를 비교한다. 문자 A가 문자 B 보다 알파벳 순으로 앞에 있기 때문에 A < B라는 수식은 참을 반환한다. 이러한 비교는 대소문자를 구분하지 않는다는 점에 유의해야 한다. 따라서 수식 A = a도 참을 반환한다.

문자열과 문자열의 비교

스크래치에서는 문자열과 문자열도 비교 연산자를 사용하여 비교할 수 있다. 예를 들어서 비밀번호가 한 글자가 아니고 여러 글자로 되어 있는 경우에도 다음과 같이 비교할 수 있다.

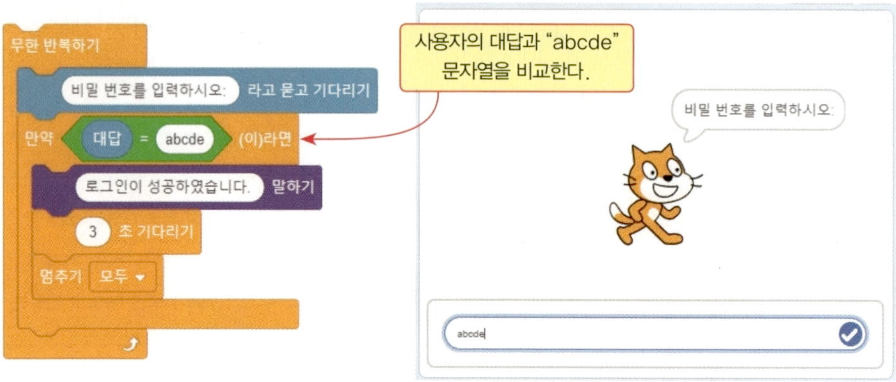

if 블록

스크래치의 "제어" 팔레트에는 프로그램에서 의사 결정과 제어 작업을 할 수 있게 해주는 블록인 `if` 블록과 `if/else` 블록이 있다. 이 블록을 사용하여 사용자에게 질문을 하고 사용자의 대답에 따라 서로 다른 조치를 할 수 있다. 이 절에서는 이들 블록에 대해 자세히 설명하고 중첩된 `if` 블록을 사용하여 여러 조건을 테스트하는 방법을 배운다. 학습한 내용을 바탕으로 메뉴 기반 응용 프로그램을 작성해 본다.

`if` 블록을 사용하면 조건의 검사 결과가 참이면 특정한 블록을 실행하도록 할 수 있다. `if` 블록의 구조와 해당 흐름도가 아래의 그림에 나와 있다.

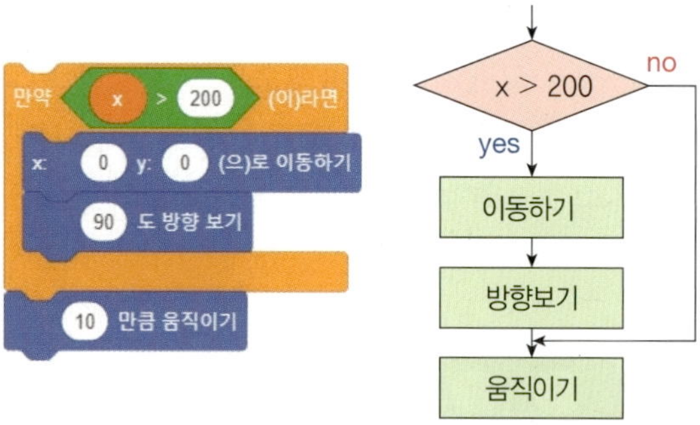

위의 그림에서 다이아몬드 모양은 조건에 따라 참과 거짓을 제공하는 결정 블록을 나타낸다. if 블록의 헤더에 있는 조건이 참이면 프로그램은 `if` 블록 내부에 있는 명령들을 실행하고 `if` 블록 외부에 있는 "10만큼 움직이기" 명령을 실행한다. 조건이 거짓이면 프로그램이 if 블록 내부에 있는 명령들을 건너뛰고 "10만큼 움직이기" 명령으로 이동합니다 .

if/else 블록

초등학생들에게 기초적인 수학을 가르치는 게임을 만들고 있다고 상상해보자. 학생들에게 문제를 보여주고 학생이 답을 입력하도록 한다. 학생이 정답을 입력하면 점수가 1점 올라가고, 오답이면 점수가 1점 내려간다. 우리는 if/else 블록을 사용하여 이것을 단순하고 효율적으로 만들 수 있다.

```
if 사용자의 대답이 맞다면
   점수에 1을 더한다.
else
   점수에서 1을 뺀다.
```

제일 먼저 지정된 조건이 테스트된다. 조건이 참이면 블록의 if 부분에 있는 명령이 실행된다. 그러나 조건이 거짓이면 else 아래의 명령이 실행된다. 프로그램은 if 블록과 else 블록 중에서 하나만 실행한다. if/else 블록의 구조와 해당 순서도는 다음 그림과 같다.

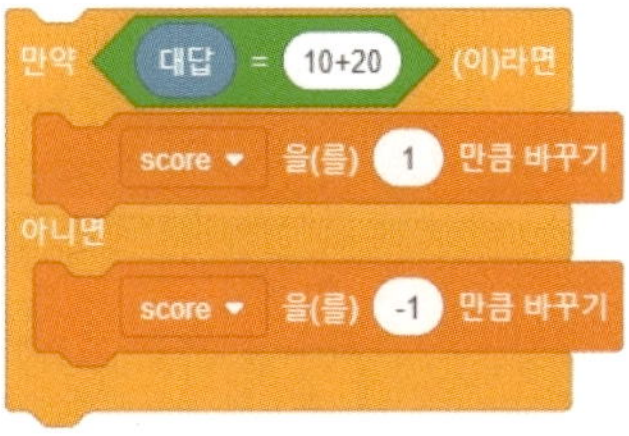

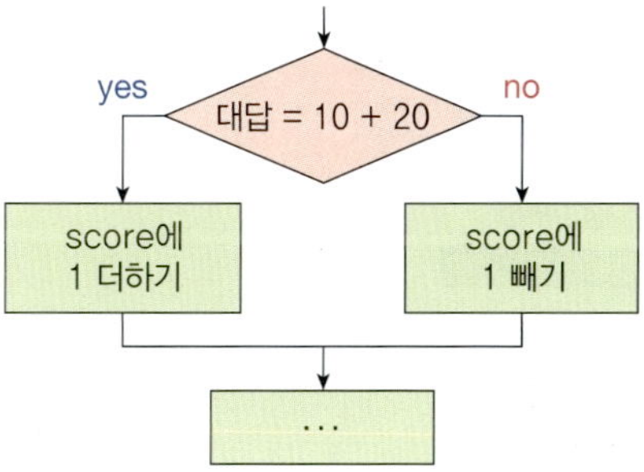

현재 수학 문제가 10 + 20이라고 하자. 만약 사용자가 입력한 숫자가 30이면 정답이므로 점수를 나타내는 변수인 score에 1을 더한다. 그렇지 않으면 틀린 것이므로 score에서 1을 뺀다.

Lab | 짝수 홀수 구별하기

문제의 정의

사용자가 입력한 숫자가 짝수인지, 홀수인지를 말해주는 프로그램을 작성해보자. `if/else` 블록을 사용하면 된다. 나머지를 계산하는 연산자 `mod`를 사용하면 사용자가 입력한 숫자가 짝수인지 홀수인지를 알 수 있다. 만약 짝수라면 나머지가 0일 것이다.

스프라이트 설계

스프라이트	이름	기능
	cat	• 사용자로부터 자연수를 받아서 짝수인지, 홀수인지를 말한다.

스크립트 작성

❶ "cat" 스프라이트에 다음과 같은 스크립트를 추가한다. 나머지를 계산하는 블록은 "연산" 카테고리에 있다. "0 나누기 0의 나머지" 형태로 되어 있다.

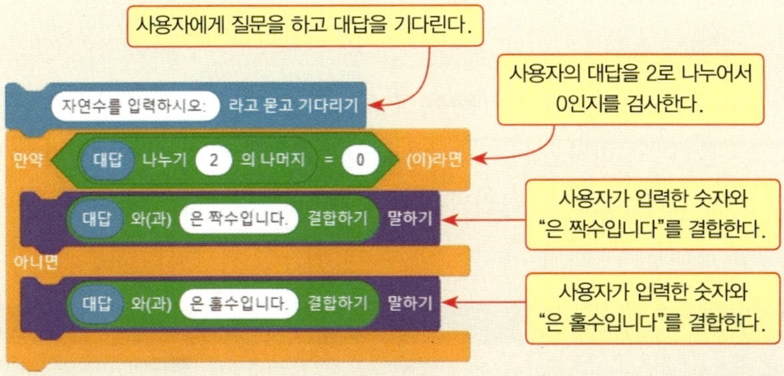

도전문제

1. 사용자가 입력한 숫자가 음수인지 양수인지를 말해주는 스크립트를 작성해보자.

Lab | 비밀 코드 맞추기 게임

문제의 정의

컴퓨터가 저장하고 있는 비밀 코드가 있다. 비밀 코드는 일반적으로 하나의 알파벳 글자라고 하자. 사용자는 이 글자를 맞추어야 한다. 사용자가 맞출 때까지 반복하면서 비밀 코드를 입력받는 스크립트를 작성해보자.

스프라이트 설계

스프라이트	이름	기능
	cat	사용자로부터 비밀 코드를 받아서 일치하는지를 검사한다. 코드가 일치하면 "맞았습니다"를 출력하고 일치하지 않으면 "틀렸습니다"를 출력한다.

스크립트 작성

❶ "cat" 스프라이트에 다음과 같은 스크립트를 추가한다. 문자나 문자열의 일치도 = 연산자를 사용하여 검사할 수 있다.

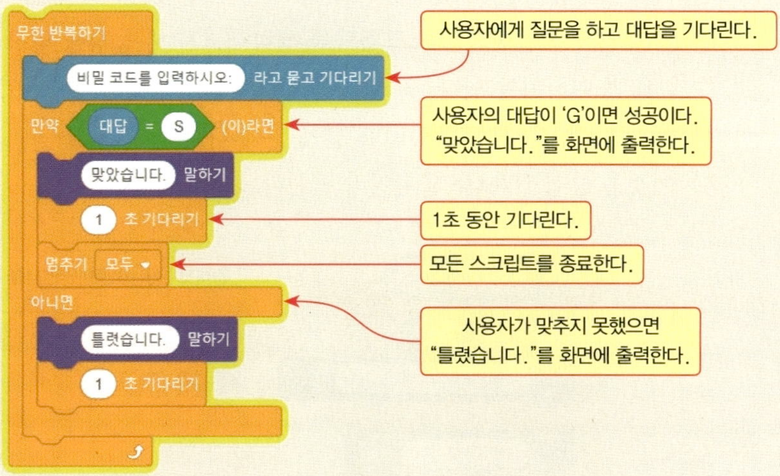

도전문제

1. 비밀 코드가 사용자가 입력한 문자 앞에 있는지 뒤에 있는지를 말할 수 있도록 스크립트를 수정한다. 문자들 사이의 알파벳 순서는 < 연산자나 > 연산자를 사용하여 검사할 수 있다.

05 스크래치 실습 중첩 if/else 블록

2개 이상의 조건을 검사하여서 어떤 조처를 하려면 다음과 같이 여러 개의 if/else 블록을 서로 중첩 하여 필요한 작업을 수행할 수 있다. 예를 들어 학교에서 우등상을 줄 것인지를 결정하는 스크립트를 생각해보자. 우등상을 받으려면 일단 결석 횟수가 10번 이하여야 한다. 또 학점 평균이 4.0을 넘어야 한다. 이것을 스크래치 블록으로 작성하면 하나의 `if/else` 블록 안에 다른 `if/else` 블록이 포함된 형태가 된다. 이것을 중첩 `if/else` 블록이라고 한다.

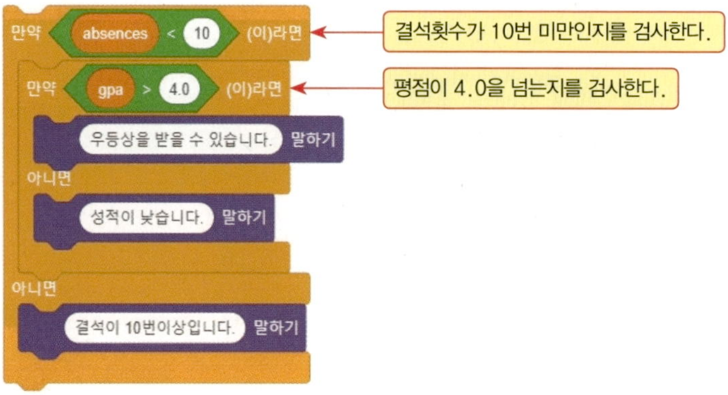

위의 스크립트에서 먼저 "absenses < 10" 수식이 검사된다. 만약 이 수식이 거짓인 경우, 학생은 우등생의 기준을 충족시키지 않아 다른 조건을 확인할 필요가 없다. 그러나 수식 "absenses < 10"이 참이면 두 번째 조건을 검사해야 한다. 이것은 "gpa > 4.0" 조건을 테스트하는 중첩된 if/else 블록으로 만들 수 있다. 이 두 번째 조건이 참이라면 학생은 우등상을 받을 수 있다. 그렇지 않으면 학생은 자격이 없으며 이유를 설명하는 적절한 메시지가 화면에 표시된다.

Lab 3개 중에서 가장 큰 수 찾기

문제의 정의

중첩된 `if/else` 블록을 이용하여 프로그램을 작성해보자. 이 실습에서는 사용자가 입력하는 3개의 수 중에서 가장 큰 수를 찾아서 화면에 표시한다. 중첩 if/else 블록을 사용해보자.

스프라이트 설계

스프라이트	이름	기능
	cat	• 사용자로부터 3개의 수를 받아서 가장 큰 수를 화면에 표시한다.

스크립트 작성

❶ "cat" 스프라이트에 다음과 같은 스크립트를 추가한다. 문자나 문자열의 일치도 = 연산자를 사용하여 검사할 수 있다.

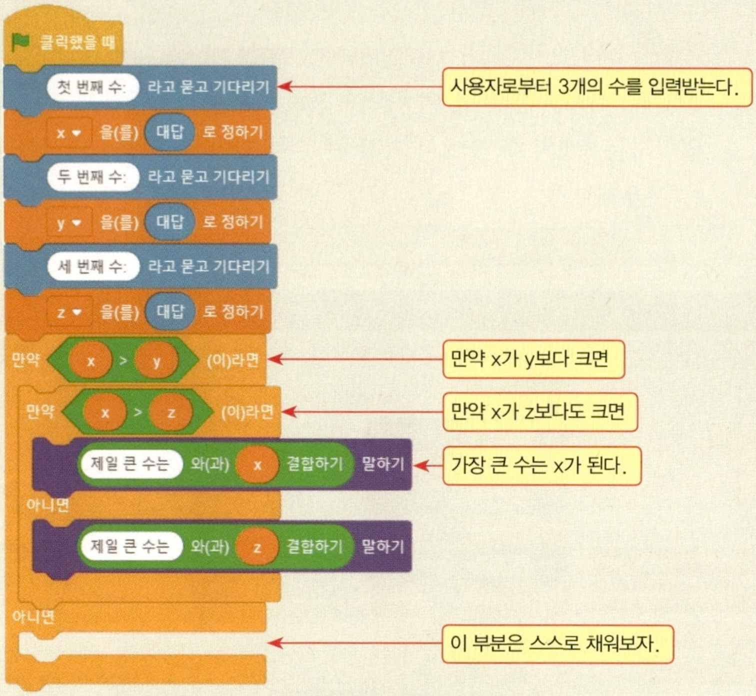

도전문제

1. 스크립트의 비어 있는 부분을 채워본다.
2. 사용자로부터 받은 정수를 음수, 0, 양수로 분리하여 출력하는 스크립트를 작성해본다.

06 스크래치 실습

논리 연산자

이전 절에서 중첩된 `if/else` 블록을 사용하여 여러 조건을 동시에 테스트하는 방법을 배웠지만 이것은 논리적 연산자를 이용하여 수행될 수도 있다. 논리 연산자를 사용하면 2개 이상의 관계식을 결합하여 참인지 거짓인지를 생성할 수 있다. 예를 들어, “(x > 0) and (x < 100)”와 같은 논리적인 연산은 변수 x가 0보다 크고 100보다 작은지를 검사할 수 있다. “(x > 0) and (x < 100)” 수식은 “(x > 0)”과 “(x < 100)”의 2개의 관계식을 “and”라는 논리 연산자로 결합한 것이다. and 연산자는 두 피연산자가 모두 참인 경우에만 참이 된다. [표 6-3]은 스크래치에서 사용할 수 있는 3가지 논리 연산자를 보여주고 있다.

표 6-3 논리 연산자

연산자	의미
	2개의 조건이 동시에 참인 경우에만 전체가 참이 된다.
	2개의 조건 중에서 하나만 참이면 전체가 참이 된다.
	조건이 거짓이면 전체는 참이 된다.

논리 연산자를 이용하면 중첩 `if/else` 블록을 줄일 수 있다. 예를 들어서 앞의 우등상 예제에서 중첩 `if/else` 블록을 사용하지 않고 다음과 같이 논리 연산자 and를 사용하는 것도 가능하다.

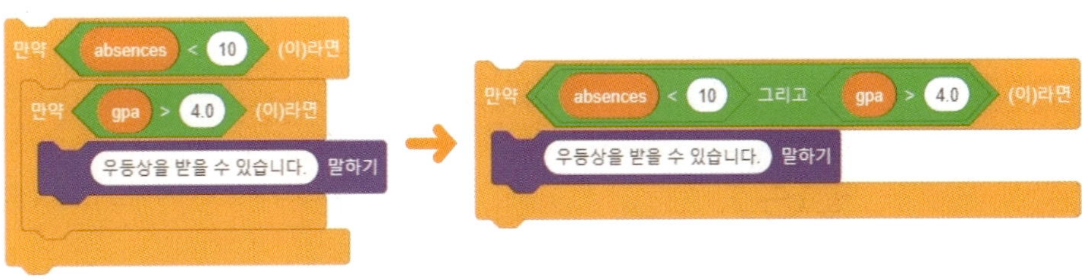

2개의 스크립트 모두 우등상은 2개의 조건이 모두 참일 때만 수여된다. 위의 그림처럼 and 연산자는 동일한 테스트를 수행하는 간결한 방법을 제공한다. 위의 그림 `if` 블록 안의 명령은 absenses가 10보다 적고 gpa가 4.0 이상인 경우에만 실행된다. 2개의 조건 중 하나가 거짓이면 전체가 거짓으로 평가되고 우등상은 수여되지 않는다.

Lab 3개 중에서 가장 큰 수 찾기

문제의 정의

중첩된 `if/else` 블록을 이용하여 프로그램을 작성해보자. 이 실습에서는 사용자가 입력하는 3개의 수 중에서 가장 큰 수를 찾아서 화면에 표시한다. 논리연산자 블록을 사용해보자.

스프라이트 설계

스프라이트	이름	기능
	cat	• 사용자로부터 3개의 수를 받아서 가장 큰 수를 화면에 표시한다.

스크립트 작성

❶ "cat" 스프라이트에 다음과 같은 스크립트를 추가한다. 문자나 문자열의 일치도 = 연산자를 사용하여 검사할 수 있다.

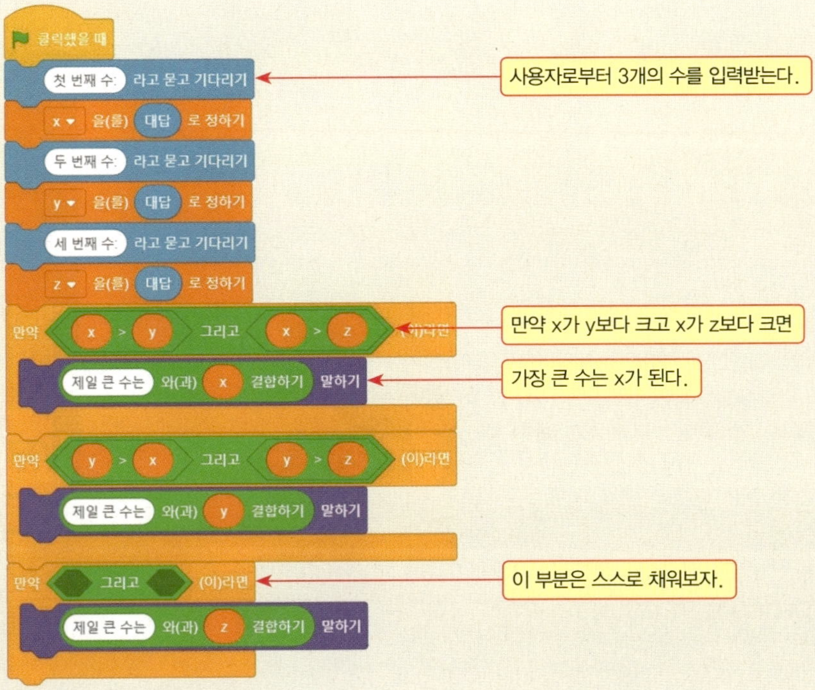

도전문제

1. 스크립트의 비어 있는 부분을 채워본다.
2. 사용자로부터 받은 정수를 음수, 0, 양수로 분리하여 출력하는 스크립트를 논리연산자를 이용하여 작성해본다.

COMPUTATIONAL THINKING

CHAPTER 07

패턴 인식

이론편: 컴퓨팅 사고를 통한 문제해결 III
실습편: 반복 구조, 문자열

이번 장에서는 다음과 같은 내용을 학습합니다.

- 컴퓨팅 사고를 통한 문제해결 기법 중에서 "패턴인식" 기법을 살펴본다.
- 스크래치의 반복 구조에 대하여 살펴본다.
- 스크래치에서 문자열 기능에 대하여 살펴본다.

필수 이론

01 필수 이론 패턴 인식이란 무엇인가?

여러분은 자연에서 패턴(pattern)을 발견한 적이 있을 것이다. 패턴은 동일한 것이 반복되는 것을 의미한다. 자연계에도 많은 패턴들이 관찰된다. 매일 아침에는 해가 뜨고 저녁에는 해가 진다. 바닷가에서는 밀물과 썰물이 반복된다. 파도의 소리, 비 내리는 소리와 같이 움직이고 있는 것, 소리를 내는 것에는 패턴이 있다. 음악에도 리듬이 있다. 리듬은 가락, 화성과 함께 음악의 3요소로서 비슷한 것이 규칙적으로 되풀이되는 것이다. 우리가 문제를 해결할 때 문제 안에 내재된 패턴을 발견한다면 문제를 쉽게 해결할 수 있고 또 추후에 동일한 문제가 발생했을 경우에 동일한 해결책을 사용할 수 있다.

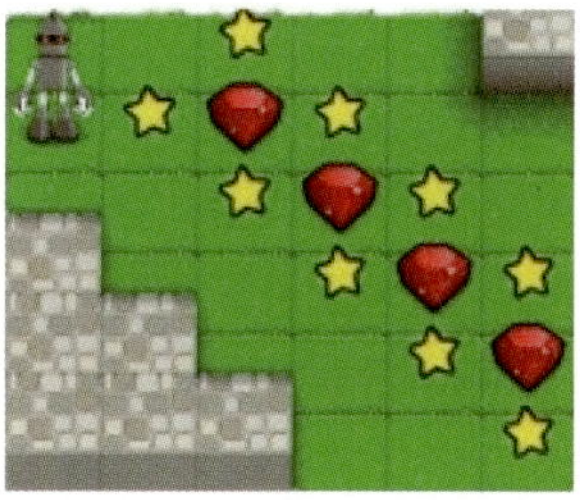

우리는 복잡한 문제를 관찰하고 분해하는 과정에서, 어떤 유사점과 패턴을 찾을 수도 있다. 패턴은 여러 가지 문제들이 공유하는 유사성(similarities) 또는 특성(characteristics)이다. 패턴 인식(pattern recognition)은 컴퓨팅 사고의 4가지 기본 기법 중 하나이다. 패턴 인식은 분해된 작은 문제 사이의 유사성 또는 패턴을 찾는다. 패턴 인식은 우리가 복잡한 문제를 효율적으로 해결하는 데 도움이 된다.

특히 컴퓨터를 사용하여 문제를 해결하는 경우에는 패턴을 인식하는 것이 중요하다. 왜냐하면 동일한 코드(동작)가 반복적으로 필요하면 이것은 반복 구조를 사용하여 동일한 코드를 반복하거나 함수(코드의 묶음)를 이용하여 이미 작성된 코드를 재사용할 수 있기 때문이다. 패턴을 발견하면 동일한 결과를 더 간단한 코드로 얻을 수 있다. 예를 들어서 스크래치를 이용하여 두더지 게임을 작성하였다고 하자. 두더지는 랜덤한 위치에서 연속하여 나타나야 한다. 즉 어떤 패턴이 있는 것이다. 이것은 아래 그림의 ❶과 같이 코드를 중복하여 작성할 수도 있다. 하지만 패턴이 반복되는 것을 인식하였다면 아래 그림의 ❷와 같이 반복 구조를 이용하여 코드를 간단하게 할 수도 있는 것이다.

❶

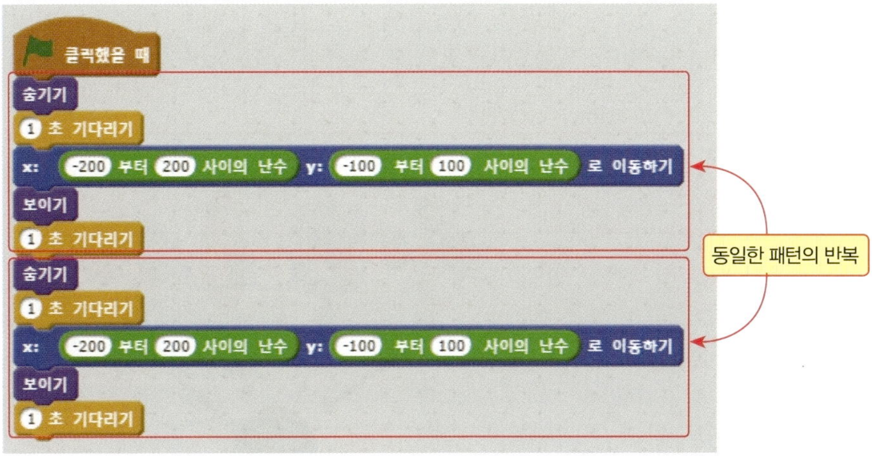

❷

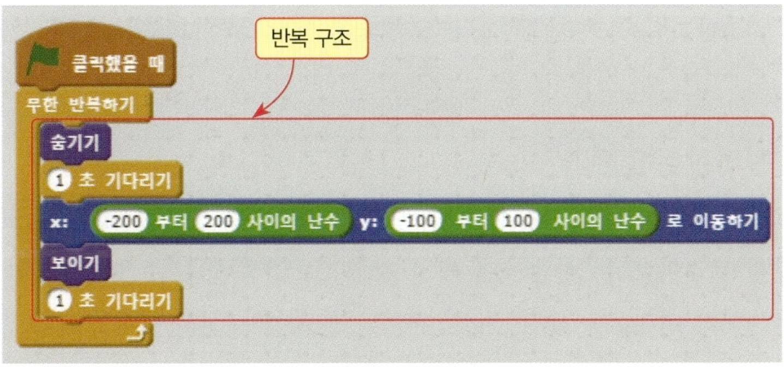

패턴은 많은 곳에서 이용하고 있다. 과거의 패턴을 이용하여 미래를 예측하는 것도 여기에 해당한다. 예를 들어서 일기 예보를 할 때는 과거 기록에서 누적된 패턴을 사용하여 예보를 한다. 또 우리가 대중교통을 이용할 때도 어떤 패턴이 있다. 출퇴근 시간에는 주로 지하철을 이용하고 나머지 시간에서는 자가용을 이용하는 것도 하나의 패턴이 될 수 있다.

- 수학자들은 pi (3.1415…)와 소수 (1, 3, 5, 7, 11, 13…)의 패턴을 찾으려고 노력하였다.
- 천문학자들은 수세기 동안 100% 정확한 달력을 만들려고 시도하였다.
- 유전공학자들은 어떤 질병에 대한 원인을 찾기 위해 유전자에서 패턴을 찾고 있다.

- 통계학자들은 스포츠 경기, 날씨, 주식 시장 등의 결과를 예측하기 위해 엄청난 양의 데이터를 조사하여 패턴을 분석하고 있다.

우리가 패턴을 발견하게 되면 패턴에 근거하여 추측을 할 수 있고 또 규칙을 만들 수 있으며 패턴을 이용하여 일반적인 문제를 해결할 수 있다. 컴퓨터 과학에서는 어떤 부류의 문제들에 대하여 일반적인 접근방법을 찾는 것을 **일반화**(generalisation)라고 한다.

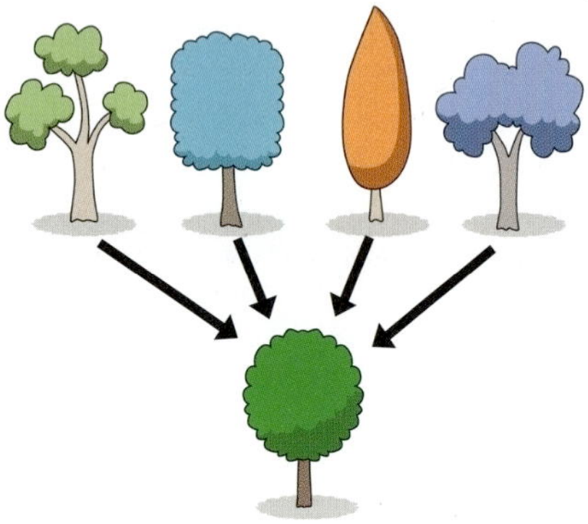

그림 7-1 여러가지 종류의 나무들로부터 일반적인 나무의 특징을 추출하는 것이 일반화이다.

패턴이란 무엇인가?

우리가 세일보트(sailboat: 바람에 따라 항해하는 보트)를 그린다고 가정해보자. 어떻게 그려야 모든 사람들이 세일보트라고 인정해줄까? 일단 세일보트를 자세히 관찰하여야 한다. 세일보트는 몇 개의 공통적인 특징을 공유한다.

세일보트들은 모두 돛, 마스트, 선체를 가지고 있다. 물론 돛의 크기나 색깔은 다르지만 위의 3가지의 특징을 가지고 있기 때문에 우리는 이러한 일반적인 특징을 이용하여 세일보트를 그릴 수 있다.

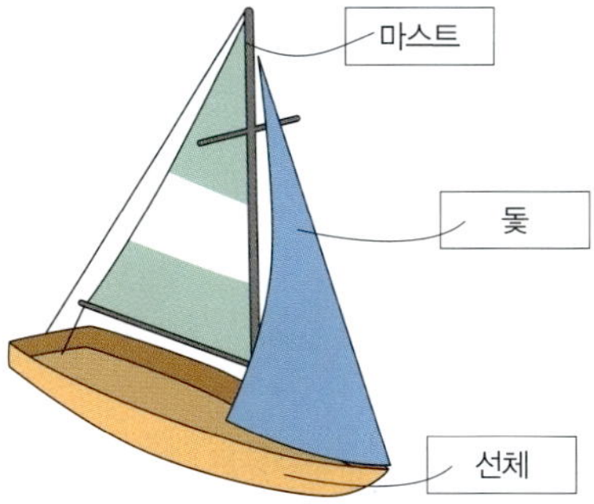

컴퓨팅 사고에서는 이러한 일반적인 특징은 **패턴**(pattern)으로 알려져 있다. 하나의 세일보트를 기술하는 방법을 알게 되면 우리는 단순히 이 패턴에 따라, 다른 세일보트를 쉽게 기술할 수 있다. 특징의 구체적인 값은 달라질 수 있다. 즉 범선의 돛의 색상이 흰색이거나 하늘색일 수도 있다. 선체는 클 수도 있고 작을 수도 있다. 마스트의 높이는 2m 또는 10m도 가능하다.

왜 패턴을 찾아야 하는가?

패턴을 찾는 것은 매우 중요하다. 패턴을 이용하면 우리의 작업이 간단해지기 때문이다. 패턴을 발견하고 공유하게 되면, 동일한 패턴이 나타날 때마다 동일한 해결책을 사용할 수 있다. 우리가 더 많은 패턴을 찾아서 저장하고 있다면, 문제 해결의 속도는 더 빠르고 쉽게 될 것이다.

이것을 세일보트 그리기 문제에 적용해보자. 우리가 많은 세일보트를 빠르게 그리는 것을 원한다면, 우리는 세일보트를 설명하는 일반적인 패턴을 찾으면 된다. 예를 들어서 세일보트들은 모두 돛, 마스트, 선체를 가지고 있다는 것을 알면 작업을 빠르고 쉽게 할 수 있다. 우리는 모든 세일보트가 이 패턴을 따를 것을 알기 때문에, 그래서 우리는 새로운 세일보트를 그릴 때마다 이 문제에 대하여 고민할 필요가 없다.

프로그램을 작성할 때 패턴은 반복 구조나 함수로 변환된다. 유사한 일을 처리하는 코드를 여러 곳에서 사용하는 것이다.

우리가 패턴을 찾지 않으면 어떻게 될까?

우리가 세일보트의 전형적인 패턴을 찾지 않았다고 가정하자. 우리는 세일보트를 그릴 때마다, 우리는 작업을 중지하고 세일보트를 어떻게 그릴 것인지를 고민해야 한다. 이것은 우리의 작업을 상당히 느리게 할 것이다. 세일보트를 그릴 수는 있지만 세일보트를 그리는 시간이 훨씬 더 오래 걸릴 것이다. 이것은 매우 비효율적이고 작업을 해결하는 빈약한 방법이다.

우리가 패턴을 찾지 않았다면, 우리는 모든 세일보트가 돛, 마스트, 선체를 가지고 있다는 사실을 모를 수도 있다. 패턴을 발견하지 않고 세일보트를 그렸을 때, 세일보트처럼 보이지 않을 수도 있는 것이다. 패턴 인식 과정을 거치지 않으면, 문제를 잘못 해결할 수 있다.

패턴은 문제를 해결할 때 효율성을 높일 수 있는 기회이다. 컴퓨팅 사고를 이용하여 문제를 해결할 때, 패턴을 인식하는 것은 문제 해결 과정의 기본 단계이다. 컴퓨팅 사고는 어떤 동작이 필요하고 수행될 필요가 있는지를 결정하는데 도움을 준다. 이것은 특히 컴퓨팅 사고의 목표가 컴퓨터를 사용하여 처리 과정을 자동화하는 것일 때는 패턴을 인식하는 것이 더욱 중요해진다. 동일한 작업이 몇 번이고 반복되면 이것을 한번만 입력하고 차후에는 이것을 반복하도록 할 수 있다. 이때 반복 구조와 함수(코드의 묶음)가 사용된다.

예제: 수학에서의 패턴

구체적인 예를 들어보자. 우리가 다음과 같은 숫자들의 리스트를 받았다고 하자. 어떤 패턴이 발견되는가?

```
1, 4, 7, 10, 13, 16, 19, 22, 25,...
```

위의 숫자들을 자세히 보면 앞의 수에 3을 더하여 다음 수를 만들고 있다. 따라서 이것은 등차 수열이 된다. 등차 수열의 일반항을 작성하면 다음과 같이 될 것이다.

$$A_n = A_{n-1} + 3$$

예제: 도형 맞추기

패턴 인식을 간단한 예로 살펴보자. 다음과 같은 그림을 보고 다음에 어떤 도형이 올지를 예측해보자.

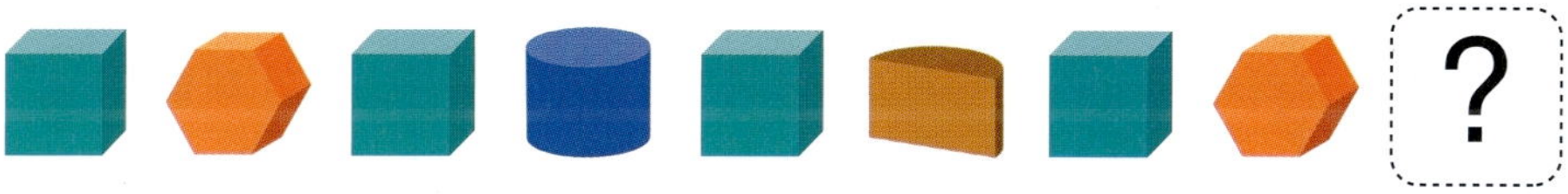

도형이 나타나는 패턴을 분석해보면 ? 자리에는 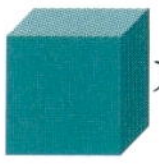가 올 것이다.

예제: 공통으로 가지고 있는 것

다음의 물건들이 공통적으로 가지고 있는 것은 무엇일까?

이들 물건들은 모두 회전한다는 특징을 공유한다.

예제: 패턴을 찾아서 문제 해결하기

영희는 학교 가기 전에 항상 학교 앞의 편의점에서 과자 1봉지를 산다. 이것 때문에 종종 영희는 학교에 지각을 하게 되고 선생님께 야단맞는다. 어떻게 이 문제를 해결할 수 있을까? 영희 엄마가 보니 영희의 아침 시간에 일정한 패턴이 있음을 알게 되었고 영희에게 1주일에 한 번씩 편의점에 가서 과자 5봉을 사라고 권고하였다. 패턴을 분석하여 문제를 해결할 수 있는 것이다.

예제: 문제의 해결책 사이의 유사성

우리가 여러 가지 문제의 해결책들을 검토해보면 문제의 해결책 사이에 매우 유사한 것이 있을 수 있다. 패턴은 하나의 문제 안에도 있을 수 있지만 다른 문제들 사이에서도 존재한다. 우리는 양쪽을 모두 찾을 필요가 있다. 예를 들면, 우리가 여러 가지 종류의 찌개를 만드는 방법을 살펴보면, 찌개를 만드는 어떤 패턴이 존재하기 때문에 우리는 김치찌개나 된장찌개를 만드는 것도 큰 차이가 없다는 것을 알 수 있다.

김치 찌개

❶ 냄비에 멸치와 물을 넣고 끓여 체에 걸러 멸치 국물을 만든다.
❷ 양파, 고추, 대파, 두부, 김치를 썬다.
❸ 멸치국물과 앞에서 준비한 재료를 넣고 끓인다.
❹ 김치가 푹 무를 때까지 끓인 후 참치를 넣고 끓인다.
❺ 두부, 양파를 넣고 더 끓인다.
❻ 대파, 고추, 고춧가루, 설탕, 후춧가루를 넣고 끓인다.

된장 찌개

❶ 냄비에 멸치와 물을 넣고 끓여 체에 걸러 멸치 국물을 만든다.
❷ 무, 두부, 호박, 고추, 대파, 버섯을 썬다.
❸ 냄비에 멸치 국물을 붓고 된장을 풀어서 끓인다.
❹ 호박, 두부, 고추, 대파, 팽이버섯, 고춧가루를 넣고 끓인다.

우리는 2가지 요리법 중에서 다음과 같은 공통적인 과정을 찾을 수 있다.

- 재료를 써는 과정이 필요하다.
- 재료들은 지정된 양이 필요하다.
- 재료를 넣어 함께 끓이는 과정이 필요하다.

우리가 문제 해결책 사이에서 어떤 패턴을 식별하면, 공통 해결책을 사용할 수 있다. 우리는 유사한 문제에 그 패턴을 적용할 수 있다. 변경되는 것은 오직 세부 사항이다.

패턴 인식과 프로그래밍

패턴을 찾으면 프로그래밍에 어떻게 이용할 수 있을까? 같은 패턴이 되풀이되면 이것을 반복 루프를 사용하여 처리하던지, 아니면 함수를 작성하고 필요할 때마다 불러서 사용할 수 있다.

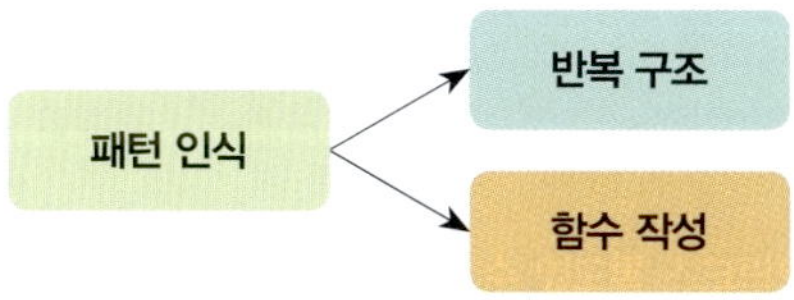

Unplugged **Lab**

숫자 패턴

패턴 인식은 데이터의 유사점 또는 차이점을 인식하는 능력이다. 패턴 인식은 예측을 하거나 우리를 해결책으로 인도하는 지름길이 된다. 패턴 인식은 문제를 해결하고 알고리즘을 설계하기 위한 기초가 된다. 여기서 간단한 연습으로 숫자들의 시퀀스에서 패턴을 찾아보자.

❶ 아래 숫자 시퀀스에서 n을 추측해보자.

- 3, 6, 9, 12, 15, n
- 1, 3, 5, 7, 9, 11, n

❷ 다음과 같은 숫자 시퀀스에는 어떤 패턴이 있을까?

- 1 1 2 3 5 8 13, . . .

Solution

숫자 패턴

❶

- 3, 6, 9, 12, 15, n

  답변: 3의 배수이므로 n은 18이 된다.

- 1, 3, 5, 7, 9, 11, n

  답변 : 등차 수열이므로 n은 13이 된다.

❷

- 1 1 2 3 5 8 13, . . .

  답변 : 피보나치 수열로서 앞의 숫자 2개를 더하여 뒤의 숫자를 만든다.

Unplugged **Lab**

늘어나는 좌석은 몇개?

철수가 파티를 한다고 하자. 4사람이 앉을 수 있는 테이블이 있다. 테이블들은 붙여서 배치해야 한다. 만약 참석자가 10명이라면 4인용 테이블이 몇 개나 필요할까? 테이블이 1개일 때와 2개일 때, 3개일 때를 그려보자. 다음과 같을 것이다.

Solution 늘어나는 좌석은 몇개?

여러분들은 어떤 패턴을 찾을 수 있는가? 하나의 테이블이 추가될 때마다 참석자는 2만큼 증가되는 것을 알 수 있다. 왜 2만큼만 증가되는 것인가? 자세히 살펴보면 하나의 테이블은 좌석이 4개가 있지만 2개의 테이블을 붙일 때는 좌석 2개가 없어지기 때문이다. 따라서 참석자의 수는 2 × (테이블의 수) + 2이다. 이것이 바로 패턴이다. 여러분들은 이 문제에서 발생하는 패턴을 발견한 것이다.

유사한 문제를 풀어보자. 학교의 테이블이 모두 정삼각형이다. 정삼각형 테이블에는 3명이 앉을 수 있다. 2개의 테이블을 합치면 4명의 학생이 앉을 수 있다. 3개의 테이블이 합쳐지면 5명이 앉을 수 있다. 50명이 앉으려면 정삼각형 테이블이 몇 개나 필요한가?

책상	학생
1	3
2	4
3	5
4	6
5	7
6	8
⋮	⋮
48	50

Unplugged Lab

세일보트 그리기

앞의 본문에서 여러 세일보트를 분석하고 특징을 파악하였다. 세일보트의 독특한 패턴을 발견하여서 이것을 이용하여 세일보트를 그려보자. 첫 번째 단계는 분해 및 패턴 찾기이다. 여러 세일보트들이 공통적으로 가지고 있는 특징은 무엇인가?

- 세일보트들은 모두 돛을 가지고 있다.
- 돛의 색상은 세일보트마다 다를 수 있다.
- 돛의 개수는 세일보트마다 다를 수 있다.
- 세일보트들은 모두 마스트(돛대)를 가지고 있다.
- 세일 보트들은 선체를 가지고 있다.

여러 개의 세일보트를 그려야 한다면 세일보트를 그리기 위한 알고리즘을 만들어 놓고 사용하는 것이 좋을 것이다. 일반적인 세일보트는 돛의 색상이나 개수가 다를 수 있으므로 이것은 외부에서 전달받으면 좋을 것이다. 즉 알고리즘이 외부로부터 데이터를 받아서 동작하게 된다. 프로그래밍에서는 이것을 함수(function)로 구현할 수 있다.

```
알고리즘 drawSailBoat(number, color)
    색상은 color인 돛을 number개만큼 그린다.
    마스트를 그린다.
    선체를 그린다.
```

세일보트를 그리는 것이 필요할 때면 이 알고리즘을 실행하면 된다.

Unplugged **Lab**

터틀 그래픽스

터틀 그래픽은 화면에서 거북이를 이용하여 그림을 그리는 기능이다. 거북이가 펜을 가지고 있고 우리가 화면에서 거북이를 움직이면 그림이 그려진다.

터틀 그래픽은 다음과 같이 동작한다.

❶ 터틀 그래픽을 시작하면 종이의 한 가운데 거북이가 나타난다.

❷ 거북이에게 명령을 내리면 거북이가 움직인다. 예를 들어서 "앞으로 전진(forward xxx)", "뒤로 후진(backward xxx)", "오른쪽으로 방향 전환(right xxx)" 등의 명령을 사용할 수 있다.

❸ 거북이가 움직이면서 종이 위에 그림이 그려진다. 거북이가 펜을 가지고 움직인다고 생각하면 된다.

터틀 그래픽을 이용하여 다음과 같은 정사각형을 그리는 알고리즘을 작성해보자.

터틀 그래픽스

터틀 그래픽스를 사용하여 정사각형을 그리는 문제를 해결해보자. 다음과 같은 과정을 거칠 수 있다.

❶ **분해**: 정사각형을 그리는 것을 일련의 전진과 회전으로 분해한다.

❷ **패턴 인식**: 반복되는 단계와 그려진 모양 사이의 상관관계를 확인한다.

❸ **추상화/일반화**: 회전각도 및 반복횟수의 패턴을 사용하여 다각형의 각도와 변의 개수와의 관계를 이해한다.

❹ **알고리즘 설계**: 모든 다각형을 그리는 알고리즘을 개발한다.

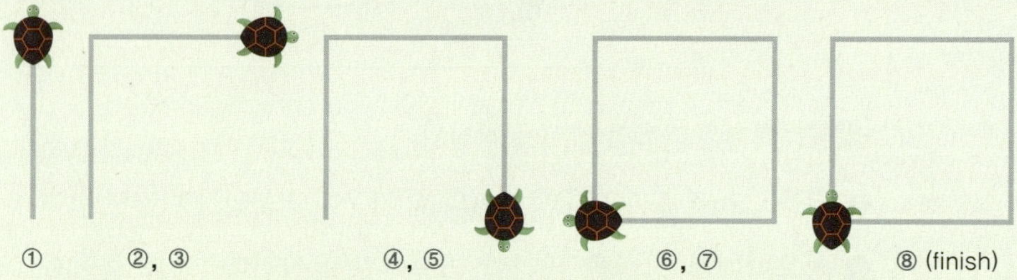


```
① forward 100      # 100 픽셀만큼 전진한다.
② right 90         # 오른쪽으로 90도 회전한다.
③ forward 100      # 100 픽셀만큼 전진한다.
④ right 90         # 오른쪽으로 90도 회전한다.
⑤ forward 100      # 100 픽셀만큼 전진한다.
⑥ right 90         # 오른쪽으로 90도 회전한다.
⑦ forward 100      # 100 픽셀만큼 전진한다.
⑧ right 90         # 오른쪽으로 90도 회전한다.
```

위의 코드를 보면 같은 내용이 반복되어 있다. 따라서 어떤 패턴이 있는 것이다. 다음과 같이 반복시키는 명령어를 사용하여 간단히 표시할 수 있다.

```
repeat 4
    forward 100            # 100 픽셀만큼 전진한다.
    right 90               # 오른쪽으로 90도 회전한다.
```

그리고 이것을 외부에서 변의 개수를 입력받도록 수정해보자.

```
알고리즘 drawPolygon(n)
    repeat n
        forward 100        # 100 픽셀만큼 전진한다.
        right 360/n        # 오른쪽으로 (360/n)도 회전한다.
```

Unplugged **Lab**

물리학에서의 패턴 인식

과학자들과 엔지니어들은 데이터에서 패턴을 찾아서 이론이나 모델을 정립한다. 대표적으로 뉴턴은 사과가 땅으로 떨어지는 것이나 지구가 태양의 주위를 움직이는 것이 같은 패턴이라는 것을 발견하였다. 사실 물리학 법칙이라는 것은 모두 현실 세계에서 어떤 패턴을 찾아서 수학식으로 정리한 것이다.

하나의 예를 들어보자. 갈릴레오는 진자의 움직임을 지배하는 법칙을 발견하였다. 진자 운동은 고정된 한 축이나 점의 주위를 추가 일정한 주기로 진동하는 운동이다. 갈릴레오는 흔들리는 샹들리에를 보면서 영감을 얻었다. 그는 샹들리에가 완전한 스윙을 완료하는 데 걸린 시간이 샹들리에의 시작 각도와 상관없이 일정하게 유지되는 것을 발견하였다. 이것을 이용한 것이 추시계이다. 흥미로운 것은 현장에 스톱워치가 없어서 갈릴레오는 시간을 재기 위하여 맥박에 의존했다고 한다.

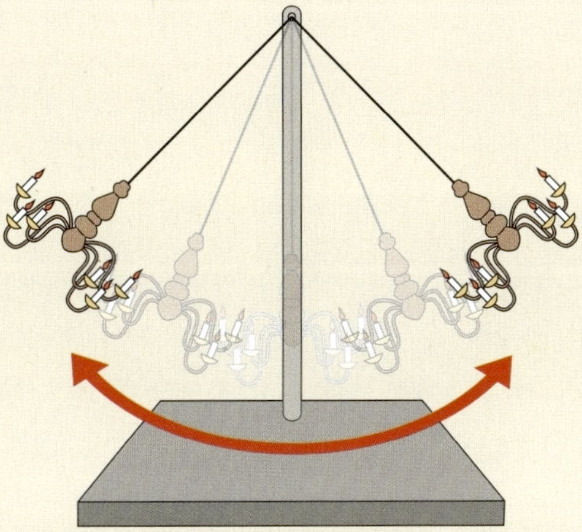

❶ **분해 단계**: 갈릴레오는 진자의 움직임을 다음과 같은 요소들로 분해하였다.

- 시작각도
- 중력
- 진자줄의 길이
- 진자의 질량

❷ **패턴 인식 단계**: 갈릴레오는 여러 가지 실험을 통하여 진자의 운동은 진자의 무게와는 관계가 없고 진자의 길이와 관계가 있다는 것을 발견한다. 즉, 진자의 길이가 짧으면 빨리 움직이고, 진자의 길이가 길면 천천히 움직인다.

❸ **추상화 단계**: 스윙 시간의 변화는 진자의 길이에 따라 기하급수적으로 변화하는 것을 발견하고 이것을 다음과 같은 공식으로 추상화하였다.

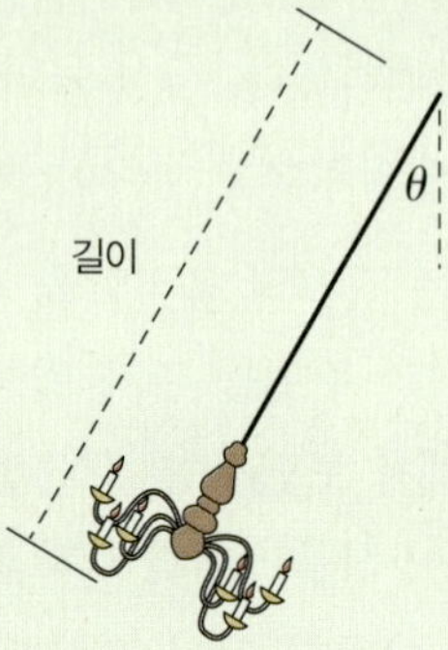

$$\text{주기(초)} = 2\pi\sqrt{\frac{\text{길이}}{g}}$$

여기서 g는 중력 가속도로 9.8 m/s^2이다.

Unplugged Lab

콜레라의 발병 원인 찾기

패턴 인식은 1800년대 후반 런던에서 발생한 런던의 콜레라 발병 원인을 찾는데도 역할을 하였다. 당시 런던의 많은 주민들은 콜레라를 앓았고 콜레라의 원인은 제대로 밝혀지지 않았다. 그 당시에는 콜레라의 발병 원인이 무엇인지 알 수 없었다. 조사를 통해 존 스노(John Snow)라는 의사는 오염된 물을 통해 콜레라(Cholera)가 퍼졌다고 가정하고 발병 원인을 규명하기 위해 콜레라가 발병한 시기와 발병한 곳 사이의 패턴을 조사하였다. 패턴을 조사한 후에 존 스노는 발병원이 오염된 도시 수도 펌프임을 발견하였다. 존 스노우는 "거의 모든 사망자가 도시 수도 펌프에서 가까운 거리에서 발생했다"는 것을 밝혔다.

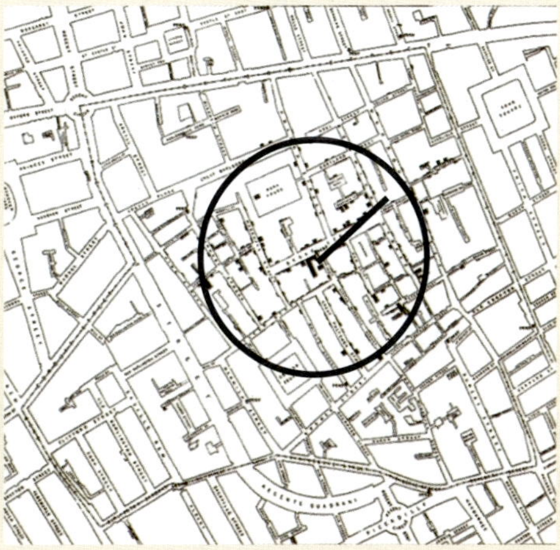

그림 7-2 존 스노우와 콜레라 지도

Unplugged **Lab**

구글 검색에서 잘못된 단어 검색

구글은 하루에 수십억 개의 검색어를 받는다. 이러한 데이터는 잘못된 검색어를 바로잡는데 도움이 된다. 다음은 "Britney Spears"에 대한 구글 검색 사용자의 검색어 샘플이다. 이것은 사람들이 각 유형의 철자를 얼마나 자주 사용했는지 보여준다.

```
488941 britney spears     29 britent spears      9 brinttany spears    5 brney spears
 40134 brinttany spears   29 brittnany spears    9 britanay spears     5 broitney spears
 36315 brinttney spears   29 britttany spears    9 britinany spears    5 brotny spears
 24342 britany spears     29 btiney spears       9 britn spears        5 bruteny spears
  7331 britny spears      26 brrttney spears     9 britnew spears      5 btiyney spears
  6633 briteny spears     26 breitney spears     9 britneyn spears     5 btrittney spears
  2696 britteny spears    26 brinity spears      9 britrney spears     5 gritney spears
  1807 briney spears      26 britenay spears     9 brtiny spears       5 spritney spears
  1635 brittny spears     26 britneyt spears     9 brtittney spears    5 bittny spears
```

구글은 이러한 패턴을 분석하여 사용자에게 검색어를 바로잡도록 제안을 할 수 있다. 위의 데이터에서 브리트니 스피어스의 가장 정확한 철자가 무엇인지 판단할 수 있다. 검색어 제안을 하는 알고리즘은 실제로 Britney Spears가 누구인지 알 필요가 없다. 무조건 더 많이 들어오는 데이터를 기반으로 알고리즘이 결정된다. 따라서 어떤 경우에는 가장 빈번한 검색어가 잘못된 철자를 사용하는 것도 가능하다. 이 모든 것이 패턴을 분석하여 이루어진다. 이 실전예제는 구글의 컴퓨팅 사고 자료에서 발췌하였다.

Unplugged Lab

하노이 탑 문제

"하노이 탑"이라는 게임이 있다. 이 게임에서는 왼쪽 막대기에 쌓인 디스크를 가장 오른쪽 막대기로 옮기면 된다.

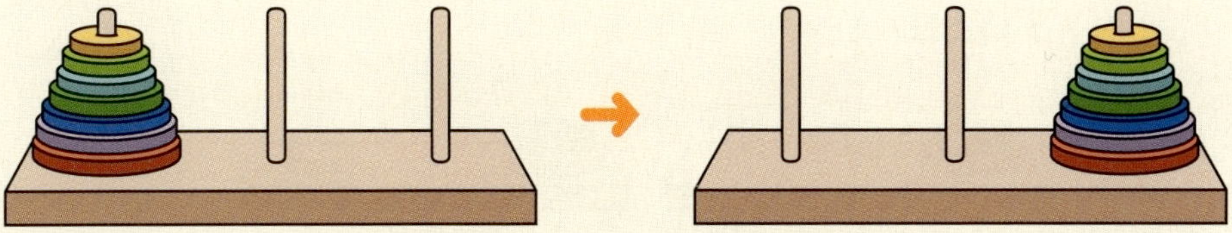

하노이 탑 문제를 해결할 때 따라야하는 규칙은 다음과 같다.

- 한 번에 하나의 디스크만 이동할 수 있다.
- 각 이동은 스택 중 하나에서 상위 디스크를 가져 와서 다른 스택 맨 위에 놓는 것이다. 즉, 디스크가 스택의 최상위 디스크인 경우에만 디스크를 이동할 수 있다.
- 작은 디스크 위에는 큰 디스크를 놓으면 안 된다.

다음과 같이 3개의 디스크가 있는 하노이 탑이 있다. 몇 번 만에 풀 수 있으며 이 게임을 해결할 때 나오는 패턴은 무엇인가? 분해와 패턴 인식을 사용하여야 한다.

Solution 하노이 탑 문제

3개의 디스크가 있는 하노이 탑 문제는 다음과 같이 7번 만에 해결할 수 있다. 어떤 패턴을 찾을 수 있는가?

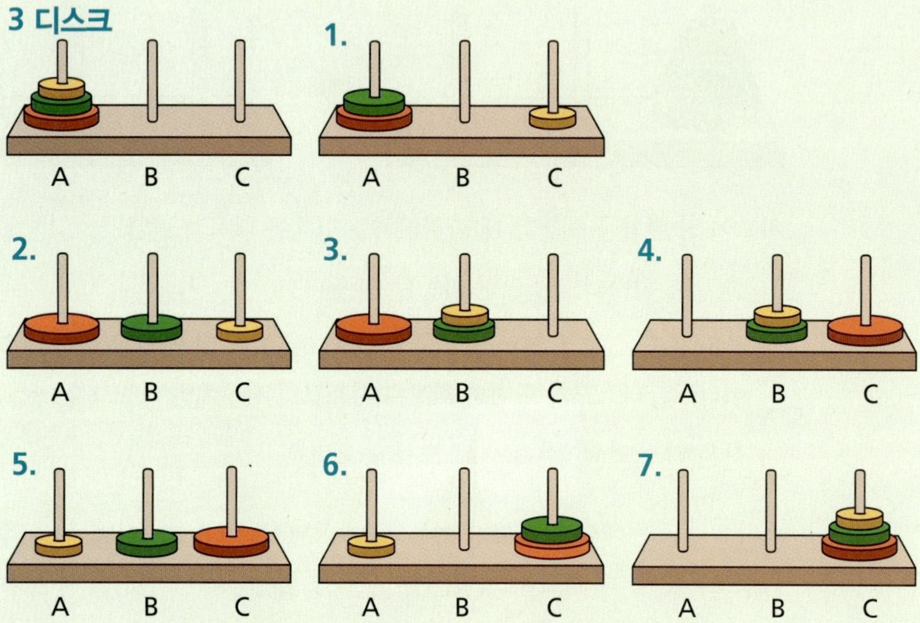

항상 비어 있는 막대기에 작은 디스크를 이동하고 남아있는 막대기에 큰 디스크를 이동한 후에 작은 디스크를 그 위에 놓으면 된다. 자세히 관찰해보면 이런 패턴이 반복적으로 사용되는 것을 알 수 있다.

하노이탑 애플리케이션은 아직 우리가 학습하지 않은 리스트를 사용하고 있다. 코드는 이해하지 않아도 된다. 실행만 시켜보자.

Unplugged **Lab**

암호학에서의 패턴 인식

문제 해결에서 패턴이 사용되는 고전적인 예를 살펴보도록 하자. 암호는 메시지를 감추기 위하여 사용되는 기호 시스템이다. 암호화된 메시지를 해독하려면 사용자는 기호에 사용된 패턴을 식별해야 한다.

예를 들어, 간단한 암호는 문자를 숫자로 나타내는 것이다.

예: A = 1, B = 2, C = 3, ...

이와 같은 코드를 쉽게 깨지 못하게 문자 번호를 일정한 수만큼 이동할 수 있다. 이것을 이동 암호라고 한다.

예: A = 3, B = 4, C = 5, D = 6, E = 7, F = 8, G = 9, H = 10, . . . ,
W = 25, X = 26, Y = 1, Z = 2

이러한 코드를 해독하려고 할 때, 사용되었던 간단한 장치가 디코더 링(decoder ring)이었다. 디코더 링은 장난감의 일종으로 1930년대부터 소매점, 라디오 및 TV 프로그램을 통해 판촉물로 자주 사용되었다. 디코더 링은 반지 형태로 되어 있으며 이것을 이용하여 아이들이 암호화된 메시지를 서로 주고받을 수 있었다.

A	B	C	D	E	F	G	H	I	J	K	L	M	N	O	P	Q	R	S	T	U	V	W	X	Y	Z
3	4	5	6	7	8	9	10	11	12	13	14	15	16	17	18	19	20	21	22	23	24	25	26	1	2

위의 디코더 링을 이용하여 만든 다음과 같은 암호가 있다. 해독해보자.

- 25, 3, 22, 5, 10

A가 3이므로 25는 W가 된다. 이런 식으로 해독해보면 아래와 같은 단어가 된다.

- WATCH

역사상 가장 유명한 "디코더 링"은 로제타 스톤(Rosetta Stone)이다. 로제타 스톤은 1799년에 이집트의 "로제타"에서 발견된 실제 돌이다. 기원전 196년에 제작된 이 돌은 열두 살 난 파라오 프톨레마이오스 5세의 즉위를 축하하기 위해 만든 것이다. 로제타 스톤이 발견되기 전에는 고대 이집트의 상형 문자를 누구도 이해할 수 없었다. 로제타 스톤에는 동일한 구절이 이집트의 상형 문자와 민중 문자, 그리스 문자 3개의 다른 언어로 돌에 새겨져 있었다. 따라서 이집트 상형 문자에서 이해하지 못했던 상징이 무엇을 의미 하는지를 알려면 우리가 알고 있는 언어를 사용하면 되었다. 프랑스인 학자인 샹폴리옹은 오랜 연구 끝에 3가지 문자가 모두 같은 내용임을 밝혀냈으며, 이를 기초로 상형 문자를 읽는 데 성공하였다. 로제타 스톤으로 인하여 이집트의 상형 문자에 대한 비밀이 풀렸고 우리는 고대 이집트에 대하여 더 자세히 알 수 있었다.

Unplugged **Lab**

빈도를 이용한 암호 해독

암호학에서 치환 암호(substitution cipher)는 일정한 법칙에 따라 평문(plain text)의 문자를 다른 문자로 치환하는 암호화 방식이다. 예를 들어서 알파벳에서 각 문자를 다음 순서의 문자로 치환해보자. 즉, a는 b로, b는 c로, c는 d로, …, 마지막으로 z는 a로 치환할 수 있다. 이 방법을 사용하면 "Hello"가 "Ifmmp"로 암호화된다. 만약 규칙성을 가지지 않도록 각각의 문자들을 치환한다면 경우의 수는 상당히 많아진다. 즉 A를 알파벳 중의 하나로 치환하고 B를 다른 알파벳으로 치환하는 것이다. 이렇게 하면 26개의 문자로 이루어진 평문을 암호화하는 방법은 약 26!이 된다. 26!은 26 × 25 × 24 × … × 1로서 403291461126605635584000000가지가 된다. 치환 암호에서 가능한 경우의 수는 많지만 결정적인 약점이 있다. 무엇일까?

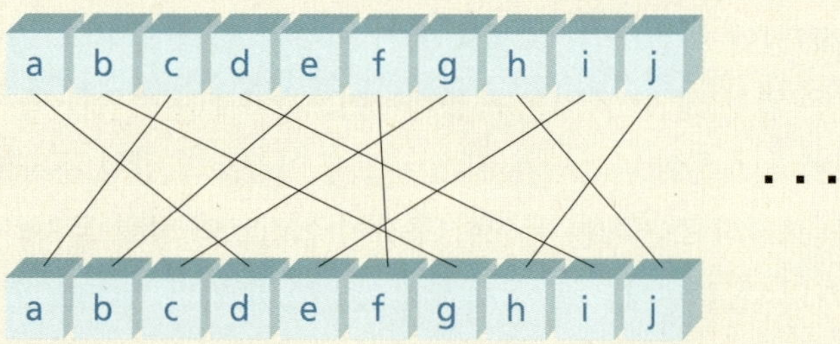

치환 암호는 결정적으로 패턴 인식 방법에 약하다. 치환 암호 해독의 한 가지 방법은 글자들이 나타나는 빈도를 분석하는 것이다. 예를 들어서 영어 알파벳인 경우에는 일반적으로 다음과 같이 글자들이 나타난다.

- E는 가장 일반적인 문자이고, Q와 Z는 가장 적게 나오는 문자들이다.
- 단일 문자 단어는 A 또는 I일 가능성이 높다.
- 반복되는 문자는 EE, SS, OO, LL 또는 TT일 가능성이 높다.

따라서 위의 몇 가지 간단한 규칙을 사용하여 암호 해독 전략을 수립할 수 있다. 평문에서의 알파벳 빈도는 암호문에서의 알파벳 빈도와 일치하기 때문에 암호문에서 빈번하게 나타나는 문자를 분석하면 대략적인 평문을 만들어 낼 수 있다. 아래는 일반 영어 문장에서 사용되는 알파벳의 빈도이다.

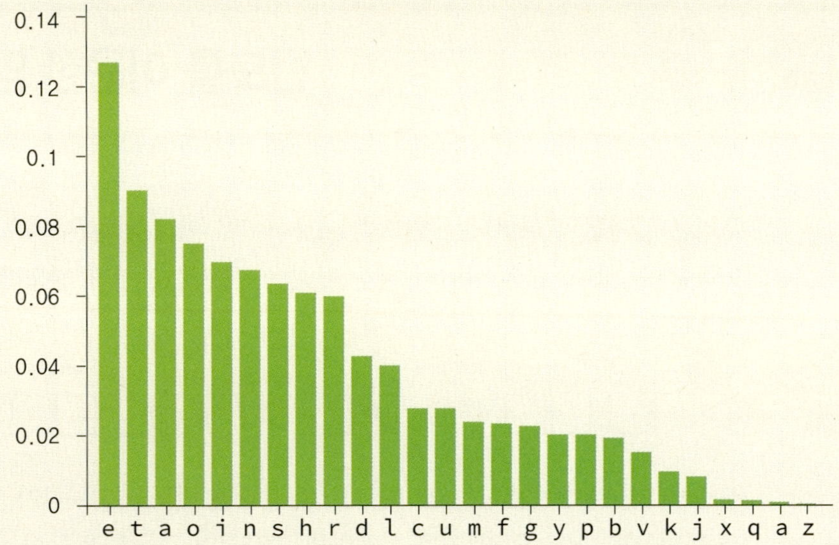

에드가 알란 포우의 <황금벌레(the gold bug)>라는 소설에서 치환 암호를 푸는 방법이 소개되어 있다.

```
53‡‡†305))6*;4826)4‡.)4‡);806*;48†8
¶60))85;;]8*;:‡*8†83(88)5*†;46(;88*96
*?;8)*‡(;485);5*†2:*‡(;4956*2(5*—4)8
¶8*;4069285);)6†8)4‡‡;1(‡9;48081;8:8‡
1;48†85;4)485†528806*81(‡9;48;(88;4
(‡?34;48)4‡;161;:188;‡?;
```

위의 암호문에서 가장 빈번하게 사용된 기호는 바로 "8"이고 이것은 즉 영어 알파벳의 "e"일 것이다. 그리고 가장 많이 사용된 단어는 ";48"로서 이것은 아마 "the"일 것이다. 이런 식으로 하나씩 해결하면 다음과 같은 평문을 얻을 수 있었다.

```
A good glass in the bishop's hostel in the devil's seat
twenty-one degrees and thirteen minutes northeast and by north
main branch seventh limb east side
shoot from the left eye of the death's-head
a bee line from the tree through the shot fifty feet out.
```

Unplugged **Lab**

빈도를 이용한 암호해독

우리는 글자들이 나타나는 빈도를 이용하여서 아래와 같은 기호로 된 암호문을 해독할 수 있다. 연습 삼아서 다음과 같은 암호문을 글자 빈도만을 가지고 해독해보자.

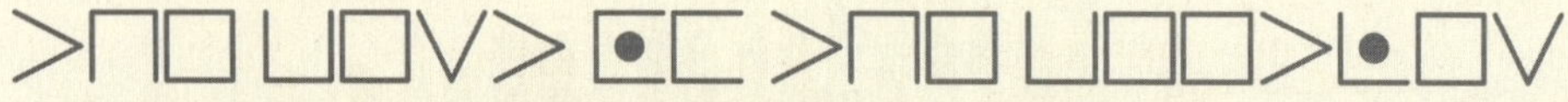

평문에서의 알파벳 빈도는 암호문에서의 알파벳 빈도와 일치하기 때문에 암호문에서 빈번하게 나타나는 문자를 분석하면 대략적인 평문을 만들어 낼 수 있다. 아래는 일반 영어 문장에서 사용되는 알파벳의 빈도이다.

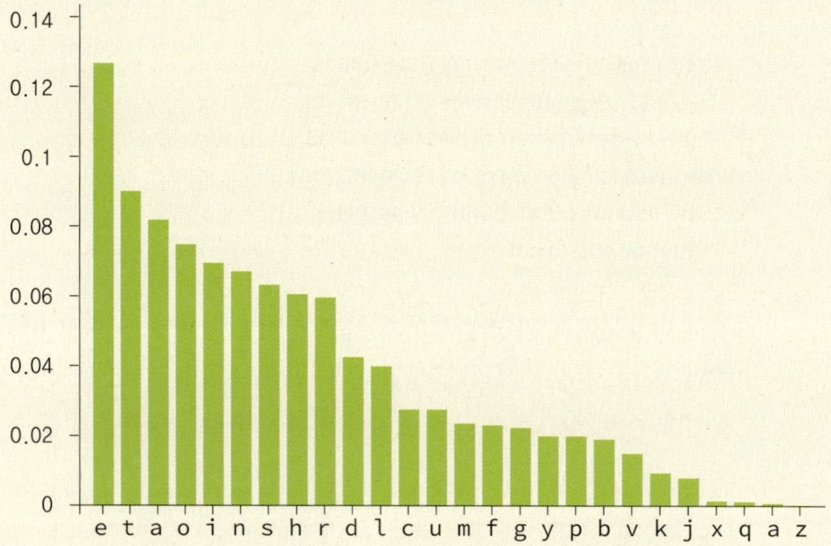

- E는 가장 일반적인 문자이고, Q와 Z는 가장 적게 나오는 문자들이다.
- 단일 문자 단어는 A 또는 I일 가능성이 높다.
- 반복되는 문자는 EE, SS, OO, LL 또는 TT일 가능성이 높다.

❶ 가장 많이 나타나는 글자는 e이다. 19기호 중에서 5개의 기호가 동일하다. 아마 e일 것이다. 그러면 다음과 같이 된다.

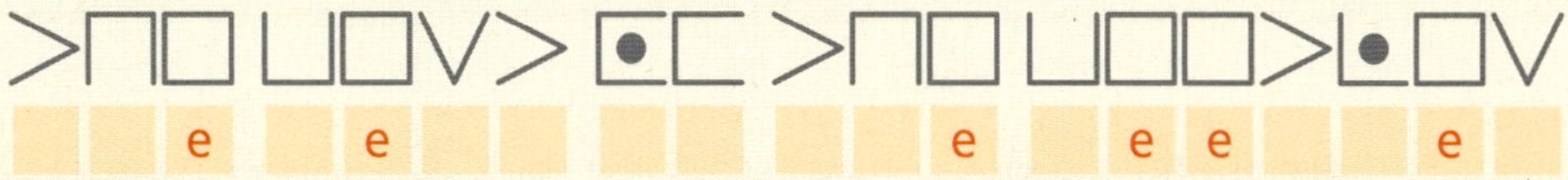

❷ 영어에서 가장 많이 나오는 3글자 단어는 "the"이다. 따라서 첫 번째 단어는 "the"일 가능성이 매우 높다.

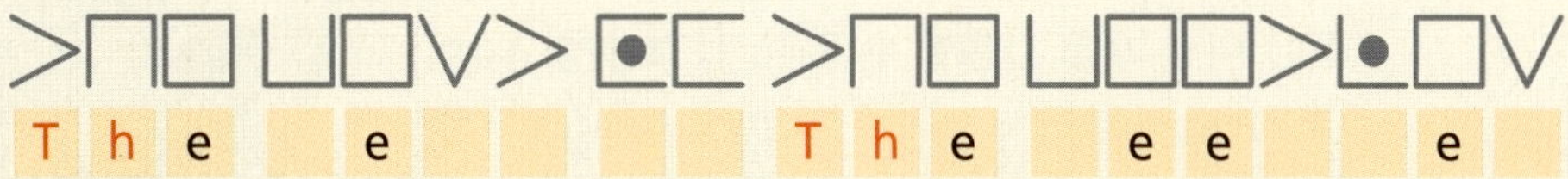

❸ 영어에서 아주 많이 나오는 2글자 단어는 "of"이다. 따라서 중간의 단어는 "of"일 가능성이 매우 높다.

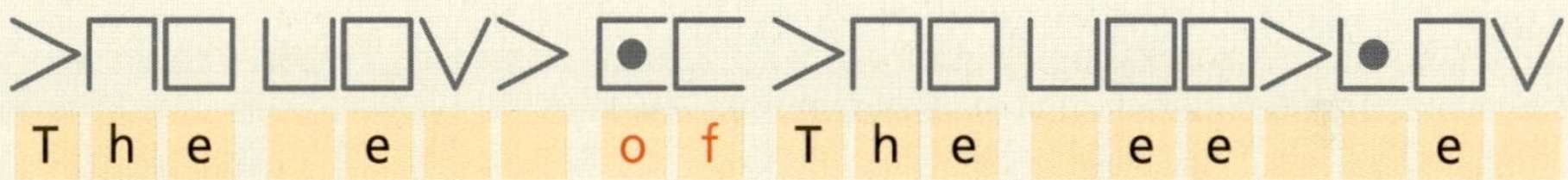

❹ 여기서부터는 사실 데이터가 더 필요하다. 정답은 다음과 같다.

the best of the beetles

Lab | # 목걸이의 비용 계산

문제의 정의

우리가 수작업으로 목걸이를 제작한다고 가정하자. 우리의 목걸이는 진주 원석, 사파이어 원석, 목걸이 줄로 구성된다. 진주 원석과 사파이어 원석은 여러 개를 사용할 수 있다. 목걸이 줄은 1미터 당 1000원이다. 목걸이의 비용을 계산해보자. 이 문제는 그다지 복잡하지 않지만 복잡한 것처럼 생각하고 다음과 같이 작은 문제들로 분해해 보자.

❶ 진주 원석의 총비용을 계산한다.

❷ 사파이어 원석의 총비용을 계산한다.

❸ 목걸이줄의 총비용을 계산한다.

분해된 문제 ❶, ❷, ❸을 관찰해보면 모두(1개의 가격 × 사용된 개수)과 같은 패턴으로 계산하면 된다.

❶ (진주 원석의 가격) × (진주 원석의 수)

❷ (사파이어 원석의 가격) × (사파이어 원석의 수)

❸ (1미터당 목걸이줄의 가격) × (목걸이줄의 길이)

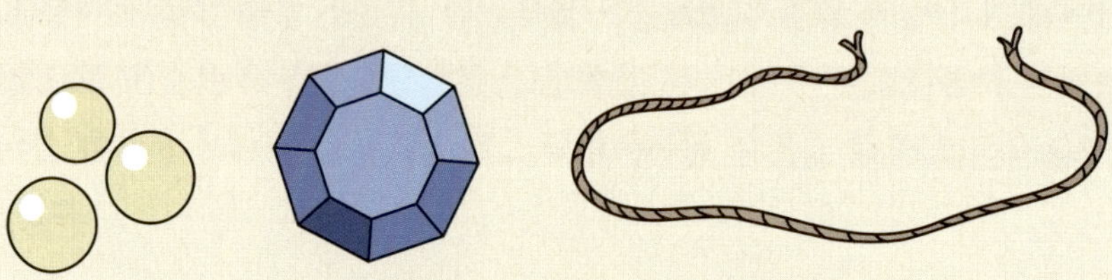

각 문제의 해답을 찾는 작업은 동일하다. 각 하위 문제는 각 재료의 개수를 결정하여 재료의 비용을 계산한다. 패턴을 발견하면 반복 구조나 함수를 사용하여 처리한다. 여기서는 반복 구조를 이용하여 발견된 패턴을 처리해보자.

변수 정의

변수	설명
cost	각 재료의 가격
count	각 재료의 개수
total_cost	전체 가격

스크립트 작성

❶ 사용자에게 재료의 개수와 개당 가격을 3번 질문하여서 부품 가격을 계산한다. 부품 가격을 전체 가격에 더한다.

❷ 고양이 스프라이트에 다음과 같은 스크립트를 추가한다. 반복 구조를 사용한다.

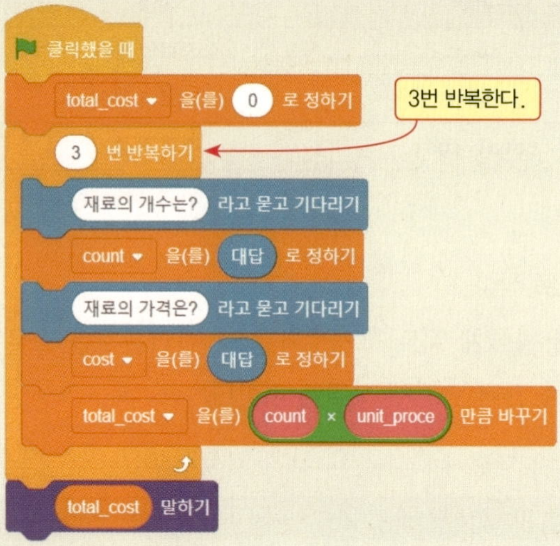

도전문제

1. 우리는 6장에서 "컴퓨터 조립 비용 계산하기"라는 실습을 수행한 바 있다. 이 실습도 반복 구조를 이용하여 다시 작성해보자.

COMPUTATIONAL THINKING

스크래치 실습

이번 장에서는 다음과 같은 사항을 학습해보자.

- 반복 구조
- 횟수 제어 반복 구조
- 조건 제어 반복 구조
- 문자열 처리

02 스크래치 실습 반복 구조

우리는 복잡한 문제를 관찰하고 분해하는 과정에서, 어떤 유사점과 패턴을 찾을 수도 있다. 패턴 인식(pattern recognition)은 컴퓨팅 사고의 4가지 기본 기법 중 하나이다. 패턴 인식은 분해된 작은 문제 사이의 유사성 또는 패턴을 찾는다. 패턴 인식은 우리가 복잡한 문제를 효율적으로 해결하는 데 도움이 된다. 패턴이 인식되면 이것을 반복 구조나 함수로 구현할 수 있다. 패턴은 문자열에서도 많이 나타난다. 문자열은 일련의 문자들의 모임이다. 스크래치에서는 문자열을 결합, 비교, 정렬, 조작하는 프로그램을 작성할 수 있다. 이번 장에서는 스크래치에서의 문자열 처리도 함께 살펴보자.

우리는 이미 처음부터 스크래치의 반복 구조를 많이 사용하였지만 이 장에서는 반복에 대하여 더 자세히 설명한다. 특히 중첩 루프, 재귀에 대해서도 살펴본다. 이번 장에서 학습할 내용은 다음과 같다.

- 반복 구조
- 횟수 제어 루프
- 조건 제어 루프
- 재귀 함수

대부분의 사람들은 반복적인 작업을 지루하게 여기지만 컴퓨터는 그렇지 않다. 여기에 컴퓨터의 장점이 있다. 반복 구조는 흔히 루프(loop)라고도 한다. 반복 구조는 반복적으로 동일한 명령어를 실행하는 구조이다. 가장 단순한 종류의 루프는 정해진 횟수만큼 반복하는 루프이다. 이러한 루프를 횟수 제어 루프라고 한다. 또 다른 유형의 루프는 특정한 이벤트(조건)가 발생할 때까지 계속 반복된다. 이것을 조건 제어 루프라고 한다. 끝없이 반복되는 루프도 있다. 이것을 무한 루프라고 한다. 스크래치에는 무한 루프를 끝내는 데 사용할 수 있는 중지 블록이 있다. 중첩 루프는 다른 루프를 포함하는 루프이다. 재귀는 스스로를 호출하는 함수이다.

스크래치에서의 반복 블록

스크래치에서 지원하는 반복 블록에는 다음과 같이 3개가 있다. 이들 블록을 명령어를 반복할 수 있다.

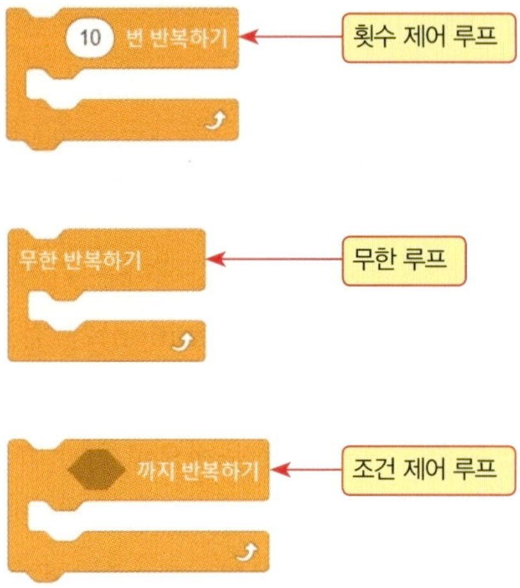

우리는 이미 처음부터 첫 번째 블록과 두 번째 블록은 많이 사용하여 왔다. 하지만 여기서는 각 반복 루프에 대하여 더 자세하게 살펴보자.

횟수 제어 루프

횟수 제어 루프는 횟수만큼만 반복하는 루프이다. 가장 기본적인 반복 구조이다. 우리에게 가장 익숙한 블록은 특정 횟수만큼 반복하는 카운터 제어 루프이다. 만약 루프가 실행해야 하는 반복 횟수를 우리가 미리 알 수 있다면 이 루프를 사용하는 것이 좋다. 어디서 사용될까? 예를 들어서 사용자에게 올바른 암호를 입력할 기회를 세 번만 부여할 때 사용한다. 횟수 제어 루프에서는 반복 횟수를 기억하고 있는 변수를 사용하여야 한다. 이러한 변수는 루프 카운터라고 한다. 몇 가지 예를 살펴보자.

예를 들어서 터틀 그래픽을 이용하여 사각형을 그린다면 4번 반복하는 것을 우리가 미리 알 수 있기 때문에 횟수 제어 루프를 사용하면 된다.

반면, "..까지 반복하기" 블록은 조건 제어 루프이다. 이 블록 안의 명령어는 조건식의 진위에 따라 반복된다. 반복해야하는 횟수를 미리 알지 못하는 경우에는 이 블록을 사용한다. 예를 들어 사용자가 음수를 입력할 때까지 "...묻고 기다리기" 블록을 반복하는 경우에 이 블록을 사용할 수 있다.

사용자로부터 잠금 해제 암호를 입력받는 간단한 프로그램을 작성해보자. 암호는 3번까지 입력할 수 있다. 잘못된 암호를 세 번 입력하면 컴퓨터에 대한 액세스가 거부된다.

스크립트는 로그인이 실패한 횟수를 저장하는 변수 count를 정의한다. 루프를 반복할 때마다 암호를 입력하라는 메시지가 표시된다. 사용자가 올바른 암호(현재는 1234이다)를 입력하면 "로그인에 성공하였다"는 메시지가 출력되고 모든 스크립트가 중지된다. 그렇지 않은 경우 사용자가 3번 시도를 모두 실패하면 오류 메시지가 표시되고 모든 스크립트가 중지된다.

조건 제어 반복

퀴즈 프로그램을 개발한다고 가정하자. 사용자의 대답이 틀리면 프로그램은 다시 같은 질문을 하여 사용자에게 다시 기회를 준다고 하자. 즉, 사용자가 정답을 입력할 때까지 같은 질문을 하는 것이다. 이런 경우에는 "..까지 반복하기" 블록이 제격이다. "..번 반복하기" 블록은 이런 경우에는 부적절하다. 왜냐하면 몇 번이나 반복할지를 미리 알 수 없기 때문이다. 첫 번째 시도에서 정답을 맞힐 수도 있고 200번 반복할 수도 있다. "..까지 반복하기" 블록이 아래 그림에 표시되어 있다.

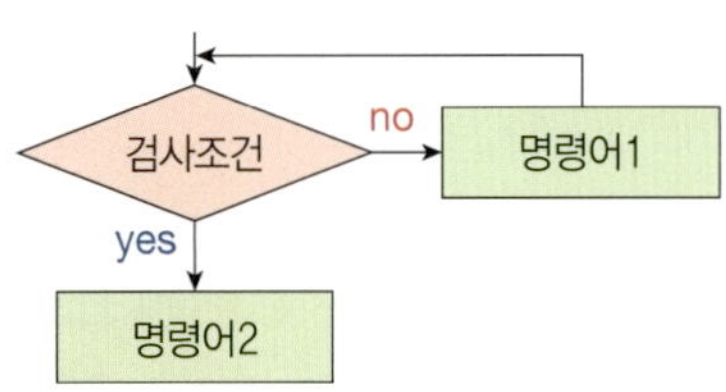

"..까지 반복하기" 블록에는 루프의 처음에 값을 검사하는 조건식이 들어 있다. 이 조건식의 값이 거짓이면 루프 내의 명령어들이 실행된다. 사실 이것은 다른 프로그래밍 언어와는 반대이다. 다른 프로그램 언어에서는 조건식이 참이면 반복된다. 하지만 스크래치에서는 조건식이 거짓이면 반복이 지속된다. 주의하도록 하자. 루프 안의 마지막 명령어가 실행되고 나서 루프가 다시 시작되고 조건식이 다시 검사된다. 조건식이 여전히 거짓이면 루프 내의 명령어들이 다시 실행된다. 이 반복은 조건식이 참이 될 때까지 계속된다. 조건식이 참이 되면 루프는 종료되고 프로그램은 루프 바로 다음에 오는 명령어로 이동한다.

프로그램이 루프를 처음 실행하기 전에 조건식이 이미 참이면 루프 안의 명령어들은 실행되지 않는다. 또한 조건식이 참이 되지 않으면 반복이 종료되지 않는다. 따라서 조건식이 절대로 참이 되지 않는 경우라면 무한 루프가 된다. 주의하도록 하자.

"..까지 반복하기" 블록을 사용하여 간단한 예제 프로그램을 작성해보자. 최근 인간 운전자를 도와주는 컴퓨터 시스템이 인기를 끌고 있다. 이번 예제에서는 자동차와 보행자가 동시 움직인다. 자동차 스프라이트와 보행자와의 거리가 100 미만이 되면 자동차를 정지시킨다. 이것을 위해서 "..까지 반복하기" 블록과 다른 스프라이트까지의 거리를 측정하는 "..까지의 거리" 블록이 사용되었다. 두 스프라이트 사이의 거리가 100보다 작으면 반복이 종료되고 자동차는 더 이상 움직이지 않는다. 두 스프라이트 사이의 거리가 100 이상이 되면 자동차가 다시 움직인다.

자동차 스프라이트에 대한 스크립트는 다음과 같다. "dist < 100까지 반복하기" 블록이 사용되고 있다. 보행자까지의 거리가 계산되어서 변수 dist에 저장된다. 이 거리가 100 이상이면 자동차는 앞으로 나간다. 이 거리가 100 미만이면 자동차는 정지하고 반복하여 보행자와의 거리를 계산하여 변수 dist에 저장한다. 이 거리가 다시 100 이상이 되면 자동차는 움직이게 된다.

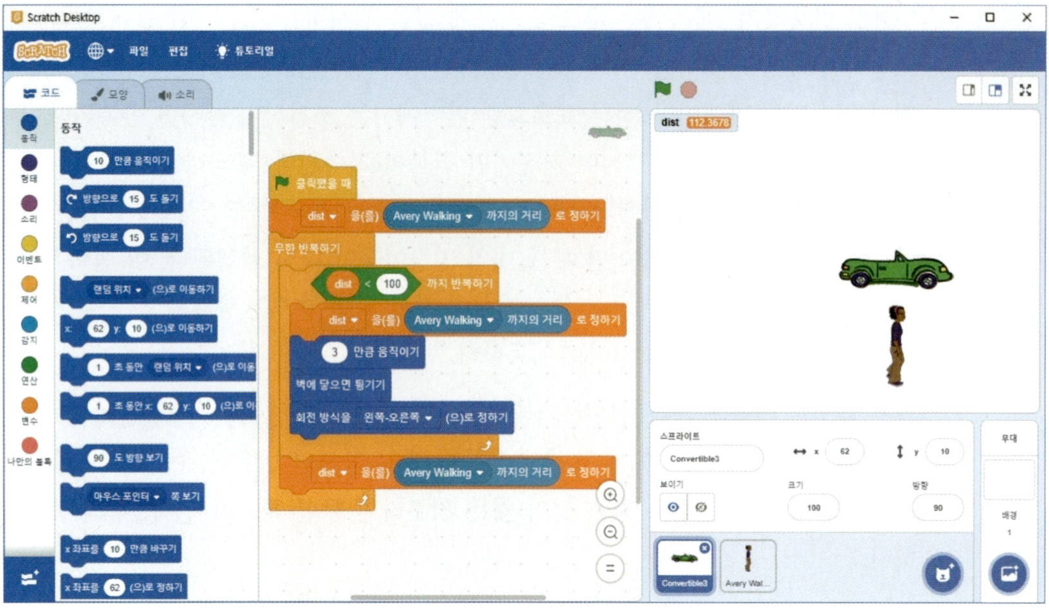

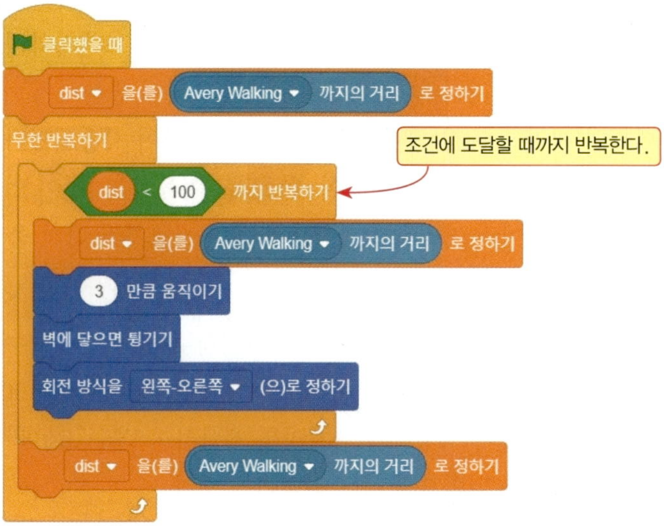

보행자 스프라이트에 대한 스크립트는 다음과 같다. 무한 반복 루프를 이용하여 10 만큼씩 움직인다.

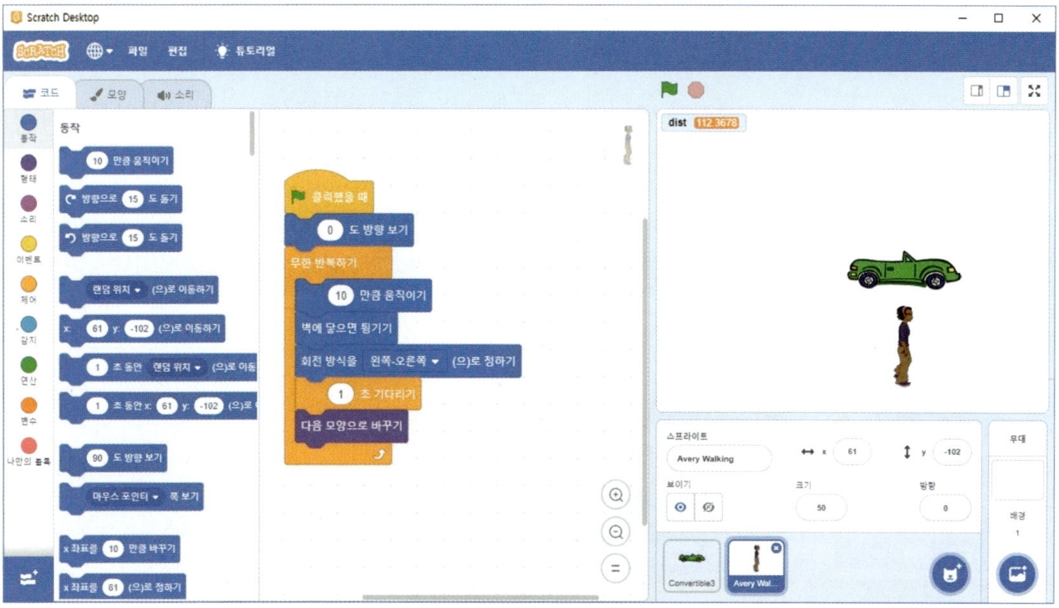

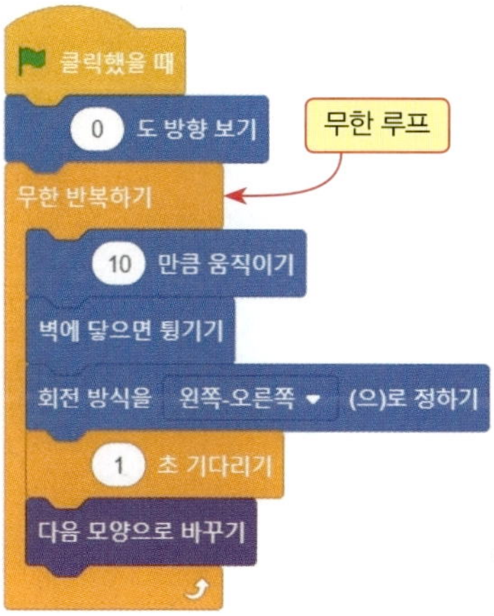

무한 루프

무한 루프는 많은 프로그래밍 상황에서 유용하다. 예를 들어, 앞의 예제에서도 무한 루프를 사용하여 자동차를 계속하여 움직이게끔 하였다. 또 게임할 때 배경 음악을 연주할 때도 무한 루프가 필요하다. 무한 루프는 말 그대로 무한히 반복하는 것이다.

가장 전형적인 예를 들어보자. 게임 프로그램을 작성하는데 스프라이트를 화살표 키로 움직이는 것일 필요하다. 왼쪽 화살표키와 오른쪽 화살표키만 처리하면 된다고 하자. 가장 직관적인 방법이 무한 루프를 만들고 무한 루프 안에서 왼쪽 화살표키와 오른쪽 화살표키가 눌려졌는지를 검사하는 것이다.

녹색 깃발 아이콘을 누르면 무한 루프에서 2개의 키보드 화살표키가 모니터링된다. 왼쪽 화살표와 오른쪽 화살표키 중 하나를 누르면 스프라이트의 x 좌표를 변경시킨다.

스크립트 중지 블록

조건을 검사하여 조건이 만족되면 스크립트를 중지할 수 있다. 스크래치는 현재 실행되는 스크립트를 중지할 수 있는 블록을 제공한다. 제어 팔레트에서 "모두 멈추기" 블록을 사용하여 활성 스크립트를 종료 할 수 있다.

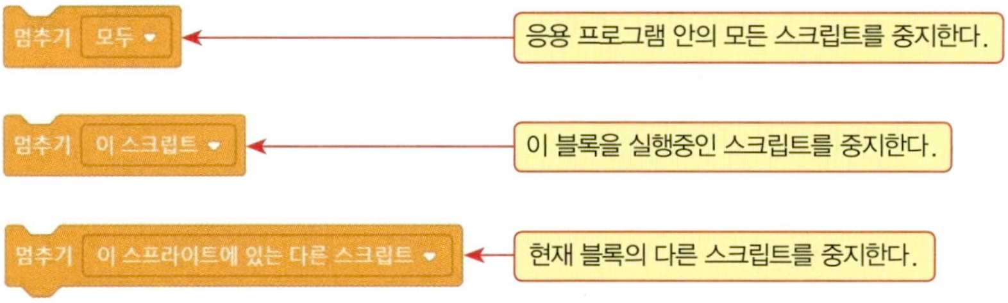

첫 번째 블록은 응용 프로그램에서 실행중인 모든 스크립트를 중지한다. 무대 맨 위에 있는 빨간색 중지 아이콘과 동일하다. 두 번째 블록은 이를 호출하는 스크립트를 즉시 종료한다. 세 번째 블록을 사용하면 스프라이트 또는 무대에서 정지 블록을 호출한 스크립트를 제외한 모든 스크립트를 종료할 수 있다. 이 블록에는 다른 블록을 추가할 수 있다.

간단한 예제를 작성해보자. 10000보다 작은 정수 중에서 7로 나눌 수 있는 가장 큰 정수를 찾는 프로그램을 작성한다고 하자. 숫자 9999, 9998, 9997, …과 같이 하나씩 확인하는 스크립트를 작성할 수 있다. 반복 루프 중에 찾고자하는 번호를 숫자를 찾으면 검색을 중단하면 된다.

03 스크래치 실습 스크래치에서 문자열 처리

앞장에서 언급하였지만 스크래치에는 부울형, 수치형, 문자열의 3가지 자료형이 있다. 부울형과 수치형은 어느 정도 학습하였으므로 여기서는 문자열에 대하여 살펴보자. 문자열(string)은 문자들의 시퀀스이다. 문자열에는 키보드로 입력할 수 있는 문자, 숫자, 기타 기호가 포함될 수 있다. 프로그램에서 문자열을 사용하여 이름, 주소, 전화 번호 등을 저장할 수 있다.

스크래치에서는 문자열의 문자가 순차적으로 저장된다. 예를 들어 문자열을 저장하는 변수 name을 만들고 여기에 "tom"을 저장하면 메모리에는 다음과 같이 저장된다.

문자	t	o	m
번호	1	2	3

문자열에 포함된 문자를 꺼내려면 "연산" 팔레트에 있는 다음과 같은 블록을 이용한다.

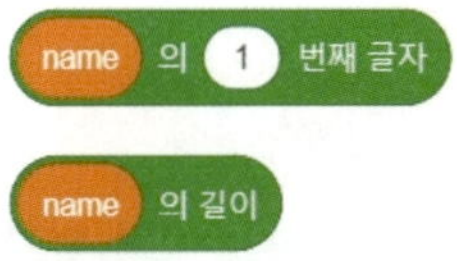

우리는 위의 블록을 이용하여서 문자열 안의 개별 문자에 접근할 수 있다. 예를 들어, 변수 name이 "tom"을 저장하고 있다면 "1번째 글자(name)" 블록을 실행하면 글자 "t"가 반환된다. "3번째 글자(name)" 블록을 실행하면 글자 "m"이 반환된다. "name의 길이" 블록을 실행하면 문자열의 문자수를 알 수 있다. 이 2개의 연산자를 반복 블록과 함께 사용 하면 문자수를 계산하고 여러 문자를 검사하는 등의 많은 유용한 작업을 할 수 있다.

Lab 문자열 안의 "a" 개수 계산

문제의 정의

위의 블록들을 이용하여 첫 번째 예제를 만들어보자. 사용자로부터 문자열을 받아서 문자열에 모음 "a"가 몇 개나 있는지를 계산해보자. 파일 메뉴의 "새로 만들기"를 눌러서 새로운 프로젝트를 시작한다.

변수의 정의

변수 count, i, ch를 정의한다.

스크립트 작성

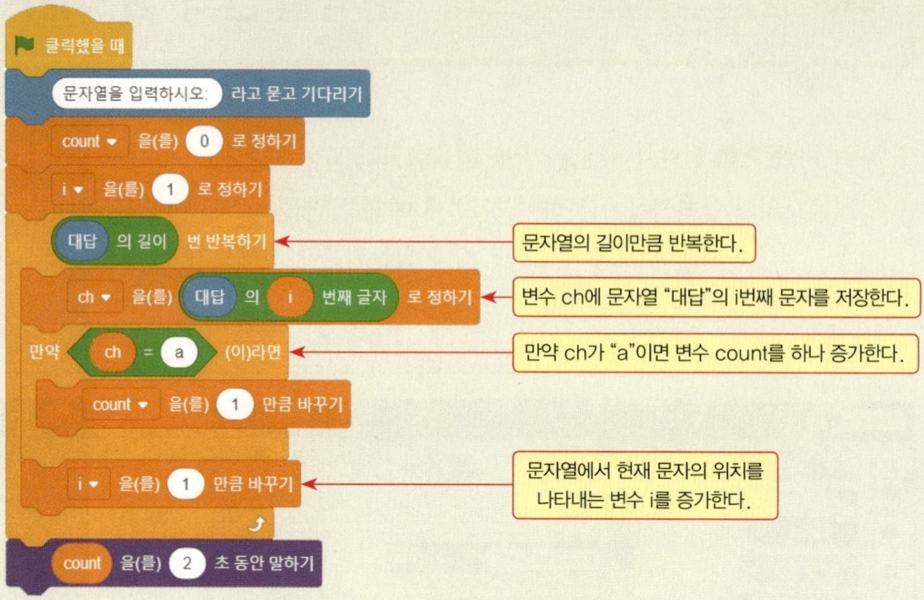

프로그램은 입력 문자열의 각 문자를 하나씩 확인하고 "a"를 찾는다. "a"를 발견할 때마다, 변수 count를 증가한다. 변수 i를 이용하여 문자열 내의 문자 위치를 기억한다. 이 스크립트에 대해 더 자세히 살펴보자.

먼저, 스크립트는 사용자에게 문장을 입력할 것을 요청한다. 스크래치는 사용자의 문자열을 내장 변수인 "대답"에 저장한다. 그런 다음 count를 0으로 설정하고 입력 문자열의 첫 번째 문자를 액세스하기 위해 변수 i를 1로 설정한다. 이어서 반복 루프는 입력 문자열의 모든 문자를 확인한다. "대답의 길이" 블록을 사용하면 입력 문자열에 있는 문자의 개수만큼 반복할 수 있다.

반복 루프 안에서는 변수 ch를 사용하여 입력 문자열의 하나의 문자를 확인한다. 반복 루프 안의 첫 번째 블록에서 변수 ch가 첫 번째 문자로 설정된다. 반복은 문자열의 끝에 도달할 때까지 계속된다. 변수 i가 원하는 문자를 액세스하기 위해 사용된다. 현재의 문자가 "a" 인지를 검사한다. 만약 "a"이면 변수 count가 1씩 증가한다.

도전문제

1. 사용자가 입력한 문자열 안의 모든 모음의 개수를 계산하도록 위의 애플리케이션을 업그레이드해보자.

Lab

문자열 조작

문제의 정의

스크래치에서는 문자열 안의 개별 문자를 읽을 수는 있지만 변경할 수는 없다. 따라서 문자열 안에 문자를 삽입하거나 삭제하려면 새로운 문자열을 생성하여야 한다. 예를 들어, 문자열 "i am boy."의 첫 번째 문자를 대문자로 만들려면 "I" 다음에 "am boy."을 붙인 새로운 문자열을 만들어야 한다. 기존의 문자열을 변경하는 것이 불가능하기 때문이다.

간단한 예를 들어보자. 어린이들의 말장난 중의 하나인 피그 라틴(pig latin) 암호문을 만들어보자. 피그 라틴은 맨 앞의 자음을 어미로 돌리고 그 뒤에 "ay"를 붙이는 일종의 말장난이다. 예를 들어서 boy는 oy + b + ay → oybay가 된다. happy는 appyhay가 된다.

사용자로부터 문자열을 받아서 피그 라틴 방법으로 암호화된 문자열을 출력하는 응용 프로그램을 작성해보자.

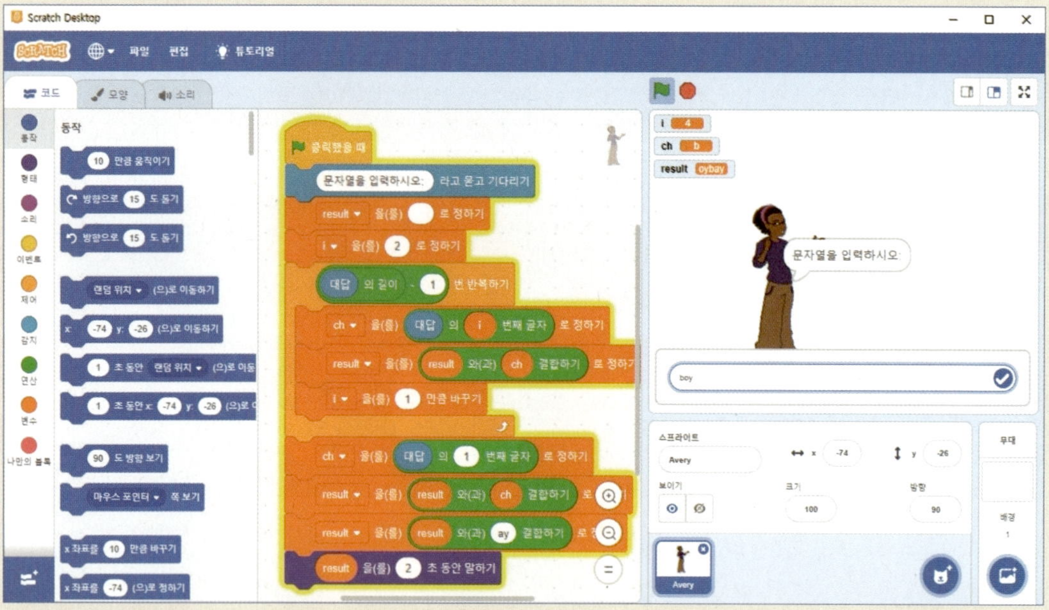

변수 정의

변수 `i`, `ch`, `result`를 정의한다.

스크립트 작성

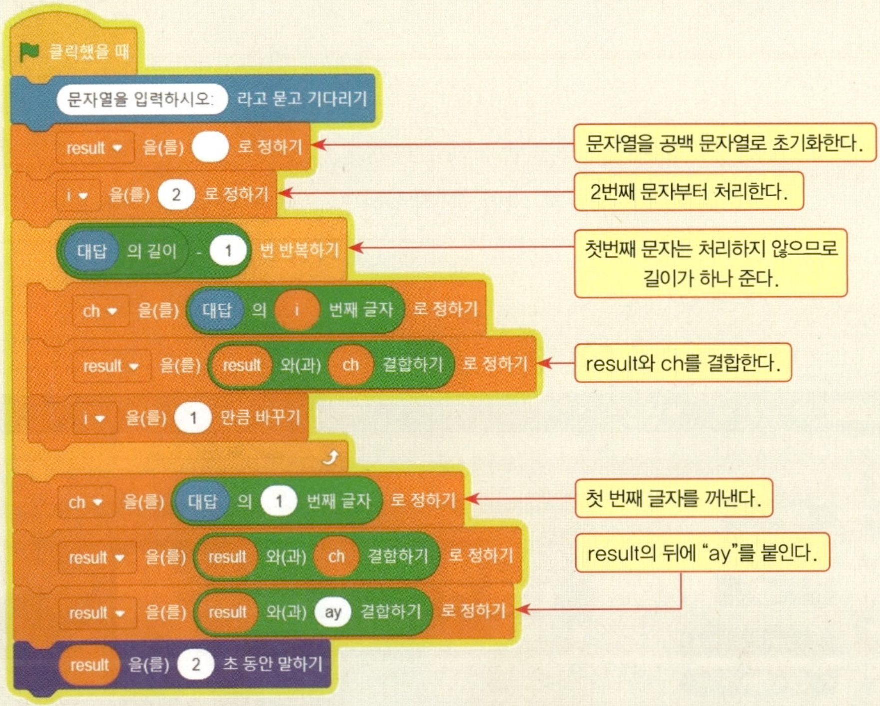

먼저 `result`를 공백 문자열로 초기화한다. 공백 문자열이란 문자를 전혀 포함하지 않는 문자열이며 길이는 0이다. 변수 `i`를 2로 설정한다. 반복 블록을 사용 하여 두 번째 문자부터 마지막 문자까지 `result`에 추가한다. 첫 번째 문자는 생략했으므로 반복 횟수는 입력 문자열의 길이보다 1 작다. 반복 루프가 끝나면 첫 번째 문자를 뒤에 붙이고 이어서 "ay"를 붙이면 된다.

도전문제

1. "ing"를 붙이도록 스크립트를 변경해보자.

Lab 두더지 게임

문제의 정의

스크래치로 "두더지 게임"을 작성하면서 패턴 인식이 실제 프로그램 작성에서 어떻게 사용되는지 살펴보자. 랜덤하게 화면에 나타나는 스프라이트들을 재빨리 클릭해서 잡아보자.

스프라이트 작성

고양이 스프라이트는 삭제하고 라이브러리에서 "bat1", "fox", "dinosaur1" 스프라이트를 추가한다. "크기"를 사용하여 스프라이트의 크기를 적당하게 줄인다.

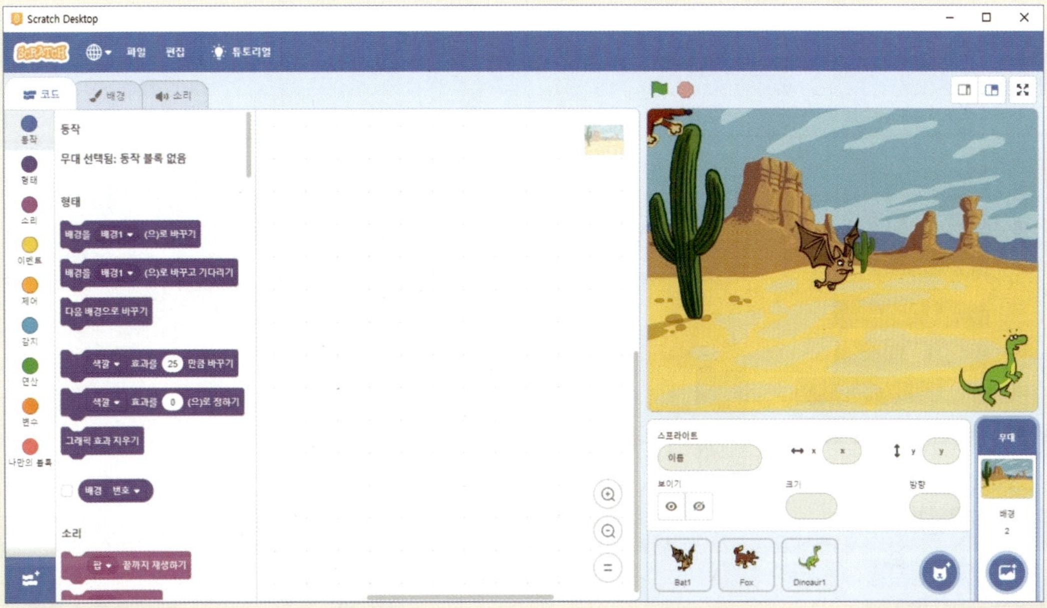

배경 선택

무대 배경으로 "desert"를 선택한다.

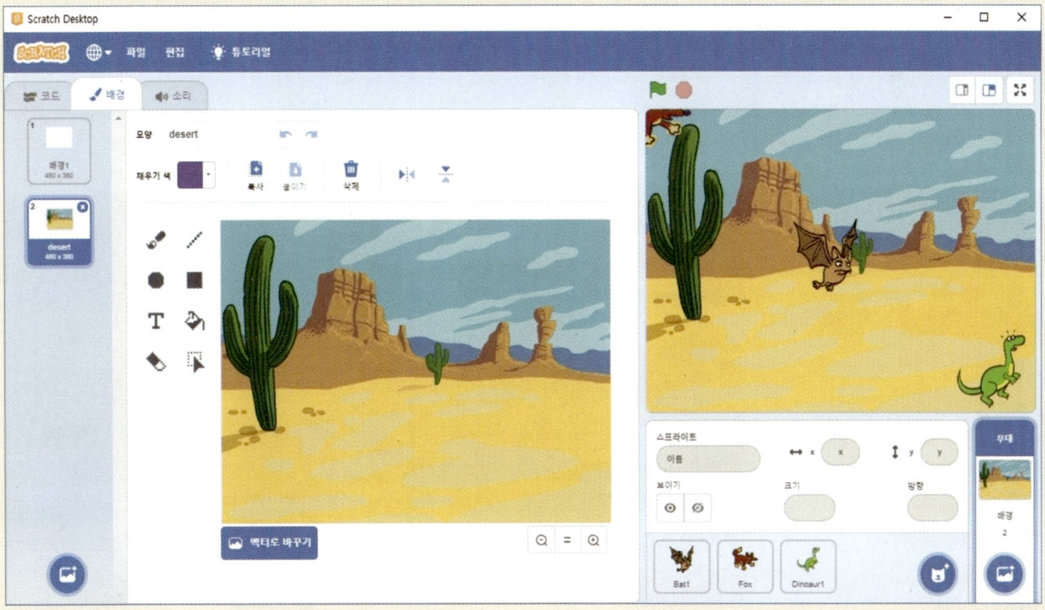

스크립트 작성

❶ 각 스프라이트에 다음과 같은 스크립트를 추가한다. 스크립트를 다른 스프라이트에 복사하려면 스크립트를 마우스로 끌어서 원하는 스프라이트 위에 떨어뜨리면 복사된다. 스크립트를 실행해본다.

❷ 위의 스크립트를 실행하면 각 스프라이트들이 없어졌다가 1초 후에 나타난다. "두더지 게임"이 되려면 이 스크립트들이 반복적으로 실행되어야 한다. 즉 어떤 반복되는 패턴이 있어야 한다. 이것은 반복 구조로 실현할 수 있다. 스크립트를 다음과 같이 수정한다.

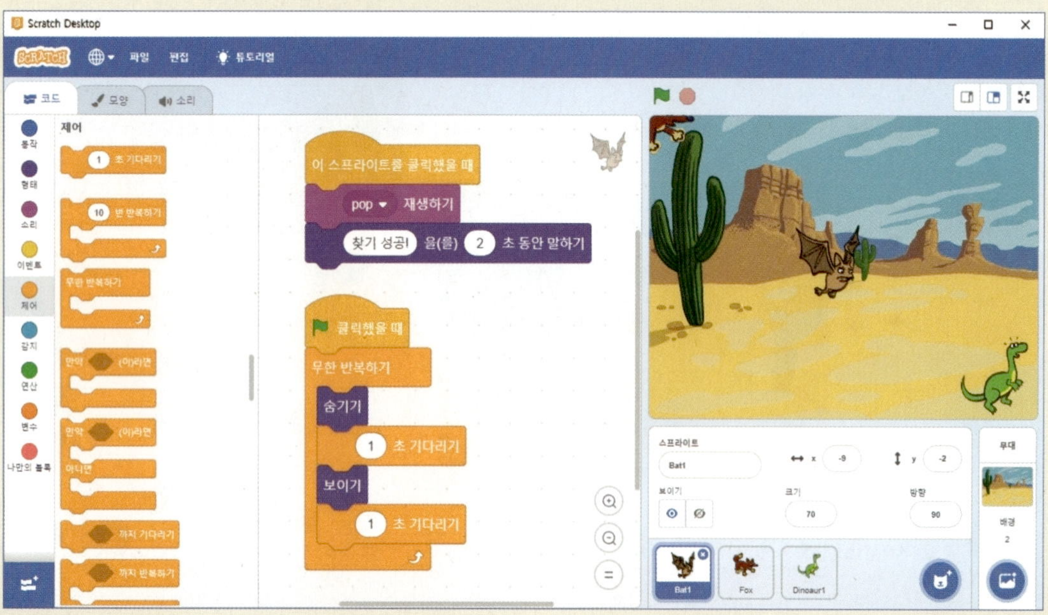

❸ 하지만 이 게임은 너무 단조롭다. 항상 같은 위치에 나타나고, 나타나는 시간 간격도 1초이기 때문이다. 즉 패턴이 너무 단조로운 것이다. 난수를 사용하여서 나타나는 시간과 나타나는 위치를 매번 변경해보자.

도전문제

1. 실제 게임이 될 수 있도록 점수를 계산해본다. 즉 올바르게 스프라이트를 찾아서 클릭하면 점수가 1점씩 올라가도록 해보자.

Lab

암호학에서의 패턴인식

문제의 정의

고전적인 암호 기법 중에서 가장 대표적인 것이 시저 암호이다. 시저 암호는 알파벳 한 글자를 다른 글자로 대체하는 방법이다. 평문의 글자를 오른쪽으로 3글자씩 이동시킨 후에 해당되는 글자로 변환하는 것이다. 예를 들어서 알파벳 A를 암호문에서 D로 대체하여 암호화하는 방법이다.

A	B	C	D	E	F	G	H	I	J	K	L	M	N	O	P	Q	R	S	T	U	V	W	X	Y	Z
D	E	F	G	H	I	J	K	L	M	N	O	P	Q	R	S	T	U	V	W	X	Y	Z	A	B	C

시저 암호 기법을 이용하여 평문을 암호문으로 만드는 응용 프로그램을 작성해 보자.

변수 정의

❶ 변수 alphabet, pos, shift, "암호문", "평문"을 생성한다.

❷ 무대의 배경을 "blue sky"로 설정한다. 라이브러리에서 버튼 이미지를 가져와서 "encrpyt"와 "decrypt" 버튼을 생성한다.

스크립트 작성

❶ "encrpyt" 버튼에 다음과 같은 스크립트를 추가한다.

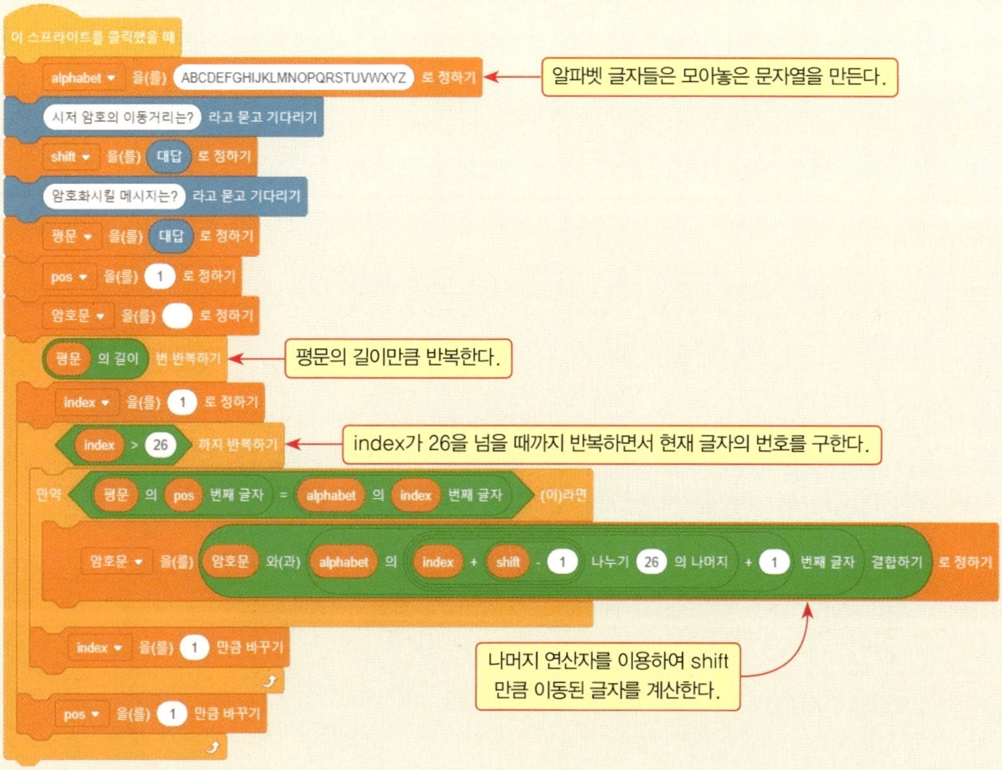

❷ 화면에서 "encrypt" 버튼을 눌러서 이동거리와 암호화할 메시지를 입력한다. 이동거리는 3을 입력하고 메시지로는 "MEET AT MIDNIGHT"을 입력한다.

도전문제

1. "decrpyt" 버튼에 적절한 스크립트를 추가하여서 복호화가 수행되도록 하라.

CHAPTER 08

추상화

이론편: 컴퓨팅 사고를 통한 문제해결 IV
실습편: 함수

이번 장에서는 다음과 같은 내용을 학습합니다.

- 추상화의 개념을 간단히 소개한다.
- 스크래치에서 나만의 블록(함수)을 만드는 방법을 살펴본다.

필수 이론

01 필수 이론 추상화란 무엇인가?

우리는 미술 분야의 추상화는 잘 알고 있다. 추상화의 대가 피카소는 "예술은 필요 없는 것을 제거하는 과정이다."라고 하였다. 아래 그림은 앙리 마티스의 <이카루스>라는 그림이다. 우리는 아래 그림이 사람을 그렸다는 것은 쉽게 알 수 있다. 하지만 많은 세부사항들이 생략되었다. 이 그림은 단지 파란색과 검은색, 노란색, 빨간색만을 사용하고 구체적인 모습이나 색상은 생략되었다. 이것이 추상화이다. 즉, 추상화는 문제를 쉽게 해결하기 위해 불필요한 세부 사항을 제거하는 기법이다.

컴퓨터 과학에서 추상화(abstraction)는 2가지의 과정을 의미한다.

- 문제를 쉽게 해결하기 위하여 불필요한 세부 사항을 제거하는 기법이다.
- 복잡한 시스템의 구체적인 예로부터 공통적인 특성을 추려내서 일반적인 개념을 형성하는 과정이다. 이것을 일반화(generalization)라고도 한다.

불필요한 세부 사항 제거

지도를 예로 들어서 추상화를 설명해보자. 만약 어떤 사람이 지하철을 타고 출퇴근한다면 지도에 온갖 세부사항들을 표시할 필요는 없다. 지도에 지하철 노선만 나와 있으면 된다. 아래 지도에 한강이 표시되어 있지만 정확하지는 않다. 하지만 우리는 한강이라고 인식하면 되는 것이다.

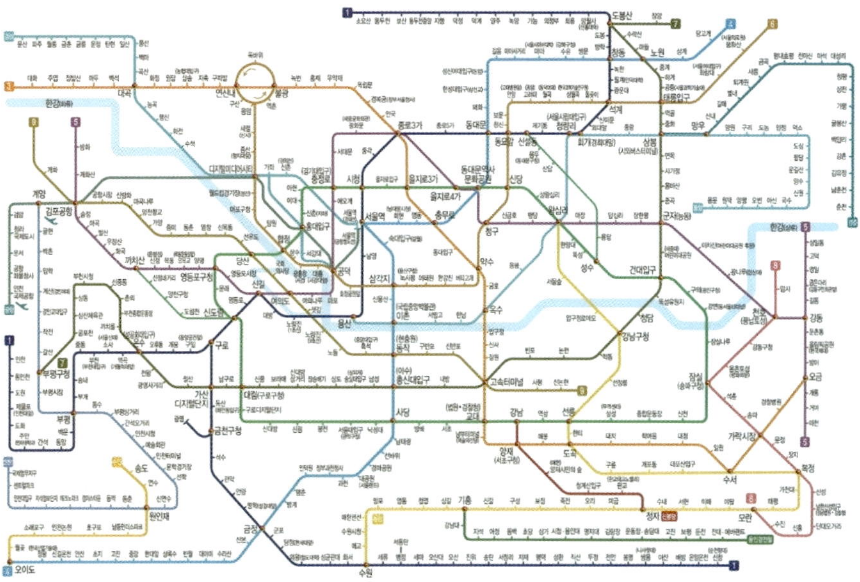

추상화(abstraction)는 컴퓨팅 사고의 네 가지 기본 요소 중 하나이다. 추상화는 우리가 하는 일에 집중하기 위해 필요하지 않은 특징을 걸러내는 과정이다. 또한 불필요한 세부 정보를 필터링하는 것이다. 추상화 과정을 거치면 우리가 해결하려고 노력하고 있는 문제의 모델(model)을 생성할 수 있다.

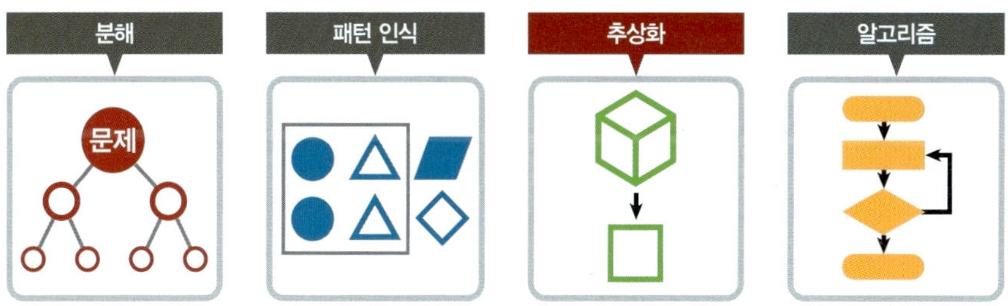

추상화가 잘되어 있으면 유사한 문제에 대한 일반적인 해결 기술을 얻을 수 있다. 패턴 인식과 추상화는 아이디어나 처리과정을 일반적인 변수로 표현할 수 있게 한다. 따라서 유사한 다른 문제를 해결할 때도 사용할 수 있다. 우리는 일상생활이나 컴퓨팅 분야에서 정말 많은 추상화 기법을 사용하고 있다. 대표적인 것들은 다음과 같다.

- 도로 위의 표지판이나 각종 심볼도 추상화의 훌륭한 예이다. 세부사항을 제거하고 핵심적인 부분만을 표시하고 있다.

- 이진수는 기계수준에서의 전기신호를 1과 0으로 추상화한 것이다.

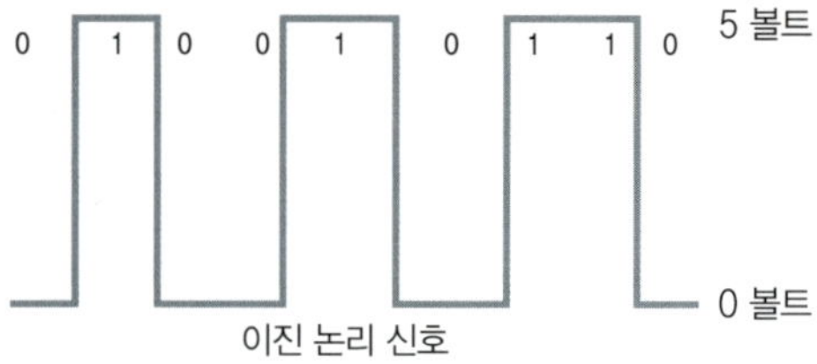

함수(function)는 매개변수를 통하여 코드를 재사용하기 위한 추상화의 일종이다.

- 인터넷 프로토콜은 많은 복잡한 세부 사항을 제거하고 있다.
- 모델과 시뮬레이션은 실세계의 추상화이다.
- 과학에서의 추상화는 간략화된 물 순환 싸이클을 들 수 있다.

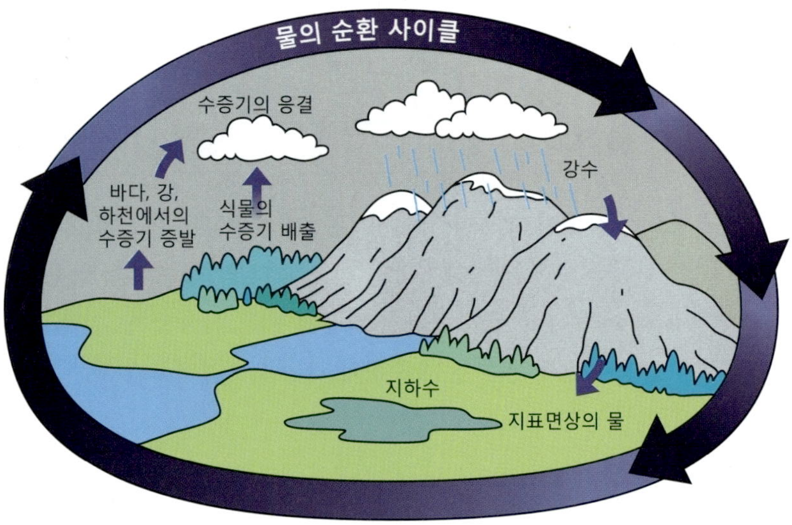

- 자동차를 운전할 때, 운전대와 브레이크, 엑셀 페달만을 사용하는 것도 추상화의 일종이다.

- 화학에서 주기율표도 지구상의 모든 물질을 간략하게 표현한 것이다.
- 수학에서의 삼각형이나 점, 사각형의 개념들은 모두 추상화의 예이다.

일반화

일반화는 여러 가지 사실로부터 공통된 특징을 추출하여 일반적인 법칙을 만들어내는 것이다. 일반화가 된다면 동일한 코드를 사용하여 유사한 문제들을 해결할 수 있다.

- 생물을 분류하는 것이 일반화의 좋은 예이다. 예를 들어서 강아지와 고양이는 많은 특성을 공유한다. 따라서 이들은 보다 일반적인 개념인 "동물"로 묶을 수 있다. 포유류라든지 파충류도 일반화의 일종이다.
- 예를 들어서 강아지에게 밥을 줄 때 강아지 사료를 그릇에 덜어준다고 하자. 고양이에게 밥을 줄 때는 고양이 사료를 그릇에 덜어준다. 이러한 사실로부터 "동물에게 먹이를 줄 때는 사료를 그릇에 덜어주면 된다."와 같은 일반적인 법칙을 얻을 수 있다.
- 물리학에서 모든 물리 법칙들도 특수한 사실에서 일반적인 법칙을 얻어내는 일반화의 일종이다.
- 수학에서의 싸인 함수도 일반화의 예이다. 0도에서의 싸인값이 0이고, 45도에서 0.5이고, 90도에서 1.0이라고 말하는 대신에 우리는 다음과 같이 간략한 식으로 표현할 수 있다.

$$y = \sin(x)$$

영문법도 일반화의 예이다. 예를 들어서 영어의 3형식은 다음과 같이 정의된다.

주어 + 동사 + 목적어

02 필수 이론 특성이나 특징은 무엇인가?

강아지를 생각해보자. 강아지는 어떤 특성을 가지고 있을까? 모든 강아지는 눈, 귀, 다리, 꼬리를 가지고 있고 청각과 후각이 뛰어나다. 잡식성이며 사람을 잘 따르고 "멍멍" 소리를 낸다. 강아지는 수영을 할 수 있으며 높은 곳에서도 잘 뛰어 내린다. 이러한 것은 모든 강아지가 공통적으로 가지고 있는 일반적인 특성(general characteristic)이다.

이번에는 이웃집 강아지를 생각해보자. 검은 눈, 뾰족한 귀, 긴 다리, 긴 꼬리와 같은 특성을 가지고 있다고 하자. 이것을 세부 사항(specific characteristic, detail)이라고 한다.

우리는 일반적인 강아지를 도화지에 그려야 한다고 가정하자. 즉 우리가 해결해야 하는 문제는 "일반적인 강아지를 그리는 문제"이다. 일반적인 강아지를 그리기 위해, 우리는 강아지가 눈, 귀, 다리, 꼬리를 가지고 있음을 알 필요가 있다. 이러한 특성은 중요하다. 하지만 우리는 강아지가 내는 소리나 강아지가 사람을 잘 따르는 사실은 알 필요가 없다. 이러한 특성은 문제를 해결하는데 도움이 되지 않기 때문이 필터링하여 제거할 수 있다. 또 우리는 강아지가 눈, 귀, 다리, 꼬리를 가지고 있음을 알 필요가 있지만 구체적으로 다리의 길이, 꼬리의 길이, 눈의 색상은 알 필요가 없다. 이러한 세부 사항도 걸러내야 한다.

우리가 가지고 있는 일반적인 강아지의 특성(눈, 귀, 다리, 꼬리)에서 우리는 강아지에 대한 기본적인 생각(개념), 즉 강아지가 기본적으로 어떻게 생겼는지를 만들 수 있다. 강아지가 어떻게 생겼는지 알게 되면 일반적인 강아지를 그리는 방법을 작성할 수 있다. 이것을 강아지를 찍어낼 수 있는 도장을 만든다고 생각해도 좋다.

강아지 도장은 구체적인 세부 사항이 없는 일반 강아지 모델이라고 할 수 있다.

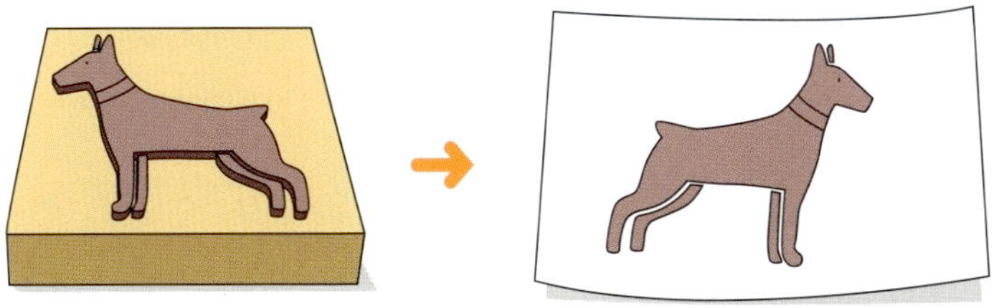

강아지를 찍을 수 있는 도장이 만들어지면 차후에 강아지를 빠르게 그려야할 필요가 생기면 단순히 강아지 도장을 찍으면 된다. 우리는 모든 강아지가 이러한 일반적인 특성을 가지고 있다는 것을 알고 있기 때문에 새로운 강아지를 그릴 때마다 이 문제에 대하여 고민할 필요가 없다.

03 필수 이론 추상화하는 방법

추상화를 하려면 먼저 일반적인 특징들을 수집한 후에 특징 중에서 우리가 필요로 하지 않는 것을 제외시키면 된다. 찌개를 만드는 요리법을 생각해보자. 여러 가지 종류의 찌개가 있다. 우리가 여러 가지 찌개를 만들 때는 몇 가지의 일반적인 특성이 있었다. 예를 들면 다음과 같은 특징을 생각할 수 있다.

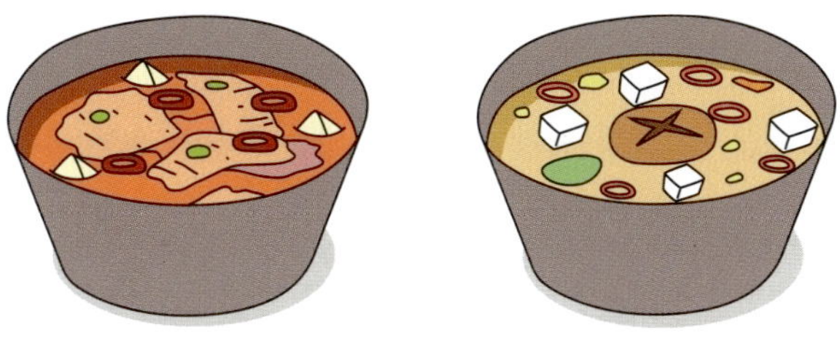

김치 찌개　　　　된장 찌개

- 찌개를 만들 때는 재료가 있어야 하고 재료들을 썰어야 한다.
- 찌개의 재료들은 지정된 양이 필요하다.
- 찌개를 만들 때는 반드시 끓이는 과정이 필요하다.

추상화할 때, 우리는 관련 없는 세부 사항을 제거하고 일반적인 사항만을 유지한다.

일반적인 사항	특수한 세부사항
찌개는 재료를 가진다.	재료가 무엇인지는 알 필요가 없다.
각 재료들은 지정된 양이 필요하다.	그 양이 얼마인지는 알 필요가 없다.
찌개는 끓이는 과정이 필요하다.	그 시간이 얼마인지는 알 필요가 없다.

모델 만들기

모델(model)은 우리가 해결하고자 하는 문제에 대한 일반적인 생각이다. 예를 들어, 강아지의 모델은 일반적인 강아지를 나타낸다. 모델은 긴 꼬리와 짧은 다리를 가진 특수한 강아지뿐만 아니라 모든 강아지를 나타낸다. 강아지 모델에서, 우리는 모든 강아지의 모습을 대략적으로 알 수 있다.

추상화를 통해 문제가 무엇이고 문제를 해결하는 방법에 대한 일반적인 아이디어를 얻을 수 있다. 이 과정은 모든 세부 사항을 제거하고, 문제를 해결하는 데 도움이 되지 않는 특성을 제거하게 한다. 이러한 과정은 문제에 대한 개념을 형성하는 데 도움이 된다.

우리가 추상화하지 않으면 우리가 해결하려고 하는 문제에 대하여 잘못된 해결책을 만들 수 있다. 강아지의 예를 들어보자. 우리가 추상화하지 않았으면 모든 강아지가 긴 꼬리와 짧은 다리를 가지고 있다고 생각했을지도 모른다. 추상화 과정을 거치면 강아지는 꼬리와 다리가 있지만 모든 꼬리가 길지는 않으며 모든 다리가 짧지는 않다는 것을 알고 있다. 이 경우, 추상화 과정은 강아지의 더 명확한 모델을 형성하는 데 도움이 되었다.

모든 강아지는 꼬리, 눈, 다리를 가지고 있지만 각각의 특성은 강아지마다 다를 수 있다. 유사하게, 찌개를 끓일 때도 찌개 모델은 김치찌개나 된장찌개처럼 구체적인 찌개가 아니다. 찌개 모델은 모든 찌개를 나타내는 것이다. 찌개 모델에서 우리는 모든 찌개에 적용되는 패턴을 사용하여, 어떠한 찌개도 끓일 수 있는 방법을 알 수 있다. 우리가 어떤 문제에 대한 모델을 가지게 되면, 우리는 일반적인 문제를 해결하는 알고리즘을 설계할 수 있다.

Unplugged Lab

수학에서의 추상화

추상화를 가장 많이 이용하는 학문 분야가 어디일까? 바로 수학이다. 수학에서는 고도의 추상화를 이용한다. 숫자도 실제 사물의 개수를 추상화한 개념이다. 아래 그림에는 무엇이 있을까?

우리는 사진 안에 사자 3마리가 있다는 것을 알 수 있다. 이것도 고도의 추상화 과정을 거친 것이다. 즉 사진에서 배경을 분리한 후에 각 사자들을 서로 분리한다. 각 사자의 차이점을 제거하고 3마리라는 결론에 이른 것이다.

모든 수학적인 연산도 마찬가지이다. 예를 들어서 1/2는 2/4와 같다는 식은 다음과 같이 구체적인 예에서 추상적인 개념을 도출한 것이다.

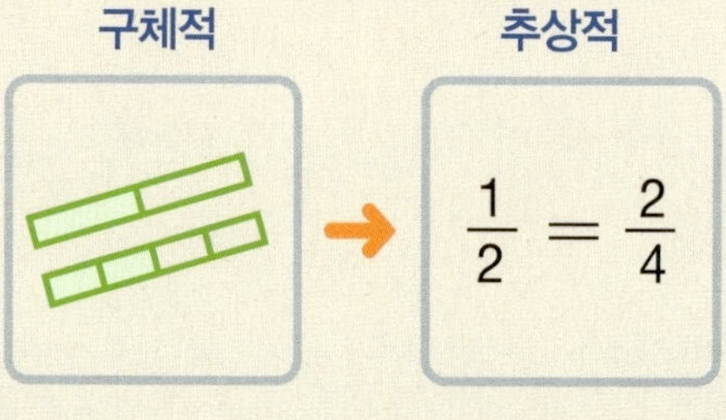

$$\frac{1}{2} = \frac{2}{4}$$

기하학에서의 점과 선, 삼각형 등의 개념도 모두 추상적이다. 점은 2차원 공간상에서 면적이나 색을 가지지 않는다고 정의한다. 오직 위치만을 가진다. 실제로는 그럴 수가 없지만 세부사항을 제거하면 연산이 편해진다. 삼각형도 3개의 꼭지점과 3개의 선분, 3개의 각도를 가진 도형으로 추상화된다.

- 점은 쪼갤 수 없는 것이다.
- 선은 폭이 없이 길이만 있는 것이다.

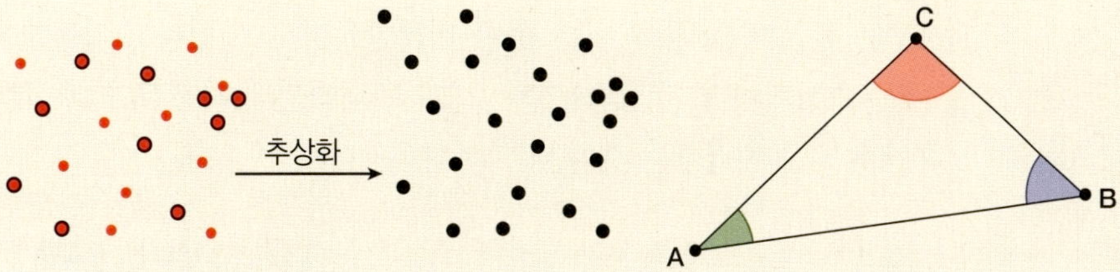

Unplugged **Lab**

추상화의 예: TV

예를 들어서 TV를 추상화해보자. TV에는 지금까지 우리가 축적한 엄청난 기술이 들어 있다. 따라서 TV의 모든 것을 표현하려면 엄청나게 많은 특징들이 필요하다. 우리가 필요한 몇 개만을 남기고 불필요한 것들은 삭제해야 할 것이다. 예를 들어서 TV는 전원 버튼, 채널 버튼, 볼륨 버튼만을 가지고 있다고 가정할 수 있다. 이것이 바로 추상화이다. 추상화는 복잡성을 관리하는데 사용된다. 추상화를 사용하지 않으면 문제를 해결하는 것이 너무 복잡해진다.

실제 객체 추상화된 객체

물론 추상화는 우리가 해결하려는 문제에 따라서 달라진다. 우리가 TV로 게임을 하려고 해서 TV의 해상도와 방식, HDMI 입력의 개수가 우리의 관심사라면 추상화는 다음과 같이 진행될 것이다.

대각선 길이: 75 인치 (189 cm)
화면 비율: 16:9
해상도: 1920 x 1080p, Full-HD
방식: LED (패널: LCD)
*HDMI 입력 x 4
*USB 호스트 x 3
디지털 방송 수신
내추럴 블랙패널
화질개선 엔진: 하이퍼리얼 엔진
240 CMR: 일반 60 Hz 동영상보다 4배 선명
*스피커 출력: 20 W (2채널)
*DTS 스튜디오 사운드
*DTS 프리미엄 사운드 5.1
*CPU: 쿼드 코어
*타이젠OS
 직관적인 UI와 최근 컨텐츠, 추천 컨텐츠
 등을 하단 바 형태로 노출하여 쉽게 선택
*스마트 허브:
*홈 네트워크(DLNA): All Share
*WiFi 다이렉트:
*퀵 커넥트:
...

→

~~대각선 길이: 75 인치 (189 cm)~~
~~화면 비율: 16:9~~
해상도: 1920 x 1080p, Full-HD
방식: LED (패널: LCD)
***HDMI 입력 x 4**
~~*USB 호스트 x 3~~
~~디지털 방송 수신~~
~~내추럴 블랙패널~~
~~화질개선 엔진: 하이퍼리얼 엔진~~
~~240 CMR: 일반 60 Hz 동영상보다 4배 선명~~
~~*스피커 출력: 20 W (2채널)~~
~~*DTS 스튜디오 사운드~~
~~*DTS 프리미엄 사운드 5.1~~
~~*CPU: 쿼드 코어~~
~~*타이젠OS~~
~~직관적인 UI와 최근 컨텐츠, 추천 컨텐츠~~
~~등을 하단 바 형태로 노출하여 쉽게 선택~~
~~*스마트 허브:~~
~~*홈 네트워크(DLNA): All Share~~
~~*WiFi 다이렉트:~~
~~*퀵 커넥트:~~
~~...~~

Unplugged Lab

추상화의 예: 영어 문법

영어의 문법에는 5형식이 있다. 이것도 여러 가지 문장에서 일반적인 규칙을 찾아낸 것으로 추상화의 일종이라 할 수 있다. 예를 들어서 3형식 문장들의 예를 보자.

```
Andy ate cereal.
She loves him.
I like an apple.
I finished the work.
I like puppies.
They did a lot of work.
```

어떻게 추상화를 할 수 있을까? 각각의 단어들은 다르지만 위의 문장들은 모두 다음과 같은 구조로 되어 있음을 알 수 있다.

```
Subject(주어) + Verb(동사) + Object(목적어)
```

스크래치와 파이썬을 이용하여 영어의 3형식 문장을 자동으로 생성하는 프로그램을 작성해보자. 리스트에 "주어", "동사", "목적어"를 저장하고 이것들을 랜덤으로 결합하여서 3형식의 문장들을 출력해보자. 어떤 알고리즘을 사용해야 할까? 이것을 미국에서 아이들이 하는 Mad Libs 게임과 유사하게 작성해보자.

Mad Libs 게임은 블랭크를 가지고 있는 문장이 있고 경기자는 블랭크를 단어로 대체하여 우스꽝스럽게 읽는 단어 템플릿 게임이다. 이 게임은 파티 게임이나 오락으로 자주 사용된다. 예를 들어서 초창기 책에는 다음과 같은 문장이 제시되었다.

```
"_____________! he said ________ as he jumped into his convertible
   exclamation              adverb

______ and drove off with his __________ wife."
 noun                          adjective
```

하나의 예로 다음과 같은 단어들을 입력할 수 있다.

```
"Ouch! he said stupidly as he jumped into his convertible
cat and drove off with his brave wife."
```

StarLogo TNG

시뮬레이션은 네이버 국어사전에 "복잡한 문제나 사회 현상 따위를 해석하고 해결하기 위하여 실제와 비슷한 모형을 만들어 모의적으로 실험하여 그 특성을 파악하는 일"라고 되어 있다. 복잡한 사회 현상을 모형을 만들어서 실험하려면 복잡한 현상 중에서 우리에게 중요한 것만 추려내어야 한다. 이것이 바로 "추상화"이다.

StarLogo TNG라는 도구를 이용하여 전염병이 퍼지는 시뮬레이션을 수행해보자. StarLogo TNG은 프로그래밍 언어를 이용하지 않고 블록들을 이용하여 게임이나 시뮬레이션을 진행할 수 있다. StarLogo TNG는 학생과 교사가 복잡한 시스템을 이해하기 위한 3D 게임 및 시뮬레이션을 제작할 수 있는 다운로드 가능한 프로그래밍 환경이다. http://education.mit.edu을 방문하여 설치하면 된다.

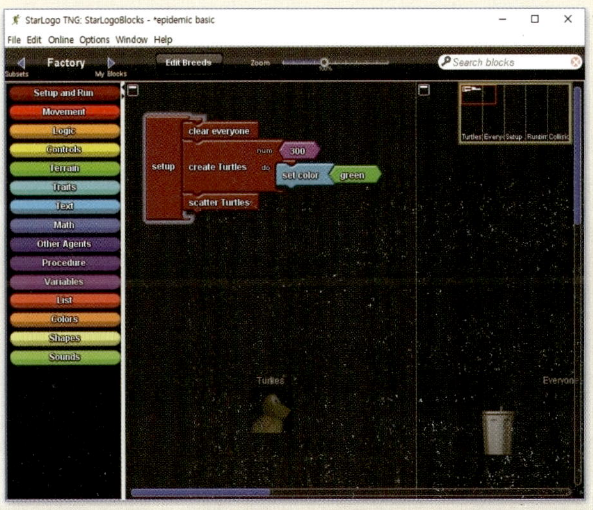

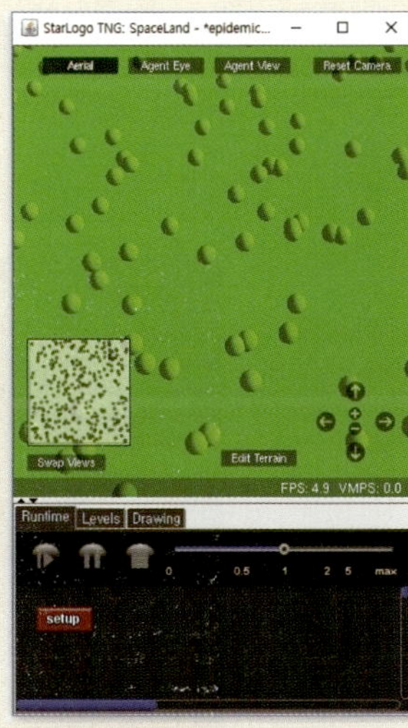

전염병이 퍼지는 시뮬레이션은 http://education.mit.edu/portfolio_page/starlogo-tng/의 튜토리얼 페이지를 참조하여 실습해보자. 예를 들어서 시뮬레이션에서는 사람을 원 모양으로 간략하게 표현하는데 이것이 바로 추상화이다.

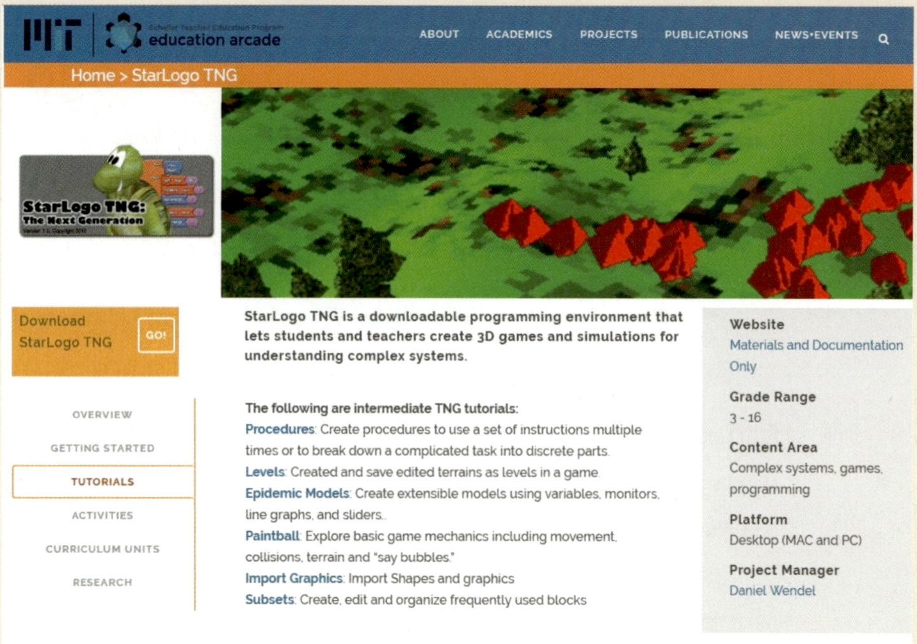

빨간 점이 감염된 사람이다. 이제 사람을 움직이면 어떻게 감염되는지를 시뮬레이션 할 수 있다.

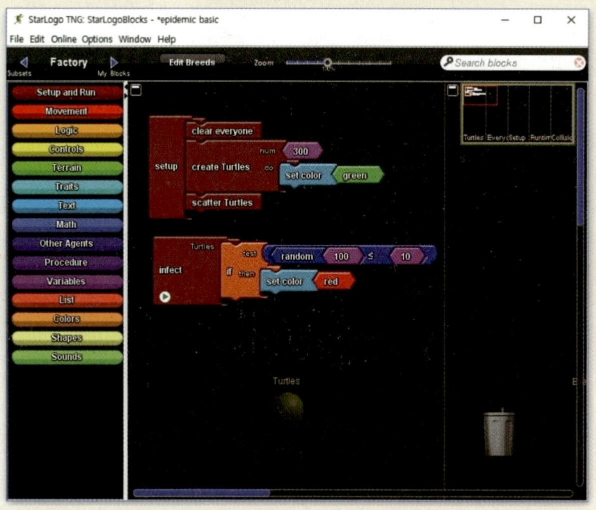

Unplugged Lab

이진수와 컴퓨터

실제로 컴퓨터 안에서도 여러 가지 추상화 계층이 있다고 볼 수 있다. 컴퓨터 네트워킹에서는 다음과 같은 추상화 계층을 사용한다.

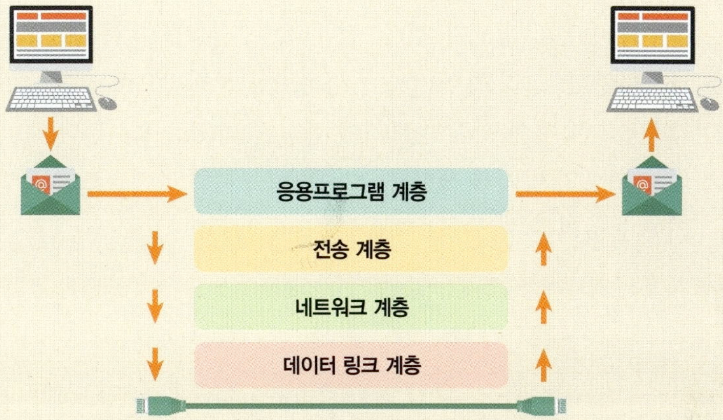

Unplugged **Lab**

컴퓨터에서의 추상화 계층

우리는 3장에서 컴퓨터는 기본적으로 2진수를 사용하여 모든 연산을 한다고 설명한 바 있다. 그러면 인간이 프로그램을 작성할 때도 2진수를 사용해야 하는 것인가? 전혀 그렇지 않다. 컴퓨터는 2진수 위에서 모든 것을 구현하고 있지만 우리는 2진수를 사용할 필요가 없다. 컴퓨터는 2진수를 이용하여 10진수 연산을 우리에게 제공해준다. 그리고 이미지나 사운드가 본질적으로는 2진수로 표현되지만 추상화 계층을 이용하여 사람이 보기에 편한 방법으로 표시된다. 이미지 같으면 숫자가 아니고 픽셀의 밝기나 색상을 이용하여 표시하고 사운드 같으면 소리로 변환하여 우리에게 들려준다.

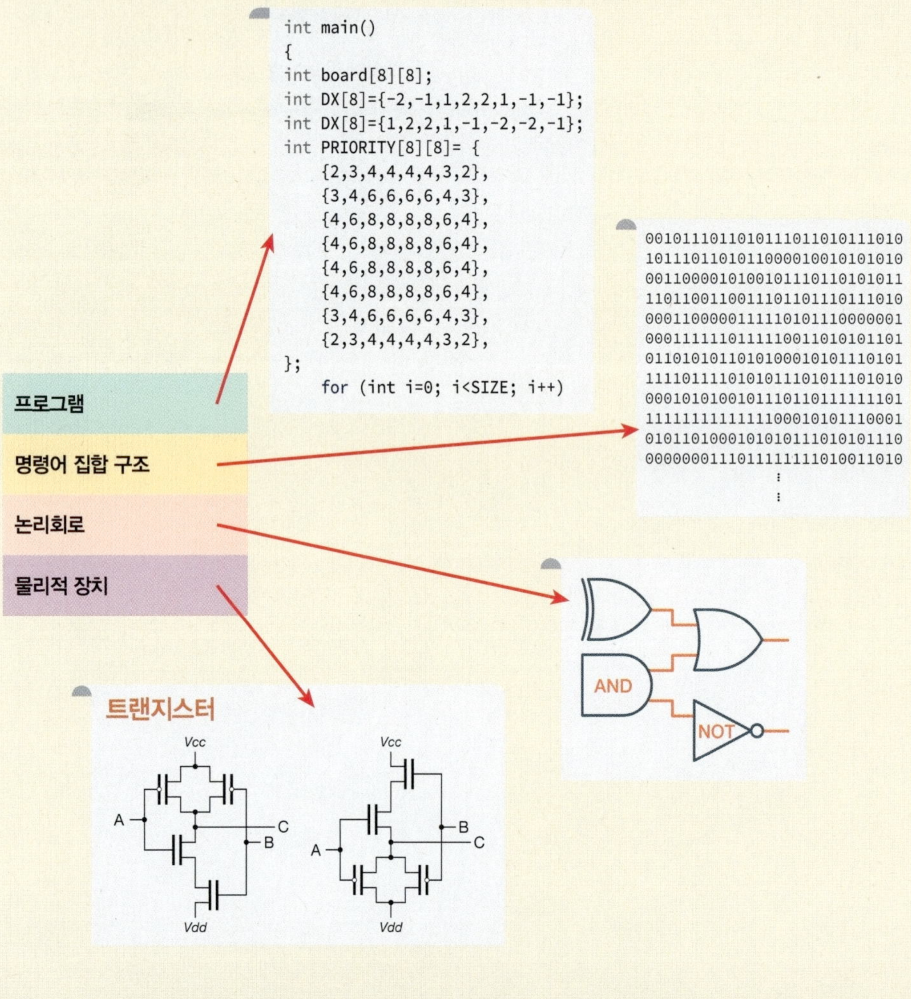

Unplugged
Lab

버스 경로 찾는 작업

예를 들어서 우리가 버스를 타고 A지점에서 B지점으로 가는 경로를 찾는다고 하자. 지도에는 많은 정보들이 표시되어 있는데 여기에는 우리의 문제를 해결하는데 필요 없는 정보도 많다. 예를 들어서 관광객들을 위한 정보들도 필요 없다. 추상화에서는 이러한 불필요한 세부사항을 무시하라고 말한다. 또한 고속도로 정보도 필요 없다. 왜냐하면 우리는 버스를 탈 예정이기 때문이다.

따라서 우리에게 가장 중요한 정보는 어디서 버스를 타고, 어떤 버스를 타며, 어떤 시간에 타야 하는지, 어디서 버스에서 내려야 하는지이다.

그림출처: 네이버

출발지, 버스 시간, 도착지, 버스 번호, 버스 경로 등은 우리의 문제를 해결하는데 중요한 정보이다. 이들 5가지의 정보는 많은 버스 경로를 나타낸다고 할 수 있다. 하나의 추상화된 정보는 유사한 것들을 전부 나타낼 수 있다.

Unplugged **Lab**

지도의 추상화

추상화는 항상 목적을 가지고 만들어진다. 예를 들어서 다음과 같은 추상화된 지도에는 각각의 목적이 있다.

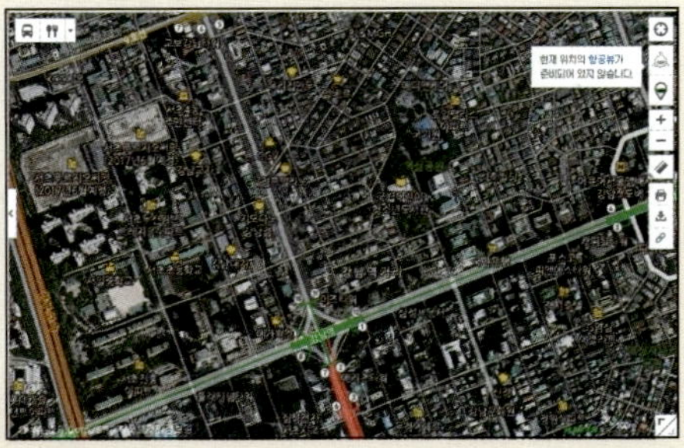

첫 번째 지도는 강남역 인근의 일반적인 지도이다. 두 번째 지도는 교통 상황을 색깔로 표시한 지도이다. 세 번째 지도는 지적편집도를 보여주는 지도이다. 네 번째 지도는 위성이 찍은 지도이다. 모든 지도는 동일한 지역을 보여주고 있지만 각 지도는 추상화를 이용하여서 목적에 맞지 않는 세부 사항을 제거하고 필요한 세부 사항만을 보여주고 있다.

추상화는 핵심적인 정보에만 집중하도록 하여서 복잡한 시스템을 쉽게 이해할 수 있도록 도와준다.

스크래치 실습

이번 장에서는 다음과 같은 사항을 학습해보자.

- 함수 작성
- 매개 변수를 받는 함수 작성
- 순환 함수 작성

04 함수 만들기

스크래치 2.0부터 사용자 정의 블록을 직접 만들 수 있다. 우리가 사용자 정의 블록을 만들면 이들 블록들은 언제든지 필요할 때 사용할 수 있다. 사용자 정의 블록을 프로그래밍 언어에서는 함수(function) 또는 프로시저(procedure)라고 한다. 함수는 입력을 받아서 출력을 만드는 기계로 생각할 수 있다.

함수를 이용하면 컴퓨팅 사고의 중요한 기법인 "분할 정복" 방법을 구현할 수 있다. 즉 프로그램을 하나의 큰 조각으로 만들지 않고 몇 개의 함수를 작성하고 이들을 연결하여서 전체 프로그램을 완성할 수 있다. 함수를 만들어서 사용하면 프로그램 작성이 쉬워지며 테스트 및 디버그도 용이하다. 이번 장에서는 다음과 같은 방법을 배우게 된다.

- 스크래치 3의 "나만의 블록" 기능 사용
- 구조화된 프로그래밍 기술 사용

스크래치 3의 "나만의 블록" 기능을 사용하여 규모가 큰 프로그램을 작고 관리하기 쉬운 함수들로 구성하는 방법에 대해 설명한다. 함수는 특정 기능을 수행하는 일련의 명령어들을 모아 놓은 것이다. 예를 들어, 스프라이트가 화면에 그림을 그리고, 복잡한 계산을 수행하고, 사용자 입력을 처리하는 함수를 만들 수 있다. 함수가 일단 생성되면 이들은 유용한 응용 프로그램을 구성하기 위한 구성 요소로 사용될 수 있다.

구조화 프로그래밍(분할 정복 기법)

이 시점까지 작성한 스크립트는 비교적 짧고 간단하다. 하지만 수백 개의 블록이 포함된 더 길고 복잡한 스크립트는 작성하고 이를 이해하고 유지 관리하는 것이 큰 과제가 된다. 구조화 프로그래밍으로 알려진 접근법은 1960년대 중반에 컴퓨터 프로그램의 작성, 이해 및 유지 관리 프로세스를 단순화하기 위해 개발되었다. 하나의 커다란 프로그램을 작성하는 대신에, 이 접근법은 프로그램을 더 작은 조각들로 나누는 것을 요구하며, 각각은 전체 작업의 한 부분을 해결한다.

예를 들어 케이크를 굽는 과정을 생각해보자. 베이킹할 때 세부 단계에 대해 생각하지 않을 수도 있지만, 필요한 단계를 나열한 정확한 레시피에 따른다. 조리법에는 ❶ 계란 4개, 밀가루 2온스, 물 1컵을 혼합하는 단계, ❷ 혼합물을 냄비에 넣는다, ❸ 팬을 오븐에 넣는다, ❹ 350°F에서 1시간 동안 굽는다. 본질적으로, 조리법은 케이크를 베이킹하는 문제를 논리적인 단계로 구분한다.

예제: 피자 만들기

예를 들어서 피자를 만드는 문제를 생각해보자. 피자를 만드는 문제는 다음과 같이 5개의 부분 문제로 나눌 수 있다.

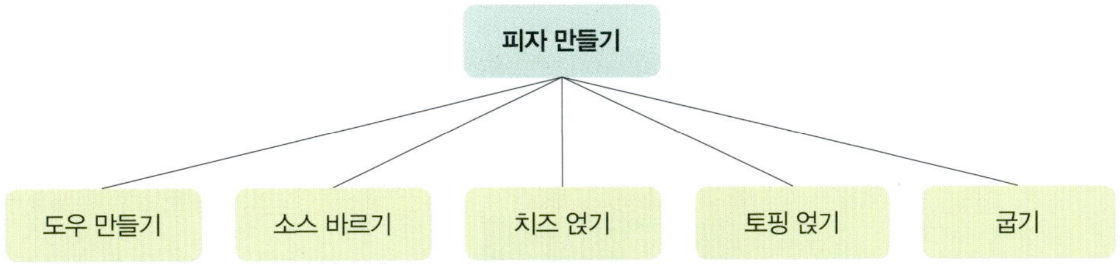

문제를 나눈 후에 부분 문제를 개별적으로 해결하여 본 문제를 해결하면 된다.

함수 사용 예제

삼각형과 사각형을 이용하여 집을 그리는 프로그램을 작성하면서 함수를 작성해보자. 우선 함수를 사용하지 않는 버전을 만들어 보자. 먼저 화면을 지우고 집의 몸체에 해당하는 사각형을 그린다. 이어서 지붕에 해당하는 삼각형을 그린다.

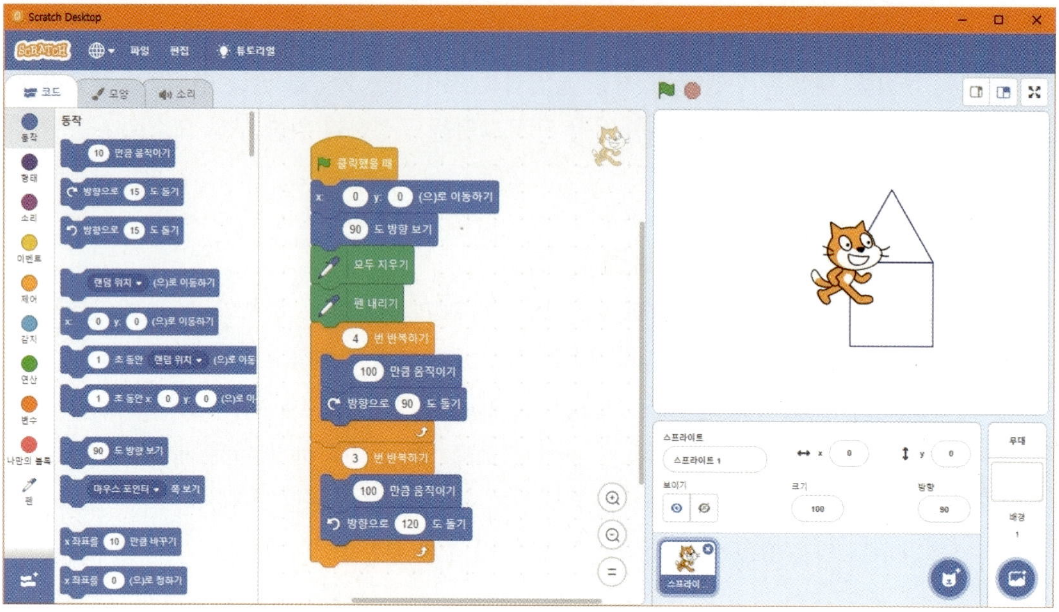

위의 스크립트를 분석해보자.

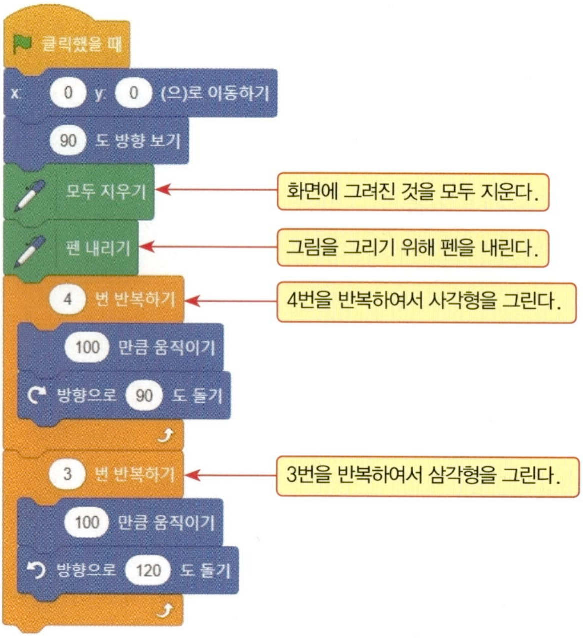

위의 스크립트는 기능별로 더 작은 논리적 블록으로 나눌 수 있다. 처음 4개 블록은 스프라이트를 초기화하고 펜을 사용가능하게 한다. 이어서 반복 블록은 사각형을 화면에 그리고, 다음 반복 블록은 삼각형을 그린다. 구조화된 프로그래밍 방식을 사용하면 관련된 블록을 특정한 이름으로 그룹화하여 함수로 작성할 수 있다. 예를 들어서 함수를 사용하면 다음과 같이 블록을 간소화하면서 추상화할 수 있다.

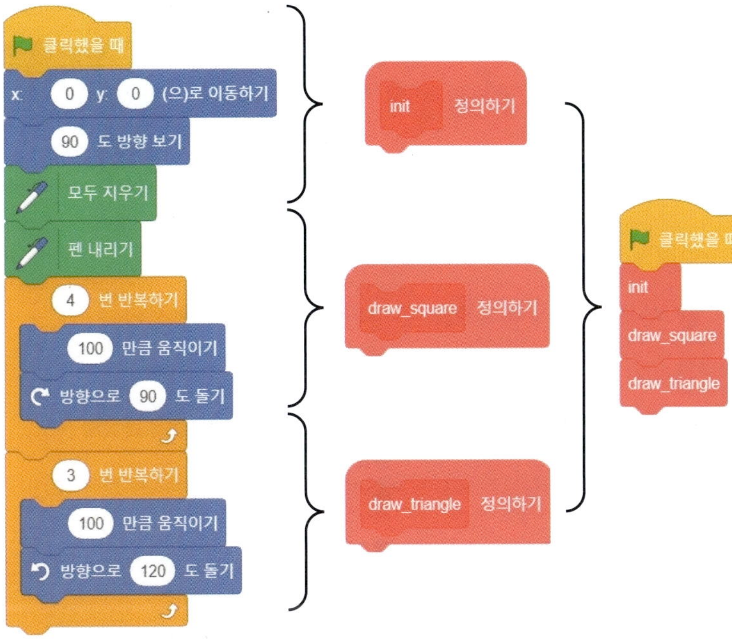

함수를 정의하고 사용하는 절차를 자세히 살펴보자.

❶ "나만의 블록" 카테고리를 열어서 "블록만들기"를 클릭한다. 아래와 같은 대화상자가 나타난다. 블록 이름에 "`init`"를 입력한다. "확인"을 누른다.

❷ "확인" 버튼을 누르면 "나만의 블록" 팔레트에 `init`라는 새로운 함수 블록이 나타나야 하며 아래와 같이 "`init` 정의하기"가 스크립트 영역에 나타나야 한다.

아래 그림과 초기화에 관련된 블록들을 복사하여 init 블록에 붙인다.

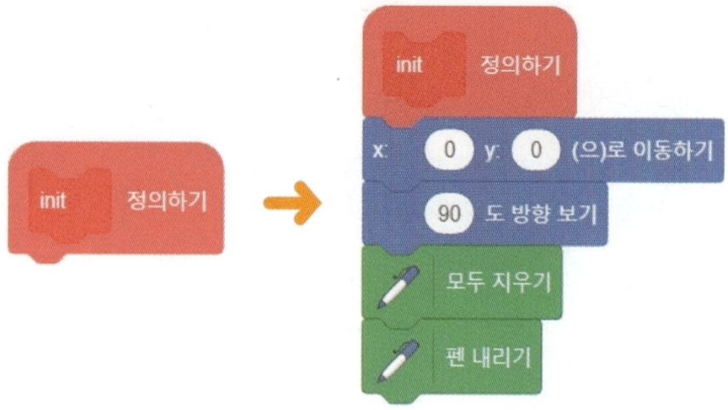

❸ 사용자 정의 블록으로 구현된 init 블록이 생성된다.

❹ 이제 init 블록을 만들었으므로 init 블록을 호출하면 된다. 아래 그림과 같이 초기화하는 블록들을 삭제하고 init 블록을 끼워 넣는다.

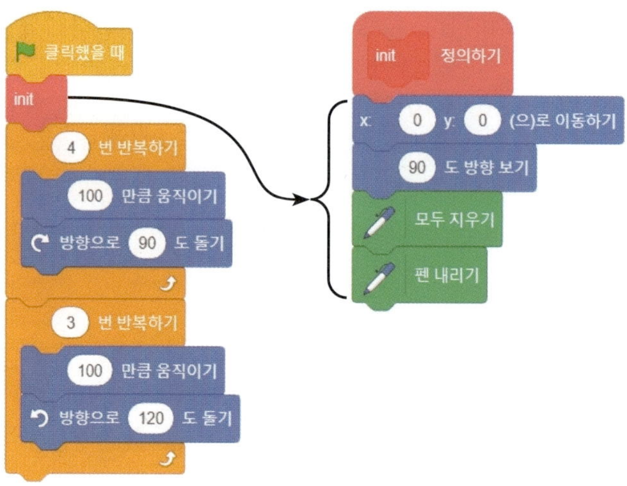

❺ 이제 프로그램이 완료되었으며 테스트할 수 있다. 녹색 깃발을 클릭하여 프로그램이 이전과 같이 작동하는지 확인한다. 이제 사용자 정의 블록의 기본 사항을 알았으므로 입력을 받을 수 있는 블록을 만들어 한 단계 앞으로 나가보자.

매개 변수를 받는 사용자 정의 블록

이번에는 한 변이 100인 삼각형을 그리는 블록을 생성해 보자. 이 블록을 이용하면 언제든지 한 변이 100인 삼각형은 그릴 수 있다.

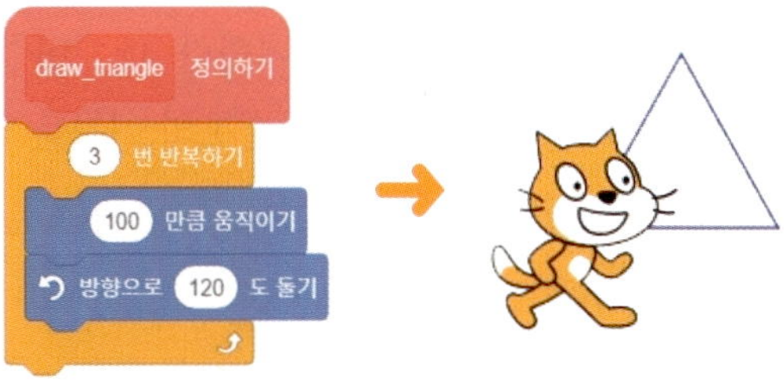

하지만 삼각형 크기가 100으로 고정되어 있기 때문에 이 블록은 일반적이지 못하다. 30, 200과 같이 서로 다른 길이의 삼각형을 그리려면 어떻게 해야 할까? `draw_triangle30`, `draw_triangle200`과 같은 이름의 사용자 정의 블록을 여러 개 정의할 수 있지만 동일한 기능의 블록을 여러 개 작성하는 것은 좋지 않다. 우선 스크립트가 너무 복잡해진다. 또 블록을 변경해야 하는 이유가 발생하면 모든 블록들을 추적해서 변경해야 한다. 더 좋은 해결책은 사용자가 호출할 때 변의 길이를 전달할 수 있는 단일 `draw_triangle` 블록을 만드는 것이다.

우리가 생각해보면 스크래치에서 기본으로 제공하는 블록들은 모두 외부에서 어떤 숫자나 문자열을 받는다. 예를 들어서 "10만큼 움직이기" 블록은 외부에서 거리 10을 입력받는다. 스크래치는 하나의 이동 블록만을 제공하지만 우리가 이 블록을 사용할 때 원하는 숫자를 입력하여 이동할 단계 수를 지정할 수 있었다.

사용자 정의 블록에서도 사용자가 변의 길이를 입력 할 수 있는 매개 변수 슬롯을 추가할 수 있다. 다음 그림은 `draw_triangle` 블록을 수정하는 방법을 보여준다.

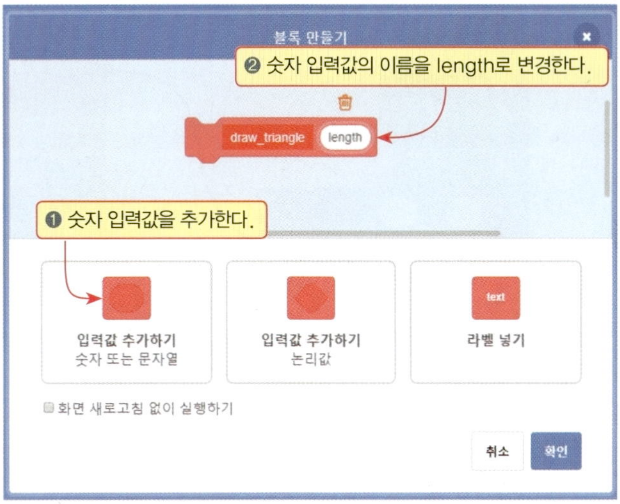

먼저, "나만의 블록" 팔레트에서 "블록 만들기"를 누르고 위의 그림과 같은 대화 상자에서 블록의 이름을 `draw_triangle`으로 한 후에 "입력값 추가하기"를 누른다. 우리는 `draw_triangle` 블록이 원하는 사각형 변의 길이를 받아들이기를 원한다. 따라서 "숫자 입력값 추가"를 클릭하여 블록에 숫자 슬롯을 추가한다. 스크래치는 `draw_triangle` 블록에 입력값 슬롯을 추가한다. 매개변수의 이름을 의미 있는 이름으로 변경하는 것이 좋다. 따라서 입력값 슬롯의 이름을 `length`로 변경한다.

이제는 `draw_triangle` 블록을 정의한다. 매개변수 `length`를 "100만큼 움직이기" 블록의 100자리로 마우스로 드래그한다.

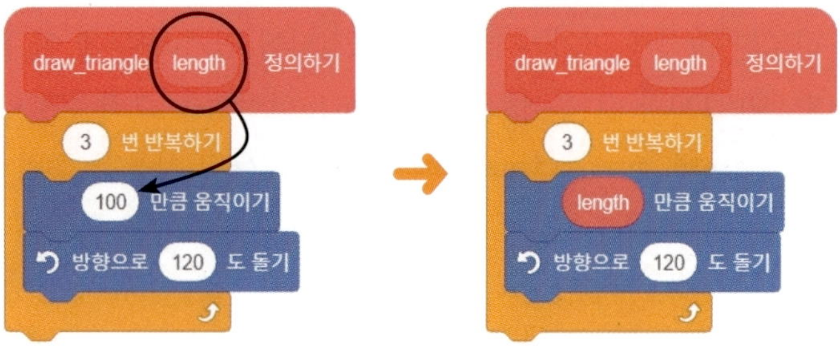

`draw_triangle` 블록에서 `length`를 함수의 매개 변수(parameter)라고 한다. 매개 변수는 이름이 붙여진 슬롯이라고 생각할 수 있다. 우리는 `draw_triangle` 함수가 모든 크기의 삼각형을 그릴 수 있기를 원했기 때문에 함수 내에 고정된 숫자를 하드코딩하는 대신에 숫자 매개변수를 사용하였다.

자 이제부터는 이 `draw_triangle` 블록을 어떻게 사용하는지를 알아보자. 사용자는 `draw_triangle` 블록을 호출할 때 정확한 값을 지정한다. 예를 들어서 다음 그림과 같이 사용할 수 있다.

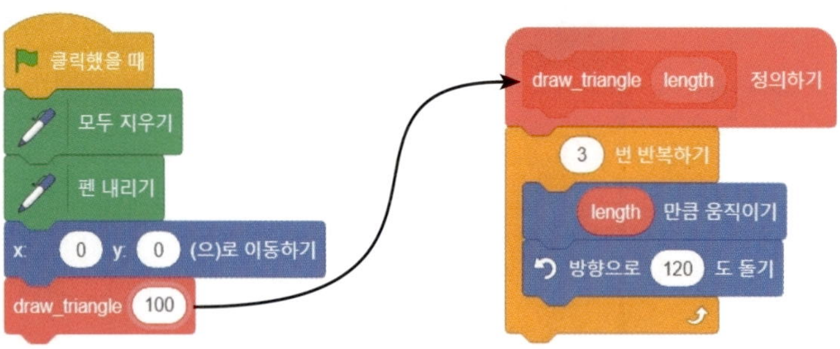

`draw_triangle` 블록을 호출할 때, 우리는 숫자 100을 `draw_triangle` 블록에 전달한다. 여기서 100을 인수(argument)라고 한다. `draw_triangle` 블록을 실행 하면 `length` 매개 변수가 100으로 설정되고 이 값은 `draw_triangle` 블록 내부에서 사용

된다. 함수를 호출할 때 다양한 인수를 사용하는 것은 프로그램에 많은 유연성을 제공하는 강력한 기능이다.

실습

1. draw_triangle 블록에 색상을 나타내는 두 번째 매개변수인 color를 만들어보자. 사용자가 삼각형을 그릴 때, 삼각형의 색상도 지정할 수 있도록 하라.

실습

1. 두 숫자의 평균을 계산하여 화면에 표시하는 블록 average를 작성해보자. 매개변수로 num1과 num2를 가지고 있다.

집 그리기 예제

앞에서 정의한 사용자 정의 블록과 `draw_rectangle` 블록을 작성하여서 집을 그려보자. 먼저 `draw_rectangle` 블록은 다음과 같이 작성할 수 있다.

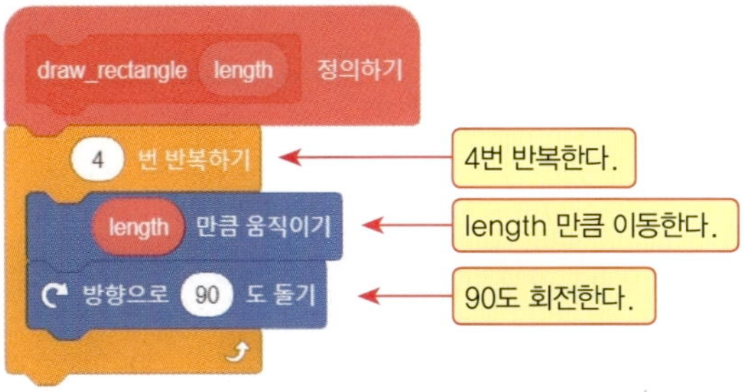

이제까지 작성한 사용자 정의 블록을 사용하여 집을 그리는 스크립트를 완성해 보자.

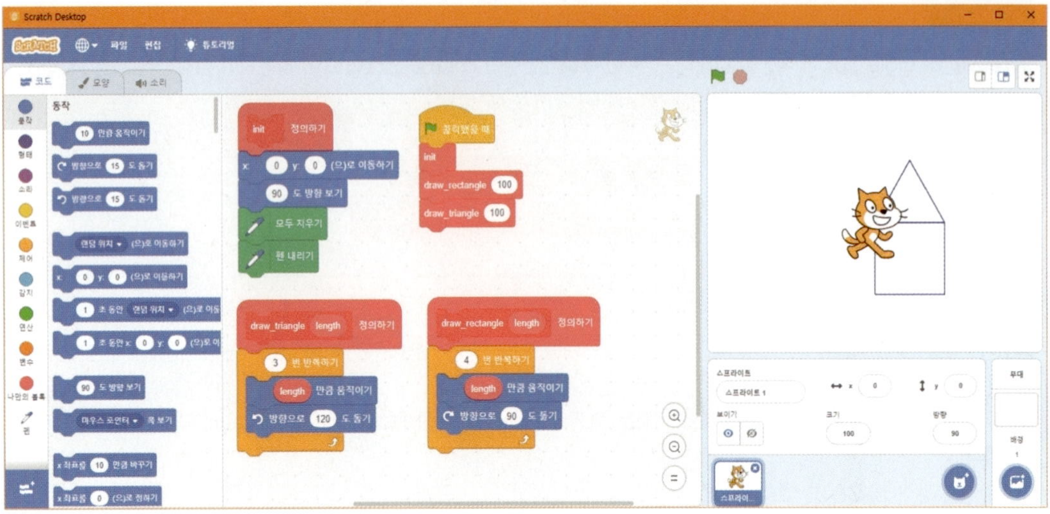

녹색 깃발이 클릭되면 사용자 정의 블록 3개(`init`, `draw_triangle`, `draw_rectangle`)를 호출해준다.

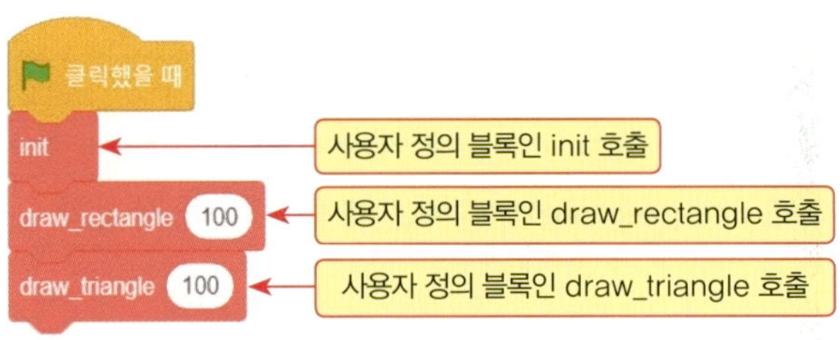

`init` 블록은 초기화를 담당한다.

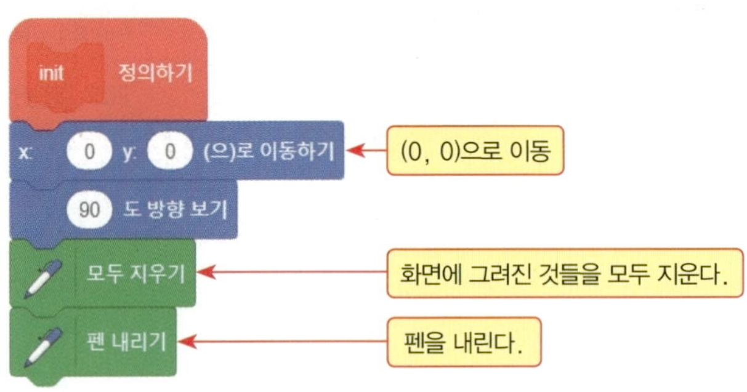

`draw_triangle` 블록과 `draw_rectangle` 블록은 앞에서 설명한 대로 집의 몸체와 지붕을 그리고 있다.

실습

1. draw_triangle 블록과 draw_rectangle 블록을 여러 번 호출하여서 집을 보다 정교하게 그려보자. 하나의 예는 다음과 같다.

05 함수 안에서 함수 호출하기

스크래치 실습

앞에서 설명한 함수(사용자 정의 블록)는 잘 정의된 단일 작업만을 수행하도록 설계되어야 한다. 우리가 여러 가지 작업을 수행하려면 하나의 함수에서 다른 함수를 호출하는 경우도 많다. 이것은 매우 합법적이며 많은 경우에 바람직하다. 이런 식으로 함수 호출을 중첩하면 프로그램에 큰 유연성을 제공한다.

앞에서 정의한 `draw_rectangle` 블록을 이용하여서 다음과 같이 회전된 사각형을 여러 개 그리는 스크립트를 작성해보자.

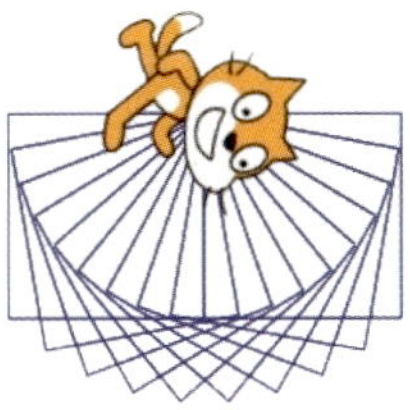

사용자 정의 블록인 `draw_rects`를 새롭게 작성한다.

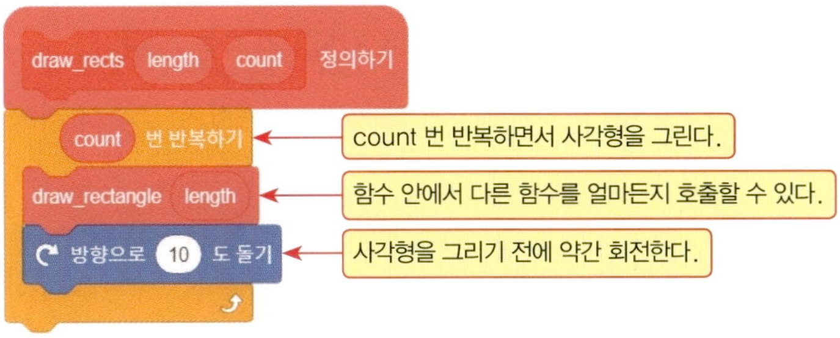

녹색 깃발이 클릭되면 `draw_rects` 블록을 호출하면 된다.

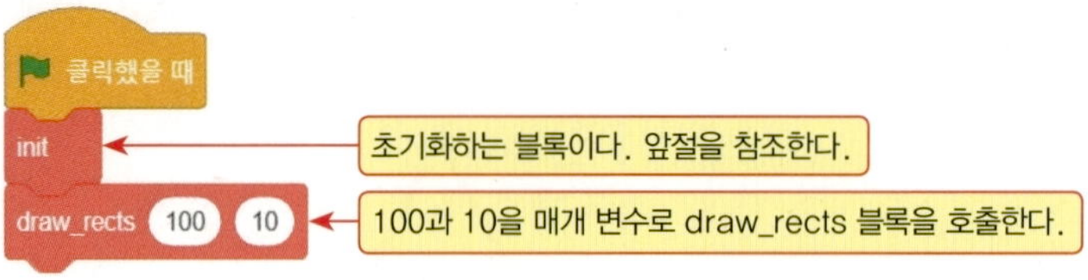

실습

1. draw_rect 블록에서 무조건 10도만 회전하였다. 이것을 (360/count) 만큼 회전하면서 사각형을 그리도록 수정해 보자. 어떤 결과가 얻어지는가?

06 순환 호출

스크래치 실습

순환(recursion) 또는 재귀는 함수가 자기 자신을 호출하는 기법이다. 순환은 매우 다양하게 사용할 수 있는 기법이다. 순환을 이용하면 복잡한 자료를 방문하거나 환상적인 프랙탈 그래픽을 생성할 수도 있다. 우리는 순환을 이용하여 나무 모양을 그려보자.

프랙탈(fractal)은 일부가 전체와 비슷한 형태로 무한히 되풀이되는 기하학적인 형태를 말한다. 이것을 자기 유사성(self-similarity)이라고도 한다. 만델브로트(Mandelbrot)가 처음으로 쓴 단어로, 해안선이나 나뭇가지와 같이 자연물, 수학적인 분석, 운동 모형에서도 많이 발견된다. 프랙탈을 이용하면 불규칙해보이는 그림을 질서정연한 규칙을 사용하여서 그릴 수 있다.

예를 들어서 나뭇가지는 다음과 같은 규칙을 순환적으로 적용하여서 그릴 수 있다.

❶ 직선을 그린다.

❷ 직선의 끝에서 특정한 각도로 2개의 가지를 그린다.

❸ 충분한 나뭇가지가 생성될 때까지 각 가지의 끝에서 과정 ❷를 되풀이 한다.

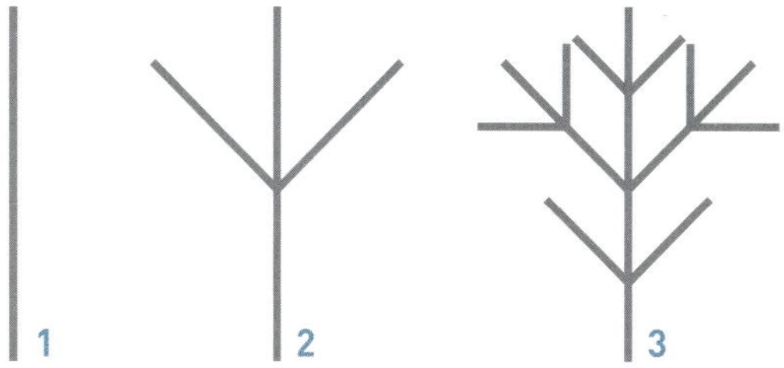

일단 고양이한테 펜을 부착하고 움직이도록 하자. 나무 모양을 그리는 블록을 draw_tree라고 하고 다음과 같이 정의한다.

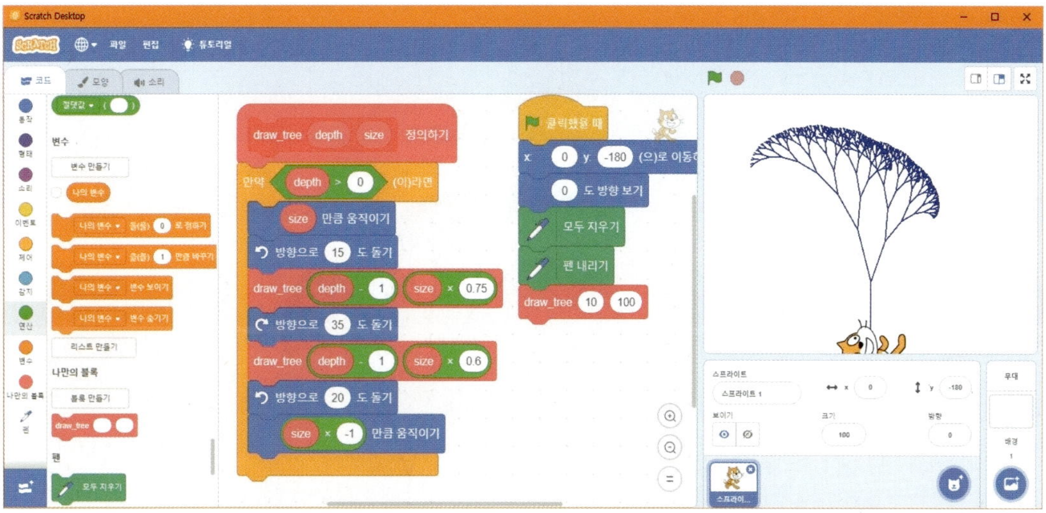

사용자 정의 블록 draw_tree를 다음과 같이 정의한다.

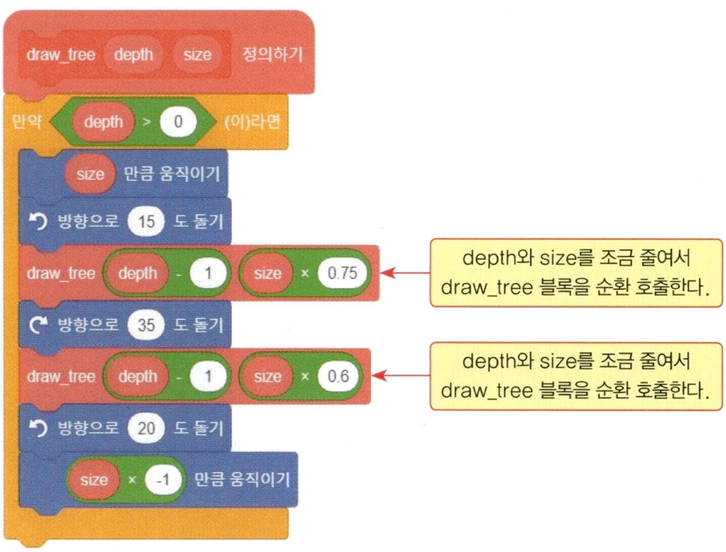

위의 draw_tree 블록을 다음과 같이 호출해준다.

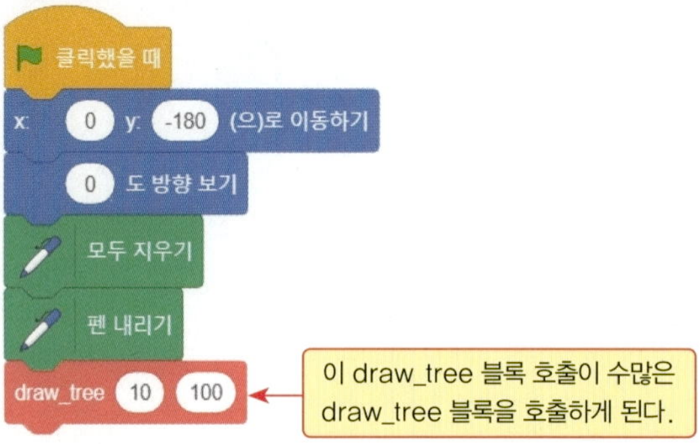

다음과 같은 그림이 화면에 그려진다.

실습

1. draw_tree 블록에서 순환 호출하기 전에 약간 회전하게 된다. 회전하는 각도를 변경하여서 어떤 역할을 하는지 살펴보자. 또 순환 호출을 할 때 size를 약간 줄이게 되는데 이것을 조절하면서 실행시켜보자. 그림이 어떻게 달라지는가?

07 순환 호출의 예

스크래치 실습

조금 생소한 기법일 수 있지만 실제로 순환 호출은 프로그래밍에서 아주 중요한 위치를 차지하고 있다. 순환은 아주 어려운 문제를 쉽게 바꾸는 마법과도 같은 기법이다. 순환을 사용하면 많은 컴퓨터 분야의 어려운 문제를 단순화할 수 있다.

아주 간단한 예를 들어보자. 우리가 다음과 같은 사용자 정의 블록을 만든다고 하자. 그리고 이 블록을 실행한다면 어떻게 될까?

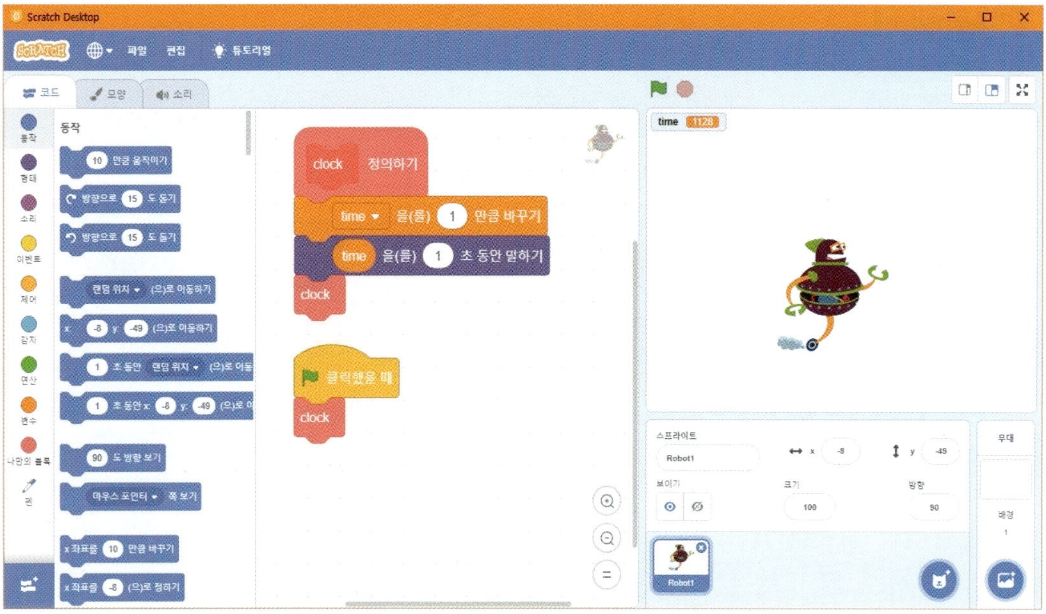

위의 스크립트 중에서 추가 블록에서 정의한 clock 블록을 자세히 보자.

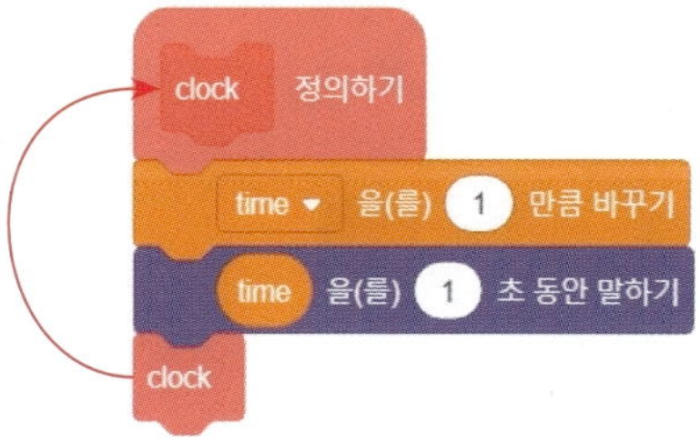

clock 블록에서는 현재의 시간을 나타내는 변수인 time을 1만큼 증가하고 time을 1초 동안 말한다. 그리고 다시 clock 블록을 실행한다. 이렇게 되면 계속 순환적으로 호출이 되어서 전체 스크립트가 종료되지 않는다. 종료하는 단 하나의 방법은 빨간색 중지 아이콘을 클릭하는 것이다. 순환 호출을 이용하면 무한 루프를 사용하지 않아도 영원히 반복할 수 있다.

순환 호출을 이용하여서 겹치는 사각형을 여러 개 그려보자. 사각형의 크기는 점점 커지게 된다.

여기서 핵심적인 코드는 사용자 정의 블록에서 자기 자신을 다시 호출하는 부분이다.

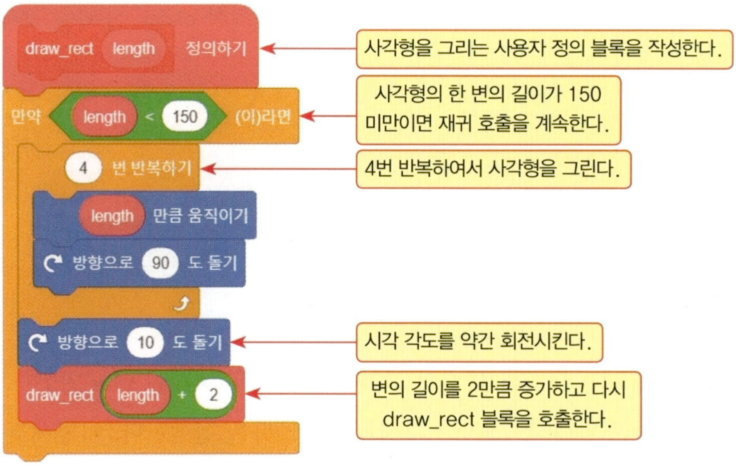

이 블록을 실행하는 스프라이트는 `length`가 150 미만인지를 검사한다. 150 미만이면 사각형을 그린 후에, 스프라이트는 오른쪽으로 10도 회전한다. 이어서 다음 사각형을 그리기 위해 다시 자신을 호출한다. 물론 이것은 반복 루프로도 가능하지만 정말 어려운 문제는 순환 호출로만 풀리는 경우가 많다.

Lab 앵그리 터틀 게임에서의 추상화

게임을 제작할 때도 많은 추상화 기법이 사용된다. 예를 들어서 공을 떨어뜨리는 게임을 생각해보자. 현실 세계에서 공을 위에서 떨어뜨리면 중력, 공기 저항 등의 많은 점을 고려해야 한다. 그러나 공기 저항은 중력에 비하여 상대적으로 작다. 따라서 우리는 컴퓨터 게임을 작성할 때 공기 저항을 무시하고 프로그래밍을 할 수 있는 것이다. 스크래치와 파이썬으로 실습해보자.

여기서 "앵그리 터틀" 게임에서 어떻게 알고리즘을 만들 것인지 고민하여 보자. "앵그리 터틀"에서는 거북이를 발사하여서 초기 속도와 초기 각도에 의하여 비행하다가 목표물에 맞으면 성공이다.

이 게임의 주인공은 날아가는 거북이이다. 따라서 거북이에 대한 많은 변수가 필요하다. 다음과 같은 변수를 선언하였다.

- ballV; - 거북이의 속도이다.
- ballVx; - 거북이의 x 방향 속도이다.
- ballVy; - 거북이의 y 방향 속도이다.
- ballX; - 거북이의 현재 x좌표이다.
- ballY; - 거북이의 현재 y좌표이다.

이 게임은 거북이가 움직인다. 거북이의 움직임을 어떻게 계산하여야 하는가? 모든 게임에는 물리 엔진이 필요하다. 물리 엔진이란 물리학적인 법칙에 따라서 여러 가지 계산을 해주는 라이브러리를 말한다. 우리 게임은 너무 단순해서 이러한 엔진을 사용할 필요가 없다. 여러분도 고등학교 물리 시간에 학습하였듯이 거북이에는 현재 속도가 있고 속도는 x방향 속도와 y방향 속도로 나누어진다.

거북이의 x 방향 속도는 변하지 않는 것으로 가정한다. 물론 실제 상황에서는 공기의 저항을 받겠지만 이것은 무시하도록 하자(추상화). 공의 y 방향 속도는 중력 가속도 때문에 점점 느려질 것이다.

- ballVx; 초기 속도에서 변하지 않는다.
- ballVy; 초기 속도에서 중력 가속도 만큼 점점 느려진다.

포탄 궤적

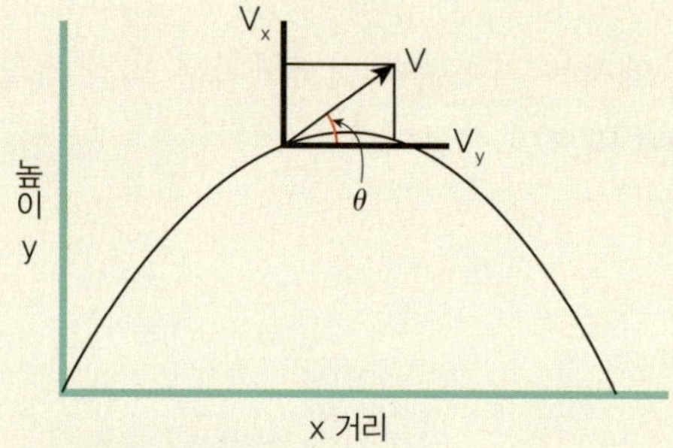

따라서 시간이 흘러가면 ballVy에서 중력 가속도 만큼을 빼주면 된다. 중력 가속도는 원래 9.8m/sec^{2}이지만 게임에서는 단위가 미터가 아니기 때문에 적당한 값을 빼주면서 실험해보면 된다.

```
ballVx = ballVx
ballVy = ballVy - 10        # 중력 가속도을 10이라고 가정한다.
```

거북이의 현재 위치는 어떻게 계산하면 될까? 현재 위치는 이전 위치에 속도*시간을 더하면 된다. 시간이 1초 흘렀다고 가정하면 다음과 같이 단순히 현재 위치에 속도를 더하면 된다.

```
ballX = ballX + ballVx;      # x축 방향으로 1초 동안 공이 움직인 좌표를 계산한다.
ballY = ballY + ballVy;      # y축 방향으로 1초 동안 공이 움직인 좌표를 계산한다.
```

❶ 파일 메뉴의 "새로 만들기"를 선택한다. 고양이 스프라이트를 삭제하고 무대의 배경을 "blue sky"로 설정한다.

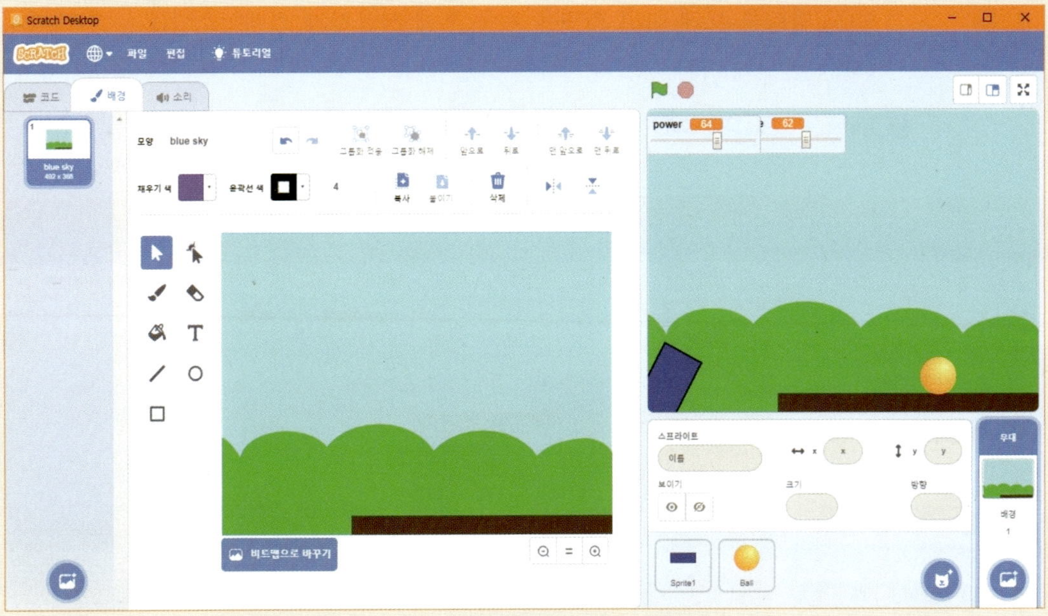

❷ 2개의 스프라이트를 추가한다. 하나는 대포를 나타내는 스프라이트이다. 본 실습에서는 추상화를 적용하여 직사각형으로 대포를 표시한다. 또 하나의 스프라이트는 포탄이다. 이것은 라이브러리에서 "ball" 스프라이트를 가져온다.

❸ 변수 `angle`, `vx`, `vy`, `power`, `angle2`를 생성한다. `angle`은 대포의 각도를 나타낸다. power는 포탄의 세기이다. `vx`와 `vy`는 포탄의 수평속도와 수직속도를 나타낸다.

❹ 대포를 나타내는 스프라이트에 다음과 같은 스크립트를 추가한다.

90도 방향을 보게 하고 화면을 지운 후에 사용자가 스페이스키를 누를 때까지 angle 변수에 따라 대포의 각도를 조절한다.

❺ 포탄을 나타내는 스프라이트에 다음과 같은 스크립트를 추가한다.

녹색 깃발이 눌려지면 포탄은 초기 위치인 (−220, −160)으로 이동한다. 수직 속도와 수평 속도를 power와 angle로부터 계산한다. 펜을 내리고 땅에 닿기 전까지 x 좌표와 y 좌표 값을 변경한다. 한 번에 시간은 0.05초가 흐른 것으로 생각한다. 수직 속도에서 중력 가속도 만큼을 빼준다. 따라서 시간이 흐름에 따라 수직 속도는 점점 음수가 된다.

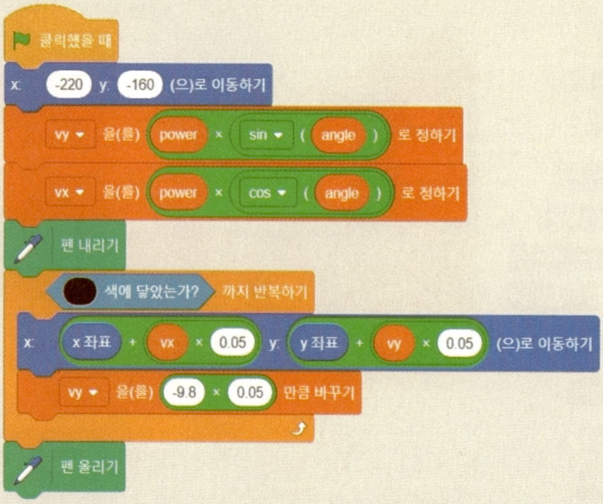

❻ 녹색 깃발을 누르면 각도와 세기를 조절한 후에 스페이스키를 누른다.

도전문제

1. 위의 게임에서 바람의 영향을 추가해보자. 바람의 속도를 나타내는 변수 wind를 추가한다. wind의 세기에 따라서 거북이의 수평방향 속도가 느려진다.

Lab | 목걸이의 비용 계산

문제의 정의

우리가 수작업으로 목걸이를 제작한다고 가정하자. 우리의 목걸이는 진주 원석, 사파이어 원석, 목걸이 줄로 구성된다. 진주 원석과 사파이어 원석은 여러 개를 사용할 수 있다. 목걸이 줄은 1미터 당 1000원이다. 목걸이의 비용을 계산해보자. 이 문제는 그다지 복잡하지는 않지만 복잡한 것처럼 생각하고 다음과 같이 작은 문제들로 분해해보자.

❶ 진주 원석의 총비용을 계산한다.

❷ 사파이어 원석의 총비용을 계산한다.

❸ 목걸이줄의 총비용을 계산한다.

분해된 문제 ❶, ❷, ❸을 관찰해보면 모두(1개의 가격 × 사용된 개수)과 같은 패턴으로 계산하면 된다.

❶ (진주 원석의 가격) × (진주 원석의 수)

❷ (사파이어 원석의 가격) × (사파이어 원석의 수)

❸ (1미터당 목걸이줄의 가격) × (목걸이줄의 길이)

각 문제의 해답을 찾는 작업은 동일하다. 각 하위 문제는 각 재료의 개수를 결정하여 재료의 비용을 계산한다. 우리는 하위 문제를 함수로 작성하여 재사용할 수 있다.

변수 정의

변수	설명
cost	각 부품의 가격
count	각 부품의 개수
total_cost	전체 가격

스크립트 작성

사용자에게 보석의 개수와 개당 가격을 질문하여서 부품 가격을 계산한다. 부품 가격을 전체 가격에 더한다.

claculate 블록을 다음과 같이 정의하여 사용한다. 블록은 외부로부터 숫자를 받을 수 있다. 예를 들어서 다음과 같이 "calculate" 블록을 정의해보자.

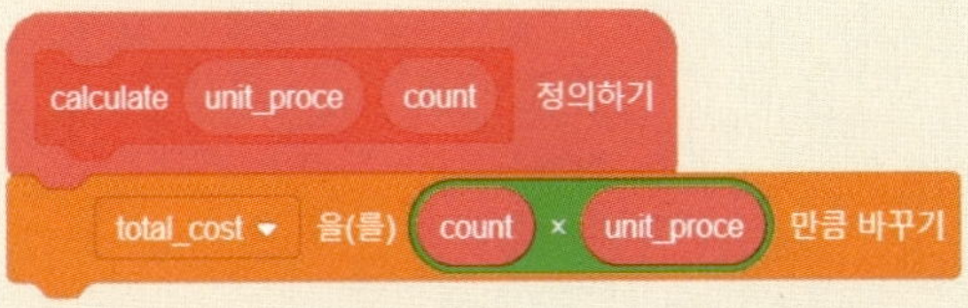

고양이 스프라이트에 다음과 같은 스크립트를 추가한다. calculate 블록을 사용하고 있다.

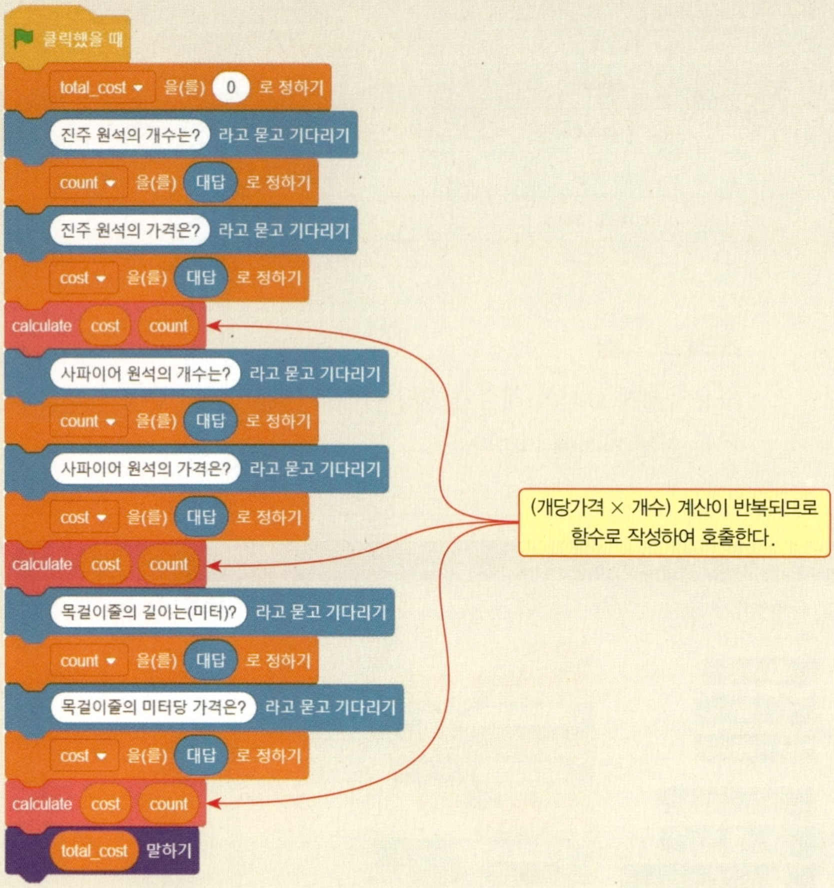

도전문제

1. 우리는 6장에서 "컴퓨터 조립 비용 계산하기"라는 실습을 수행한 바 있다. 이 실습도 함수를 이용하여 다시 작성해 보자.

CHAPTER 09

알고리즘 I

이론편: 알고리즘의 기초
실습편: 알고리즘 작성

이번 장에서는 다음과 같은 내용을 학습합니다.

- 알고리즘의 개념을 간단히 소개한다.
- 여러 가지 문제에 대한 알고리즘을 살펴본다.

필수이론

알고리즘이란 무엇인가? 01

알고리즘의 기술 02

의사 코드 03

3가지의 제어구조 04

스크래치 실습

필수이론

COMPUTATIONAL THINKING

01 필수 이론 알고리즘이란 무엇인가?

알고리즘(algorithm)은 컴퓨팅 사고의 4가지의 토대 중 하나이다. 알고리즘(algorithm)은 문제를 해결하기 위한 단계적인 절차이다. 알고리즘은 사람이 수행하기도 하지만 대부분의 경우, 컴퓨터를 이용하여 문제를 해결하려고 할 때 필요하다. 알고리즘을 프로그래밍 언어로 구현하면 컴퓨터 프로그램이 된다. 컴퓨터를 위한 알고리즘은 명령어들의 순서 있는 집합이라고 할 수 있다.

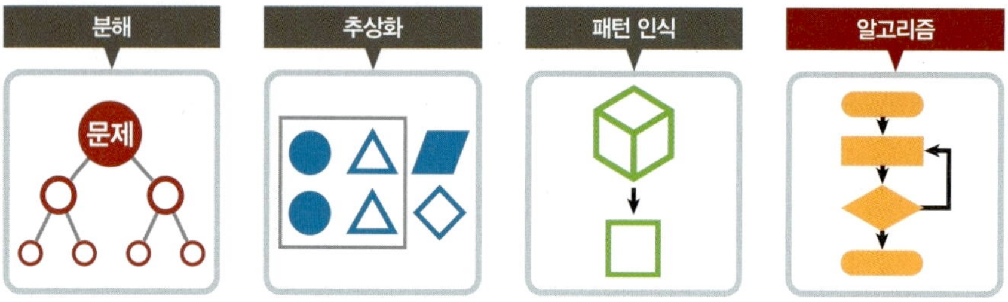

우리는 이미 일상생활에서 알고리즘을 많이 사용하고 있다. 우리가 요리를 만들거나 차를 운전하고 회사에 출근하는 것도 일종의 알고리즘을 따르는 것이다. 알고리즘은 흔히 **요리법**(recipe)에 비유된다. 여러분도 요리법에 따라 요리를 만들어 본 적이 있을 것이다. 예를 들어 빵을 만드는 알고리즘은 다음과 같다.

❶ 빈 그릇을 준비한다.
❷ 이스트를 밀가루, 우유에 넣고 저어준다.
❸ 버터, 설탕, 계란을 추가로 넣고 섞는다.
❹ 따뜻한 곳에 놓아두어 발효시킨다
❺ 170~180도의 오븐에서 굽는다

알고리즘은 요리법과 같다.

빵을 만들 때도 순서가 잘못되면 빵이 만들어지지 않는다. 같은 빵을 만드는 방법도 여러 가지가 존재할 수 있듯이 하나의 문제에 대하여 알고리즘은 여러 개가 존재할 수 있다. 알고리즘에 있어서 가장 중요한 것은 정확성과 효율성이다. 동일한 문제를 해결한다고 하더라도 실행 속도에 차이가 있을 수 있다. 이 경우 가장 효율적인 알고리즘을 선택하는 것이 중요하다.

Note

알고리즘은 페르시아의 수학자인 Al-Khwarizmi의 이름과 "숫자"를 의미하는 그리스 단어 arithmos 의 이름을 따서 명명되었다. "알고리즘"은 1230년에 처음으로 사용되었으며 최근과 같은 의미로 사용된 것은 19세기 후반이다.

알고리즘의 조건

문제를 풀기 위한 단계적인 절차를 알고리즘이라고 하였다. 알고리즘이란 문제가 주어진 상태에서 문제를 해결하는 방법을 사람이나 컴퓨터가 이해할 수 있는 명령어로 정밀하게 기술한 것이다. 따라서 알고리즘은 특정한 일을 수행하는 명령어들의 집합이라고 할 수 있다. 모든 명령어들의 집합이 알고리즘이 되는 것은 아니고 알고리즘이 되기 위한 조건을 만족하는 집합만이 알고리즘으로 정의된다.

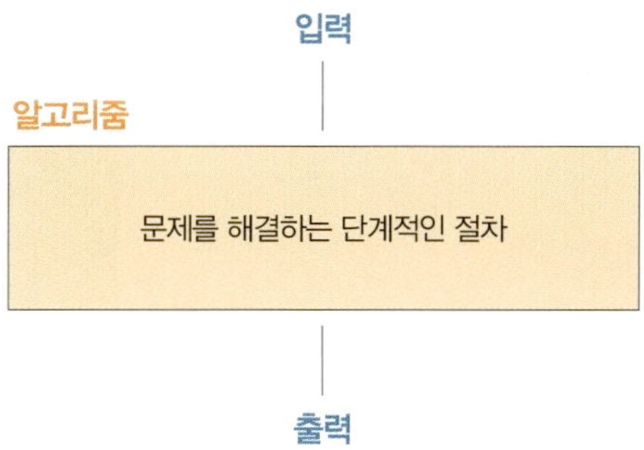

- 입력: 외부에서 제공되는 0개 이상의 입력이 존재하여야 한다.
- 출력: 1개 이상의 출력이 존재하여야 한다.
- 명백성: 각 명령어의 의미는 모호하지 않고 명확해야 한다.
- 유한성: 한정된 수의 명령어가 실행된 후에는 반드시 종료되어야 한다.
- 유효성: 각 명령어들은 실행 가능한 연산이어야 한다.

따라서 알고리즘에는 입력은 없어도 되지만 출력은 반드시 하나 이상 있어야 하고 모호한 방법으로 기술된 명령어들의 집합은 알고리즘이라 할 수 없다. 또한 컴퓨터가 실행할 수 없는 명령어(예를 들면 0으로 나누는 연산)를 사용하면 역시 알고리즘이 아니다. 또한 무한히 반복되는 명령어들의 집합도 알고리즘이 아니다.

알고리즘의 예 #1

우리가 라면을 끓일 때 사용하는 조리법도 알고리즘이라 할 수 있다.

❶ 물 550ml(3컵 정도)에 건더기 스프를 넣고 물을 끓인다.
❷ 면과 분말 스프, 후레이크를 같이 넣고 4분 30초 더 끓인다.
❸ 별첨 스프를 넣고 취향에 따른 토핑을 올려서 먹는다.

알고리즘의 예 #2

우리가 인터넷에서 조립 가구를 사면 상세한 조립 설명서가 포함되어서 배송된다. 가구를 조립하는 설명서도 알고리즘의 일종이라고 할 수 있다. 어린이 장남감인 레고 조립 설명서도 일종의 알고리즘이다.

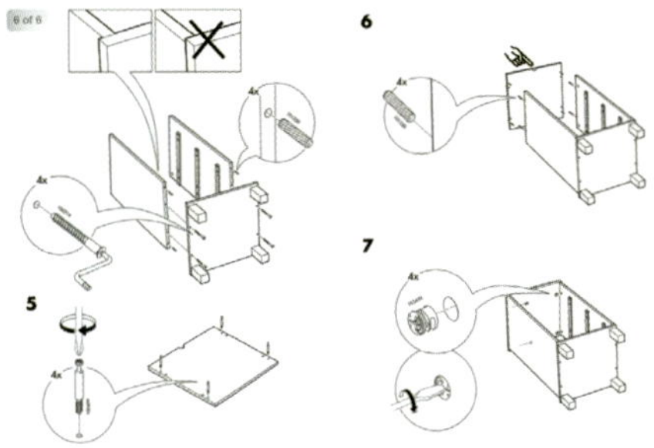

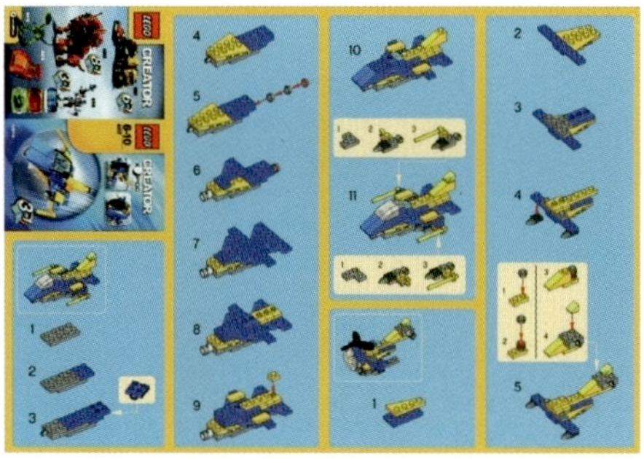

알고리즘의 예 #3

아침에 일어나서 옷을 입는 것도 간단하지만 알고리즘이라고 할 수 있다. 속옷을 먼저 입고 겉옷을 입어야 한다. 만약 반대로 한다면 상당히 우습게 될 것이다. 또 손을 올바르게 씻는 방법도 알고리즘이라 할 수 있다.

알고리즘의 예 #4

자동차를 출발하게 하는 것도 알고리즘이라 할 수 있다.

❶ 안전벨트를 착용한다.
❷ 브레이크 페달을 밟는다.
❸ 시동 스위치를「START」위치까지 돌리고 엔진에 시동이 걸리면 키에서 손을 뗀다.
❹ 자동 변속기를 D 위치로 이동한다.
❺ 주차 브레이크를 푼 다음, 브레이크 페달에서 발을 떼고 가속 페달을 밟아 천천히 출발한다.

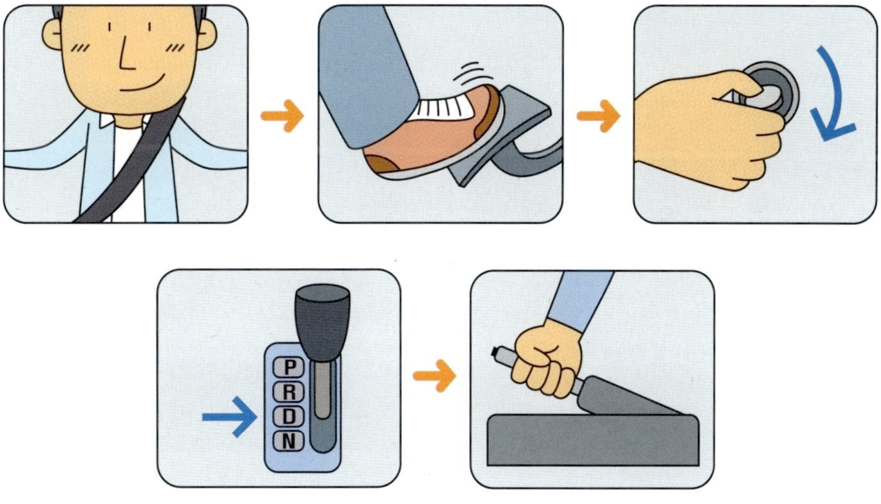

Unplugged **Lab**

수학적인 알고리즘

수학적인 알고리즘을 하나 살펴보자. 1부터 10까지의 합을 구하는 문제를 해결하는 알고리즘을 만들어보자. 다음과 같이 몇 가지의 방법을 생각할 수 있다. 각각의 방법은 하나의 알고리즘이 된다.

❶ 1부터 10까지의 숫자를 직접 하나씩 더한다.

$$1 + 2 + 3 + \cdots + 10 = 55$$

❷ 두수의 합이 10이 되도록 숫자들을 그룹핑하여 그룹의 개수에 10을 곱하고 남은 숫자 5를 더한다.

(0 + 10) = 10
(1 + 9) = 10
(2 + 8) = 10
(3 + 7) = 10
(4 + 6) = 10
5

10 × 5 = 50 + 5 = 55

❸ 공식을 이용하여 계산할 수도 있다.

$$10 \times (1 + 10)/2 = 55$$

앞에서도 이야기 하였지만 동일한 문제를 해결하는 알고리즘도 여러 개가 있을 수 있다. 위의 3개 알고리즘을 효율성으로 판단하면 ❸ → ❷ → ❶ 순이 된다.

Unplugged **Lab**

유클리드 GCD 알고리즘

최대 공약수란 정수들의 공통 약수 중에서 가장 큰 수를 의미한다. 예를 들어서 12와 8의 최대 공약수는 4가 된다. 왜냐하면 4는 12의 약수이면서 동시에 8의 약수이고 공통 약수 중에서 가장 크기 때문이다.

최대 공약수를 구하려면 아무래도 정교한 수학적인 알고리즘이 필요하다. 최대 공약수를 구하는 알고리즘은 기원전 300년 전에 이미 유클리드에 의하여 개발되었다.

❶ 두 수 가운데 큰 수를 x, 작은 수를 y라 한다.
❷ y가 0이면 최대 공약수는 x와 같고 알고리즘을 종료한다.
❸ r ← x % y
❹ x ← y
❺ y ← r
❻ 단계 ❷로 되돌아간다.

위의 알고리즘에서 x%y는 x를 y로 나눈 나머지를 의미한다. 예를 들어서 12와 8의 최대 공약수를 위의 알고리즘에 따라 계산해보면 다음 표와 같다.

단계	x	y
0	12	8
1	8	4
2	4	0

스크래치나 파이썬으로 이 알고리즘을 구현해보자.

Unplugged Lab

이진 탐색 알고리즘

전화번호부에서 홍길동의 전화번호를 찾는 문제를 생각하여 보자. 어떤 알고리즘을 사용해야 하는가?

❶ 전화번호부의 첫 페이지부터 시작하여 한 장씩 넘기면서 홍길동을 찾는 것이다. 이 방법은 엄청난 시간이 걸리는 방법이고 보통 이런 식으로 찾는 사람은 거의 없다.

❷ 전화번호부의 이름들이 정렬되어 있음을 이용하는 방법이다. 전화번호부의 중간 정도를 펼쳐서 거기에 있는 이름들과 홍길동을 비교하여 앞부분으로 가거나 뒷부분으로 간다. 다시 찾아야 할 범위의 중간 부분에 있는 이름과 홍길동을 비교한다. 이러한 과정을 홍길동이란 이름을 찾을 때까지 되풀이 한다.

02 필수 이론 알고리즘의 기술

컴퓨팅 사고의 궁극적인 목적은 어떤 문제를 해결하는 알고리즘을 작성하여 컴퓨터로 자동화하는 것이다. 컴퓨터를 이용하여 알고리즘을 수행하려면 알고리즘이 컴퓨터가 실행할 수 있는 명령어(instruction)들의 집합으로 구성되어야 한다. 우리가 컴퓨터를 사용해서 어떤 문제를 해결하려면 우리는 문제를 해결하는 자세한 절차를 단계별로 컴퓨터에게 알려주는 알고리즘을 작성해야 한다. 이 알고리즘을 프로그래밍 언어로 구현하면 프로그램이 된다.

구체적인 예를 들어보자. 사용자로부터 3개의 정수를 받아서 평균을 계산하는 알고리즘은 아래의 왼쪽 그림과 같이 순서도로 표현할 수 있고, 이러한 알고리즘을 프로그램으로 구현하면 엑셀과 같은 애플리케이션이 된다(물론 한참 기능이 떨어지는). 순서도는 다음에 학습하게 된다.

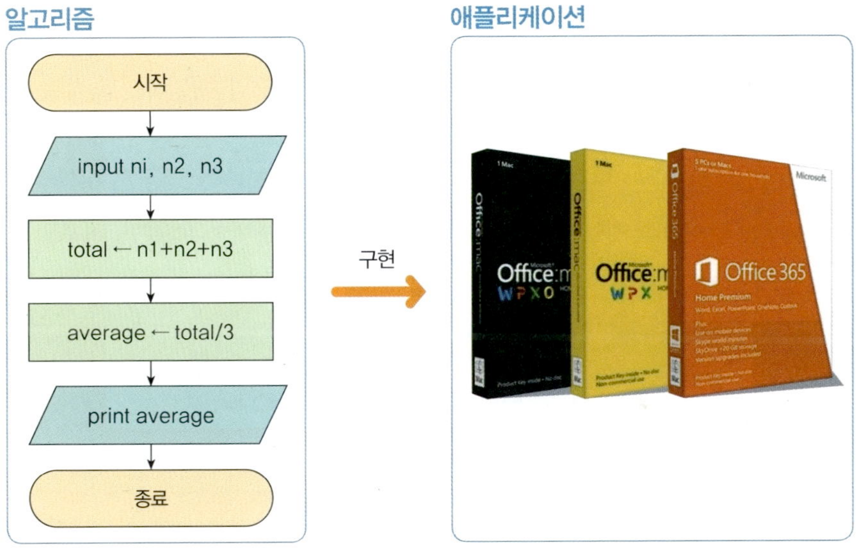

알고리즘의 기술 방법

일반적으로 알고리즘은 컴퓨터 프로그램 작성을 위한 출발점이다. 알고리즘을 기술하는 데는 다음과 같은 2가지의 방법이 있다.

- **순서도**(flowchart): 도형과 화살표를 이용하여 알고리즘을 기술하는 것이다.
- **의사 코드**(pseudo-code): 명령어를 한글이나 영어로 한 줄씩 적는 것이다.

아래 그림은 2차 방정식의 근을 구하는 알고리즘으로 왼쪽이 순서도이며 오른쪽이 의사코드이다.

순서도

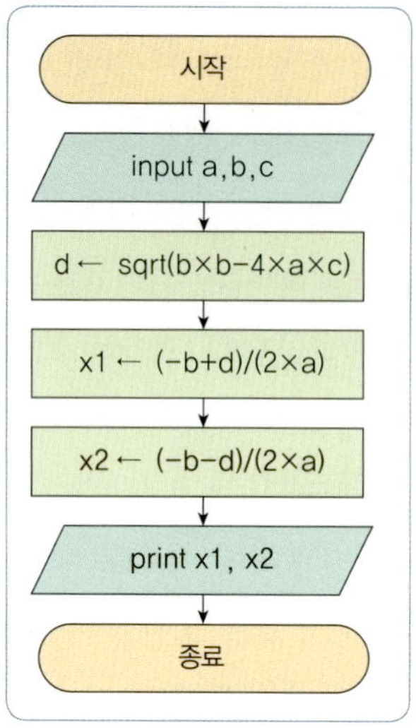

의사코드

- Step 1: input a, b, c
- Step 2: d ← sqrt(b×b−4×a×c)
- Step 3: x1 ← (−b+d)/(2×a)
- Step 4: x2 ← (−b−d)/(2×a)
- Step 5: print x1, x2

순서도

순서도는 플로우차트(flowchart) 또는 흐름도라고 하는 것으로 알고리즘에서의 작업 순서를 그림으로 표현하는 방법이다. 알고리즘을 작성할 때는 순서도를 통해 자신의 논리를 가시화하는 것이 좋다. 순서도는 단순한 기하학적 기호를 사용한다. 즉 처리는 직사각형으로, 판단은 마름모꼴, 입출력 처리는 마름모꼴 기호로 표시한다. 순서도에는 많은 기호가 있으나 우리는 다음과 같은 기호만을 사용해도 충분하다.

기호	의미
	화살표는 알고리즘이 진행하는 방향을 나타낸다.
	수행의 시작(start), 종료(end)
	처리(process)를 나타낸다. 예를 들어서 변수 x에 1을 더하는 연산이 여기에 해당된다.
	판단(decision)을 나타낸다. yes/no 질문이나 true/false 검사가 여기에 해당된다. 일반적으로 이 도형에서 나가는 2개의 화살표가 있다.
	입력(input)이나 출력(output)을 나타낸다. 예를 들어서 사용자로부터 정수를 받아서 변수 x에 저장하는 연산이 여기에 해당된다.

그림 9-1 순서도 작성에 사용되는 기호

학교 홈페이지에 로그인하는 알고리즘을 순서도로 표시해보자.

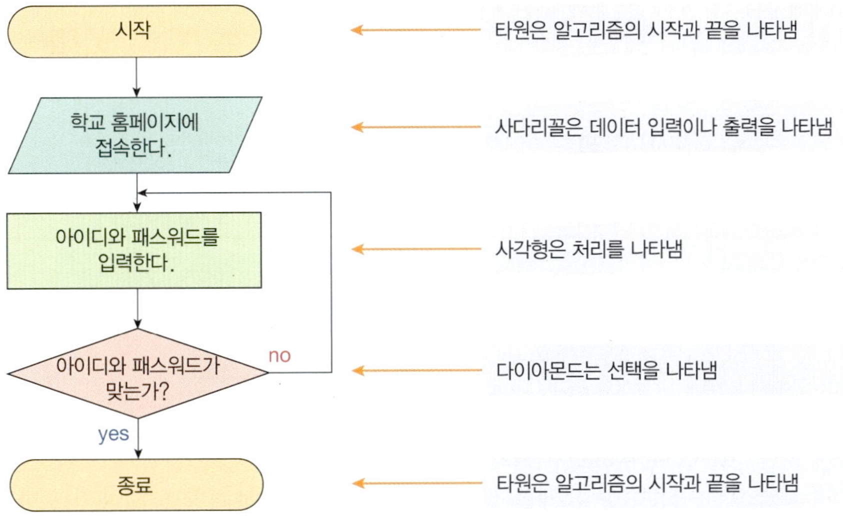

의사 코드

의사 코드(pseudo code)는 자연어보다는 더 체계적이고 프로그래밍 언어보다는 덜 엄격한 언어로서 알고리즘의 표현에 주로 사용되는 코드를 말한다. 의사 코드는 흔히 알고리즘을 기술하는데 선호되는 표기법이다.

알고리즘은 문제를 해결하는 절차이다. 알고리즘은 순서에 따라 실행되어야 하는 단계(step)들로 이루어져 있다. 알고리즘을 기술하는 데는 앞에서 살펴본 순서도를 사용할 수 있다. 하지만 알고리즘이 복잡해지면 그림을 그려서 알고리즘을 나타내는 것도 상당히 번거로워진다. 이러한 경우에는 프로그래밍 언어와 비슷하지만 문법적인 제약이 없는 의사 코드(pseudocode)를 사용하는 것이 좋다. "의사(pseudo)"란 유사하다는 의미이며, 유사 코드라고도 한다.

예를 들어서 학생 10명의 성적을 입력받아서 평균을 계산하는 알고리즘을 의사 코드로 표현하면 다음과 같다. 아직 우리가 학습하지 않은 while 구문을 사용하고 있다.

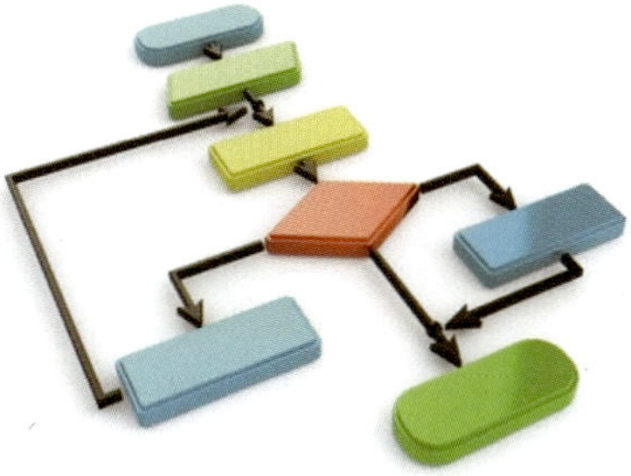

```
total ← 0
counter ← 1
while counter <= 10
        input grade
        grade ← grade + total
        counter ← counter + 1
average ← total / 10
print average
```

의사 코드는 프로그래밍 언어와 유사하지만 프로그래밍 언어의 문법을 사용하지 않으며 간단한 명령어 집합만을 가지고 있다. 의사 코드의 장점은 프로그래밍 언어보다 이해하기 쉽고 알고리즘의 핵심적인 부분을 언어-독립적으로 기술할 수 있다는 점이다.

순서도의 단점

순서도는 입문자들에게 쉽게 알고리즘을 보여주는 훌륭한 도구이지만 다음과 같은 단점도 가지고 있다.

- 한번 작성된 순서도는 변경하기 어렵다.
- 알고리즘이 복잡해지면 기술하기가 힘들어진다.

알고리즘을 컴퓨터로 수행시키려면

알고리즘이란 문제를 해결하는 방법을 정밀하게 컴퓨터가 이해할 수 있는 언어로 기술한 것이다. 따라서 알고리즘은 특정한 일을 수행하는 명령어들의 집합이다. 만약 알고리즘을 인간이 수행한다면 각 명령어들은 인간이 수행 가능한 명령어이어야 한다. 만약 알고리즘을 컴퓨터를 이용하여 수행시키려면 알고리즘에서 사용한 명령어(instruction)들이 컴퓨터에서 수행 가능해야 할 것이다. 알고리즘을 컴퓨터로 수행시키려면 다음과 같은 다음과 같은 조건들을 만족하여야 한다.

- **입력과 출력**: 알고리즘은 입력과 출력을 가져야 한다. 입력이 없을 수는 있지만 출력은 반드시 있어야 한다.
- **명백성**: 각 명령어의 의미는 모호하지 않고 명확해야 한다. 예를 들어서 "큰 수"라고 하면 안 된다. "100보다 크고 200보다 작은 수"라고 하여야 한다. 요리법 알고리즘에서 "우유를 적당히 넣으시오."라고 하면 안 된다. "우유를 100cc 넣으시오"라고 하여야 한다.
- **유한성**: 한정된 수의 단계 후에는 반드시 종료되어야 한다. 종료되지 않고 무한히 반복되는 명령어들의 집합은 알고리즘이 아니다. 일정한 시간이 지나면 종료되어야 한다.
- **유효성**: 각 명령어들은 실행 가능한 연산이어야 한다. 컴퓨터가 실행할 수 없는 명령어(예를 들면 0으로 나누는 연산)를 사용하면 역시 알고리즘이 아니다.

알고리즘의 중요성

인공 지능 컴퓨터가 아니라면 컴퓨터는 주어진 알고리즘만큼만 동작할 수 있다. 우리가 컴퓨터에게 좋지 못한 알고리즘을 주는 경우에는 나쁜 결과를 얻을 수밖에 없다. 컴퓨터가 항상 논리적인 동작만 하는 것은 아니다. 개발자가 논리적이지 않은 알고리즘을 만들어서 프로그램으로 실행하는 경우에는 컴퓨터가 비논리적으로 동작할 수도 있는 것이다. 이때까지 스마트폰이나 가전제품, 자동차가 많은 오류를 일으킨 것을 생각해보라. 알고리즘에 오류가 없어야 컴퓨터 프로그램도 논리적인 오류가 없이 동작하게 된다.

03 필수 이론

의사 코드

변수

인간이 알고리즘을 수행할 때도 노트를 사용하여 현재 값을 적을 수 있다. 컴퓨터도 알고리즘에서 나타나는 값들을 어딘가 적어놓을 수 있어야 한다. 이것을 변수(variable)라고 한다.

변수는 수학에서도 등장하고 경제학에서도 등장한다. 수학에서의 "변수"란 값이 특정지어지지 않아 임의의 값을 가질 수 있는 문자를 뜻한다.

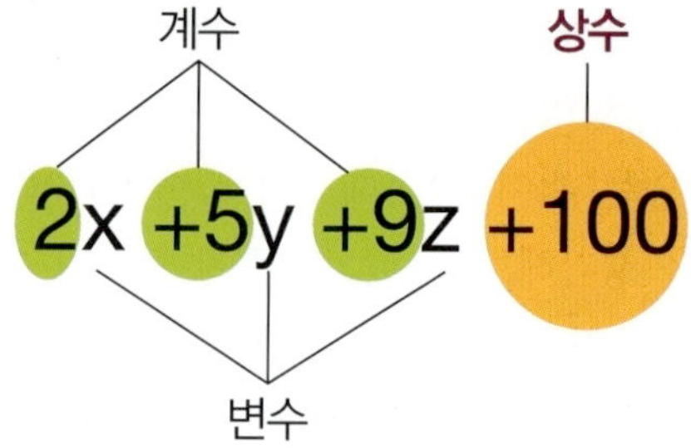

컴퓨터 분야에서도 변수가 등장한다. 컴퓨터에서는 값들이 저장되는 공간을 변수라고 한다. 변수에는 기호로 된 이름이 붙여진다. 변수가 가지고 있는 값은 언제든지 다른 값으로 변경될 수 있다(이런 이유로 변수라는 이름을 붙인 것이다). 변수는 컴퓨터의 메모리 안에 생성된다.

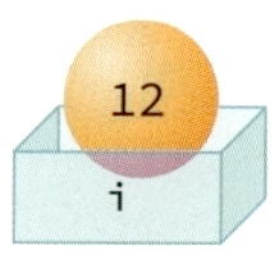

그림 9-2 변수는 데이터를 담아두는 상자와 같다.

변수는 데이터를 담아두는 상자와 같다고 생각할 수 있다. 상자들은 식별을 위하여 이름표를 붙이기도 한다. 변수도 마찬가지여서 변수와 변수를 구별하기 위하여 변수에 이름을 붙여준다. 따라서 상자의 앞면에는 변수의 이름을 표시할 것이다.

컴퓨터 분야에서 "변수"는 수학에서의 "변수"와 직접적으로 일치하지 않을 수 있다. 수학에서의 "변수"의 값은 방정식이나 공식의 일부로만 사용되지만 컴퓨터에서의 변수는 수식을 넘어서 알고리즘에서 사용될 수 있다. 즉 한 곳에서 값을 저장하고 다른 곳에서 사용할 수 있으며, 다시 새로운 값을 저장할 수도 있다. 컴퓨터 분야의 변수는 상당히 긴 이름을 사용하지만 수학의 변수는 간결성을 위해 1~2자 길이의 이름을 갖는다. 그리고 결정적으로 수학에서의 변수는 메모리 공간을 나타내지 않는다.

알고리즘에서 변수 x에 10을 저장하는 명령어는 다음과 같다. ← 기호(연산자)는 왼쪽의 변수에 오른쪽의 값을 저장하는 연산자이다.

$$x \leftarrow 10$$

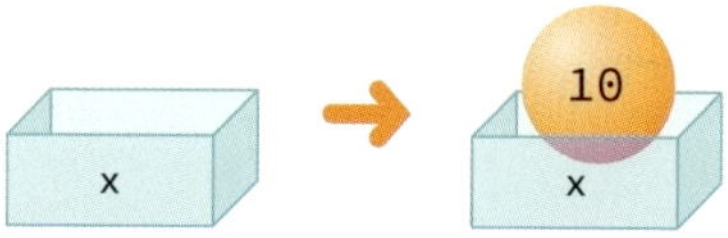

변수 x와 변수 y의 값을 합하여 변수 z에 저장하는 명령어는 다음과 같다.

$$z \leftarrow x + y$$

알고리즘에서는 필요한 만큼의 변수를 생성하여 사용할 수 있다.

연산

컴퓨터는 기본적으로 계산하는 장치이다. 따라서 알고리즘에서 필요하다면 계산할 수 있다. 이때는 다음과 같은 기호를 사용하여서 산술연산을 나타내기로 하자.

표 9-1 산술 연산자

연산자	의미
x + y	x와 y를 더한다
x − y	x에서 y를 뺀다
x * y	x와 y를 곱한다
x / y	x를 y로 나눈다

예를 들어서 알고리즘에서 변수 x에 변수 y를 곱해서 변수 result에 저장하는 명령어는 다음과 같다.

$$x \leftarrow 10$$
$$y \leftarrow 2$$
$$\text{result} \leftarrow x * y$$

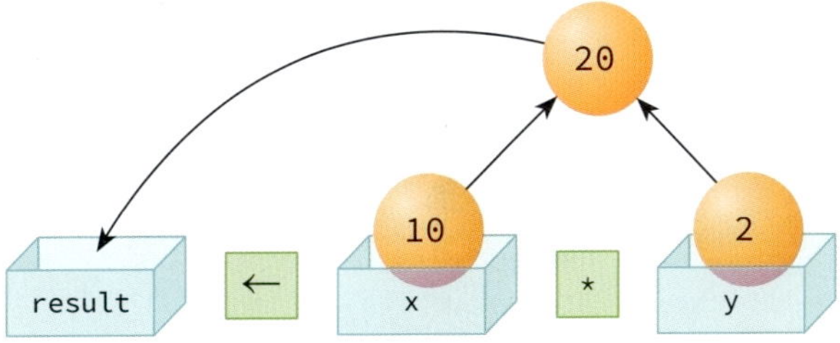

입력과 출력

컴퓨터에서 입력과 출력을 하려면 특별한 명령어가 필요하다. 입력과 출력 명령어는 컴퓨터 기종마다 다르다. 알고리즘에서는 input이나 print와 같은 추상적인 입출력 명령어를 사용한다.

예를 들어서 사용자로부터 값을 받아서 *x*, *y*, *z* 변수에 저장하였다가 1씩 증가한 후에 화면에 출력하는 명령어들은 다음과 같다.

```
print "3개의 값을 입력하시오: "
input x, y, z

x ← x + 1
y ← y + 1
z ← z + 1

print "변경된 값: ", x, y, z
```

만약 위의 알고리즘을 컴퓨터에서 실행한다면 실행 결과는 다음과 같을 것이다.

```
3개의 값을 입력하시오: 1 2 3
변경된 값: 2 3 4
```

적절한 변수 이름 짓기

변수의 이름을 지을 때는 상당히 신중하여야 한다. 변수는 반드시 이름이 있어야 한다. 변수의 이름은 프로그래머가 마음대로 지을 수 있지만 몇 가지의 규칙을 지켜야 한다. 변수의 이름은 식별자의 일종이다. 식별자(identifier)란 변수 이름 등에 사용되어서 다른 것들과 식별할 수 있게 해주는 것이다. "홍길동", "김철수" 등의 이름이 사람을 식별하듯이 식별자는 변수와 변수들을 식별하는 역할을 한다.

변수의 이름을 짓는 것은 상당히 중요한 작업 중의 하나이므로 신중해야 하고 시간을 투자해야 한다. 변수의 이름을 지을 때는 변수의 역할을 가장 잘 설명하는 이름을 지어야 한다. 좋은 변수 이름은 전체 프로그램을 읽기 쉽게 만든다. 하지만 반대로 즉흥적으로 지은 이름을 사용하게 되면 나중에 프로그램을 읽기가 아주 힘들어진다. 예를 들면 연도와 달, 일을 나타내는데 i, j, k라고 하는 것보다 year, month, date라고 하는 편이 이해하기 쉬울 것이다.

컴퓨터 과학자들은 잘 지어진 이름의 중요성을 예전부터 잘 알고 있었다. 가장 좋은 이름은 어떤 요소의 본질을 반영하는 이름이다. 잘 지어진 이름을 사용하면 알고리즘과 데이터에 대하여 확실한 정보를 준다. 다음 알고리즘은 일한 시간과 시급을 곱하여 아르바이트생의 월급을 계산하는 문장이다. 어떤 알고리즘이 알아보기 쉬운가?

```
a ← 10
b ← 6000
c ← a * b
```

나쁜 예

```
hours_worked ← 10
pay_rate ← 6000
monthly_pay ← hours_worked * pay_rate
```

좋은 예

여러 단어로 되어 있는 변수 이름을 나타내는 데는 몇 가지의 방식이 존재한다. 먼저 가장 전통적인 방법은 bank_account처럼 중간에 밑줄 문자를 사용하는 것이다. 두 번째 방법은 BankAccount처럼 단어 첫 번째 글자를 대문자로 하는 것이다. 어떤 방식을 사용해도 상관없고 다만 일관성 있게 사용하면 된다.

변수의 용도

변수를 사용하면 프로그램을 더욱 유용하게 만들 수 있다. 예를 들어서 원화를 미국 달러로 환전해주는 프로그램을 작성해보자. 환율은 시시각각 변동되기 때문에 다음과 같이 항상 환율을 1130원으로 가정하고 알고리즘을 작성하는 것은 별로 쓸모가 없다.

```
won ← 100000
usd ← won * 1130
print usd
```

이때 변수를 사용하면 좋다. 환율을 변수로 표시하게 되면 매일 바뀌는 환율을 반영할 수 있다.

```
print "현재의 환율을 입력하시오: "
input exchange_rate

won ← 100000
usd ← won * exchange_rate
print usd
```

Lab 화씨 온도를 섭씨 온도로 변경하는 알고리즘

미국에서는 화씨 온도를 사용하고 나머지 국가에서는 섭씨 온도를 사용한다. 화씨 온도 100도가 섭씨 온도로 몇 도인지를 계산하는 알고리즘을 작성하여 보자.

섭씨온도 → 화씨온도

$$F = C \cdot \frac{9}{5} + 32$$

화씨온도 → 섭씨온도

$$C = (F - 32) \cdot \frac{5}{9}$$

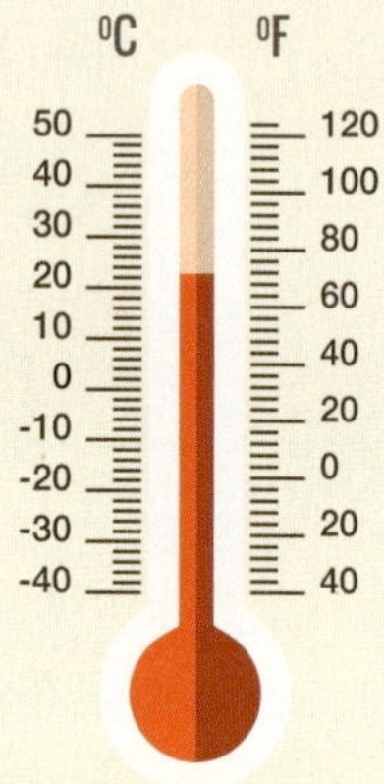


```
fahrenheit ← 100
celsius ← fahrenheit-32
celsius ← celsius*5
celsius ← celsius/9
print celsius
```

위의 알고리즘에서 한 번에 수식을 모두 계산할 수도 있다.

```
fahrenheit ← 100
celsius ← 5*(fahrenheit-32)/9
print celsius
```

Lab 음료를 바꾸는 문제

첫 번째 컵(A)에 주스가 들어 있고 두 번째 컵(B)에 커피가 들어 있다. 세 번째 컵(C)은 비어 있다. 세 번째 컵을 이용하여 첫 번째 컵과 두 번째 컵의 음료를 서로 바꾸려고 한다. 어떤 알고리즘을 사용해야 하는가?

다음과 같은 알고리즘을 생각할 수 있다.

```
Steps:
1. 첫 번째 컵의 음료를 세 번째 컵으로 옮긴다.(A->C)
2. 두 번째 컵의 음료를 첫 번째 컵으로 옮긴다.(B->A)
3. 세 번째 컵의 음료를 두 번째 컵으로 옮긴다.(C->B)
```

만약 변수 a, b에 들어 있는 값을 또 하나의 변수 c를 이용하여 서로 교환한다면 어떤 알고리즘을 생각할 수 있을까? 다음과 같은 알고리즘은 명백히 잘못되었다.

```
a ← b
b ← a
```

올바른 알고리즘은 다음과 같다.

```
c ← a
a ← b
b ← c
```

04 3가지의 제어구조

필수 이론

우리가 알고리즘을 작성할 때, 사용할 수 있는 3가지의 기본적인 제어 구조가 있다.

- **순차 구조**(sequence): 명령어들이 순차적으로 실행되는 구조이다.
- **선택 구조**(selection): 둘 중의 하나의 명령어를 선택하여 실행되는 구조이다.
- **반복 구조**(iteration): 동일한 명령어가 반복되면서 실행되는 구조이다.

아래 그림은 순차 구조, 선택 구조, 반복 구조를 순서도(flowchart)로 나타낸 것이다.

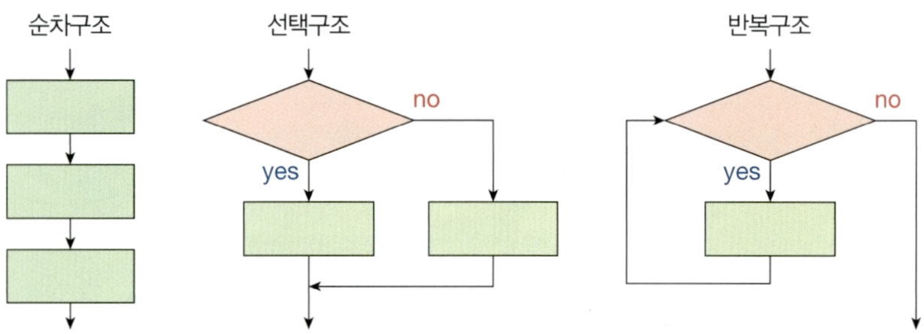

가장 간단한 실행 모델은 순차 구조이다. 순차 구조에서는 첫 번째 명령어부터 시작하여 실행하고 다음 명령어로 이동하는 패턴이 프로그램이 끝날 때까지 계속된다. 순차 구조의 각 명령어들은 건너뛰지 않고 순서대로 실행된다. 하지만 순차 구조만 가지고서는 많은 작업을 할 수 없다. 예를 들어서 에어컨에 내장된 프로그램의 경우에, 온도가 높으면 에어컨을 켜고 온도가 낮으면 에어컨을 끄는 작업이 필요하다. 즉 어떤 조건을 검사하여, 그 결과값을 기반으로 의사 결정을 내릴 수 있는 제어 구조가 필요한 것이다(이제까지 우리는 이미 많은 선택 구조를 사용하였다).

어떠한 알고리즘이라도 3가지의 기본 블록만 있으면 만들 수 있다. 기본 블록을 쉽게 이해하려면 이것을 자동차(CPU)가 주행하는 도로로 생각하면 된다.

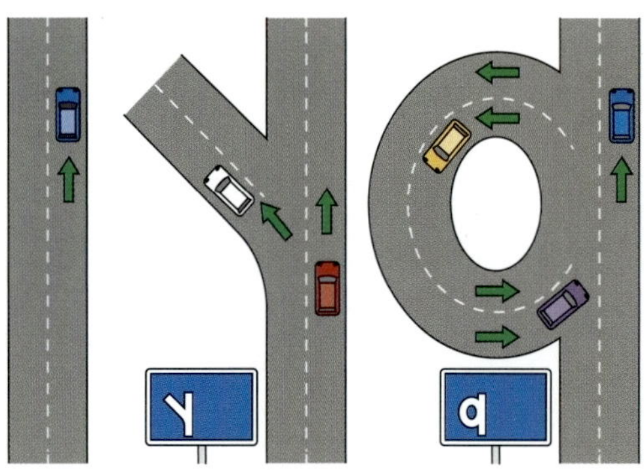

순차 구조 선택 구조 반복 구조

순차 구조는 자동차가 직진만 하는 도로라고 생각할 수 있다. 선택 구조는 자동차가 2가지의 길 중에서 하나를 선택하여 주행하는 교차로이다. 반복 구조는 자동차가 회전하면서 주행하는 회전 교차로라고 할 수 있다. 알고리즘은 이들 기본적인 구조를 서로 연결하여서 작성된다. 의사 코드에서 if와 else는 선택 구조를 나타내는 명령어이고 while은 반복 구조를 나타내는 명령어이다.

인터넷 쇼핑몰에서 2만원 이하의 상품을 구입하면 배송료가 3000원이지만 2만원을 초과하는 상품을 구입하면 배송료가 없다고 하자. 쇼핑몰의 배송료를 계산하는 알고리즘을 작성하여 보자.

```
print "상품의 가격을 입력하시오: "
input price
if price > 20000 then
   shipping_cost ← 0
else
   shipping_cost ← 3000
endif
```

이 알고리즘에서는 사용자에게 상품의 가격을 입력받아서 변수 price에 저장한다. 선택 구조를 사용하여 변수 price의 값이 20000보다 큰가를 체크한다. 여기서 조건은 "price > 20000"가 된다. 조건 "price > 20000"이 참이면 then 이하가 실행되어서 배송료를 나타내는 변수인 shipping_cost가 0이 된다. 만약 조건이 거짓이면 else 이하가 실행되어서 배송료를 나타내는 변수인 shipping_cost가 3000이 된다.

while 루프를 간단히 살펴보자. 화면에 "환영합니다."를 5번 출력해야 한다고 가정하자.

```
i←0
while i < 5
   print "환영합니다."
   i ← i + 1
endwhile
```

위의 코드에서 반복 조건에 해당하는 것은 수식 "i < 5"이다. 위의 코드가 의미하는 것은 i가 5보다 작은 동안에는 들여 쓰기 된 2개의 명령어를 실행하라는 것이다. i의 초기값은 0이고 i는 한번 반복될 때마다 1씩 증가된다. 따라서 i는 0 → 1 → 2 → 3 → 4와 같이 증가하게 되고 i가 5가 되면 수식 "i < 5"는 거짓이 되어 반복이 종료된다.

Unplugged **Lab**

프린터 고장 수리 알고리즘

예를 들어서 프린터 고장을 처리하는 알고리즘은 다음과 같다. 이 알고리즘은 컴퓨터가 아니라 인간을 위한 알고리즘이다.

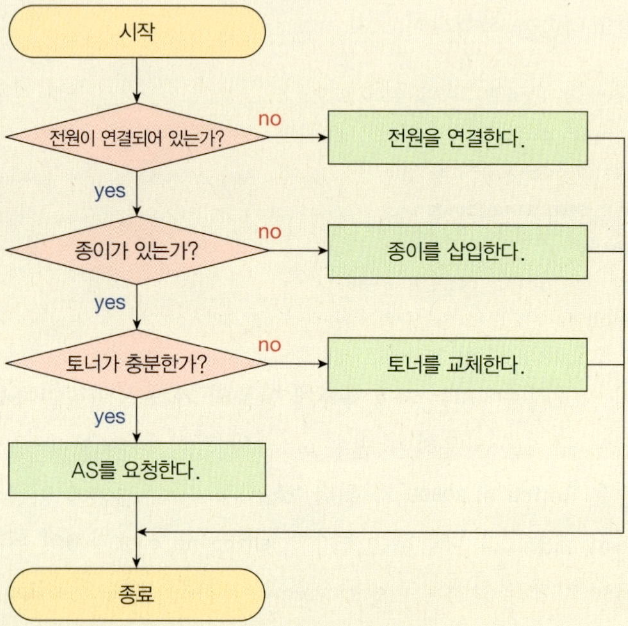

그림 9-3 순서도의 예: 프린터 고장을 처리하는 알고리즘

도전문제

1. 자동차의 시동이 걸리지 않는 경우를 처리할 수 있는 알고리즘을 작성해보자.

Lab 큰 수 출력하기

사용자로부터 2개의 수를 받아서 큰 수를 출력하는 알고리즘을 순서도와 의사 코드로 표시해보자.

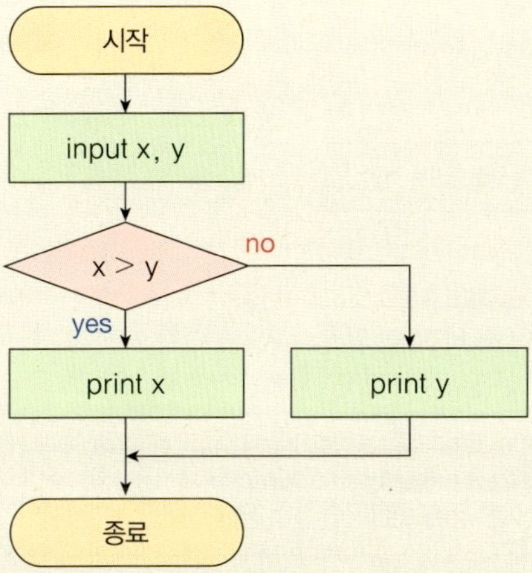

위의 순서도를 참고하여 의사 코드로 알고리즘을 표시해보자.

```
input x, y
if x > y then
    print x
else
    print y
endif
```

Unplugged
Lab

숙제하기 알고리즘

모든 사람들은 숙제를 싫어한다. 자신이 숙제하는 알고리즘을 작성하여 보자. 아래는 인터넷 유머 사이트에 실린 알고리즘이다.

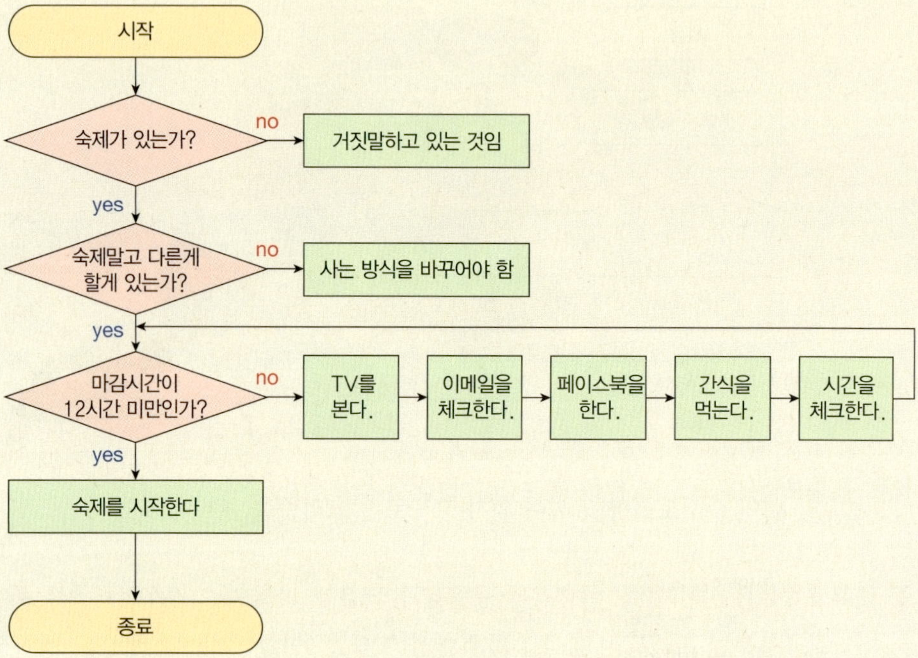

Unplugged **Lab**

전화걸기 알고리즘

친구에게 전화 거는 알고리즘을 만들어보자. 의사 코드를 사용한다.

```
Algorithm: 친구에게 전화걸기.
Input: 친구의 전화번호.
Output: 없음.
```

Steps:

❶ 스마트폰을 집어서 화면 잠금을 해제한다.
❷ 연락처에서 친구의 전화번호를 찾아서 통화 버튼을 누른다.
❸ 통화중이면 끊고 5분 기다렸다가 Step 2로 간다.
❹ 전화를 받지 않으면 문자 메시지를 남긴 후 종료한다.
❺ 전화를 받으면 통화를 한다.
❻ 통화가 끝나면 종료한다.

도전문제

1. 세탁하는 알고리즘도 만들어 보자.

Unplugged Lab

로봇 청소기 알고리즘

청소를 좋아하는 사람은 거의 없다. 하루 종일 쓸고 닦아도 집안 청소는 끝나지 않는다. 청소를 대신 해주는 로봇이 있다면 얼마나 좋을까? 로봇 청소기는 "청소"라는 힘든 가사노동을 줄여주는 인기가 많은 가전제품이다. 로봇 청소기는 카메라, 초음파, 적외선, 범퍼를 이용하여 장애물을 감지하고 충돌을 피하면서 청소를 한다. 또 배터리가 부족해지면 자동으로 충전한다.

로봇 청소기는 어떤 알고리즘으로 청소를 하는 것일까? 물론 제조사에 따라서 서로 다른 청소 알고리즘을 가지고 있을 것이다. 우리는 그 중에서 하나를 선택하여 알고리즘을 작성해보자.

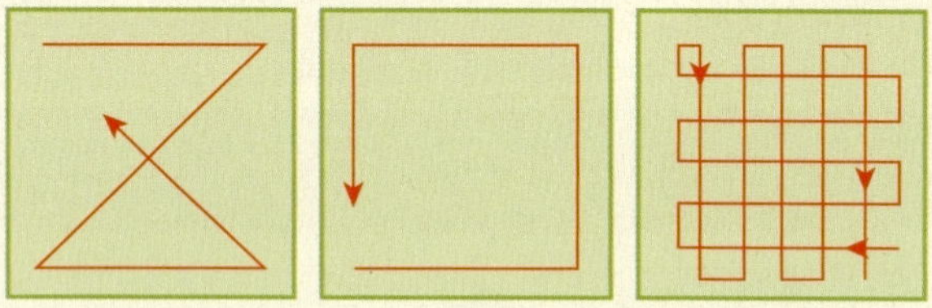

자유진행　　사각진행　　격자진행

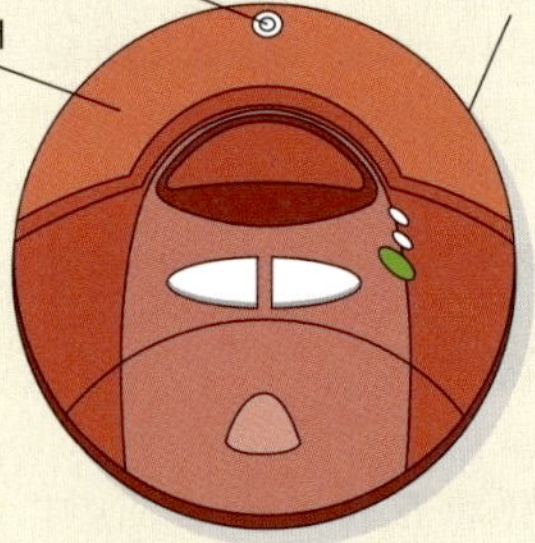

일단 가장 단순한 알고리즘을 작성해보자. 범퍼(충돌감지용) 센서 만을 가지고 있는 로봇 청소기는 장애물과 충돌 시 방향을 전환하면서 청소한다.

Solution | 로봇 청소기 알고리즘

가장 간단한 알고리즘은 왼쪽이나 오른쪽 충돌 센서가 충돌을 감지하기 전까지는 전진하는 것이다. 충돌이 감지되면 오른쪽 충돌인지 왼쪽 충돌인지를 분간하여 반대쪽으로 회전한다.

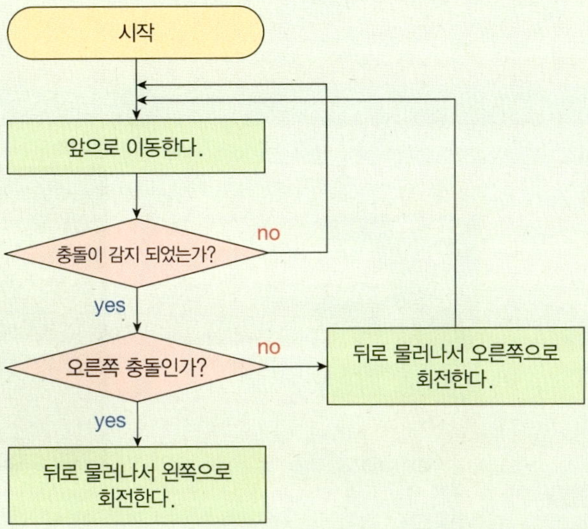

이 알고리즘을 적용하면 로봇 청소기는 다음과 같이 이동하면서 청소할 것이다.

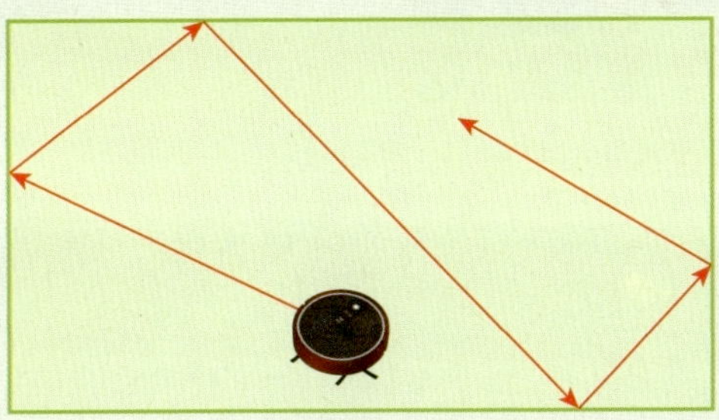

도전문제

1. 다른 청소 알고리즘도 작성해보자. 다음과 같이 청소를 하려면 어떤 알고리즘이 있어야 하는가?

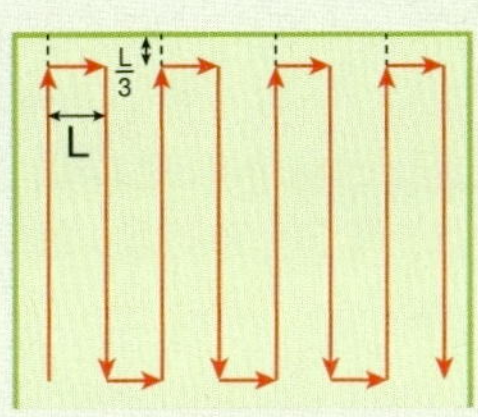

Lab 로봇 청소기 알고리즘

문제의 정의

로봇 청소기는 어떤 알고리즘으로 청소를 하는 것일까? 물론 제조사에 따라서 서로 다른 청소 알고리즘을 가지고 있을 것이다. 우리는 그 중에서 하나를 선택하여 알고리즘을 작성해보자.

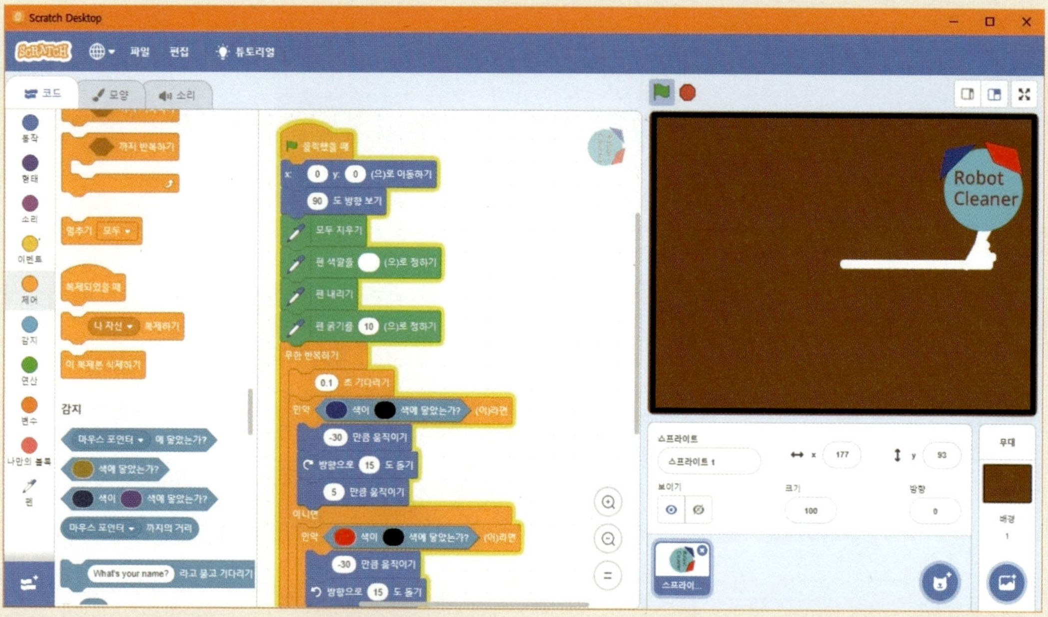

배경과 스프라이트 작성

❶ 무대를 클릭하고 다음과 같이 배경 이미지를 만들어 준다. 검정색 선은 벽을 의미한다.

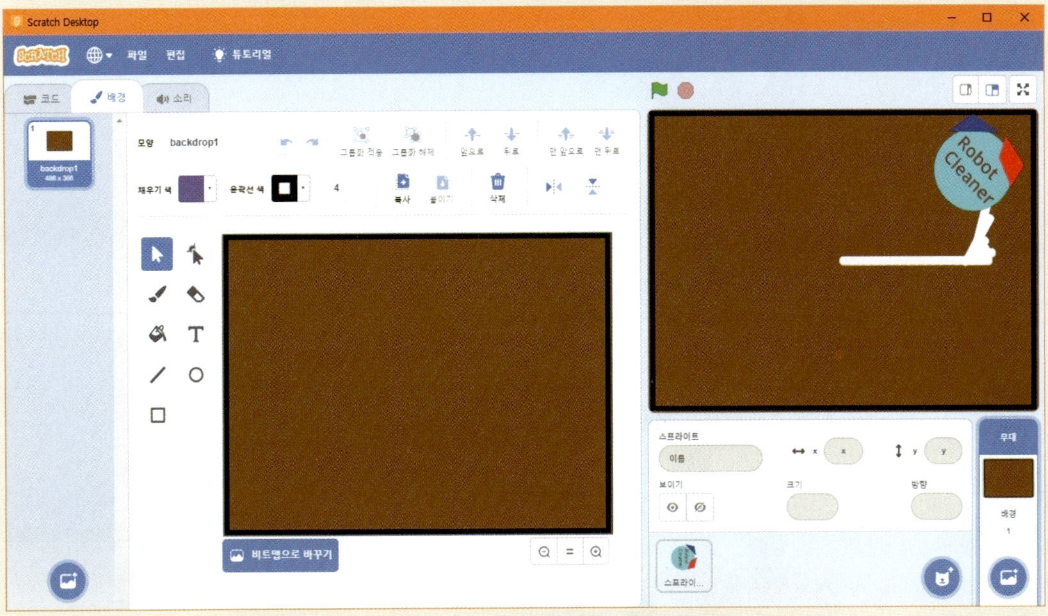

❷ 스프라이트를 다음과 같이 그려서 작성한다. 앞에 붙은 파란색 조각과 빨간색 조각은 충돌 감지 센서를 의미한다.

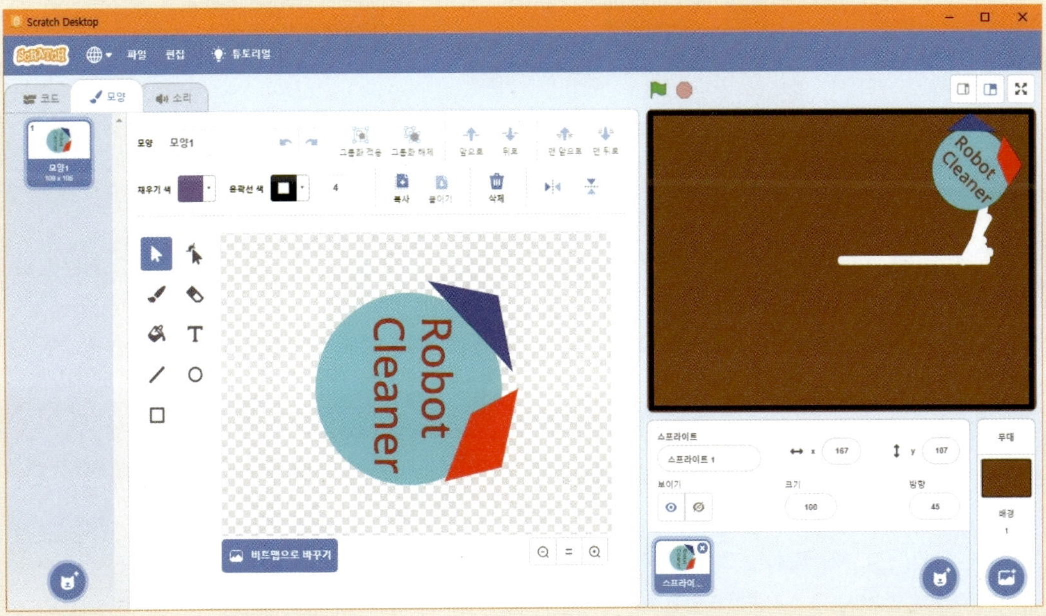

스프라이트 작성

청소기 스프라이트에 다음과 같은 스크립트를 작성한다. 이 알고리즘은 앞에서 살펴보았던 라인을 따라가는 자동차와 비슷하다.

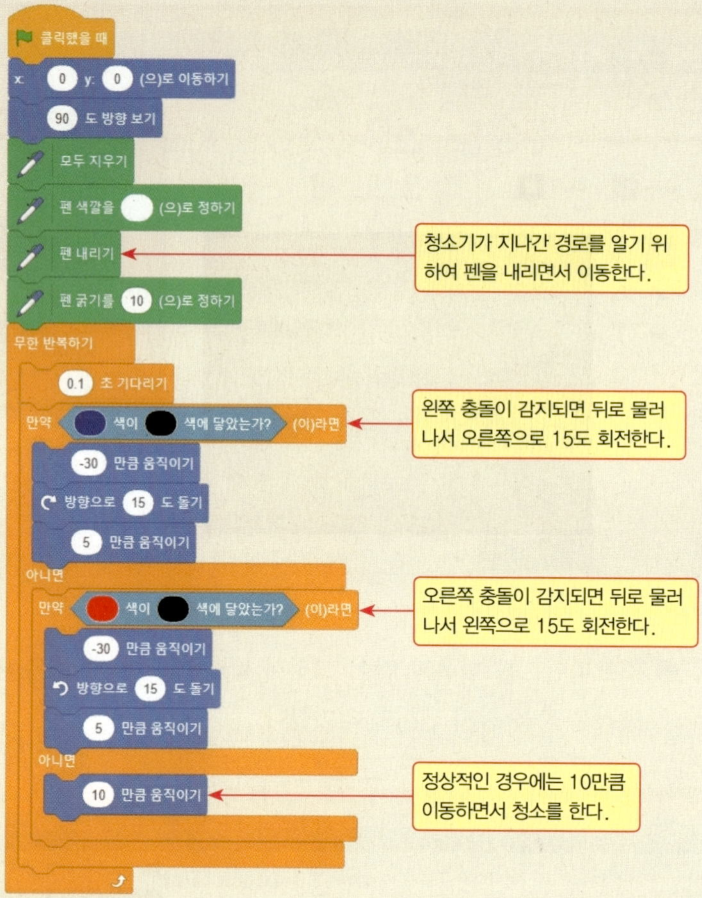

도전문제

1. 아래와 같이 청소하는 알고리즘을 스크래치로 구현해보자.

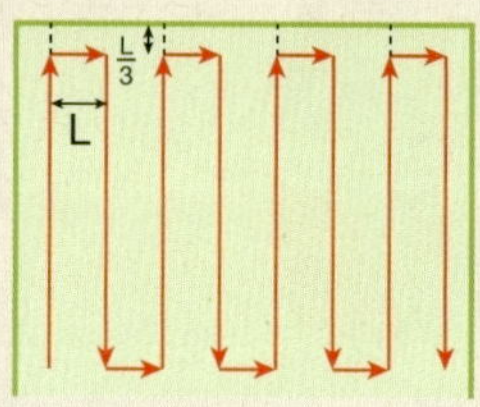

2. 감지기 모양은 어떻게 설계하는 것이 좋을까?
3. 이동속도와 알고리즘을 수정하여서 방이 최단 시간 안에 청소되도록 하여 보자.

COMPUTATIONAL THINKING

스크래치 실습

이번 장에서는 다음과 같은 사항을 학습해보자.

- 다양한 알고리즘의 구현
- 3가지 제어 구조의 사용
- 변수와 알고리즘의 관계 학습

알고리즘은 컴퓨팅 사고의 중요한 부분이다. 알고리즘은 어떤 문제를 해결하기 위한 단계적인 지침이다. 컴퓨팅 사고의 최종 결과물이 알고리즘이라고 할 수 있다. 이 장에서는 스크래치를 이용하여 다양한 응용 프로그램을 작성해본다.

Lab 1부터 10까지 합계 계산하기

문제의 정의

이번 실습에서는 1부터 10까지의 합을 계산하는 알고리즘을 만들어보자. 몇 가지의 방법을 생각할 수 있다. 가장 알기 쉬운 방법만 살펴보자. 1부터 10까지의 숫자를 하나씩 더하는 알고리즘만 살펴보자. 이 알고리즘을 순서도로 작성하고 스크래치 앱으로도 만들어보자.

$$1 + 2 + 3 + \cdots + 10 = 55$$

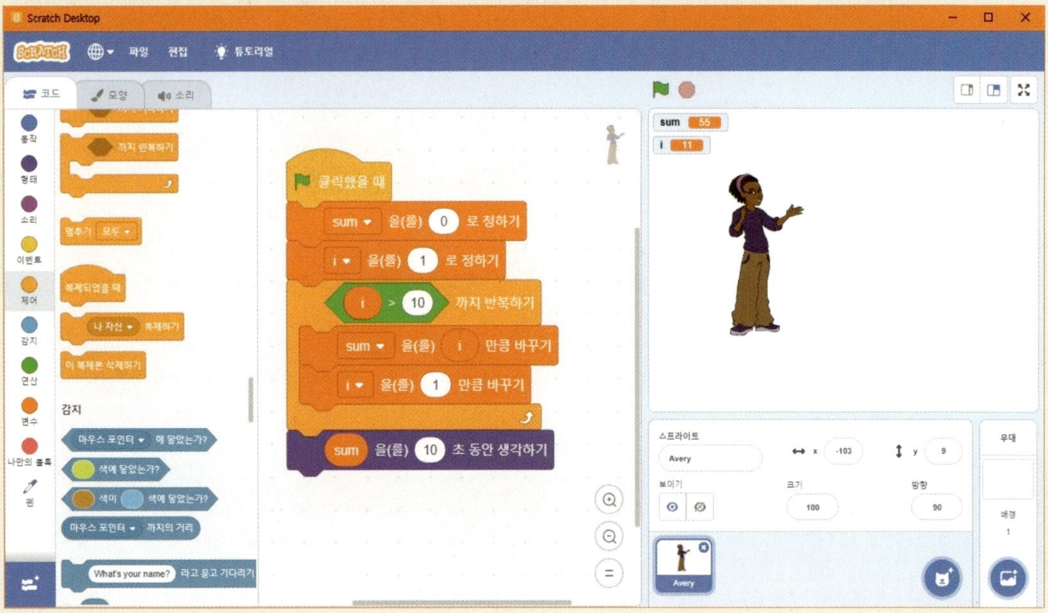

변수 정의

컴퓨터를 위한 알고리즘을 작성하려면 변수가 필요하다. 1부터 하나씩 증가되는 변수 i와 현재까지의 합을 저장하고 있는 변수 sum을 생성한다.

순서도 그리기

1부터 10까지의 합을 계산하는 알고리즘을 순서도로 그리면 다음과 같다.

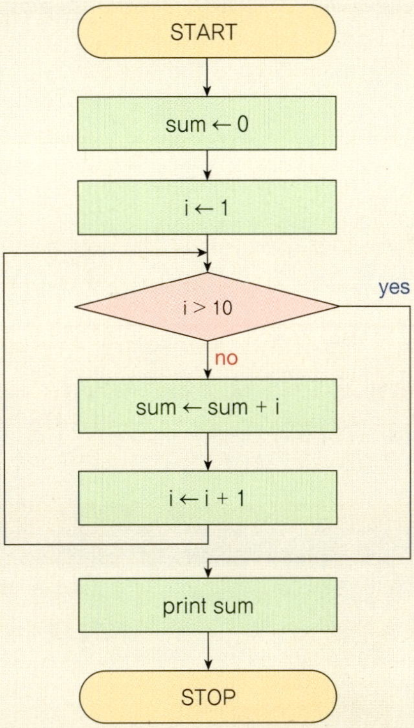

스크립트 작성하기

의사 코드에서는 ← 기호는 변수에 값을 저장한다는 의미의 연산자이다. 이것을 스크래치 프로그램으로 작성해보면 다음과 같을 것이다.

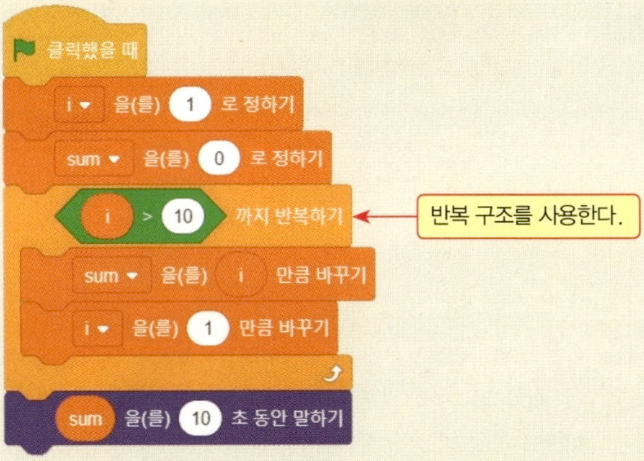

도전문제

1. 1부터 사용자가 입력하는 숫자까지의 합을 계산하도록 위의 스크래치 프로그램을 수정하여 보자.

Lab | 3-6-9 게임

문제의 정의

3-6-9 게임과 유사한 게임을 알고리즘으로 만들어보자. 사람들이 원형으로 둘러앉은 후에 1부터 100까지의 숫자를 돌아가면서 말한다. 만약 정해진 숫자의 배수가 나오면 숫자 대신에 박수를 치는 게임이다. 예를 들어서 3이라는 숫자를 미리 정했다면 3, 6, 9와 같이 3의 배수가 나오면 박수를 쳐야 한다.

알고리즘 만들기

```
i ← 1
while i ≤ 100
   if (i mod 3) = 0
      print "박수"
   else
      print i
   i ← i + 1
endwhile
```

이 알고리즘에서 중요한 부분은 어떻게 3의 배수를 판단할 것인가이다. 이럴 때는 나머지 연산자인 mod를 사용하여야 한다. 3의 배수를 3으로 나누면 나머지가 0이 되므로 (i mod 3)의 값이 0이면 박수를 치고 아니면 숫자를 출력하면 된다.

변수와 스프라이트 만들기

❶ 고양이 스프라이트를 삭제하고 "avery" 스프라이트를 추가한다.

❷ 변수 "i"를 정의한다.

스크립트 작성

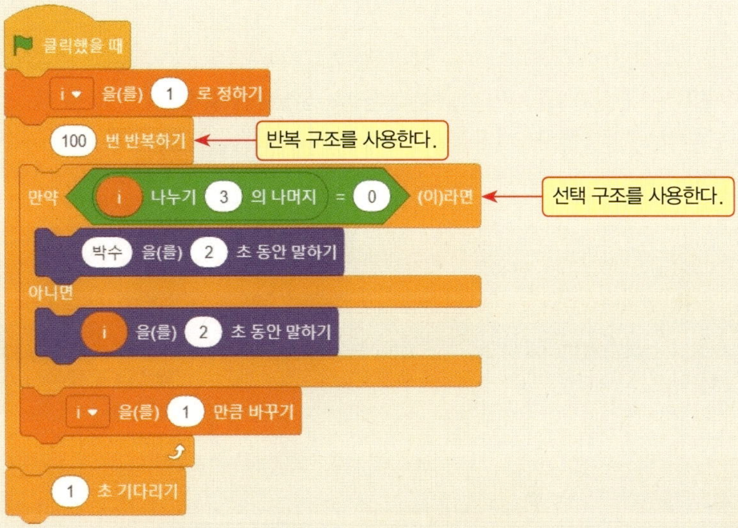

Lab | 팩토리얼 계산

문제의 정의

팩토리얼을 계산하는 프로그램을 작성하여 보자. 팩토리얼 n!은 1부터 n까지의 정수를 모두 곱한 것을 의미한다. 즉, $n! = 1 \times 2 \times 3 \times \cdots \times (n - 1) \times n$이다. 예를 들어서 10!을 계산하는 프로그램을 작성하여 보자.

```
1! = 1
2! = 2(1) = 2
3! = 3(2)(1) = 6
4! = (3)(2)(1) = 24
5! = (4)(3)(2)(1) = 120
```

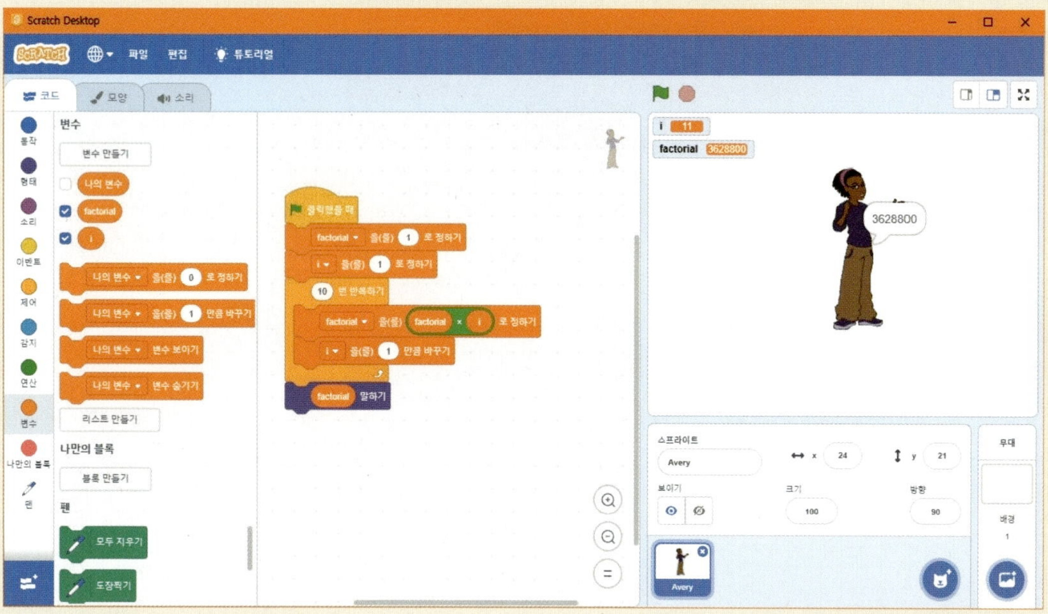

알고리즘 작성

의사코드나 순서도 알고리즘을 작성해보자.

변수 및 스프라이트 만들기

❶ 고양이 스프라이트를 삭제하고 "avery" 스프라이트를 추가한다.

❷ 변수 "i"와 "factorial"을 정의한다.

스크립트 추가

다음과 같은 스크립트를 "avery" 스프라이트에 추가한다.

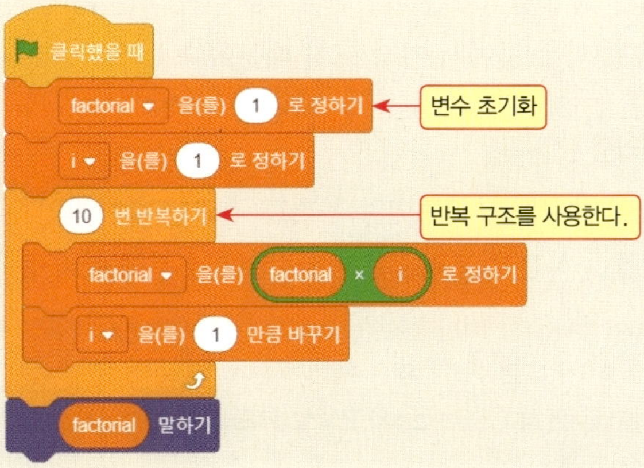

Lab 유클리드 GCD 알고리즘

문제의 정의

최대 공약수란 정수들의 공통 약수 중에서 가장 큰 수를 의미한다. 예를 들어서 12와 8의 최대 공약수는 4가 된다. 왜냐하면 4는 12의 약수이면서 동시에 8의 약수이고 공통 약수 중에서 가장 크기 때문이다.

알고리즘 만들기

최대 공약수를 구하려면 아무래도 정교한 수학적인 알고리즘이 필요하다. 최대 공약수를 구하는 알고리즘은 기원전 300년 전에 이미 유클리드에 의하여 개발되었다.

❶ 두 수 가운데 큰 수를 x, 작은 수를 y라 한다.
❷ y가 0이면 최대 공약수는 x와 같고 알고리즘을 종료한다.
❸ r ← x % y
❹ x ← y
❺ y ← r
❻ 단계 ❷로 되돌아간다.

스크래치로 유클리드 알고리즘을 구현해보자. 반복 구조를 사용한다.

변수와 스프라이트 만들기

❶ 고양이 스프라이트를 삭제하고 "avery" 스프라이트를 추가한다.

❷ 변수 a, b, tmp를 정의한다.

스크립트 작성

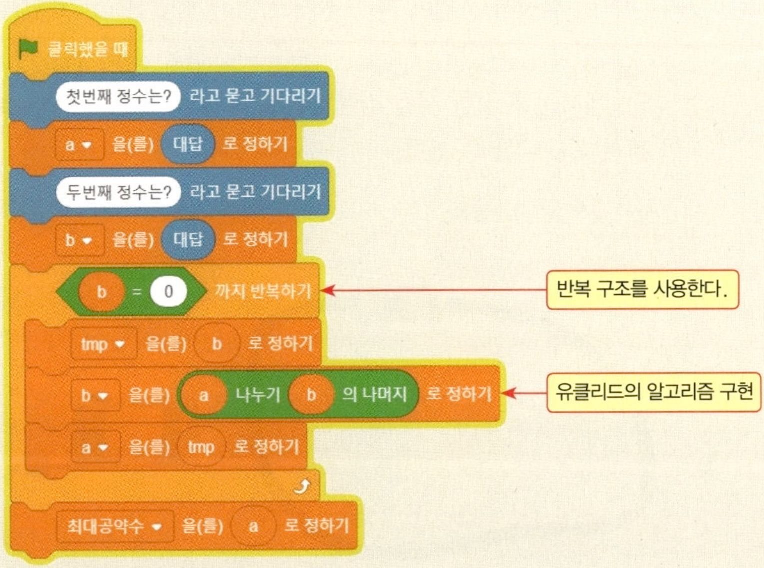

Lab

선을 따라서 움직이는 자동차

문제의 정의

우리는 이번 절에서 조건에 따라서 서로 다른 작업을 할 수 있는 선택 구조에 대하여 학습하였다. 이 선택 구조를 이용하여서 선을 따라가는 자동차를 구현해보자. 스크래치에서는 특정한 색을 감지하는 블록들이 있다. 이들 블록을 이용하면 가상적인 센서를 구현할 수 있다.

자동차의 모습은 다음과 같다. 자동차 앞에는 3가지의 센서가 부착되어 있다.

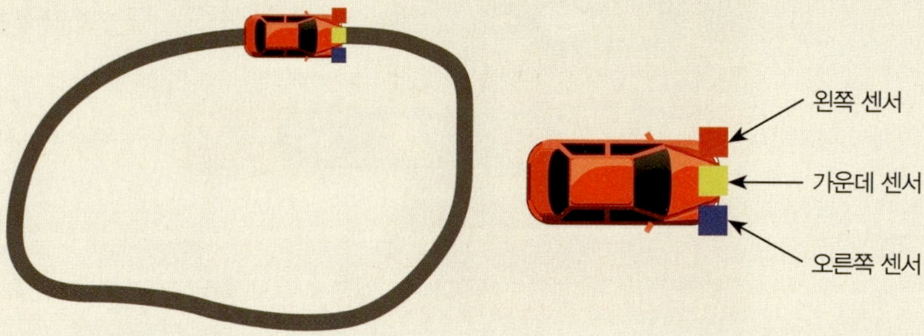

스크래치에는 "어떤 색깔이 다른 색깔과 닿았는가"를 판단할 수 있는 블록이 있다. 이 블록과 선택구조를 사용하면 검은색 선을 따라가는 알고리즘을 작성할 수 있다.

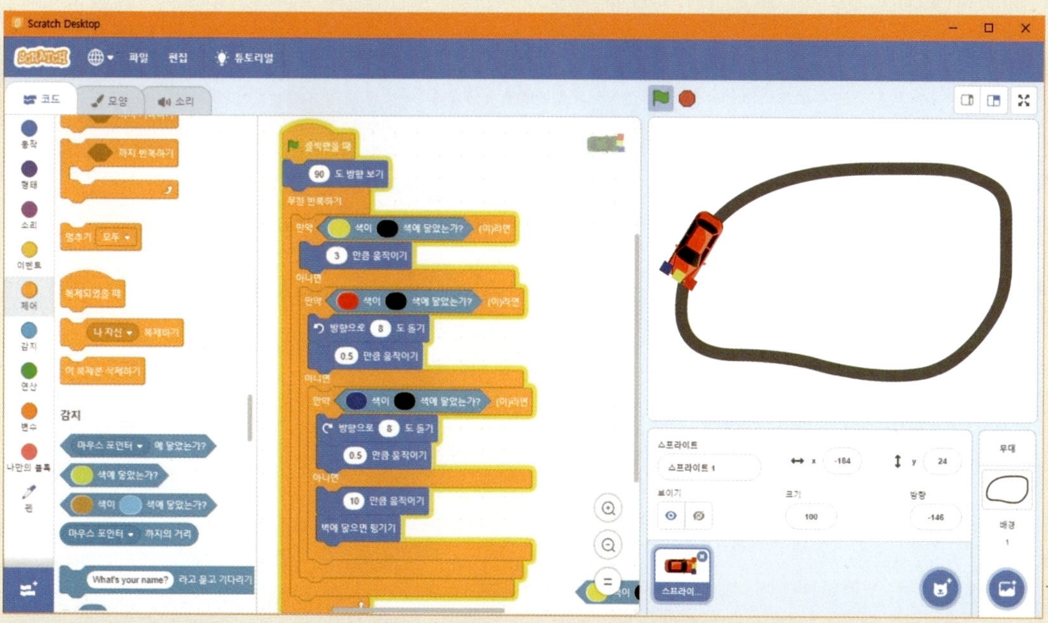

알고리즘 작성

간략한 알고리즘은 다음과 같다. 가운데 센서가 검정색을 감지하였으면 정상적으로 앞으로 전진 한다. 하지만 왼쪽 센서가 검은색을 감지하였으면 차량이 오른쪽으로 치우친 것이므로 왼쪽으로 회전한 후에 약간만 앞으로 간다. 반면에 오른쪽 센서가 검은색을 감지하였으면 차량이 왼쪽으로 치우친 것이므로 오른쪽으로 회전한 후에 약간만 앞으로 간다. 어떤 센서도 검정색을 감지하지 못했으면 빠른 속도로 앞으로 이동하여 검은색 선을 찾는다. 이동거리나 회전각도는 실험을 하면서 결정하면 된다.

스크립트 작성

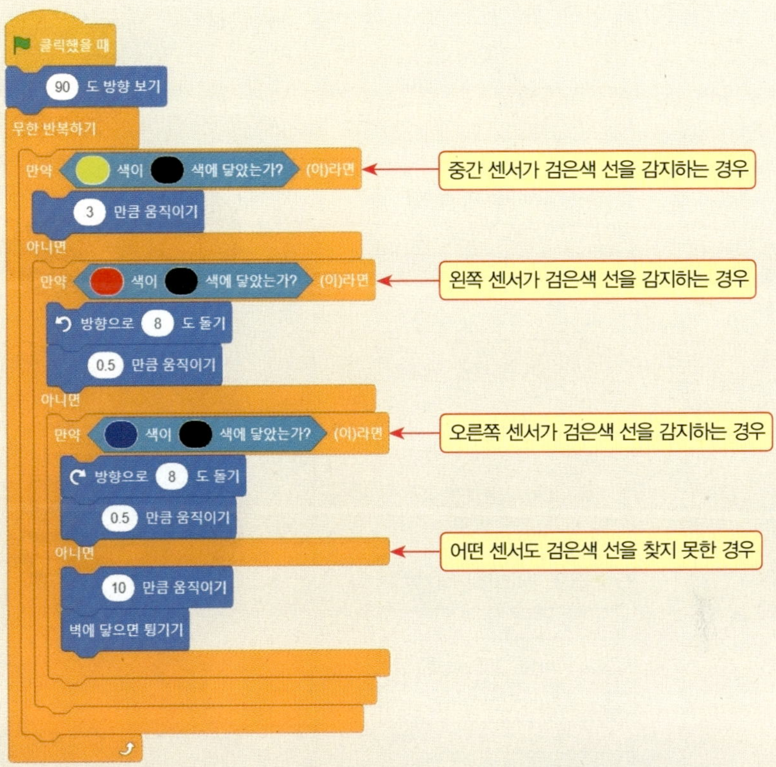

위의 스크립트에서는 새로운 블록을 사용한다. [색이 색에 닿았는가?] 블록은 노란색이 검은색에 닿았는지를 검사한다. 닿았으면 블록은 참을 반환한다. 그렇지 않으면 거짓을 반환한다. 색상을 지정하려면 블록안의 색을 표시하는 사각형을 클릭한 후에 무대의 아무 곳이나 클릭하면 된다.

도전문제

1. 선을 따라가는 다른 알고리즘을 생각해보자. 어떻게 하면 속도를 빠르게 할 수 있는가?

Lab 주차장 알고리즘

문제의 정의

여러분이 조그마한 무인 주차장을 운영하고 있다고 가정하자. 이 주차장에는 자동차 10대만 주차할 수 있다.

알고리즘 작성

주차장의 입구 게이트를 열고 닫는 알고리즘을 고안해보자.

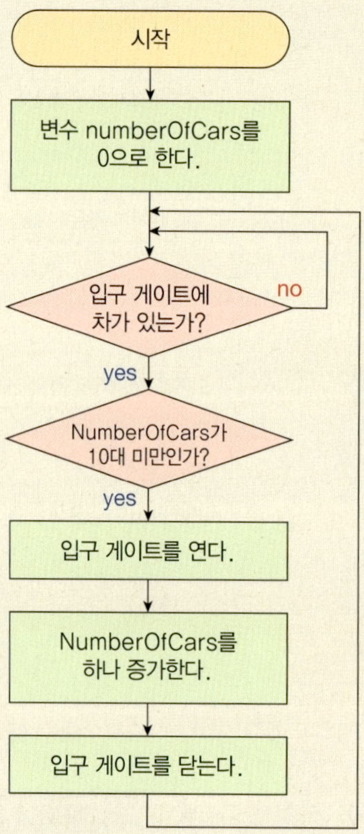

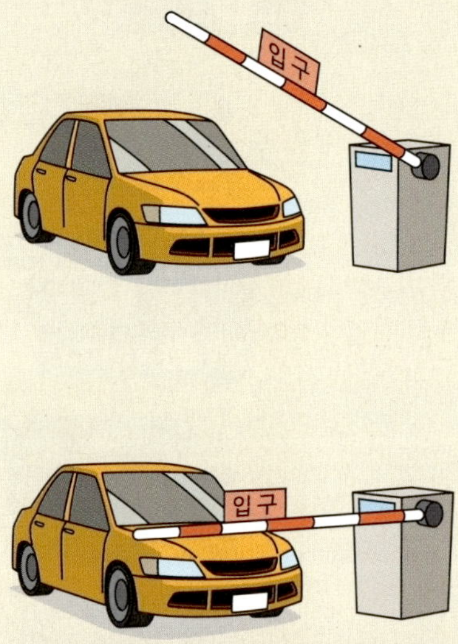

변수와 스프라이트 작성

❶ 파일 메뉴의 "새로 만들기"를 클릭하고 고양이 스프라이트를 삭제하고 "convertable" 스프라이트를 추가한다. 컨버터블의 앞에 노란색 사각형을 붙인다. 노란색 사각형은 감지센서처럼 동작한다.

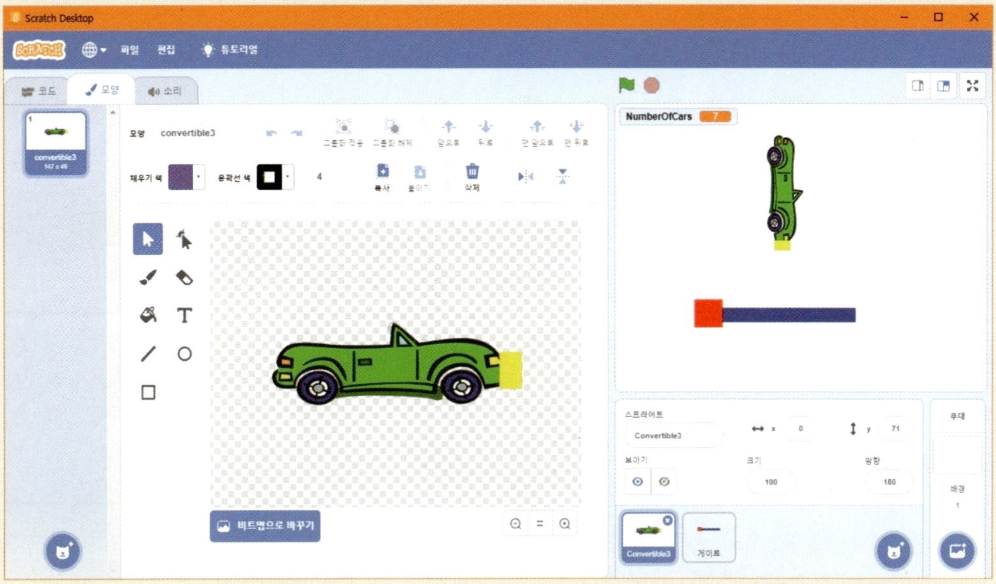

❷ 주차장 게이트를 나타내는 새로운 스프라이트 "게이트"를 직접 그린다. 2개의 모양을 가지고 있다.

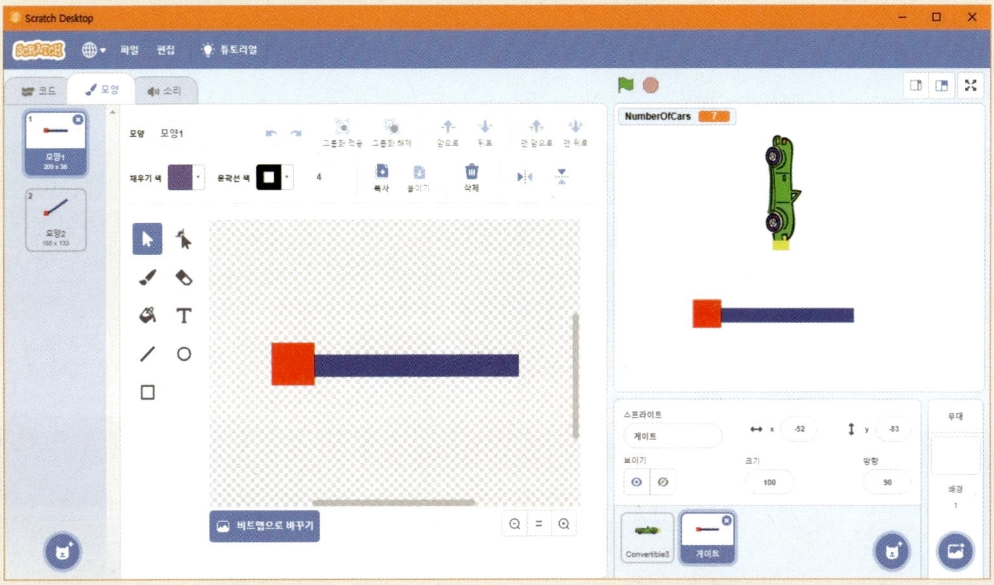

❸ 변수 "NumberOfCars"를 정의한다.

스크립트 작성

❶ 다음과 같은 스크립트를 "convertible" 스프라이트에 추가한다.

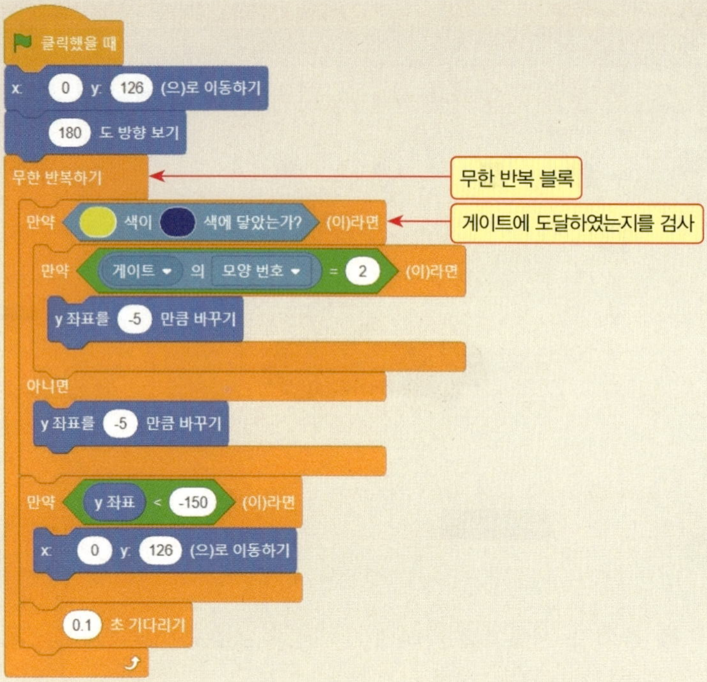

❷ 다음과 같은 스크립트를 "게이트" 스프라이트에 추가한다.

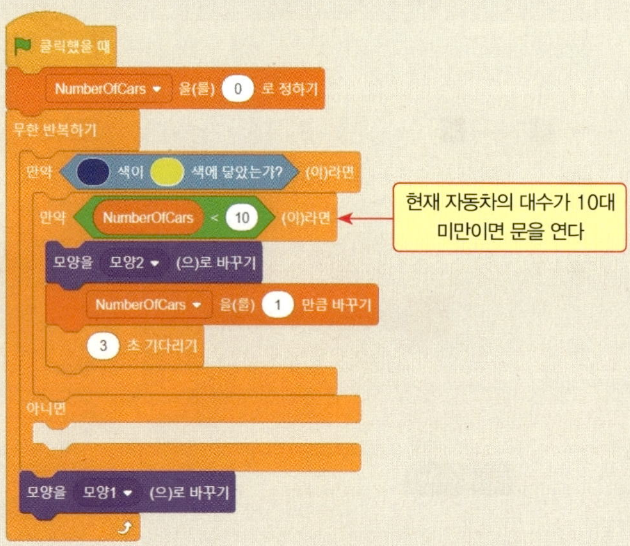

애니메이션을 실행해본다. NumberOfCars 변수가 10이 되면 더 이상의 차를 받아들이지 않음을 확인한다.

도전문제

1. 차를 주차할 수 있는 칸을 만들어서 최대한 실제 주차장과 유사하게 만들어보자.

Lab 엘리베이터 알고리즘

문제의 정의

아파트에 살면 항상 엘리베이터를 타게 된다. 엘리베이터는 어떤 알고리즘을 사용하고 있을까? 가상적으로 다음과 같은 조건을 가지는 엘리베이터를 위한 애니메이션을 작성하여 보자.

- 3개 층을 가지고 있다.
- 엘리베이터 안에는 각 층으로 갈 수 있는 3개의 버튼을 가지고 있다.
- 엘리베이터 안에는 각 층을 표시하는 3개의 LED를 가지고 있다.
- 각 층마다 엘리베이터를 호출할 수 있는 버튼이 있다.

변수 및 스프라이트 만들기

❶ 파일 메뉴의 "새로 만들기"를 클릭하고 고양이 스프라이트를 삭제하고 무대 배경을 다음과 같이 그린다.

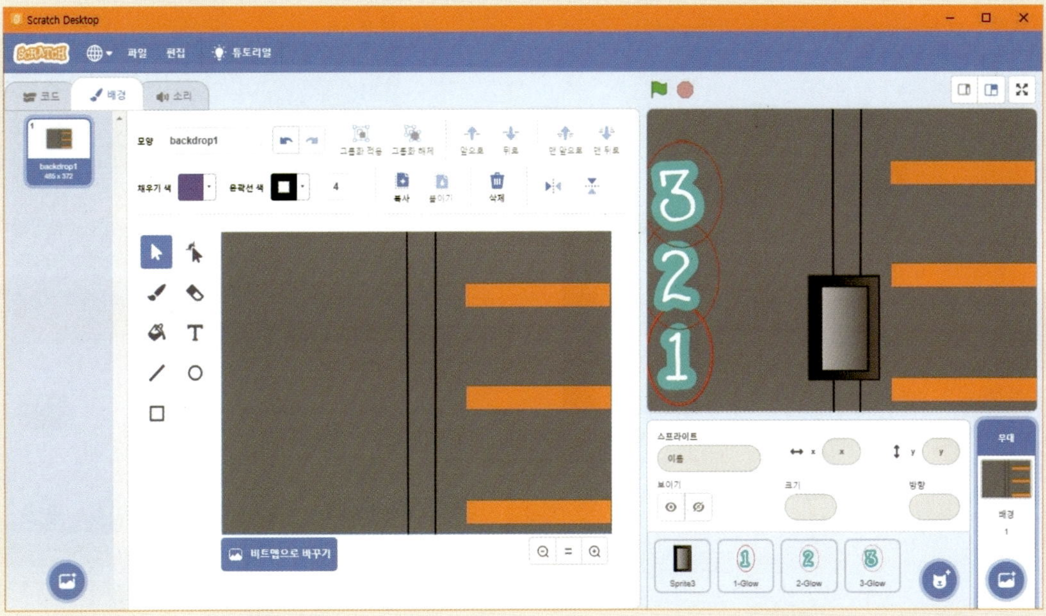

❷ 다음과 같은 스프라이트를 그리거나 라이브러리에서 가져온다.

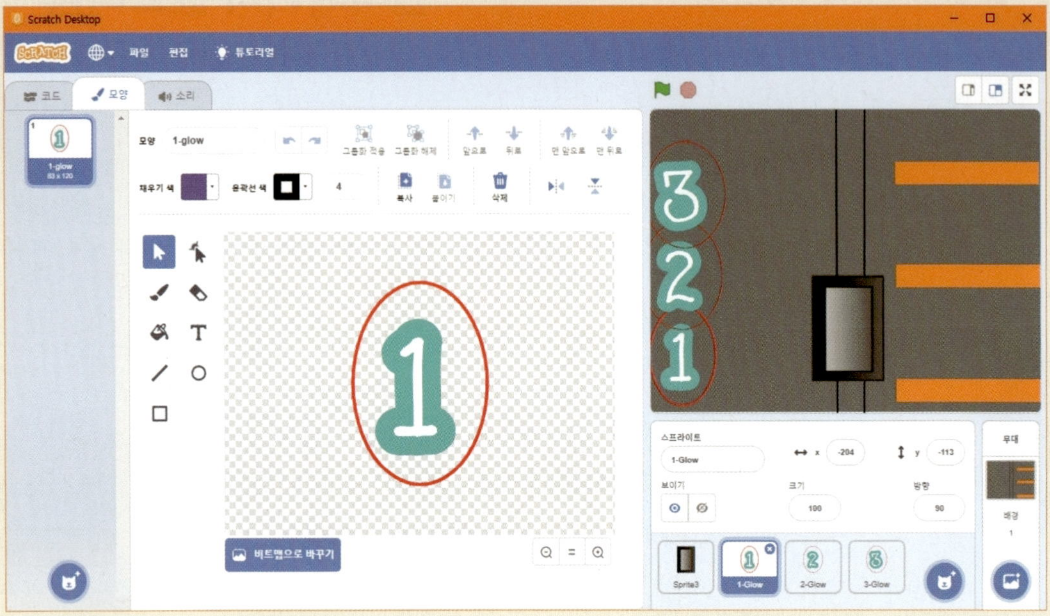

❸ "엘리베이터" 스프라이트를 추가한다.

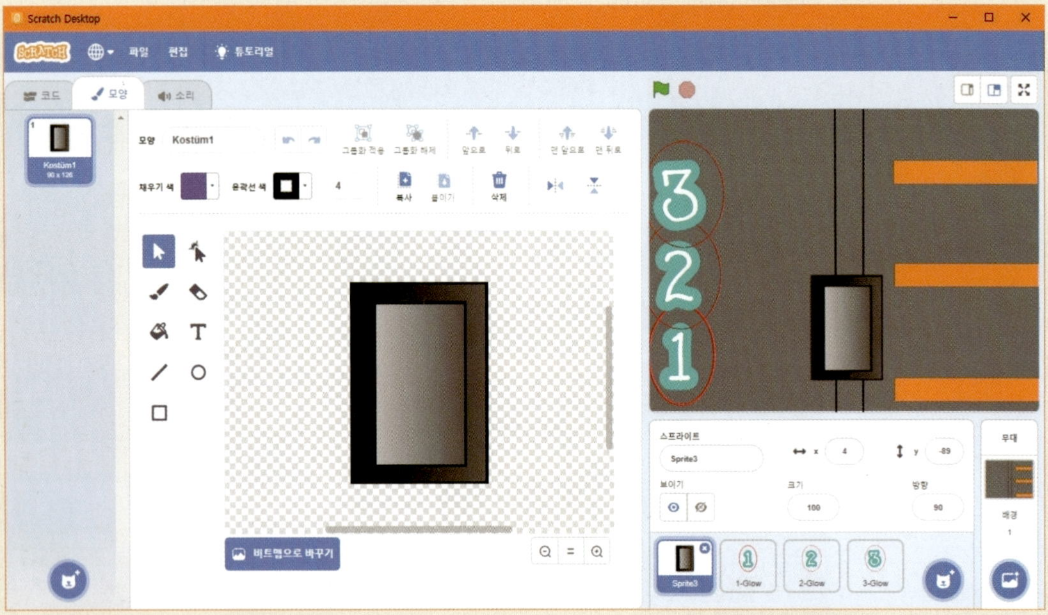

스크립트 작성

❶ "엘리베이터" 스프라이트를 추가한다.

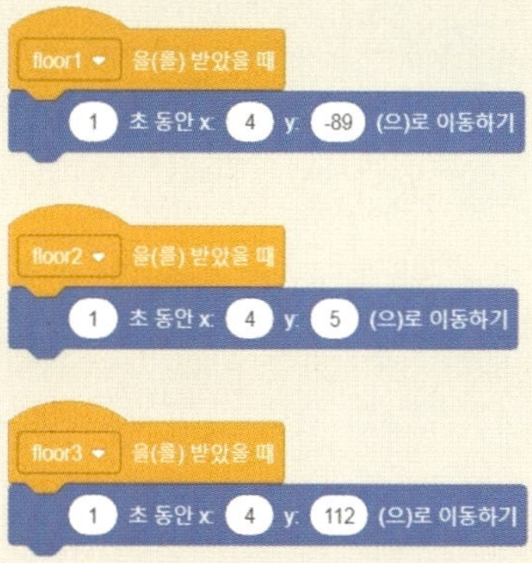

❷ "버튼1" 스프라이트에 다음과 같은 스크립트를 추가한다. "버튼2", "버튼3" 스프라이트에도 유사한 스크립트를 추가한다.

❸ 녹색 깃발을 눌러서 애니메이션을 실행하고 각 버튼들을 눌러서 엘리베이터를 이동하여 본다.

도전문제

1. 엘리베이터 안에 버튼 1-3을 배치하고 각 층마다 엘리베이터를 호출하는 버튼을 두어서 실제 엘리베이터와 유사하게 움직이도록 해보자.

COMPUTATIONAL THINKING

CHAPTER 10

알고리즘 II

이론편: 리스트를 사용하는 알고리즘
실습편: 리스트

이번 장에서는 다음과 같은 내용을 학습합니다.

- 리스트에 대하여 알아본다.
- 리스트와 관련된 탐색, 정렬 알고리즘에 대하여 살펴본다.
- 최단 거리 알고리즘을 살펴본다.

필수이론

COMPUTATIONAL THINKING

01 필수 이론 자료 구조란?

여러분은 집안이 어질러져 있을 때 물건을 찾는 것이 얼마나 어려운지 잘 알고 있을 것이다. 컴퓨터에서도 마찬가지의 일이 발생한다. 컴퓨터 안의 자료들도 잘 정돈되어서 저장되어야 필요할 때 찾기가 쉽다. 컴퓨터 안의 자료들은 어떤 구조를 가지고 저장되어 있을까? 이번 장에서는 컴퓨터에서 사용되는 중요한 자료 구조들을 간단히 살펴보자.

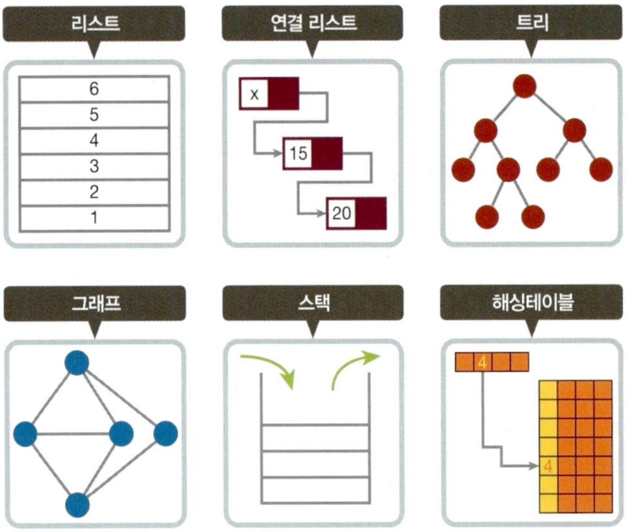

사람들은 일상생활에서 사물들을 정리하는 여러 가지 방법을 사용한다. 하루 중에 해야 할 일들은 보통 순차적으로 수첩에 기록한다. 책상에 책을 쌓아 놓는 것도 넓은 의미에서는 일종의 정리라 할 수 있다. 슈퍼마켓에서는 물건을 보통 순서 없이 비닐에 넣는다. 사람들이 상점에서 물건을 구입할 때는 대부분 줄을 선다. 줄이란 사람들을 착한 순서대로 조직화한 것이다. 또한 영어사전에는 단어들이 알파벳순으로 정렬되어 저장되어 있다. 컴퓨터에는 폴더들이 계층적으로 만들어져 있고 여기에 파일들이 들어 있다. 회사에는 계층적인 조직을 나타내는 조직도가 존재한다. 지도에는 도로들의 연결 상태가 알아보기 쉽게 표시되어 있다.

그림 10-1 일상생활에서의 사물의 조직화

사람들이 사물을 정리하는 것과 마찬가지로 프로그램에서도 자료들을 정리하는 여러 가지 구조들이 있다. 이를 자료 구조(data structure)라 부른다. 책상에 책을 쌓아 놓는 것처럼 자료들을 정리하는 구조를 스택이라 한다. 스택에서는 맨 위에서만 자료를 추가하거나 제거할 수 있다. 화관의 줄에 해당하는 자료 구조를 우리는 큐라 부른다. 큐에서는 먼저 도착한 자료가 먼저 빠져나간다. [그림 10-2]에 일상생활에서의 예와 자료구조를 비교하였다.

일상생활에서의 예	해당하는 자료구조
물건을 쌓아놓는 것	스택
영화관 매표소의 줄	큐
할일 리스트	리스트
영어사전	사전, 탐색구조
지도	그래프
조직도	트리

그림 10-2 일상생활과 자료구조의 유사성

02 필수 이론 리스트

리스트(list)는 아마도 가장 기초적이고 가장 중요한 자료 구조이다. 리스트(list)는 우리들이 자료를 정리하는 방법 중의 하나이다. 우리는 일상생활에서 많은 리스트를 사용하고 있다. 우리는 많은 리스트를 가지고 있다. 예를 들어서 버킷 리스트, 친구들의 리스트, 좋아하는 영화 리스트, TO-DO 리스트 등을 들 수 있다. 컴퓨터도 리스트를 많이 사용한다.

리스트는 순서가 있는 항목들의 모임이다. 리스트에는 보통 항목들이 차례대로 정리되어 있다. 리스트의 항목들은 순서 또는 위치를 가진다. 리스트는 기호로 다음과 같이 표현한다.

$$L = \{item_0, item_1, item_2, ..., item_{n-1}\}$$

리스트의 예

리스트는 집합하고는 다르다. 집합은 항목 간에 순서의 개념이 없다. 여러분이 많이 사용하는 스마트폰의 수신 메시지 리스트도 하나의 리스트라 할 수 있다. 다음과 같은 것들이 리스트의 예이다.

- 요일들: {일요일, 월요일, ⋯, 토요일}
- 한글 자음의 모임: {ㄱ, ㄴ, ⋯, ㅎ}
- 카드 한 벌의 값: {Ace, 2, 3, ⋯, King}
- 임의의 다항식: $\{5x^3, 3x^2, 2x, 8\}$

구체적인 예를 들어보자. 최대 흥행 영화 리스트는 다음과 같다.

순위	영화 제목	인덱스
1	아바타(Avatar)	0
2	타이타닉(Titanic)	1
3	스타워즈(Star Wars: The Force Awakens)	2
4	주라기 월드(Jurassic World)	3
5	어벤저스(Marvel's The Avengers)	4

영화 <아바타>는 전 세계적으로 $2,027,457,462의 박스 오피스를 기록하였다. 리스트의 모든 항목은 리스트 안의 위치에 의하여 식별할 수 있다. 즉 영화 아바타는 리스트의 1번 위치에 있고 영화 타이타닉은 리스트의 2번 위치에 있다.

리스트의 항목을 식별하기 위하여 사용하는 숫자를 인덱스(index)라고 하고 이러한 기법을 인덱싱이라고 한다. 다시 말하면 인덱싱이란 리스트의 각 항목에 유일한 번호를 할당하는 것이다. 인덱스는 0부터 시작한다. 영화 아바타는 1번 위치에 있으므로 인덱스는 0이 된다. 영화 타이타닉은 리스트의 2번 위치에 있으므로 인덱스는 1이 된다. 리스트 안의 항목은 대괄호를 사용하여 나타낸다. 예를 들어서 위의 리스트를 `movie_list`라고 하면 첫 번째 영화는 `movie_list[0]`이 된다. 즉 영화 아바타가 `movie_list[0]`이 된다. 영화 타이타닉은 `movie_list[1]`이 된다.

간단한 예제로 `movie_list`에 영화들을 저장하는 의사 코드를 작성하여 보자.

```
movie_list[0] ← "아바타"
movie_list[1] ← "타이타닉"
movie_list[2] ← "스타워즈"
movie_list[3] ← "주라기 월드"
movie_list[4] ← "어벤저스"
```

리스트를 한 번에 초기화하려면 다음과 같은 문장을 사용한다.

```
movie_list = { "어벤저스", "타이타닉", "스타워즈", "주라기 월드", "어벤저스" }
```

리스트 `movie_list`에 저장된 영화들을 꺼내서 출력하는 의사 코드를 작성해보자.

```
print movie_list[0]
print movie_list[1]
print movie_list[2]
print movie_list[3]
print movie_list[4]
```

코드가 상당히 중복되는 것 같다. 좋은 방법은 없을까? 반복 구조를 사용해보자.

```
i ← 0
while i < 5
    print movie_list[i]
    i ← i + 1
endwhile
```

컴퓨터 메모리에 리스트는 어떻게 저장될까?

컴퓨터 메모리는 바이트들로 구성되며 메모리에는 0부터 시작하는 숫자(주소)가 매겨져 있다. 바이트(byte)는 8개의 비트가 모인 것이다. 우리가 사용하는 PC의 메모리가 16GB라고 하면 바이트가 16×10^9가 있는 것이다.

0	
1	
2	
3	
4	
5	
6	
7	
8	
...	

컴퓨터 메모리에 리스트는 어떻게 저장할 수 있을까? 만약 하나의 영화가 8비트로 저장된다고 가정하자. 리스트는 아래 그림에 나타난 대로 저장하면 될 것이다.

0	아바타(Avatar)
1	타이타닉(Titanic)
2	스타워즈(Star Wars: The Force Awakens)
3	주라기 월드(Jurassic World)
4	어벤저스(Marvel's The Avengers)
5	
6	
7	
8	
...	

영화 아바타는 인덱스 0이므로 메모리 주소 0에 저장하면 된다. 영화 타이타닉은 인덱스 1이므로 메모리 주소 1에 저장하면 된다. 이렇게 리스트를 메모리에 순차적으로 저장한 것을 배열(array)이라고 한다.

만약 우리가 2개의 리스트를 동시에 메모리에 저장하려면 어떻게 하면 좋을까? 예를 들어서 "역대 최대 흥행 영화 리스트"와 "버킷 리스트"를 동시에 메모리에 저장하려면 어떻게 해야 할까? 메모리의 주소 0에 2개 항목을 저장할 수 없다. 이때는 배열을 메모리의 어떤 위치에도 저장할 수 있게 하면 된다. 배열의 첫 번째 항목이 저장된 위치를 기준 주소(base address)라고 한다. 배열마다 기준 주소를 다르게 하면 여러 개의 배열을 동시에 메모리에 저장할 수 있다.

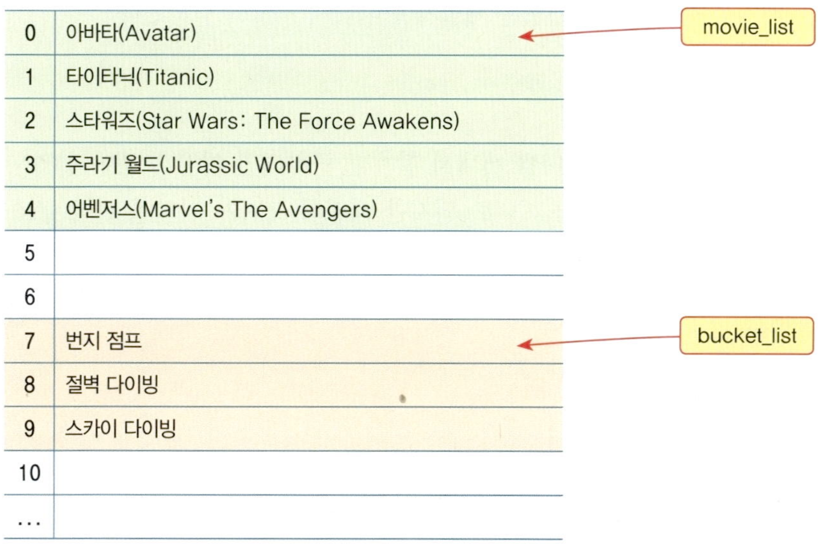

배열의 이름을 알고 있으면 배열의 기준 주소를 알 수 있다. 배열의 기준 주소를 알고 있으면 배열의 모든 항목을 찾을 수 있다. 배열은 컴퓨터 메모리의 연속된 공간에 저장된다. 배열은 한번 생성되면 변경하기가 비교적 어렵지만 그럼에도 불구하고 컴퓨터 알고리즘이나 프로그램에서 아주 많이 사용된다. 구조가 간단하고 성능도 우수하기 때문이다. 배열은 일반적으로 다음과 같이 그린다.

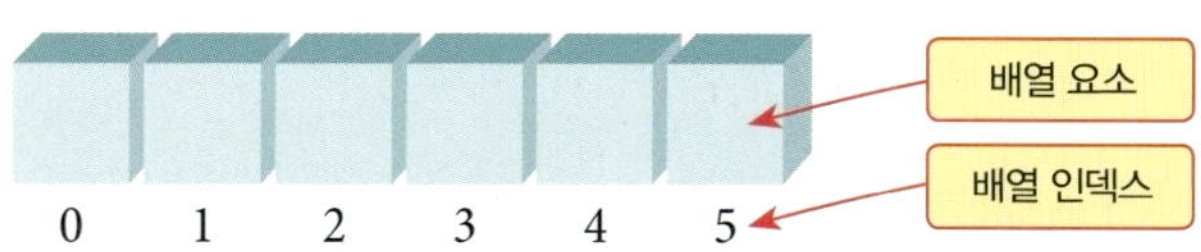

배열의 인덱스(index)는 프로그래밍 언어에 따라서 1부터 시작하기도 하고 0부터 시작하기도 한다. 최근에는 인덱스가 0부터 시작되는 언어가 많다. 따라서 우리도 인덱스가 0부터 시작한다고 가정하자. 배열에 저장된 값들을 배열 요소(array element)라고 한다.

03 필수 이론

배열을 이용하는 알고리즘

배열에 학생들의 성적이 다음과 같이 저장되어 있다고 가정하자. 배열에서 성적을 하나씩 꺼내서 평균을 계산하는 알고리즘을 작성하여 보자.

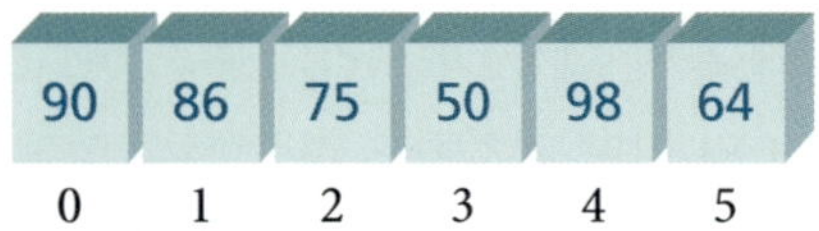

의사 코드에서 초기값으로 배열을 생성하는 명령어는 다음과 같다. 의사 코드에서 배열을 생성하는 표기법은 개발자에 따라서 조금씩 달라진다.

```
list = {90, 86, 75, 50, 98, 64}
```

배열에서 성적을 하나씩 꺼내서 합계를 구하려면 어떻게 해야 할까? 배열의 크기가 작을 때는 하나씩 꺼내도 되지만 배열의 크기가 커지면 반복 구조를 사용하여야 한다.

```
sum ← 0
i ← 0

while i < 배열의 크기
    sum ← sum + list[i]
    i ← i + 1
endwhile

average ← (sum / 배열의 크기)
```

변수 `i`를 0으로 초기화하고 한번 반복할 때마다 `list[i]`를 변수 `sum`에 누적한다. 한번 반복할 때마다 `i`는 1씩 증가된다. `i`가 배열의 크기를 벗어나게 되면 반복은 종료된다. 반복이 종료되고 sum을 배열의 크기로 나누면 성적의 평균을 계산할 수 있다.

최소값 찾기

배열에 저장된 값들의 최대값이나 최소값을 어떻게 계산하는지를 생각해보자. 이것은 실제 프로그래밍에서도 상당히 많이 등장하는 중요한 문제이다. 어디에 사용될까? 예를 들어 보자. 우리는 인터넷에서 특정한 상품(예를 들어서 TV)을 구입하고자 한다. 여러 인터넷 사이트에서 판매되는 가격이 배열 prices에 저장되어 있다고 가정하자. 어떻게 하면 최소 가격으로 상품을 구입할 수 있을까? 배열 요소 중에서 최소값을 구하면 된다.

일단 배열의 첫 번째 요소를 최소값으로 가정한다. 배열의 두 번째 요소부터 마지막 요소까지 이 최소값과 비교한다. 만약 어떤 요소가 현재의 최소값보다 작다면 이것을 새로운 최소값으로 변경하면 된다. 모든 요소들의 검사가 종료되면 최소값을 찾을 수 있다.

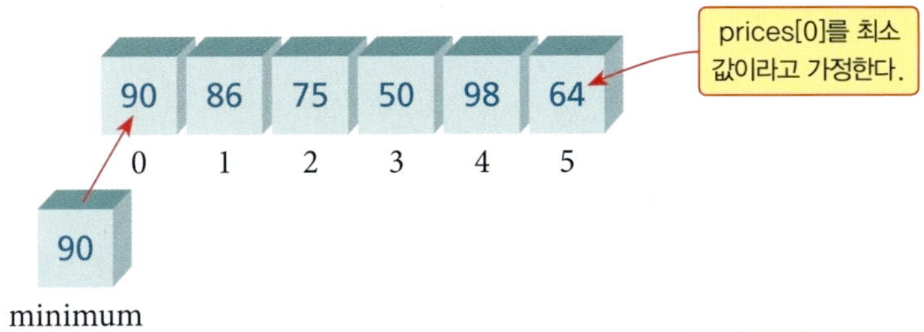

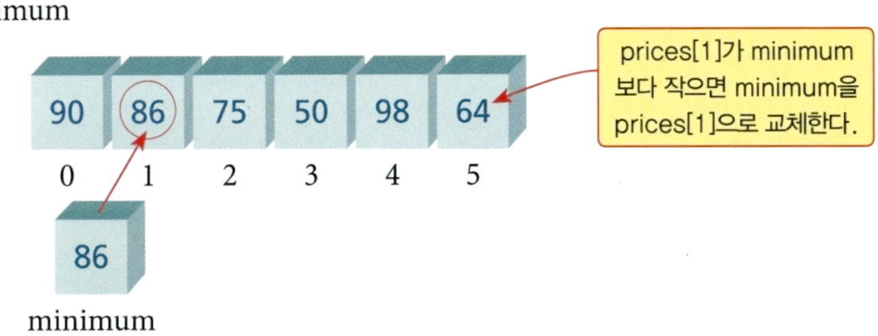

위의 알고리즘을 의사 코드로 작성해보면 다음과 같다.

```
minimum ← prices[0]
i ← 1
while i < 배열의 크기
    if prices[i] < minimum then
        minimum ← prices[i]
    endif
    i ← i + 1
endwhile

print minimum
```

도전문제

1. 위의 알고리즘에서 최대값을 찾도록 코드를 수정해보자. 어디만 수정하면 되는가?

특정한 값 탐색하기

배열에서 특정한 값을 탐색하는 것도 아주 중요한 문제 중의 하나이다. 컴퓨터에서 탐색 알고리즘은 상당히 많이 사용된다. 우리가 인터넷에서 어떤 정보를 탐색할 때도 탐색 알고리즘이 사용된다. 문제를 간단하게 하기 위하여 배열에 숫자들이 저장되어 있고 우리는 이중에서 하나의 숫자를 찾는다고 가정하자.

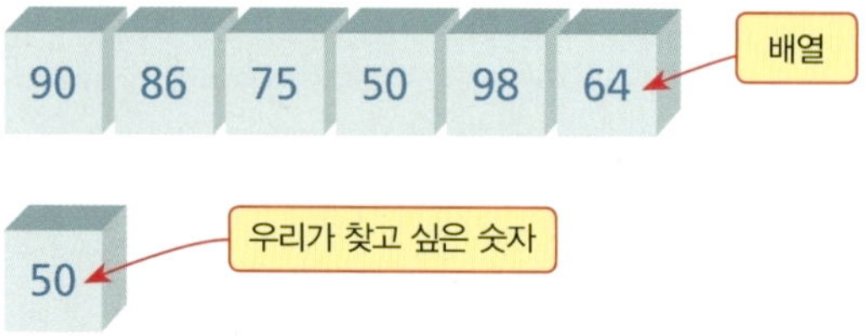

만약 배열이 크기순으로 정렬되어 있지 않다면 단 하나의 탐색 알고리즘만 사용할 수 있다. 배열의 첫 번째 요소부터 하나씩 비교해나가는 방법이다.

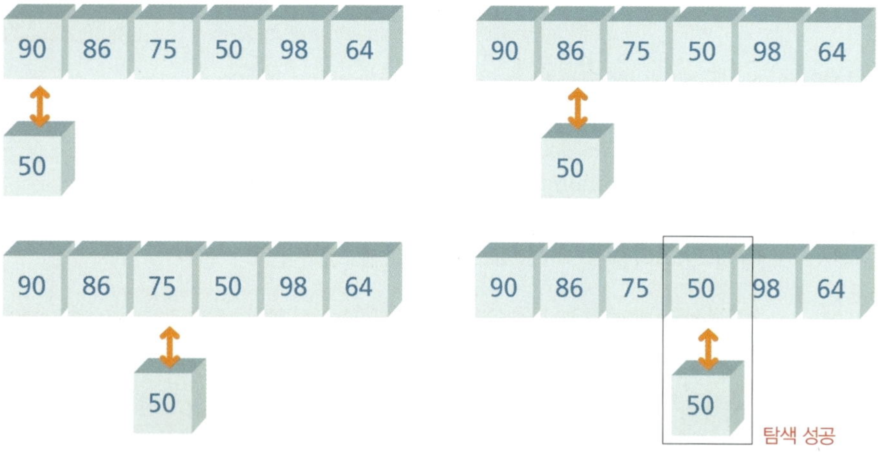

이 방법을 순차 탐색(sequential search)이라고 한다. 순차 탐색 알고리즘을 의사 코드로 작성하면 다음과 같다.

```
list = {90, 86, 75, 50, 98, 64}
i ← 0
search_value ← 50
while i < 배열의 크기
    if list[i] = search_value then
        print "탐색 성공", i
    endif
    i ← i + 1
endwhile
```

04
필수 이론

정렬

컴퓨터는 리스트를 크기순으로 정렬하는 데 자주 사용된다. 예를 들어서 친구들의 리스트를 이름순으로 정렬하거나 전자 메일을 날짜순으로 정렬하는데 사용된다.

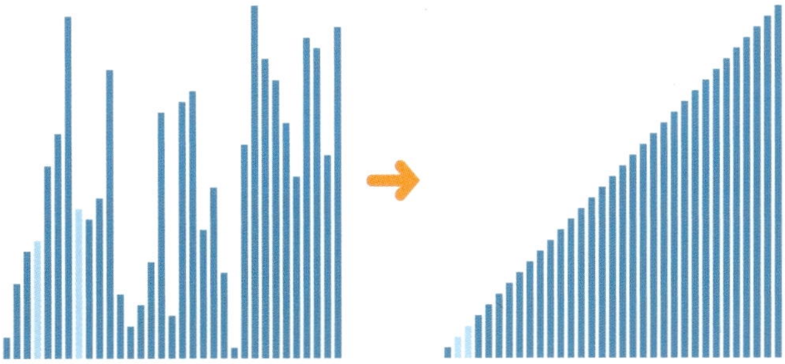

정렬이란 다음과 같은 숫자들의 리스트를 크기순으로 다시 나열하는 것이다.

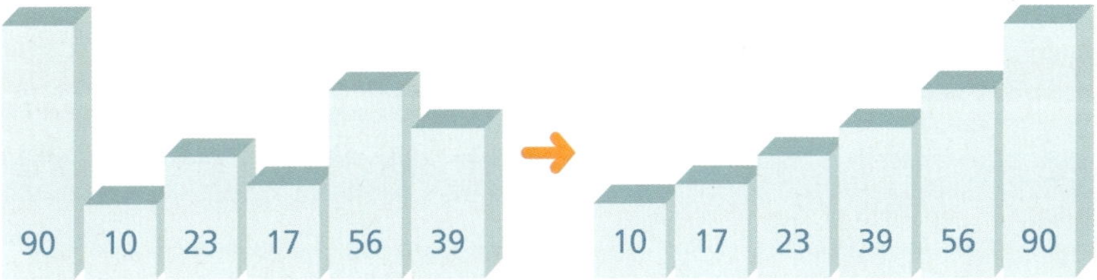

단어들의 리스트도 알파벳순으로 정렬할 수 있다.

정렬이 중요한 것은 데이터가 정렬이 되어 있어야 탐색이 빨라지기 때문이다. 이것은 인간은 일상생활에서 많이 경험하고 있다. 아래의 2개의 방에서 어디서 물건 찾기가 더 쉬울까?

컴퓨터도 마찬가지이다. 데이터가 순서대로 정렬되어 있으면 컴퓨터는 강력한 탐색 알고리즘을 적용할 수 있다. 예를 들어서 우리는 정렬된 전화번호부에서 원하는 사람의 전화번호를 쉽게 찾을 수 있다. 전화번호부가 이름순으로 정렬되지 않았다면 특정한 사람의 전화번호를 찾는 것이 아주 어려웠을 것이다. 영어 사전이 정렬되어 있지 않다면 아무 쓸모가 없을 것이다. 따라서 데이터를 정렬하는 것은 아주 가치 있는 동작이다.

그림 10-3 정렬의 예: 사전

리스트를 순서대로 정렬할 때, 잘못된 알고리즘을 사용하면 아무리 빠른 컴퓨터를 사용한다고 하더라도 오랜 시간이 걸릴 수 있다. 다행스럽게도 정렬을 위한 몇 가지 빠른 방법이 알려져 있다. 우리는 가장 이해하기 쉬운 버블 정렬이라는 방법만을 살펴보자.

철수는 자기 방에서 블록을 가지고 놀다가 엄마로부터 블록을 크기순으로 정리해 놓으라는 지시를 받았다. 어떻게 하면 체계적으로 블록들을 크기순으로 정리할 수 있을까?

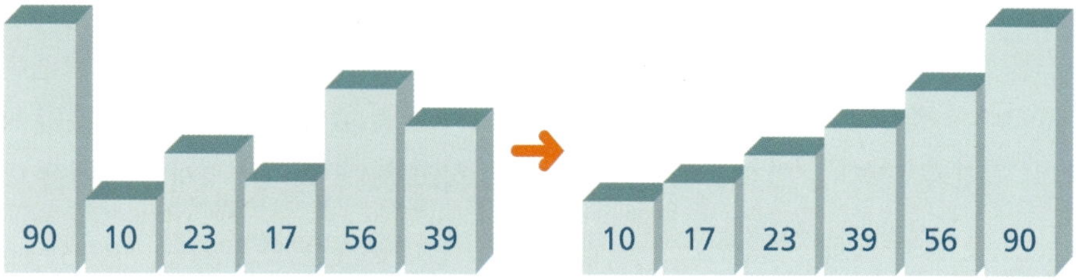

블록의 개수가 몇 개 안되면 인간은 쉽게 정렬할 수 있다. 하지만 컴퓨터는 이때도 알고리즘이 있어야 블록들을 정렬할 수 있다. 컴퓨터를 사용하는 방법의 장점은 무엇일까? 블록의 개수가 1000개가 되면 인간은 직관적으로 블록을 정렬할 수 없다. 하지만 컴퓨터는 알고리즘만 있으면 블록이 아무리 많아도 한 치의 오차 없이 전부 빠르게 정렬할 수 있다. 알고리즘의 힘이다.

인간은 정렬되지 않은 블록들을 보면 어떤 것이 가장 작은 것인지 직관적으로 알

수 있다. 하지만 컴퓨터는 이러한 직관력은 없다. 하지만 2개의 블록을 비교해서 어떤 것이 더 작은지는 알 수 있다(여러 개의 블록이 아니다!).

❶ 인접한 블록 2개를 비교하여서 순서대로 되어 있지 않으면 위치를 바꾼다.

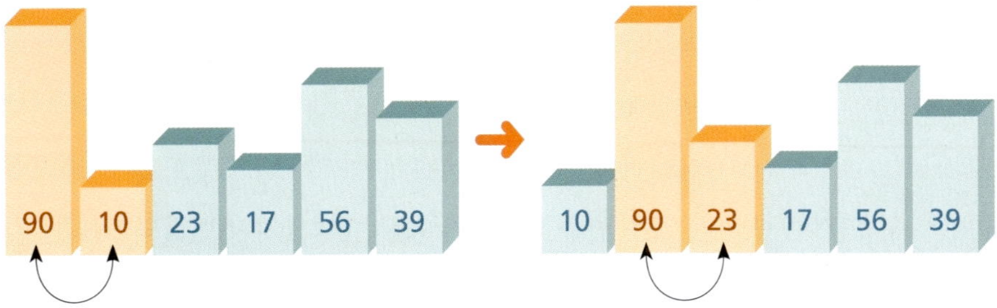

❷ 이 과정을 리스트의 마지막 블록까지 되풀이 한다. 이것을 하나의 패스라고 한다. 첫 번째 패스가 종료되면 다음과 같은 모양이 된다. 가장 큰 값은 제 위치에 있다.

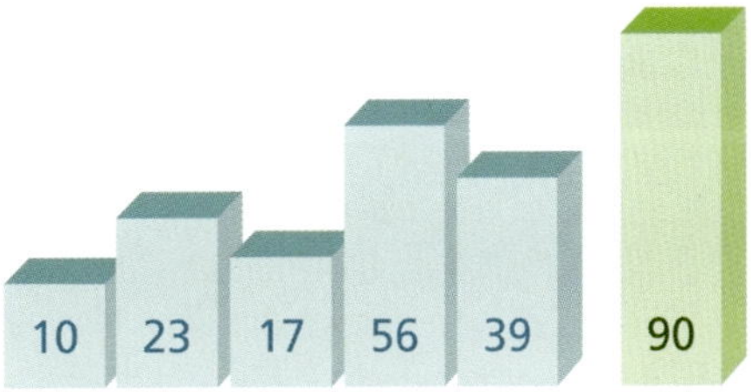

❸ 다시 인접한 블록 2개를 비교하여서 순서대로 되어 있지 않으면 위치를 바꾼다. 두 번째 패스가 끝나면 다음과 같은 모양이 된다.

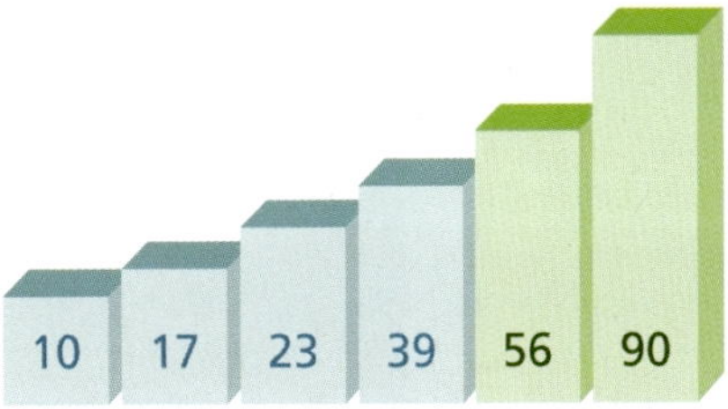

❹ 위의 과정을 블록의 개수만큼 되풀이하면 모든 블록이 크기순으로 정렬된다.

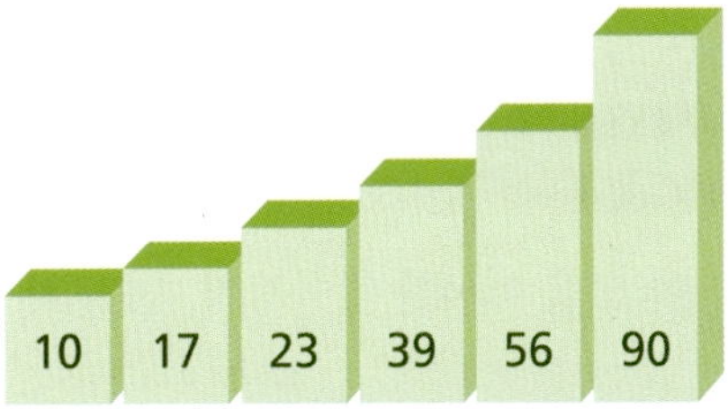

버블 정렬을 의사 코드로 작성하여 보자.

```
list = {90, 10, 23, 17, 56, 39}
n ← list의 크기
i ← 0
while i < n-1
    list[i]와 list[i+1]이 크기순으로 되어 있지 않으면 교환한다.
    i++
endwhile
```

여기서 주의할 것은 변수 i의 값이 0에서 n-2까지만 변화되어야 한다는 점이다. i를 0에서 n-1까지 변화시키면 i가 n-1일 때 list[n]을 참조하게 되어서 배열의 크기를 넘어가게 된다. 크기가 n인 배열의 마지막 인덱스는 n-1이다.

위의 알고리즘에서는 list[i]와 list[i+1]을 서로 교환하는 코드가 없다. 알고리즘에서 두개의 변수에 저장된 값을 교환하려면 추가적인 변수가 하나 더 필요하다. 이것을 2개의 컵에 담겨 있는 음료를 서로 교환할 때 3번째 컵이 있어야 하는 것과 마찬가지이다. 좀 더 자세한 의사 코드는 다음과 같다.

```
list = {90, 10, 23, 17, 56, 39}
n ← list의 크기
i ← 0
while i < n-1
    if list[i] > list[i+1] then
        tmp ← list[i]
        list[i] ← list[i+1]
        list[i+1] ← tmp
    endif
    i++
endwhile
```

05
필수 이론

이진 탐색 알고리즘

앞에서 살펴본 선형 탐색은 상당히 시간이 많이 걸리는 탐색 방법이다. 만약 배열의 크기가 크다면 문제가 된다. 이진 탐색(binary search)은 아주 속도가 빠른 탐색 기법이다. 대신에 탐색하려는 배열이 정렬이 되어 있어야 한다. 예를 들어서 아래와 같은 배열이 있을 때 4를 찾아보자. 먼저 배열의 중앙값인 7과 비교한다. 4는 7

보다 작으므로 배열의 전반부에 있을 것이다. 다시 4를 남아 있는 구간의 중앙값인 3과 비교한다. 4는 3보다 크므로 남아있는 구간의 후반부에 있을 것이다. 다시 4를 남아 있는 구간의 중앙값 6과 비교한다. 4는 6보다 작으므로 남아있는 구간의 전반부로 가면 4를 찾을 수 있다.

이진 탐색은 배열의 중앙에 있는 값을 탐색값과 비교한다. 만약 일치하면 탐색값을 찾은 것이므로 성공이다. 만약 탐색값이 중앙 요소의 값보다 작으면 우리가 찾고자 하는 값은 배열의 전반부에 있을 것이다. 따라서 배열의 후반부는 탐색의 범위에서 제외할 수 있다. 반대로 만약 탐색값이 중앙 요소의 값보다 크면 우리가 찾고자 하는 값은 배열의 후반부에 있을 것이다. 따라서 배열의 전반부는 탐색의 범위에서 제외할 수 있다. 이러한 기법을 남아 있는 숫자들에 대하여 반복적으로 적용한다. 이진 탐색에서는 한 번 비교할 때마다 탐색의 범위가 절반으로 줄어든다.

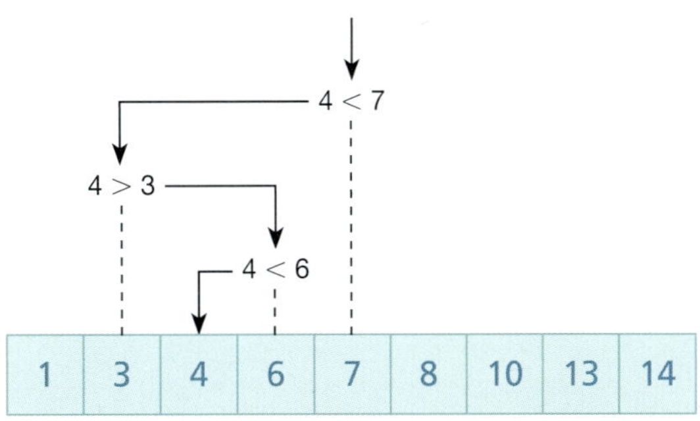

1024개의 요소를 가지는 배열을 탐색하는데 얼마만큼의 비교가 필요할까? 한 번 비교를 할 때마다 탐색 범위가 절반씩 줄어든다. 첫 번째 비교를 하면 범위가 512로 줄어들고 이후로 비교를 할 때마다 범위가 256, 128, 64, 32, 16, 8, 4, 2, 1이 된다. 범위가 1이 되면 이미 탐색이 성공하던지 실패할 것이다. 이것은 최악의 경우를 가정한 것이다. 중간에 만약 일치하는 원소가 있으면 탐색이 종료된다. 따라서 최대 10번의 비교만 있으면 된다.

배열 요소의 개수와 비교 횟수와의 패턴을 찾을 수 있는가? 배열 요소의 개수가 n이면 필요한 비교 횟수는 최대 $\log_2 n$이 된다. 만약 배열의 원소가 2^{30}(약 10억 개)라고 하더라도 이진 탐색은 30번만 비교하면 어떤 원소라도 찾을 수 있다. 반면에 순차 탐색은 평균 5억 번의 비교가 필요하다. 이진 탐색에서는 비교가 이루어질 때마다 탐색 범위가 급격하게 줄어든다. 즉 찾고자 하는 항목이 속해있지 않은 부분은 전혀 고려할 필요가 없기 때문이다.

이진 탐색을 적용하려면 탐색하기 전에 배열이 반드시 정렬되어 있어야 한다. 따라서 이진 탐색은 데이터의 삽입이나 삭제가 빈번할 시에는 적합하지 않고, 주로 고정된 데이터에 대한 탐색에 적합하다.

이진 탐색 알고리즘을 의사 코드로 작성하면 다음과 같다.

```
list = {1, 3, 4, 6, 7, 8, 10, 13, 14}
key ← 4              # 우리가 찾고자 하는 값
low ← 0
high ← 8
while low ≤ high
    middle ← (low + high)/2
    if key = list[middle] then
        print "4를 찾았음"
    else
        if key > list[middle] then
            low ← middle + 1
        else
            high ← middle - 1
        endif
    endif
endwhile
```

06
필수 이론

최단 거리 찾기 알고리즘

이제까지 우리는 여러 가지 자료 구조 중에서 리스트만을 학습하였다. 컴퓨터에서는 리스트뿐만 아니라 그래프(graph)라고 하는 자료 구조도 사용한다. 그래프는 정점과 간선으로 이루어진 자료구조이다.

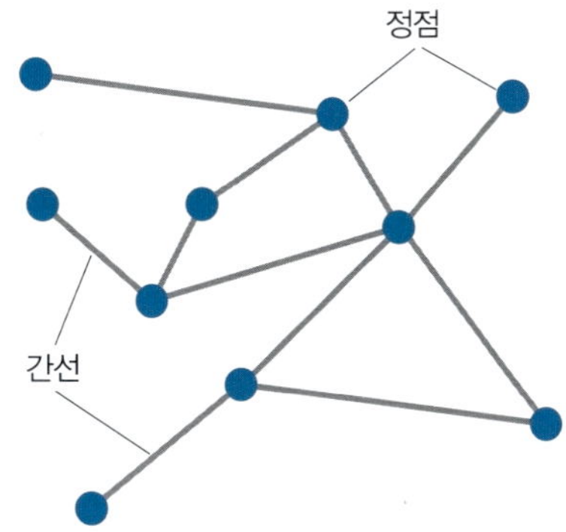

그래프는 지도와 같은 데이터를 나타낼 때 사용한다. 우리는 컴퓨터가 최단 거리를 어떻게 찾는지 간단히 살펴보자. 우리는 운전할 때 내비게이션 또는 스마트폰의 길 찾기 애플리케이션을 많이 사용한다. 내비게이션이 없었을 때는 도대체 어떻게 길을 찾아서 운전했는지 모를 정도이다.

컴퓨터는 어떻게 수많은 경로 중에서 최단경로를 찾을까? 만약 경로가 간단한 경우에는 모든 경로의 길이를 계산해보면 된다. 예를 들어서 집에서 학교까지 가는 길을 간단히 그리면 다음과 같다고 하자.

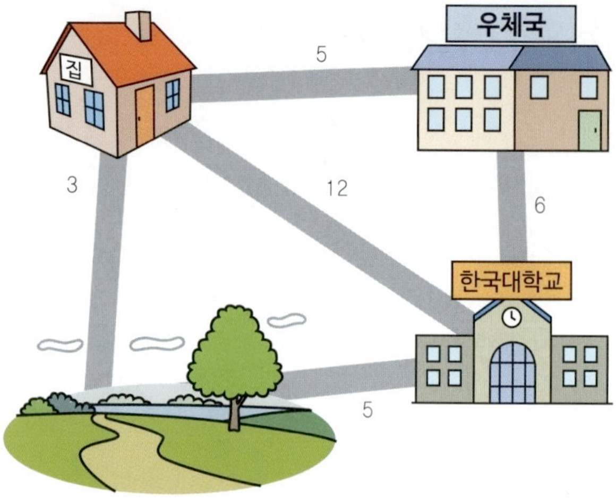

이 경우는 간단하기 때문에 집에서 학교로 가는 모든 경우의 수를 구해서 각각의 거리를 비교하면 가장 빠른 길을 쉽게 찾을 수 있다. 다음과 같이 표를 만드는 것이 좋다.

경로	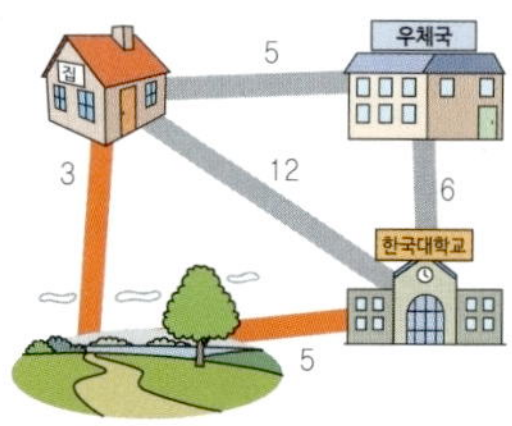	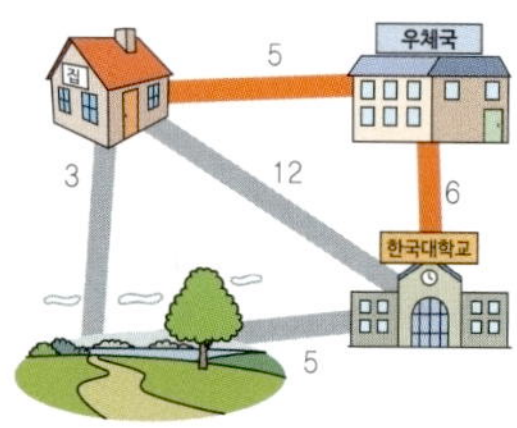	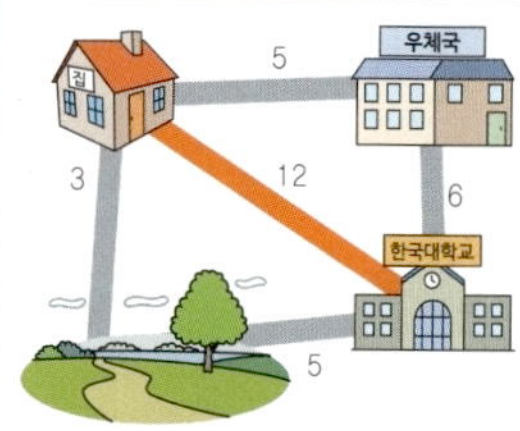
	집 → 공원 → 학교	집 → 우체국 → 학교	집 → 학교
거리	8	11	12

위와 같은 경우에는 경로의 개수가 얼마 안 되기 때문에 모든 경로의 길이를 계산해서 최단 경로를 찾을 수 있었다. 만약 자동차 내비게이션처럼 A 지점에서 B 지점으로 가는 경로가 많은 경우에는 어떻게 하여야 할까? 이런 경우에는 Floyd의 알고리즘을 사용해서 최단경로를 찾아보자. Floyd의 알고리즘은 모든 지점에서 다른 모든 지점까지의 최단 경로를 계산할 수 있다.

우선 각 지점을 점으로, 지점을 잇는 길을 선으로 간단히 표시해보자. 이것은 우리가 앞에서 살펴본 컴퓨팅 사고 단계 중에서 추상화 단계에 해당한다. 경로의 길이는 수치로 표현되고 이것을 가중치(weight)라고 한다. 최단 경로 알고리즘은 가중치의 합이 가장 적은 경로를 찾는다.

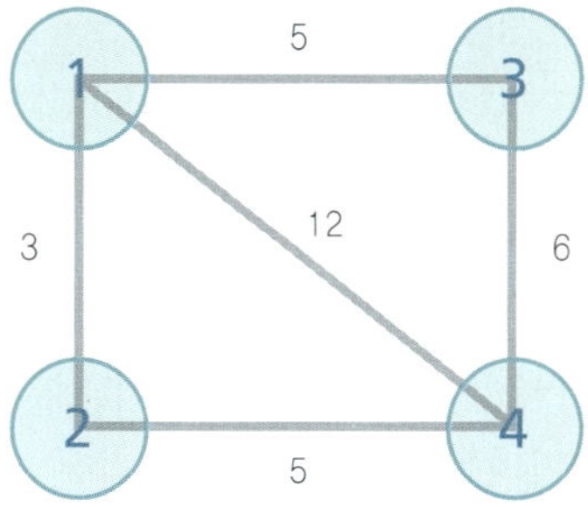

Floyd의 알고리즘은 작은 문제들의 결과를 이용하여서 조금 더 큰 문제를 해결한다(전문적인 용어로는 동적 프로그래밍이라고 한다). 이것을 반복하는 것이다. 컴퓨팅 사고에서 큰 문제를 작은 문제로 분해하여서 해결한 후에 작은 문제들의 결과들을 모아서 큰 문제를 해결하는 것과 유사하다.

위의 그래프에서 일부만 살펴보자. Floyd의 알고리즘의 핵심은 다음과 같다. 정점 i에서 정점 j로 가는 길은 다음과 같이 2가지가 있다.

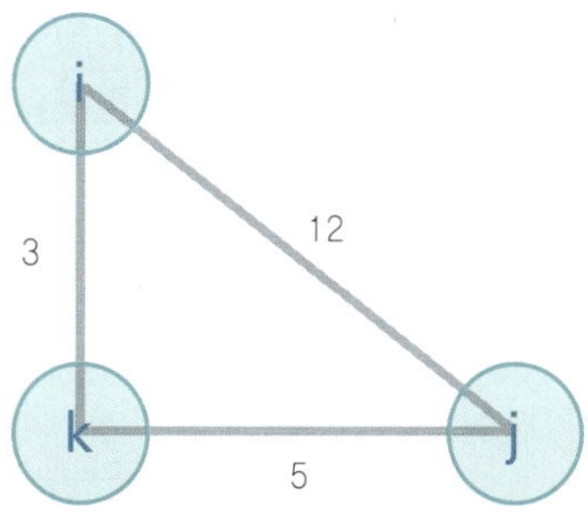

❶ 정점 i에서 k를 거쳐서 정점 j로 갈수 있다.

❷ i에서 j로 직접 갈 수 있다.

우리는 이 2가지 길 중에서 거리가 짧은 것을 취하면 된다. dist[i][j]를 정점 i에서 정점 j까지 가는 거리라고 하면 다음과 같은 작업을 모든 정점에 대하여 k를 변경해가면서 반복하면 된다.

```
dist[i][j] ← min(dist[i][j], dist[i][k]+dist[k][j])
```

Floyd의 알고리즘은 다음과 같다. 여기서 dist[i][j]의 초기값은 i부터 j까지 직접 가는 길이 있으면 거리를 입력하고 그렇지 않으면 무한대 값을 입력한다.

```
for k from 1 to 정점개수
    for i from 1 to 정점개수
        for j from 1 to 정점개수
```

```
        if (dist[i][k] + dist[k][j]) < dist[i][j]
            dist[i][j] ← dist[i][k] + dist[k][j]
        end if
```

여기서 "`for k from 1 to` 정점개수"는 반복 구조로서 변수 k를 1부터 정점개수까지 증가시키면서 반복하는 것이다. 우리의 작은 그래프에 대하여 플로이드 알고리즘이 어떻게 최단 거리를 찾는지 다음과 같은 표로 알아보자.

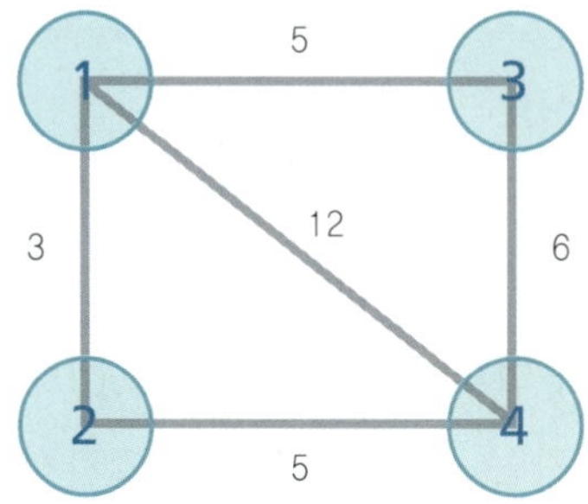

처음에 `dist[][]` 테이블은 다음과 같이 될 것이다. 직접 가는 경로가 있으면 거리를 입력하고 직접 가는 경로가 없으면 무한대(∞)를 입력한다.

	정점1	정점2	정점3	정점4
정점1	0	3	5	12
정점2	3	0	∞	5
정점3	5	∞	0	6
정점4	12	5	6	0

❶ 모든 정점에 대하여 정점 1을 거쳐서 가는 경로와 현재의 경로를 비교하여 작은 것을 취하면 다음과 같다.

	정점1	정점2	정점3	정점4
정점1	0	3	5	12
정점2	3	0	8	5
정점3	5	8	0	6
정점4	12	5	6	0

정점2에서 정점3까지 가는 경로는 무한대에서 8로 변경되었다. 정점2에서 정점

1을 거쳐서 정점3으로 가면 8만큼 걸리기 때문이다.

❷ 모든 정점에 대하여 정점 2를 거쳐서 가는 경로와 현재의 경로를 비교하여 작은 것을 취하면 다음과 같다.

	정점1	정점2	정점3	정점4
정점1	0	3	5	8
정점2	3	0	8	5
정점3	5	8	0	6
정점4	8	5	6	0

정점1에서 정점4까지 가는 최단경로는 12에서 8로 변경되었다. 정점1에서 정점2를 거쳐서 정점4까지 가면 8만큼 걸리기 때문이다. 직접 갈 때보다 정점2를 거쳐서 가면 거리가 줄어든다.

❸ 모든 정점에 대하여 정점 3을 거쳐서 가는 경로와 현재의 경로를 비교하여 작은 것을 취하면 다음과 같다. 변경된 최단 경로가 없다.

	정점1	정점2	정점3	정점4
정점1	0	3	5	8
정점2	3	0	8	5
정점3	5	8	0	6
정점4	8	5	6	0

❹ 모든 정점에 대하여 정점 4를 거쳐서 가는 경로와 현재의 경로를 비교하여 작은 것을 취하면 다음과 같다. 변경된 최단 경로가 없다.

	정점1	정점2	정점3	정점4
정점1	0	3	5	8
정점2	3	0	8	5
정점3	5	8	0	6
정점4	8	5	6	0

스크래치 실습

COMPUTATIONAL THINKING

이번 장에서는 다음과 같은 사항을 학습해보자.

- 리스트를 만들고 조작하는 방법
- 정렬 및 검색 기술

지금까지는 일반 변수를 사용하여서 하나의 데이터만 저장하였다. 그러나 일반 변수는 100명 학생들의 주소를 저장하는 경우에는 유용하지 않다. 예를 들어, 친구들 100명의 전화번호를 프로그램에서 저장하려면 100개의 변수가 필요하다. 물론 100개의 변수를 생성할 수도 있지만 한없이 복잡한 프로그램이 될 것이다. 이 장에서는 리스트(list)를 이용하여서 관련된 값을 그룹화하는 편리한 방법을 살펴본다.

07 리스트

스크래치 실습

리스트(list)는 여러 값을 저장하고 액세스 할 수 있는 컨테이너와 같다. 리스트는 상자들이 붙어 있는 것과 같다. 각각의 상자에는 단일 항목이 저장되어 있다. 리스트를 만들 때는 변수에 이름을 붙이는 것과 같다. 리스트가 생성되면 리스트의 저장 위치를 사용하여 리스트의 개별 요소에 접근할 수 있다. 예를 들어, 아래 그림의 fruits는 과일의 이름이 저장된 리스트를 보여준다.

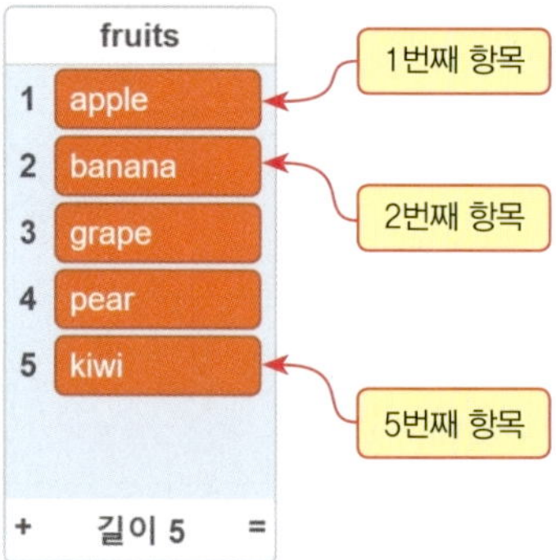

인덱스(index)를 사용하여 리스트에 포함된 항목을 참조 할 수 있다. 스크래치에서 첫 번째 항목의 인덱스는 1이고 두 번째 항목은 2이다. 예를 들어, grape가 리스트에서 3번째이므로 인덱스는 3이다. 따라서 "3번째 fruits 항목" 블록을 이용하여서 세 번째 요소를 참조할 수 있다. 스크래치에서 리스트를 만들어 보자. 또 프로그램에서 리스트를 관리하고 조작할 수 있는 블록을 살펴보자.

리스트 만들기

리스트를 만드는 것은 변수를 만드는 것과 거의 동일하다. "변수" 팔레트를 선택하고 "리스트 만들기"를 클릭 하면 아래 그림과 같은 대화 상자가 나타난다. 리스트의 이름을 입력하고 리스트의 범위를 지정한다. "모든 스프라이트에서 사용"을 선택하면 모든 스프라이트가 접근할 수 있는 전역 리스트가 생성된다. 만약 "이 스프라이트에서만 사용" 옵션을 선택하면 현재 스프라이트만 변경할 수 있는 지역 리스트가 된다. 이것은 변수의 경우와 같다.

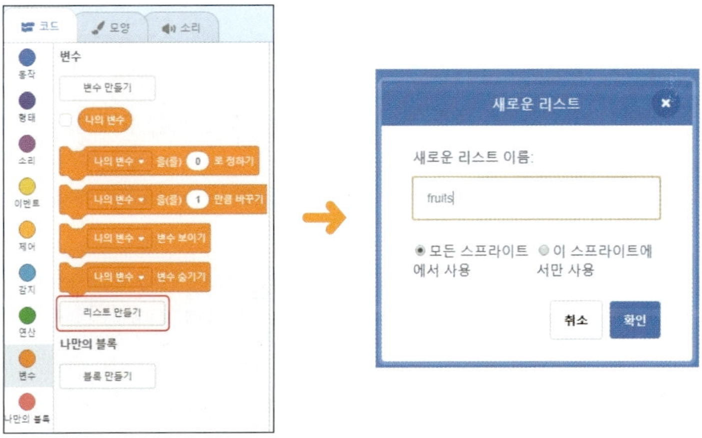

"확인"을 누르면 스크래치는 생성된 공백 리스트를 화면에 보여준다. 공백 리스트는 항목을 하나도 가지지 않은 리스트를 의미한다. 다양한 블록들을 사용하여 리스트의 내용을 조작할 수 있다. 새 항목을 추가하거나 특정 위치에 항목을 삽입하거나 특정 항목을 삭제하거나 기존 항목의 값을 바꿀 수 있다.

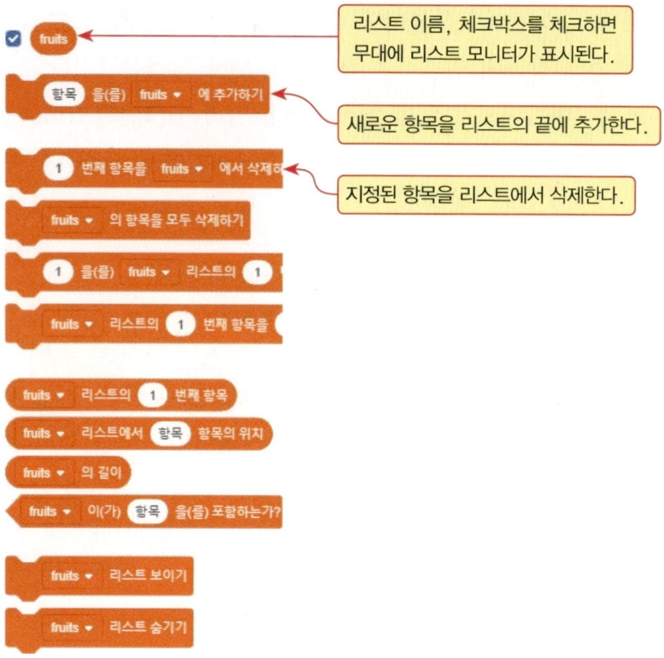

새 리스트가 만들어지면 스크래치는 아래 그림과 같이 리스트 모니터를 화면에 표시한다. 리스트는 처음에는 비어 있으며, 길이는 0에서 시작한다. 이 모니터를 사용하여 리스트에 항목을 추가할 수 있다.

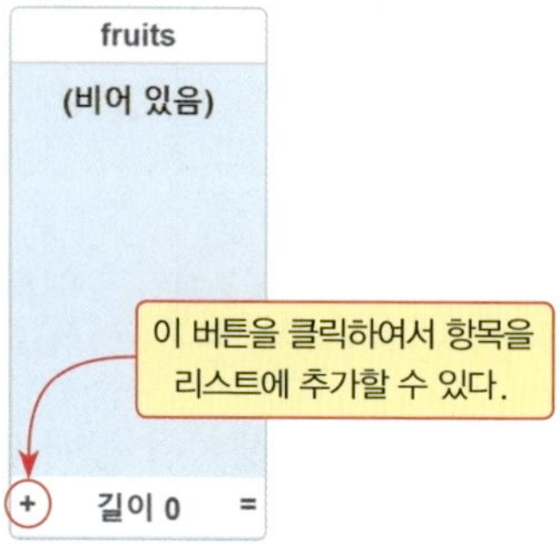

우리가 리스트에 저장하려는 데이터를 미리 알고 있으면 이 시점에서 리스트에 추가할 수 있다. 다음 그림은 fruits 리스트에 모니터를 이용하여 월 이름을 추가하는 방법을 보여주고 있다.

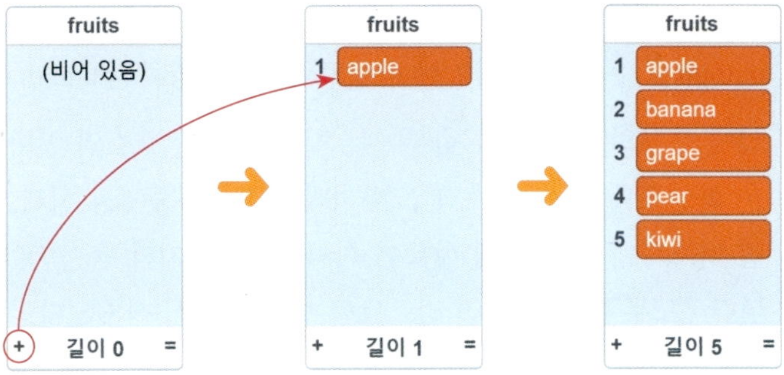

왼쪽 하단에 있는 "+" 기호를 5번 클릭하여 5개의 항목을 만든 후에 각 편집 상자 안에 과일의 이름을 입력해보자.

08 리스트 관련 블록

스크래치 실습

앞에서는 리스트를 생성하는 방법에 대하여 설명하였다. 이 절에서는 리스트와 관련된 블록들을 좀 더 자세하게 살펴보자.

추가 및 삭제

"...항목을 리스트에 추가하기" 블록은 리스트의 끝에 새 항목을 추가한다. "...번째 항목을 리스트에서 삭제하기" 블록은 특정 위치에서 항목을 제거한다. 아래 그림에서는 이러한 블록을 사용하는 방법을 보여준다.

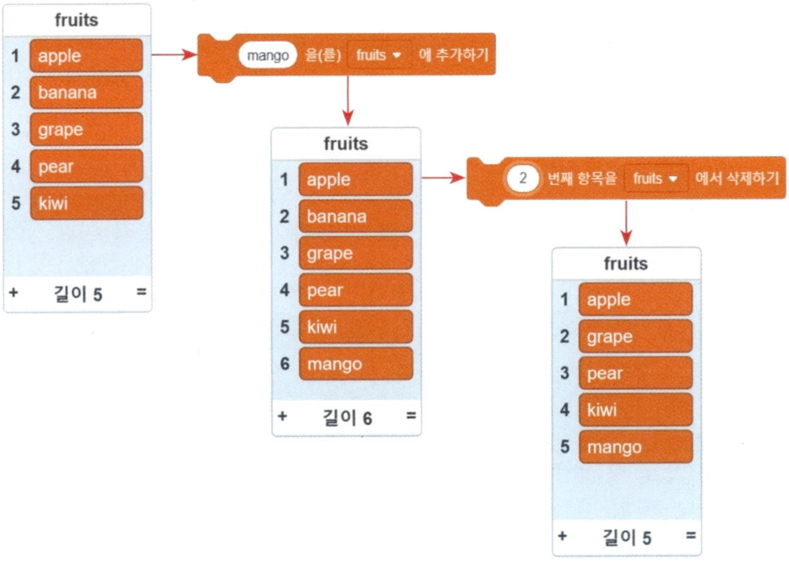

이 스크립트는 먼저 "...항목을 리스트에 추가하기" 블록을 실행하여 리스트에 mango를 추가한다. 이어서 리스트의 2번째 항목인 banana를 제거한다.

삭제 블록의 매개 변수 슬롯에는 직접 삭제할 요소의 인덱스를 입력하거나 드롭다운 화살표를 클릭 하여 "1", "마지막", "모두" 중에서 선택할 수 있다. "1"을 선택하면 리스트에서 첫 번째 항목이 삭제된다. "마지막"을 선택하면 마지막 항목이 삭제된다. "모두"를 선택하면 리스트의 모든 항목이 삭제된다.

삽입 및 대체

친구들의 연락처를 리스트에 저장한다고 하자. 친구들의 연락처는 사전과 같이 가나다순으로 정렬되어 있어야 찾기가 쉽다. 따라서 친구들의 연락처를 추가할 때는 리스트 안의 적절한 위치에 삽입해야한다. 이때 사용할 수 있는 것이 삽입 및 대체 블록이다.

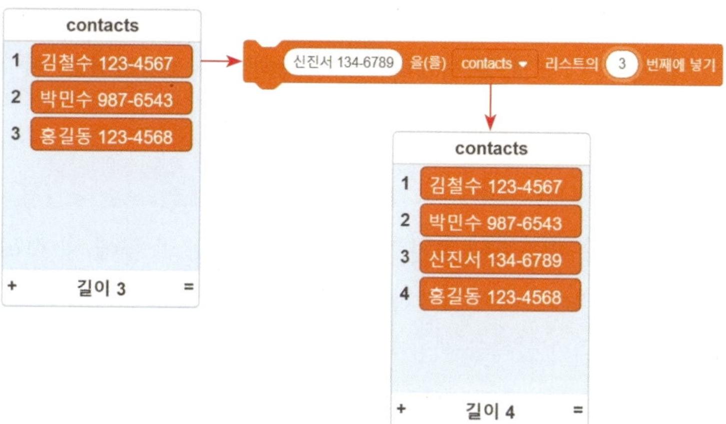

"신진서 134-6789를 3번째 contacts에 넣기" 블록은 신진서의 이름과 전화번호를 3번 인덱스에 추가한다. 기존 요소들은 새 항목을 위한 공간을 만들기 위해 한 슬롯 아래로 이동한다.

"1번째 contacts의 항목을 ...로 바꾸기" 블록은 지정된 인덱스의 항목을 교체한다. 블록의 드롭다운 아이콘을 클릭하면 "1", "마지막", "랜덤" 중에서 하나를 선택할 수 있다. "랜덤"을 선택하면 무작위로 항목 번호를 선택한다. 이것도 잘 사용하면 흥미로운 응용 프로그램을 작성할 수 있다.

리스트의 요소 접근

리스트의 요소들은 인덱스라는 번호를 이용하여서 접근이 가능하다. "1번째 contacts 항목" 블록을 사용하면 된다. 아주 많이 사용되는 코드가 리스트의 모든 요소에 접근하여 화면에 요소의 값을 출력하는 것이다. 예를 들어, 아래 그림의 스크립트는 "1번째 contacts 항목" 블록을 사용하여 연락처의 요소에 액세스하는 방법을 보여준다. 이 스크립트는 i라는 변수를 사용하여 리스트의 각 항목을 반복하고 "말하기" 블록을 통해 요소를 화면에 표시한다.

스크립트의 변수 i는 리스트의 첫 번째 요소에 접근할 수 있도록 값을 1로 초기화한다. 리스트 contacts의 항목을 출력하기 위하여 반복한다. 반복 횟수는 리스트에 있는 요소의 수로 설정된다. 리스트 요소의 수는 "contacts 리스트의 항목의 수"로 설정된다. 루프의 각 패스에서 i 위치 요소의 값을 출력한 후에 다음 요소를 액세스하기 위해 i값을 증가시킨다.

리스트 포함 블록

리스트 관련 작업을 하다보면 어떤 데이터가 리스트 안에 있는지를 검사하고 싶은 경우가 많다. 스크래치는 이러한 작업을 위하여 "...리스트에 ... 포함되어 있는가?"

블록을 준비하고 있다. 이 블록을 이용하면 특정한 데이터가 리스트에 있는지 여부를 쉽게 확인할 수 있다. 간단한 예제를 만들어보면 다음과 같다.

"...리스트에 ... 포함되어 있는가?" 블록은 참이나 거짓을 반환한다. 위의 그림에 표시된 스크립트는 이 블록의 사용법을 보여준다. 리스트 fruits가 "apple"을 포함하고 있기 때문에 if 블록 내부의 "생각하기" 블록이 실행된다.

09 스크래치 실습 동적 리스트

리스트는 프로그램이 실행 중일 때 동적으로 커지거나 축소될 수 있기 때문에 강력하다. 예를 들어, 고등학교 수학 선생님이 학생들의 시험 점수를 입력하여 평균 점수, 최대 점수, 최소 점수를 계산하고자 한다. 10반을 담당하고 있는데 학생 수는 반마다 다르다. 리스트를 어떻게 생성하여야 할까? 이때는 동적 리스트를 사용하는 것이 좋다. 동적 리스트란 실행 도중에 리스트의 크기를 변경하는 기법이다.

사용자에게 리스트의 크기 물어보기

동적 리스트를 생성하는 첫 번째 방법은 사용자에게 리스트의 크기를 물어보고 답변에 따라서 리스트에 데이터를 채우는 것이다. 이 기법을 보여주는 스크립트가 아래 그림에 나와 있다.

사용자가 학생의 수를 알려주면 스크립트는 학생의 수만큼 반복하면서 점수를 입력받는다. 입력받은 점수는 scores 리스트에 추가된다. 매번 반복마다 사용자에게 점수를 묻고 해당 값을 리스트에 추가한다.

특수한 값 사용하기

동적 리스트를 사용하는 두 번째 방법은 사용자가 정상적인 데이터의 입력이 끝나면 특수한 값을 입력하도록 하는 것이다. 예를 들어서 학생의 점수를 입력할 때 −1은 결코 나오지 않을 것이다. 따라서 이 값을 입력의 끝을 표시하는 값으로 사용한다. 다음의 스크립트를 참조한다.

각 반복에서 스크립트는 사용자에게 점수를 입력하라는 메시지를 표시하고 사용자가 점수를 입력하면 그 값을 −1과 비교한다. 사용자가 −1을 입력하면 사용자가 점수 입력을 완료했다는 것을 알기 때문에 스크립트가 중지된다. 그렇지 않으면 점수가 리스트 scores에 추가되고 사용자에게 다른 점수를 입력하라는 메시지가 표시된다.

Lab

막대 그래프 그리기

문제의 정의

사용자가 입력하는 값을 막대 그래프로 그리는 응용 프로그램을 작성해 보자. 프로그램을 간단히 하기 위해 1과 100 사이 숫자만 허용된다. 프로그램에서 6개의 숫자를 받으면 입력 된 값에 비례하여 높이가 다른 6개의 막대가 그려진다.

변수와 스프라이트 만들기

이 응용 프로그램에는 2가지의 스프라이트가 있다. wizard1 스프라이트는 사용자 입력을 받아들여서 리스트를 채우고 grapher 스프라이트에 막대 그래프를 그리라고 방송한다. grapher 스프라이트는 막대 그래프를 그린다.

스크립트 추가

❶ wizard1 스프라이트에는 아래와 같은 스크립트를 추가한다. 리스트의 모든 항목을 삭제하고 6번 반복하면서 사용자로부터 점수를 입력받는다. 점수를 scores라는 리스트에 추가한다. 점수 입력이 끝나면 "draw_graph"를 방송한다.

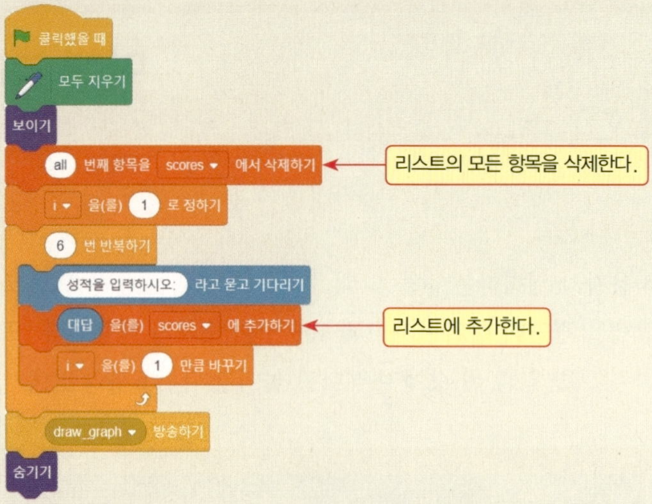

❷ grapher 스프라이트는 실제로 화면에 그래프를 그리는 스프라이트이다. 다음과 같은 스크립트를 추가한다. grapher 스프라이트가 "draw_graph" 메시지를 받으면 터틀 그래픽을 이용하여서 점수에 비례하는 막대를 화면에 그린다. 펜의 색깔과 굵기를 지정한 후에 0도 방향(위쪽)을 보고 6번 반복하면서 리스트에 차례대로 점수를 꺼내온다. 막대의 시작 위치를 계산하여 이동한다. 펜을 내린 후에 항목의 크기만큼 위로 올라가면서 막대를 그리면 된다.

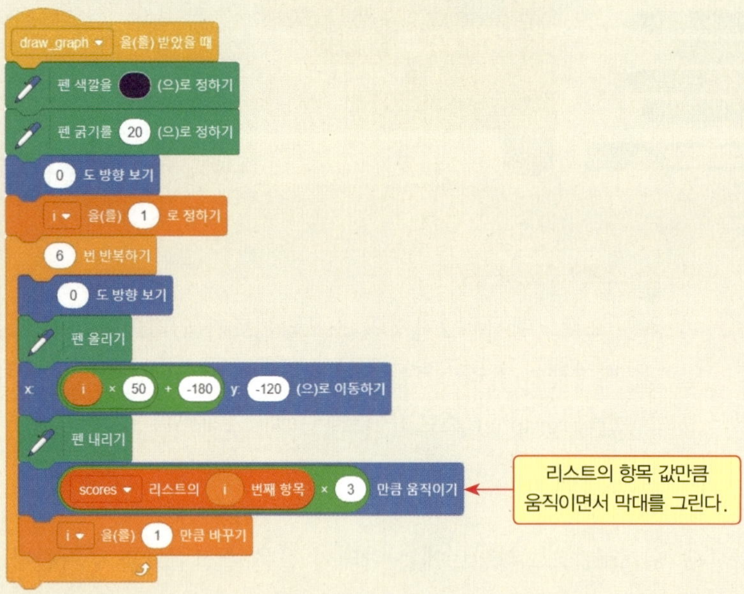

도전문제

1. 사용자가 입력하는 값으로 꺾인 선 그래프를 그려보자.

Lab 최소값 찾기

문제의 정의

리스트에 저장된 값들의 최대값이나 최소값을 어떻게 계산하는지를 생각해보자. 이것은 실제 프로그래밍에서도 상당히 많이 등장하는 중요한 문제이다. 어디에 사용될까? 예를 들어 보자. 우리는 인터넷에서 특정한 상품(예를 들어서 TV)을 구입하고자 한다. 여러 인터넷 사이트에서 판매되는 가격이 리스트 prices에 저장되어 있다고 가정하자. 어떻게 하면 최소 가격으로 상품을 구입할 수 있을까? 리스트의 요소 중에서 최소값을 구하면 된다.

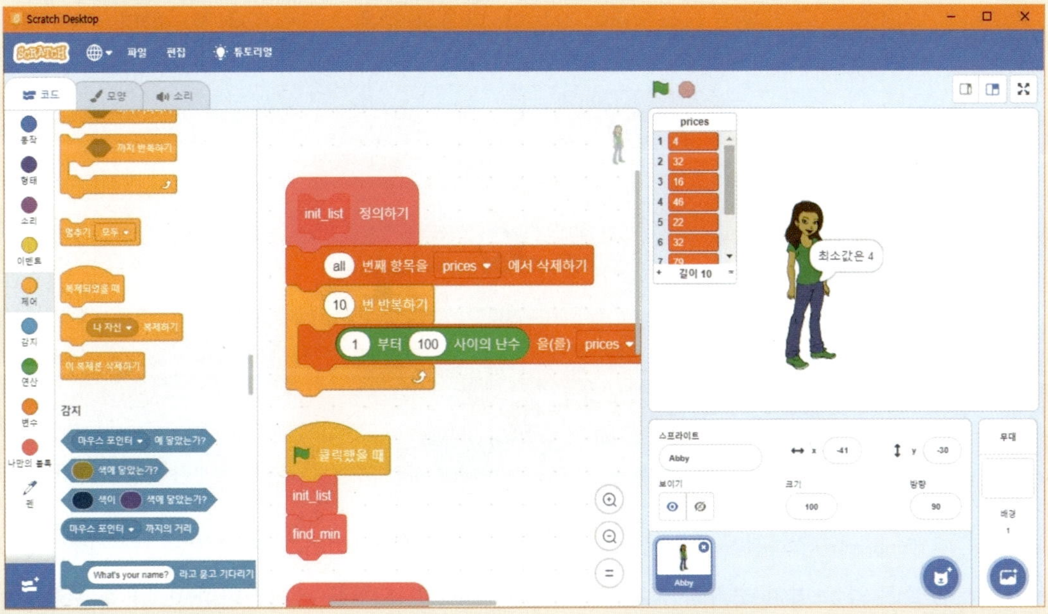

알고리즘 작성

일단 리스트의 첫 번째 요소를 최소값으로 가정한다. 리스트의 두 번째 요소부터 마지막 요소까지 이 최소값과 비교한다. 만약 어떤 요소가 현재의 최소값보다 작다면 이것을 새로운 최소값으로 변경하면 된다. 모든 요소들의 검사가 종료되면 최소값을 찾을 수 있다.

스크립트 작성

최소값을 찾는 프로그램을 기능별로 나누어서 코드를 작성해보자. 2개의 추가블록(함수)로 구성되어 있다. 첫 번째 추가블록은 리스트를 난수로 초기화하는 init_list이다. init_list 블록은 다음과 같이 정의되었다.

리스트에서 모든 항목을 삭제한 후에 10번 반복하여 리스트에 1부터 100 사이의 난수를 추가한다.

최소값은 추가블록 find_min이 찾는다. 다음과 같은 스크립트로 정의한다.

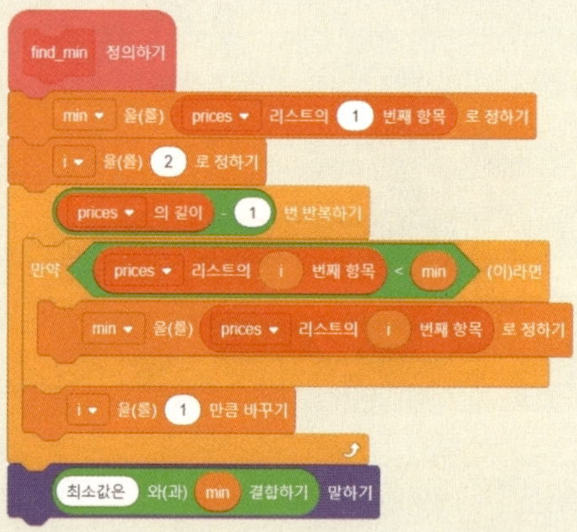

find_min 추가블록은 리스트의 첫 번째 수를 최소값이라고 가정한다. 그런 다음 리스트의 나머지 숫자와 현재의 최소값을 비교하는 루프를 시작한다. 보다 작은 값을 찾을 때마다 최소값을 현재의 값으로 설정한다. 루프가 종료되면 min 변수에 저장된 값은 리스트의 최소값이 된다.

도전문제

1. 최대값을 구하도록 스크립트를 변경해보자.

Lab | 평균구하기

문제의 정의

앞에서는 리스트에 저장된 값들 중에서 최소값을 찾는 알고리즘을 살펴보았다. 이번에는 리스트에 저장된 값의 평균값을 계산하는 추가블록을 작성해보자. 먼저 합계를 구한 후에 합계를 항목의 수로 나눔으로써 평균값을 계산할 수 있다.

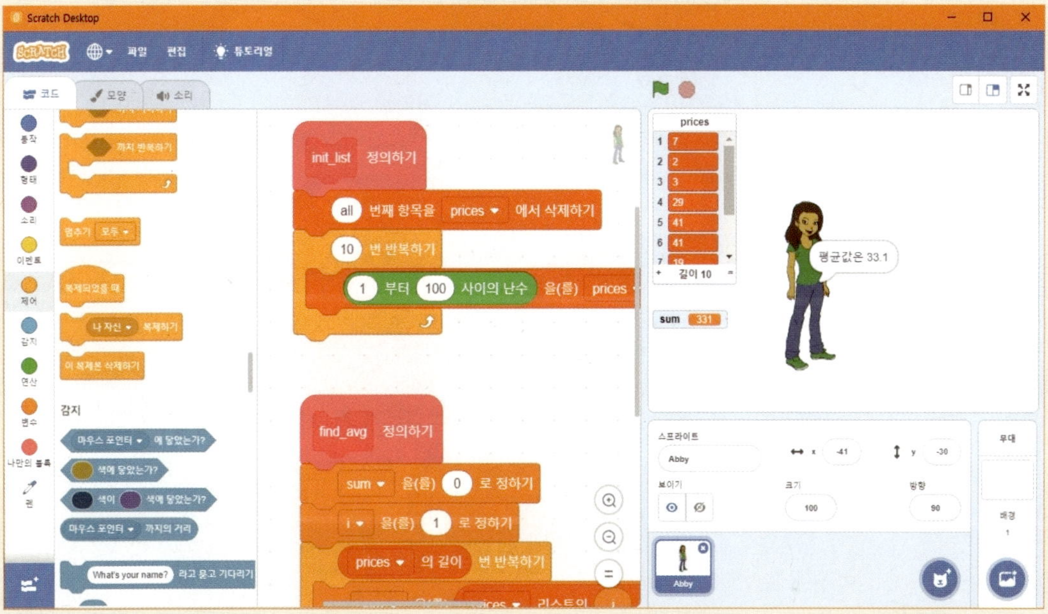

스크립트 작성

새롭게 정의된 find_avg 추가블록을 사용한다. find_avg 추가블록에서는 sum 변수를 0으로 하고 리스트 항목의 수만큼 반복하면서 sum에 리스트의 항목을 더한다. 반복 루프가 종료되면 sum을 항목의 수로 나눈 평균을 계산하고 결과를 화면에 표시한다.

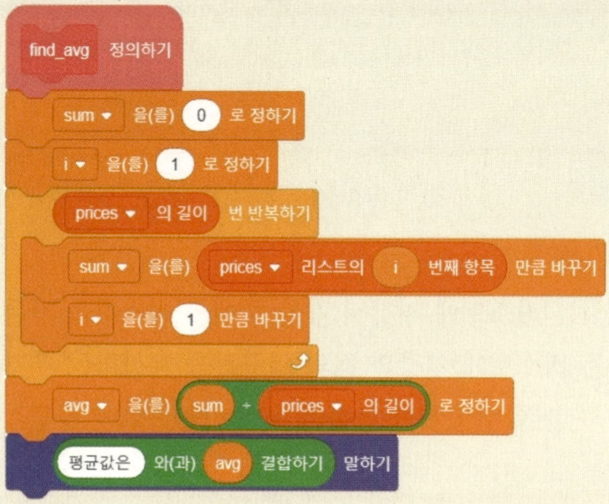
find_avg 정의하기
sum 을(를) 0 로 정하기
i 을(를) 1 로 정하기
prices 의 길이 번 반복하기
sum 을(를) prices 리스트의 i 번째 항목 만큼 바꾸기
i 을(를) 1 만큼 바꾸기
avg 을(를) sum ÷ prices 의 길이 로 정하기
평균값은 와(과) avg 결합하기 말하기

Lab | # 탐색

문제의 정의

리스트에서 특정한 값을 탐색하는 것도 아주 중요한 문제 중의 하나이다. 컴퓨터에서 탐색 알고리즘은 상당히 많이 사용된다. 우리가 인터넷에서 어떤 정보를 탐색할 때도 탐색 알고리즘이 사용된다. 문제를 간단하게 하기 위하여 리스트에 숫자들이 저장되어 있고 우리는 이중에서 하나의 숫자를 찾는다고 가정하자.

알고리즘 작성

선형 검색이라고 하는 방법을 살펴보자. 이 방법은 이해하기 쉽고 구현하기 쉽고 정렬 여부에 관계없이 모든 리스트에서 작동한다. 그러나 선형 검색은 대상 값을 리스트의 모든 요소와 비교하기 때문에 리스트가 클 경우 시간이 오래 걸릴 수 있다.

스크립트 작성

예를 들어 정수가 저장된 리스트에서 특정 정수를 검색한다고 가정하자. 리스트에 찾고 있는 항목이 포함되어 있으면 해당 항목의 정확한 위치를 출력한다.

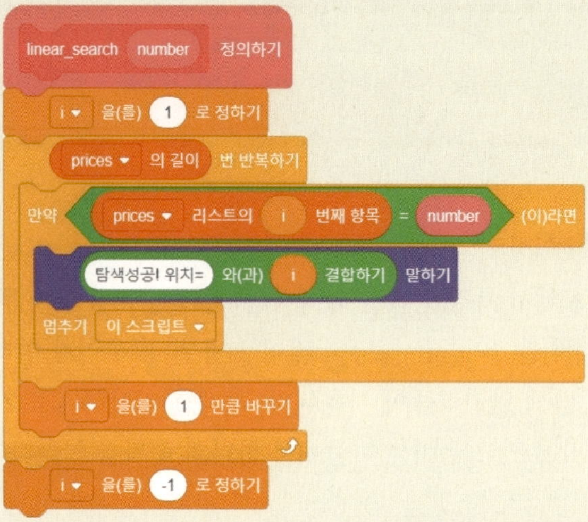

linear_search 추가블록에서는 리스트의 첫 번째 요소부터 하나씩 찾고자 하는 값과 비교한다. 추가블록이 값을 찾거나 리스트의 끝에 도달하면 블록이 중지된다. 스크립트가 원하는 값을 찾으면 변수 i는 항목이 발견 된 위치를 가리킨다. 그렇지 않으면 i가 잘못된 값인 −1을 설정하여 찾고자 하는 항목이 리스트에 없음을 나타낸다. 아래 그림은 이 추가블록을 호출하는 예를 보여준다.

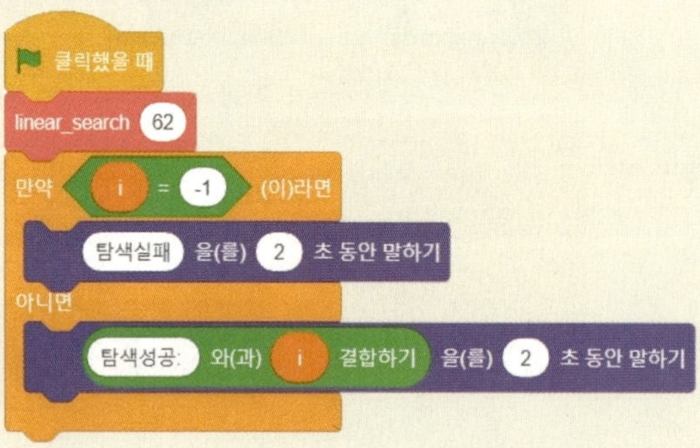

도전문제

1. 만약 리스트가 크기순으로 정렬되어 있다면 어떻게 선형 탐색의 속도를 빠르게 할 수 있을까?

Lab 버블 정렬

문제의 정의

성적이 저장된 리스트가 있다고 하자. 이 리스트를 성적순으로 정렬하고자 한다. 어떻게 해야 할까? 정렬이란 가장 작은 숫자부터 큰 숫자순으로 표시하는 것이다. 만약 항목이 문자열일 경우에는 알파벳순으로 표시한다. 리스트를 정렬하는 데는 여러 가지 방법이 있으며 버블 정렬은 가장 간단한 알고리즘 중 하나이다. 이 실습에서는 버블 정렬에 대해 배우고 이러한 종류의 정렬을 수행하는 스크래치 프로그램을 작성한다.

다음과 같이 90, 10, 23, 17, 56, 39가 저장된 리스트가 있다고 하자.

알고리즘 작성

버블 정렬은 리스트의 처음 두 요소를 비교하여 시작한다. 90이 10보다 크기 때문에 위치를 바꾼다. 이어서 두 번째와 세 번째 숫자를 비교하여서 크기순이 아니면 위치를 바꾼다. 이 과정을 반복하여 세 번째와 네 번째, 네 번째와 다섯 번째, 마지막으로 다섯 번째와 여섯 번째 요소를 비교한다. 이 과정을 리스트의 요소 수만큼 되풀이 하면 리스트는 정렬된다. 버블 정렬을 수행하는 블록은 다음과 같다.

스크립트 작성

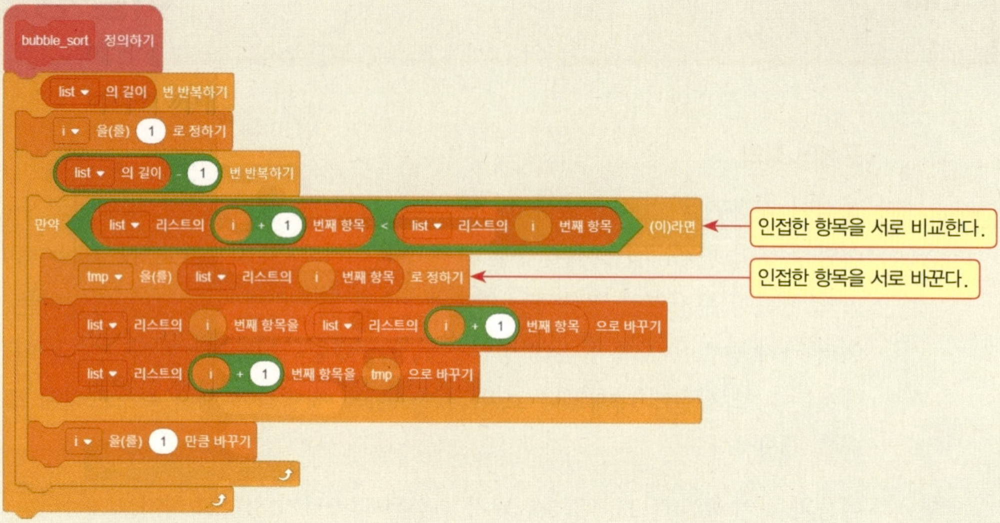

도전문제

1. 만약 리스트가 이미 정렬이 완료되었다면 의미 없이 반복할 필요는 없다. 버블 정렬에서 인접 항목 교환이 하나도 일어나지 않았으면 정렬이 완료된 것으로 판단할 수 있다. 위의 스크립트에서 교환 횟수를 감시하고 있다가 한 번도 교환이 일어나지 않으면 강제적으로 반복을 종료하도록 해보자..

Lab 이진 탐색

문제의 정의

앞에서 살펴본 선형 탐색은 상당히 시간이 많이 걸리는 탐색 방법이다. 이진 탐색(binary search)은 아주 속도가 빠른 탐색 기법이다. 대신에 탐색하려는 리스트가 정렬이 되어 있어야 한다.

알고리즘 작성

이진 탐색은 배열의 중앙에 있는 값을 탐색값과 비교한다. 만약 일치하면 탐색값을 찾은 것이므로 성공이다. 만약 탐색값이 중앙 요소의 값보다 작으면 우리가 찾고자 하는 값은 배열의 전반부에 있을 것이다. 따라서 배열의 후반부는 탐색의 범위에서 제외할 수 있다. 반대로 만약 탐색값이 중앙 요소의 값보다 크면 우리가 찾고자 하는 값은 배열의 후반부에 있을 것이다. 따라서 배열의 전반부는 탐색의 범위에서 제외할 수 있다. 이러한 기법을 남아 있는 숫자들에 대하여 반복적으로 적용한다. 이진 탐색에서는 한 번 비교할 때마다 탐색의 범위가 절반으로 줄어든다.

스크립트 작성

이진 탐색을 수행하는 블록은 다음과 같다.

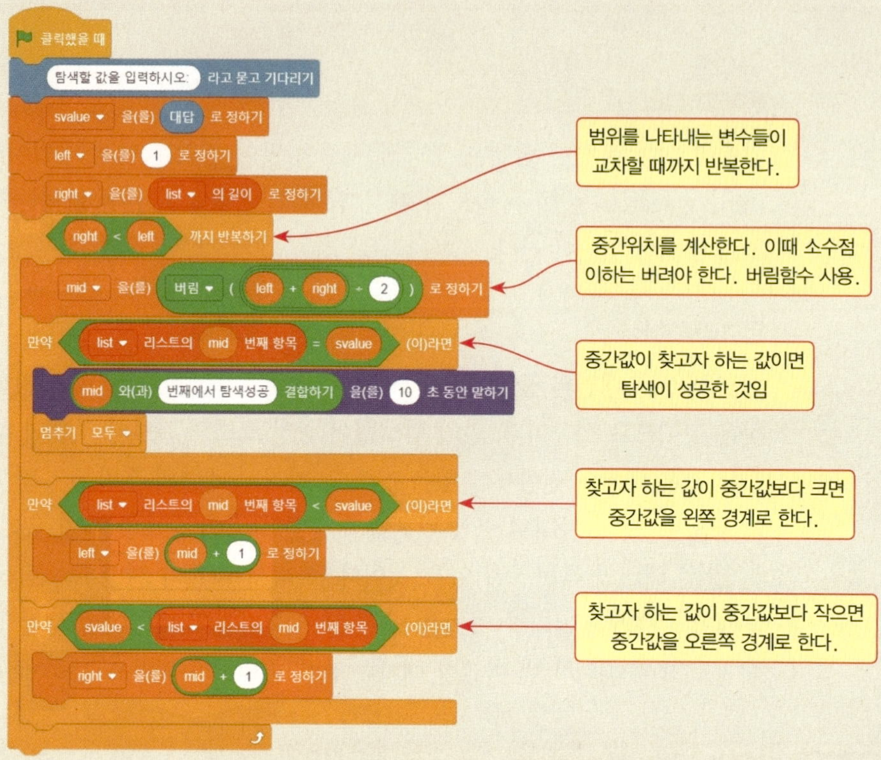

도전문제

1. 이진 탐색을 이용하여 사람들의 이름이 저장된 리스트를 알파벳순으로 정렬하여보자.

CHAPTER 11

멀티미디어 처리

이론편: 멀티미디어 처리
실습편: 이벤트 처리

이번 장에서는 다음과 같은 내용을 학습합니다.

- 텍스트가 컴퓨터 안에서 표현되는 방법에 대하여 알아본다.
- 이미지가 컴퓨터 안에서 표현되는 방법에 대하여 알아본다.
- 사운드가 컴퓨터 안에서 표현되는 방법에 대하여 알아본다.

01 필수 이론 컴퓨터에서 다양한 데이터 표현

컴퓨터를 이용하여 문제를 해결하려면 실세계의 데이터를 컴퓨터가 처리할 수 있는 형식으로 제공하여야 한다. 실세계에서 얻어지는 데이터는 다양한 형태로 나타나기 때문에 이것을 컴퓨터가 이해하고 저장하고 처리할 수 있도록 제공하는 것은 쉬운 문제가 아니다. 예를 들어서 스마트폰으로 촬영한 이미지나 비디오, 사운드를 어떻게 컴퓨터에 저장할 것인가?

컴퓨터는 다음과 같은 다양한 종류의 데이터를 처리하고 저장할 수 있다.

- 숫자
- 텍스트
- 사운드, 이미지, 그래픽, 비디오

이들 데이터들은 컴퓨터 안에서 어떻게 표시되는 것일까? 이들 데이터들도 컴퓨터 내부에서는 모두 결국은 1과 0로 표현된다. 이번 장에서 텍스트, 이미지, 사운드가 어떻게 1과 0으로 표현되는지 살펴본다.

데이터 표현과 함께 살펴보아야 할 사항은 데이터 압축이다. 데이터 압축이란 데이터의 크기를 줄이기 위한 기법이다. 예전에는 저장 장치의 한계 때문에 데이터의 크기를 많이 줄여야 했다. 현재는 저장 장치들이 발달하여서 매우 싼 가격에 많은 데이터를 저장할 수 있지만 우리가 처리하여야 하는 데이터의 양도 폭발적으로 늘어나고 있다(빅 데이터를 생각해보자). 따라서 최근에도 데이터를 압축하는 기술은 여전히 중요하다. 몇 가지의 기본적인 방법을 살펴본다.

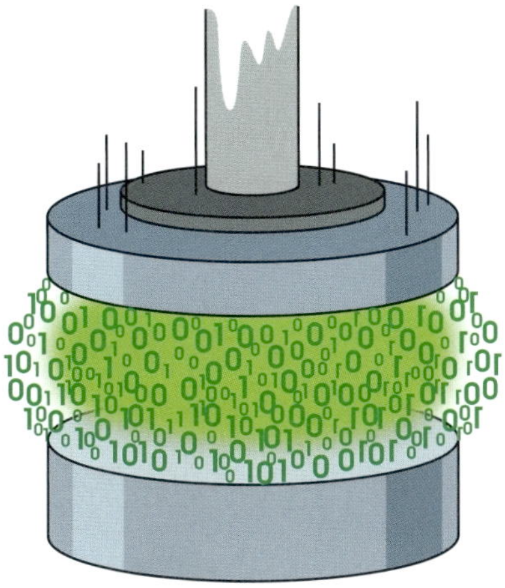

Note

산업 혁명에서 중요한 것은 기계 기반의 제조 시스템이었다. 최근의 정보 사회에서 중요한 것은 정보이다. 가치 있는 정보를 누가 많이 보유하느냐가 성공의 열쇠가 되었다.

데이터와 정보를 유사한 의미로 사용되는 경우가 많은데, 엄격하게 구별해보자면 다음과 같다.

- 데이터(data)는 현실 세계에서 관찰하거나 측정하여 수집한 사실이나 값을 인간이나 컴퓨터에 의한 통신 및 처리에 적합한 형식으로 표현한 것을 말한다. 자료라고도 한다. 컴퓨터는 데이터를 필요로 한다.
- 정보(information)는 데이터를 처리하여 얻은 결과물로서 결정을 내리는데 도움을 준다. 인간은 정보가 필요하다.

02 필수 이론 텍스트 표현

컴퓨터에서 문자가 어떻게 표현되고 저장되는지를 생각해보자. 컴퓨터는 모든 것을 숫자로 표현한다. 컴퓨터가 원래 의미가 "숫자를 처리하는 기계"인 것도 무리가 아니다. 컴퓨터는 모든 데이터를 숫자로 바꾸어 처리한다. 문자도 예외가 아니다. 컴퓨터에서는 예전부터 문자를 숫자 코드를 나타내왔다. 현재 가장 널리 사용하는 표준적인 숫자 코드 체계는 아스키 코드(ASCII code)와 유니코드(unicode)이다.

그림 11-1 컴퓨터에서 문자는 숫자로 표현된다.

아스키 코드

아스키 코드(ASCII)는 영어 알파벳을 나타내기 위한 문자 엔코딩 방식이다. 아스키 코드는 컴퓨터, 통신 장비 등에서 텍스트를 표현한다. 아스키 코드는 1963년 처음 만들어졌고 1967년에 표준으로 공표되었다. 1986년에 마지막으로 업데이트되었다. 아스키 코드는 영어의 대소문자, 숫자, 기호들에 대하여 0에서 127 사이의 값들을 부여한다. 예를 들면 A는 65이고 B는 66이다. 영문자의 경우, 글자들의 개수가 128개 이하이기 때문에 하나의 글자에 대하여 많은 비트를 할당할 필요는 없다. 8비트이면 충분하다.

아스키 코드 테이블의 일부는 다음과 같다. 아스키 코드는 0에서 127까지의 값을 이용하여 문자를 표현한다. 아스키 코드로 문자를 어떻게 표현하는지를 좀 더 자세하게 살펴보자.

문자	비트 패턴	정수
A	01000001	65
B	01000010	66
C	01000011	67
a	01100001	97
b	01100010	98
o	01101111	111
p	01110000	112
q	01110001	113
r	01110010	114
x	01111000	120
y	01111001	121
z	01111010	122

- 문자 'A'는 이진수 0100 0001로 표현된다(정수로는 65이다).
- 문자 'B'는 이진수 0100 0010로 표현된다(정수로는 66이다).
- 문자 'C'는 이진수 0100 0011로 표현된다(정수로는 67이다).
- ...

예를 들어서 여러분이 키보드로 'A'를 입력하면, 키보드의 전자회로는 'A'를 "01000001"이라는 비트패턴으로 변환하여서 컴퓨터로 전송한다.

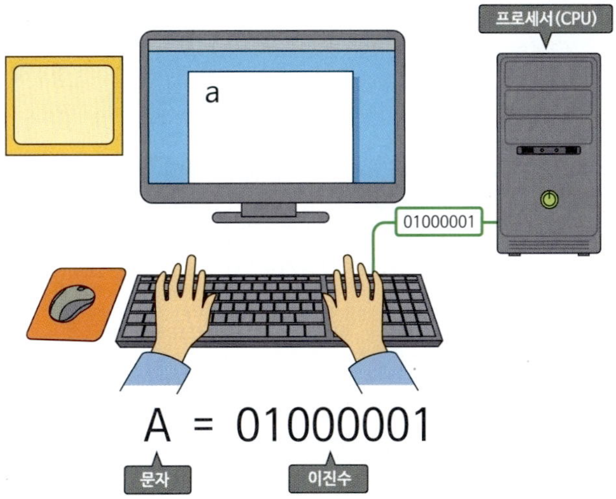

여러분이 만약 "CAB"이라는 단어를 입력하면 이 단어는 컴퓨터 메모리에 다음과 같이 저장될 것이다.

01000011	C의 아스키 코드
01000001	A의 아스키 코드
01000010	B의 아스키 코드

유니코드

아스키 코드는 최대 128자를 표현할 수 있어서 영어 알파벳을 나타낼 때는 충분하지만 다른 언어에는 충분하지 않다. 예를 들어서 한자나 한글을 표현하려면 128자로는 한참 부족하다. 따라서 유니코드(unicode)라는 또 다른 코드가 만들어졌다. 유니코드를 사용하면 전 세계의 사람들이 사용하는 문자를 모두 혼동 없이 표현할 수 있다. 유니코드 엔코딩 방식에는 여러 가지가 있는데 UTF-16(16-bit Unicode Transformation Format)은 그 중 하나이다. UTF-16에서는 다국어 문자를 16비트를 사용하여서 표현한다. 문자를 16비트로 표현하므로 최대 65,536자를 표현할 수 있다. 예를 들어서 UTF-16에서 "안녕"라는 한글 단어는 다음과 같은 비트들로 표현된다.

```
01001000 11000101('안')
01010101 10110001('녕')
```

03 필수 이론 텍스트 압축

컴퓨터는 시간과 공간을 절약하기 위해 압축을 수행한다. 압축은 동일한 데이터를 더 적은 비트 수로 표현하는 방법을 찾는 것이다. 왜 이것이 중요할까? 한 가지 이유는 저장 공간이 제한되어 있기 때문이다. 또 다른 중요한 이유는 인터넷을 통해 비트를 전송할 수 있는 속도에는 상한선이 있다는 점이다. 인터넷을 통해 많은 양의 텍스트를 빠르게 보내야 하지만 인터넷 속도의 물리적 한계에 도달했다면 어떻게 해야 할까? 유일한 선택은 동일한 정보를 압축하여 보내는 방법을 찾는 것이다. 텍스트를 압축하는 사용되는 가장 기본적인 방법으로 런길이 엔코딩와 허프만 엔코딩이 있다.

- 런길이 엔코딩(run-length encoding)
- 허프만 엔코딩(Huffman encoding)

런길이 엔코딩

런길이 엔코딩(RLE: Run-Length Encoding)은 가장 간단한 방식의 압축 기법으로 같은 값이 연속해서 나타나면, 반복되는 횟수와 값만을 저장하여서 정보량을 줄이는 방식이다. 동일한 데이터가 연속되어 있는 것이 하나의 런(run)이라고 한다.

런길이 엔코딩은 실제로 우리가 마트에서 시장을 볼 때, 사용하는 방법이다. 우리가 다음과 같은 과일을 산다고 하자.

apple, apple, apple, pear,pear, banana, orange, orange, apple

이것을 다음과 같이 적지 않는가? 반복되는 항목이 있을 때는 반복 횟수와 항목을 적어주는 방법이 런길이 엔코딩이다.

```
3 apples, 2 pears, 1 banana, 2 oranges, 1 apple
```

이 방법을 텍스트 압축에 적용해보자. 다음과 같은 텍스트는 어떻게 압축할 수 있을까?

```
AAAAABBBCCCCCC
```

위의 텍스트에는 'A'가 5개, 'B'가 3개, 'C'가 6개이므로 다음과 같이 표현해도 나중에 복원할 수 있다.

```
5A3B6C
```

런길이 엔코딩을 사용하면 14개의 문자를 6개의 문자만으로 저장할 수 있다. 하지만 3번 이상 반복되는 문자가 있어야 효율적이기 때문에 텍스트 데이터에서 잘 사용되지 않는다.

이 방법은 아이콘, 클립아트, 애니메이션과 같이 배경의 변화가 없고 연속된 값이 많이 있는 간단한 그래픽 이미지에 효과적이다. 예를 들어 흰색 배경에 검은색 텍스트가 있는 이미지를 생각해보자. 검은색 픽셀을 B로 나타내고 흰색 픽셀을 W로 나타낸다면 이미지의 한 줄은 다음과 같이 표현할 수 있다.

```
WWWWWWWBWWWWWWWWWWBBBWWWWWWBWWWWWWWWWWWWWW
```

위의 줄에 런길이 엔코딩을 적용하면 다음과 같이 압축할 수 있다.

```
6W1B8W3B6W1B14W
```

이것은 6개의 W, 1개의 B, 8개의 W, 3개의 B와 같이 해석할 수 있다. 런길이 엔코딩은 비손실 압축 방법이다. 즉 압축한다고 해서 정보가 손실되지 않는다.

Unplugged **Lab**

런길이 엔코딩의 압축률

런길이 엔코딩 방법은 0과 1로만 이루어진 비트 패턴을 압축하는 용도로도 사용될 수 있다. 특히 1보다 0이 많다면 압축율을 높게 할 수 있다. 다음과 같은 비트 패턴을 어떻게 효과적으로 압축할 수 있을까?

9개의 1-비트

```
00000011111111100000000000(26비트)
```

6개의 0-비트 11개의 0-비트

비트 패턴에서 반복되는 비트들을 `b:n`의 형태로 표시하면 된다. `b`는 0이거나 1이고 `n`은 반복 횟수이다.

```
0:6, 1:9, 0:11
```

반복되는 횟수를 4비트로 표시하면 다음과 같을 것이다.

```
01100, 11001, 01011
```

얼마나 압축되었을까? 압축하기 전에는 26비트였고 압축 후에는 15비트가 되었다. 만약 반복되는 0이나 1이 더 많다면 더욱 효과적일 것이다.

Lab 런길이 엔코딩

런길이 엔코딩(RLE: Run-Length Encodig)은 가장 간단한 방식의 압축 기법으로 같은 값이 연속해서 나타나면, 반복되는 횟수와 값만을 저장하여서 정보량을 줄이는 방식이다. 동일한 데이터가 연속되어 있는 것이 하나의 런(run)이라고 한다. 이 방법은 아이콘, 클립아트, 애니메이션과 같이 배경의 변화가 없고 연속된 값이 많이 있는 간단한 그래픽 이미지에 효과적이다. 예를 들어 흰색 배경에 검은색 텍스트가 있는 이미지를 생각해보자. 검은색 픽셀을 B로 나타내고 흰색 픽셀을 W로 나타낸다면 이미지의 한 줄은 다음과 같이 표현할 수 있다.

```
WWWWWWWBWWWWWWWWWWBBBWWWWWWBWWWWWWWWWWWWWWW
```

위의 줄에 런길이 엔코딩을 적용하면 다음과 같이 압축할 수 있다.

```
6W1B8W3B6W1B14W
```

이것은 6개의 W, 1개의 B, 8개의 W, 3개의 B와 같이 해석할 수 있다. 런길이 엔코딩은 비손실 압축 방법이다. 즉 압축한다고 해서 정보가 손실되지 않는다.

사용자로부터 문자열을 받아서 런길이 엔코딩을 하여 출력하는 간단한 응용 프로그램을 작성해보자.

❶ 파일 메뉴의 "새로 만들기"를 선택하여서 새로 프로젝트를 생성한다.

❷ 필요한 변수들을 생성한다.

변수이름	설명
char	현재 처리중인 글자
count	글자의 반복횟수
input	사용자가 입력한 문자열
last	이전 글자
pos	현재 처리 위치
result	압축된 결과 문자열

❸ 사용자로부터 문자열을 받아서 input 변수에 저장한다.

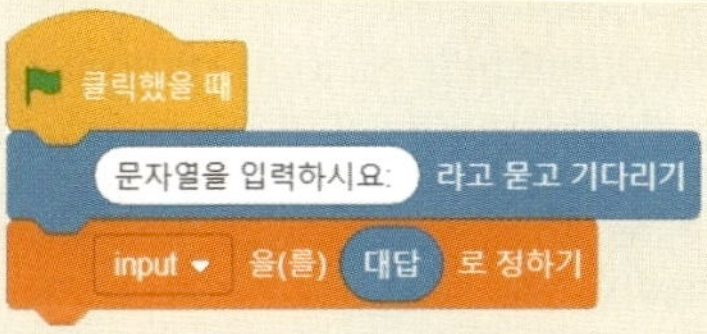

❹ 변수들을 초기화한다. last는 첫 번째 문자로 한다.

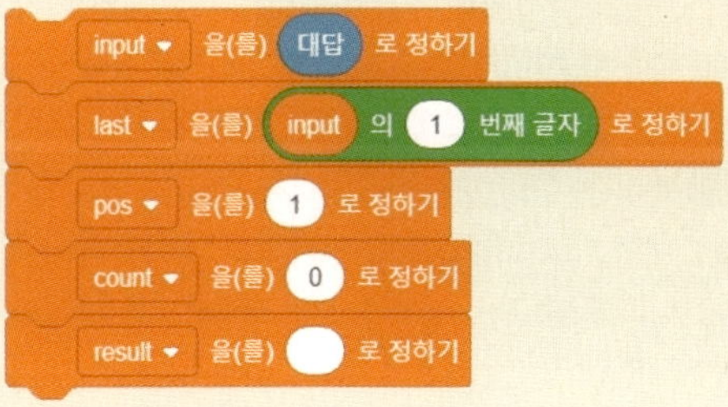

❺ 변수 `input`에 저장된 문자열에서 한 글자씩 꺼내서 이전 글자와 같은지 다른지를 판단한다.

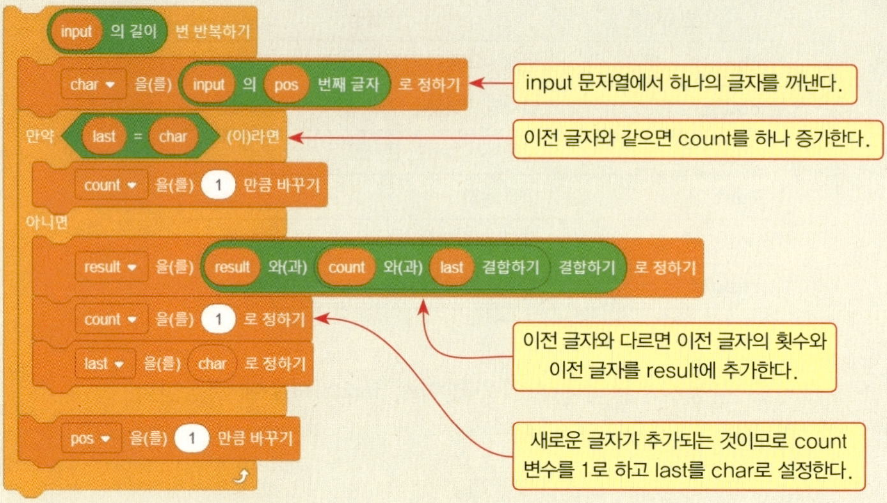

❻ 반복 루프가 끝나서 아직 처리하지 않은 결과가 있으면 `result`에 추가한다.

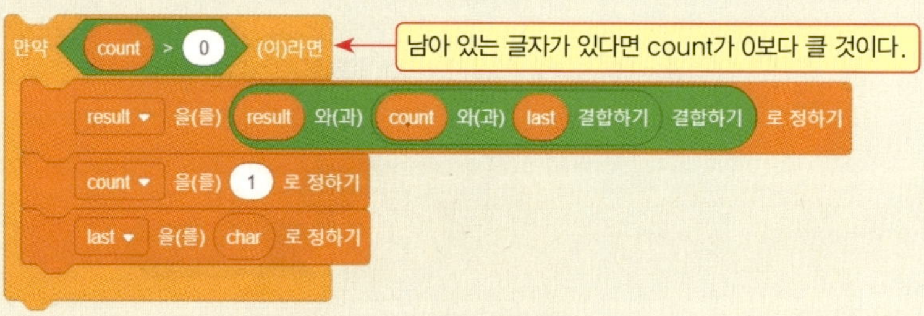

허프만 엔코딩

각 글자의 빈도(나타나는 횟수)를 이용하면 또 하나의 압축 방법을 만들 수 있다. 예를 들어 영문 신문에 실린 기사에서 각 글자들의 출현 횟수를 분석해보니 다음과 같았다고 하자.

A	80
B	16
C	32
D	36
E	123
F	22
G	16
H	51
I	71
...	
Z	1

그림 11-2 허프만 코드

위의 테이블의 숫자는 빈도수(frequencies)라 불린다. 각 숫자들은 텍스트에서 해당 글자가 나타나는 회수이다. 여기서는 데이터를 압축할 때는 우리가 흔히 사용하는 아스키(ASCII) 코드를 사용하지 않는다. 데이터를 압축하기 위하여 고정된 길이를 사용하지 않고 가변 길이의 코드를 사용한다. 각 글자의 빈도수에 따라서 가장 많이 등장하는 글자에는 짧은 비트열을 사용하고 잘 나오지 않는 글자에는 긴 비트열을 사용하여 전체의 크기를 줄이자는 것이다. 즉 많이 등장하는 e를 나타내기 위하여 2비트 의 코드를 사용하고 잘 나오지 않는 z를 나타내기 위하여 15비트의 코드를 사용하자는 것이다.

구체적인 예를 들어보자. 만약 텍스트가 e, t, n, i, s의 5개의 글자로만 이루어졌고 각 글자의 빈도수가 다음과 같다고 가정하자.

글자	빈도수
e	15
t	12
n	8
i	6
s	4

텍스트의 길이가 45글자이므로 한 글자를 8비트로 표시하는 아스키 코드의 경우, 45글자 × (8비트/글자) = 360비트가 필요하다. 그러나 만약 다음과 같이 가변길이의 코드를 만들어서 사용했을 경우에는 더 적은 비트로 표현할 수 있다. 15 × 2 + 12 × 2 + 8 × 2 + 6 × 3 + 4 × 3 = 100비트만 있으면 된다. 물론 각각의 글자를 어떤 비트 코드로 표현했는지를 알려주는 테이블이 있어야 한다.

글자	비트코드	빈도수	비트수
e	00	15	30
t	01	12	24
n	10	8	16
i	110	6	18
s	111	4	12
합계		45	100

Unplugged Lab

텍스트 압축

또 하나의 텍스트 압축 방법이 있다. LZW 압축 알고리즘에서는 메시지 내에서 반복되는 패턴을 찾아서 텍스트를 압축한다. 이 방법은 반복되는 패턴을 찾아서 사전에 저장한다. 단어들은 항상 반복된다. 예를 들어서 영어사전 "Random House Dictionary"를 사용해서 다음과 같은 문자열을 압축해보자.

```
Slow and steady win the game.
```

"Random House Dictionary"의 페이지 번호를 사용하여 다음과 같이 영어단어를 숫자로 바꿀 수 있다고 가정하자(페이지는 정확하지는 않다).

```
900/34 100/23 923/6 1900/7 1800/6 522/98
```

여기서 각 단어들은 x/y 형태로 코딩되는데 x는 사전에서의 페이지 번호이고 y는 그 페이지 내에서 단어가 나타나는 번호이다. 예를 들어서 "Slow" 단어는 900페이지의 34번째 단어라는 의미이다. 사전은 2200페이지이고 각 페이지마다 256단어 이내이므로 x는 12비트이면 되고 y는 8비트면 충분하다.

얼마나 압축되었을까? 원래의 메시지는 27바이트가 필요하다(아스키 코드를 사용하였을 경우). 압축된 메시지는 16바이트(6 × 20비트)만 있으면 된다. 따라서 약 50%에 가까운 압축률이 얻어진다. 물론 여기서는 사전의 크기는 고려하지 않았다. 사전은 인터넷을 통하여 누구나 액세스할 수 있다고 가정하였다.

04 필수 이론

컴퓨터에서 이미지는 어떻게 표현될까?

무엇이든지 컴퓨터에서 처리하려면 0과 1로 변환해야 한다. 어떻게 이미지(image)를 0과 1로 변환할 수 있을까? 즉 다른 말로 하면 어떻게 2차원 이미지를 숫자로 바꿀 수 있을까? 숫자로만 바꾸면 이것을 0과 1로 바꾸는 것은 쉽다.

첫 번째 아이디어는 2차원 이미지를 점들로 분해하는 것이다. 이 점들을 픽셀(pixel)이라고 한다. 픽셀(pixel)이란 "picture element"의 약자로서 우리말로는 "화소"라고 번역할 수 있다. 우리가 모니터에 그려진 그림을 확대해보면 다음과 같이 각각의 픽셀을 볼 수 있다.

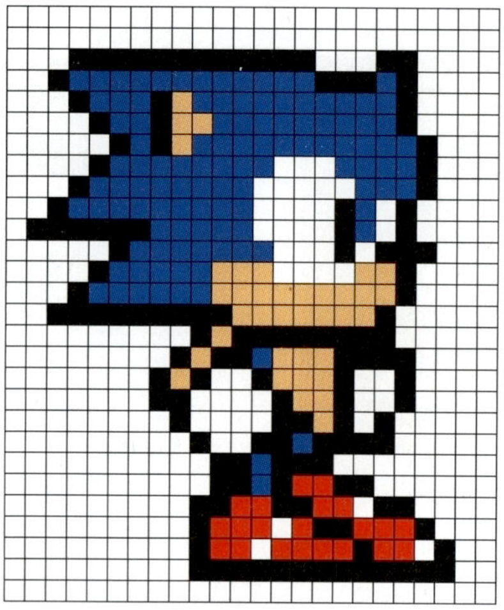

화면의 해상도(resolution)란 가로 방향 픽셀의 개수와 세로 방향 픽셀의 개수이다. 예를 들어서 640 × 480이라고 하면 가로로 640개의 픽셀이 있고 세로로 480개의 픽셀이 있다는 의미이다.

두 번째 아이디어는 각 픽셀의 색상을 숫자로 표시하는 것이다. 흑백 이미지는 색상이 없으므로 간단하게 0과 1로 표현할 수 있다. 0을 흰색이라고 하고 1을 검은색으로 생각하면 다음과 같이 흑백 이미지를 나타낼 수 있다. 아래의 이미지의 해상도는 10 × 10이다.

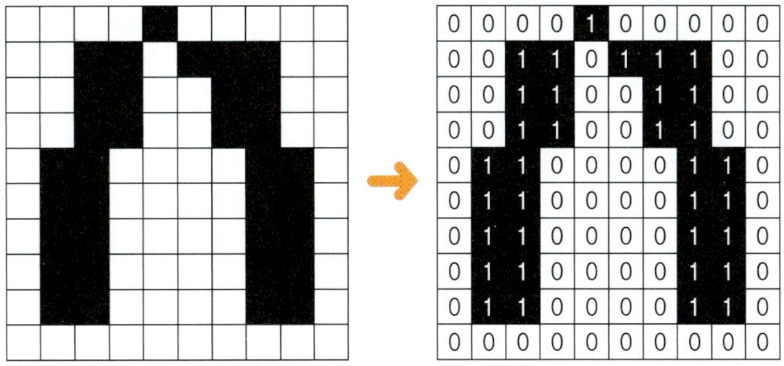

컬러 이미지

지금까지 설명한 시스템은 흑백 이미지에 대해서는 문제가 없지만 대부분의 이미지는 색상을 사용한다. 만약 픽셀의 값을 표현하는데 0과 1을 사용하는 대신, 2개의 비트를 사용하면 이미지에서 4가지 색상을 사용할 수 있다. 픽셀당 2비트를 사용하여 다음과 같은 색상을 나타낼 수 있다.

- 00 - 흰색
- 01 - 파랑
- 10 - 녹색
- 11 - 빨간색

여전히 큰 색상 범위는 아니지만 비트 1개를 추가하면 사용할 수 있는 색상 수가 두 배가 된다.

- 픽셀당 1비트 (0 또는 1): 2가지 색상
- 픽셀당 2비트 (00 ~ 11): 4가지 색상 가능
- 픽셀당 3비트 (000 ~ 111): 8가지 색상 가능
- 픽셀당 4비트 (0000 ~ 1111): 16가지 색상 가능

각 픽셀을 저장하는 데 사용되는 비트 수를 색 깊이(color depth)라고 한다. 많은 색상을 표현하려면 더 많은 비트가 필요하다. 즉, 많은 색상을 사용하는 이미지는 필연적으로 크기가 커지게 된다.

32 bit.png
16,777,216 color
98 KB

8 bit.png
256 color
37 KB (-62%)

4 bit.png
16 color
13 KB (-87%)

(출처: 위키백과)

색상을 나타내는 가장 일반적인 방법은 각 픽셀의 색상을 (R, G, B)로 표시하는 것이다. (R, G, B)는 (Red, Green, Blue)의 줄임말로서 픽셀의 색상을 빛의 3원색으로 나타내는 것이다. 빛의 3원색을 적절하게 섞으면 어떤 색상이라도 표현할 수 있다.

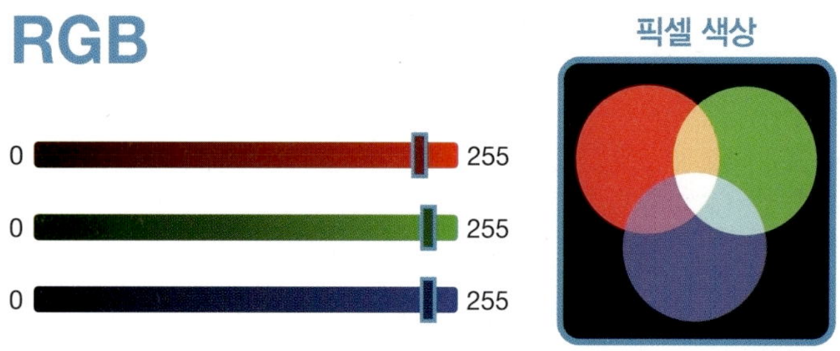

R, G, B는 0에서 255까지의 숫자로 나타낸다. 0은 가장 어두운 색상이고 255는 가장 밝은 색상이다. 예를 들어서 (R, G, B) 값이 (0, 0, 0)이라면 이것은 검은색을 의미한다. (255, 255, 255)라면 픽셀의 색이 흰색임을 의미한다. (255, 0, 0)는 빨간색이다.

어떻게 컬러 이미지를 숫자들의 집합으로 표현할 것인가? 첫 번째 픽셀의 색상을 (R, G, B) 형태로 저장한다. 이어서 두 번째 픽셀의 색상을 (R, G, B) 형태로 저장한다. 이런 식으로 마지막 픽셀의 색상까지 저장하면 이미지가 숫자들의 집합으로 변환된다.

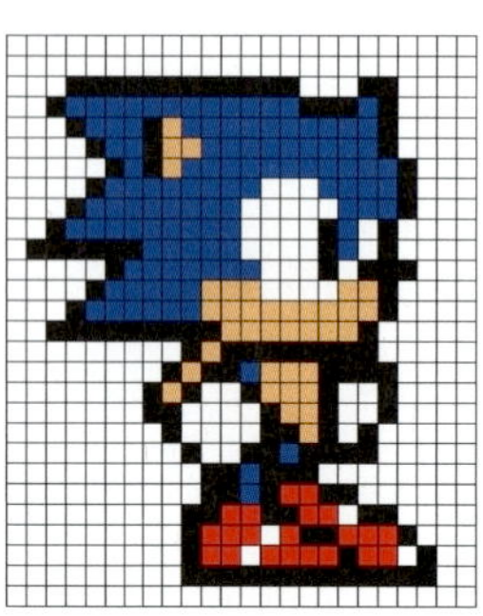

```
(0, 0, 0) (0, 0, 0) (0, 0, 0) ...
(128, 0, 0) (128, 0, 0) (0, 128, 255), ...
(128, 0, 0) (128, 0, 0) (0, 128, 255), ...
(128, 0, 0) (128, 0, 0) (0, 128, 255), ...
(128, 0, 0) (128, 0, 0) (0, 128, 255), ...
...
```

이제 우리는 이미지를 0과 1의 집합으로 변경할 수 있다. 위 그림에서 각각의 숫자를 2진수로 나타내면 되는 것이다.

화질

이미지는 해상도에 따라서 픽셀의 개수가 달라진다. 이미지의 해상도는 이미지를 표현하는 데 픽셀을 얼마나 사용하느냐이다. 저해상도 이미지에서는 픽셀의 개수가 적다. 고해상도 이미지에는 픽셀 수가 많으므로 이미지를 확대하거나 늘일 때 훨씬 좋아 보인다. 단점은 이미지가 고해상도가 될수록 파일 크기가 커진다는 것이다.

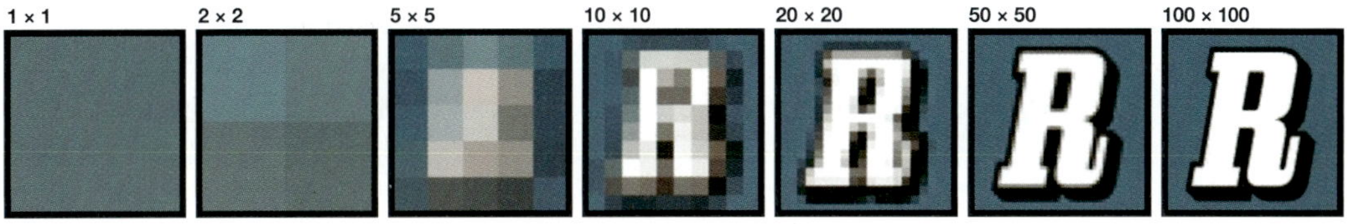

(출처: 위키백과)

Unplugged **Lab**

디지털 이미지 처리

이미지가 디지털 형식으로 변환되면 이미지를 변환하기가 아주 쉽다. 컴퓨터를 이용하여서 이미지 픽셀값을 읽어서 하나씩 처리하면 된다. 예를 들어서 이미지를 약간 어둡게 하려면 어떻게 하면 될까?

컴퓨터로 첫 번째 픽셀 값 (R, G, B)를 읽어서 R, G, B에서 50씩 빼면 된다. 즉 (R-50, G-50, B-50)을 계산하고 새로운 값을 저장한다. 이어서 두 번째 픽셀 값도 읽어서 동일한 방식으로 처리한다. 세 번째 픽셀, … 마지막 픽셀값까지 동일한 방식으로 처리하면 전체 이미지가 약간 어두워진다.

05 이미지 압축

필수 이론

이미지 데이터는 어떻게 압축할 수 있을까? 흑백 이미지에서는 각 픽셀이 검은색이거나 흰색이 된다. 픽셀로 이루어진 이미지를 숫자로 표현하는 방법에는 사실 여러 가지가 있다. 다음과 같은 방법도 있다. 어떻게 하고 있는 것인가?

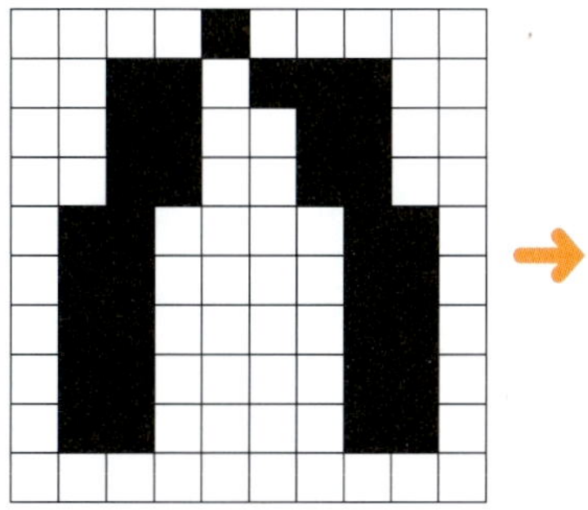

4,1,5
2,2,1,3,2
2,2,2,2,2
2,2,2,2,2
1,2,4,2,1
1,2,4,2,1
1,2,4,2,1
1,2,4,2,1
1,2,4,2,1
10

첫 번째 줄은 4, 1, 5로 표현된다. 이 숫자들의 의미는 4개의 흰색 픽셀, 1개의 검은색 픽셀, 5개의 흰색 픽셀이라는 의미이다. 0이 나오면 그 줄이 검은색 픽셀부터 시작한다는 의미이다.

다음과 같은 숫자가 있을 때 해당되는 이미지를 그려보자.

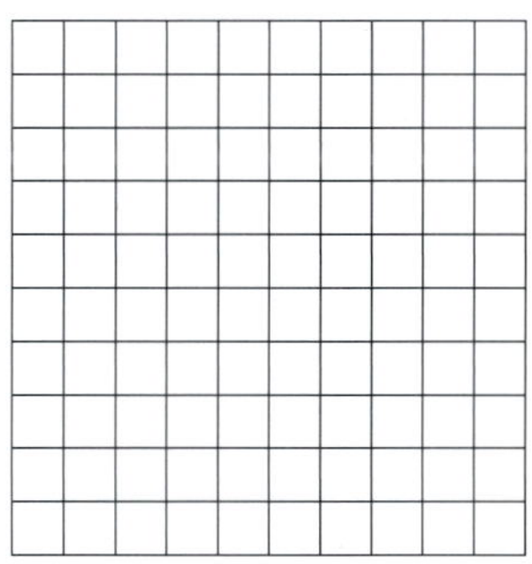

10
1,7,2
1,1,5,1,2
1,1,5,1,2
1,1,4,1,3
1,5,4
1,1,4,2,2,
1,1,5,1,2,
1,1,5,1,2,
1,7,2

우리가 실습한 방법은 실제로는 팩스가 문서를 스캔해서 보내는 방법과 유사하다. 팩스 기계는 실제로 흑백 페이지를 스캔하는 단순한 컴퓨터이다. 약 1000 × 2000 픽셀로 스캔한다.

팩스 기계는 다른 팩스기로 모뎀을 사용하여 전송한다. 종종 팩스 이미지에는 큰 흰색 블록(예: 여백)이 있다. 또는 검은색 픽셀 블록(예를 들어, 수평선)이 있을 수 있다. 이러한 이미지를 저장하는 데 필요한 저장 공간을 절약하려면 다양한 압축 기술을 사용할 수 있다.

여기서 사용된 방법은 텍스트 압축에서도 등장하였던 '런-길이 코딩(run-length coding)' 방법으로 이미지를 압축하는 효과적인 방법이다. 우리가 이미지를 압축하지 않았다면 이미지를 전송하는 데 훨씬 오래 걸리고 더 많은 저장 공간이 필요하다. 예를 들어 팩스 이미지는 일반적으로 원래 크기의 약 1/7로 압축된다. 만약 압축하지 않으면 전송하는 데 7배나 오래 걸렸을 것이다. 사진과 그림은 종종 10분의 1 또는 100분의 1로 압축된다.

Lab 이미지 압축

다음과 같은 이미지를 숫자로 만들어서 팩스로 전송하고자 한다. 앞에서 설명한 런 길이 엔코딩으로 압축해보자.

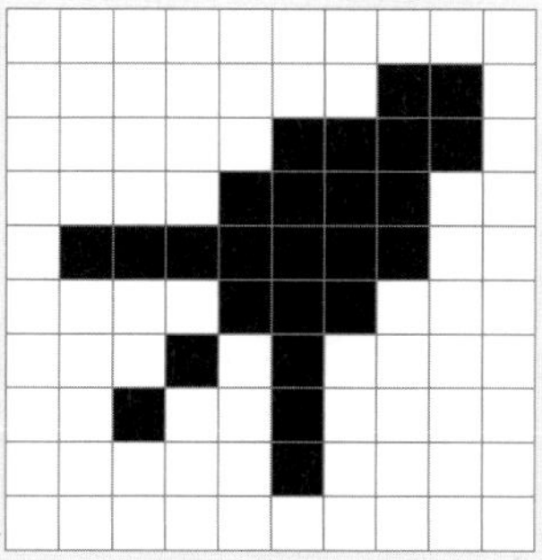

Solution

이미지 압축

일단은 위의 이미지를 픽셀로 분해하여야 한다. 각 픽셀 값을 숫자로 만들어서 전송하는 대신에 우리는 같은 색상을 가지는 픽셀들을 묶어서 숫자로 만들 수 있다. 예를 들어서 2번째 줄에서 연속된 7개의 흰색 픽셀을 볼 수 있다. 그리고 이어서 2개의 연속된 검은색 픽셀과 1개의 흰색 픽셀을 볼 수 있다. 따라서 다음과 같이 숫자로 표현할 수 있다.

7, 2, 1

이런 식으로 해서 전체 이미지를 다음과 같이 숫자로 나타낼 수 있다.

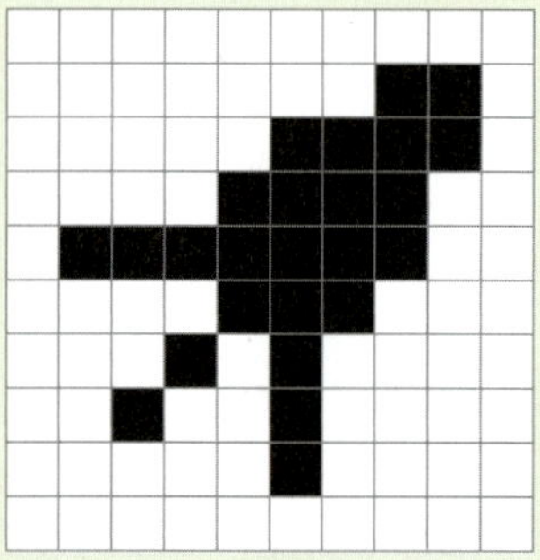

10
7,2,1
5,4,1,
4,4,2
1,7,2
4,3,3
3,1,1,1,4
2,1,2,1,4
5,1,4
10

이런 식으로 이미지를 숫자로 변환하면 훨씬 적은 숫자로 이미지를 나타낼 수 있다.

Lab | # 흑백 이미지 표현하기

문제의 정의

흑백 이미지는 0과 1로 저장할 수 있다. 0은 검은색 픽셀을, 1은 흰색 픽셀을 나타낸다. 사용자로부터 흑백 이미지의 각 줄을 나타내는 0과 1로 이루어진 문자열을 받아서 화면에 각각의 픽셀을 검은색 사각형과 흰색 사각형으로 그려보자.

변수와 스프라이트 만들기

❶ 파일 메뉴의 "새로 만들기"를 선택하여서 새로운 프로젝트를 생성한다. 고양이 스프라이트는 지우고 Avery 스프라이트를 추가한다.

변수이름	설명
line	입력 문자열
row	이미지에서 현재 줄
col	이미지에서 현재 열
pixel	현재 픽셀값

❷ 필요한 변수들을 생성한다.

❸ 배경을 다음과 같이 그린다.

❹ 검은색 사각형 스프라이트를 직접 그린다.

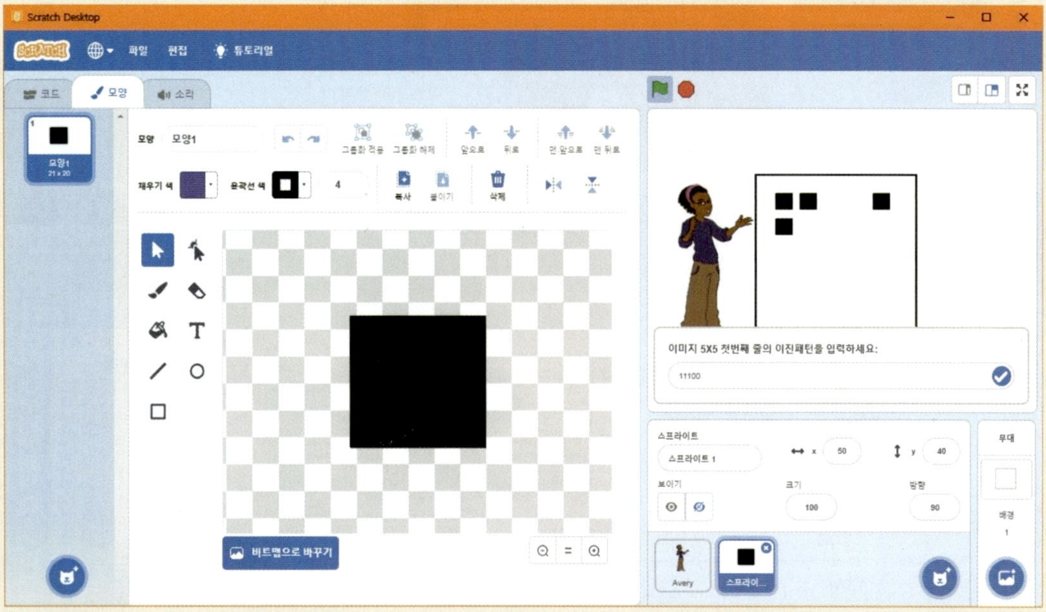

스크립트 작성

❶ 검은색 사각형 스프라이트에 다음과 같은 스크립트를 추가한다.

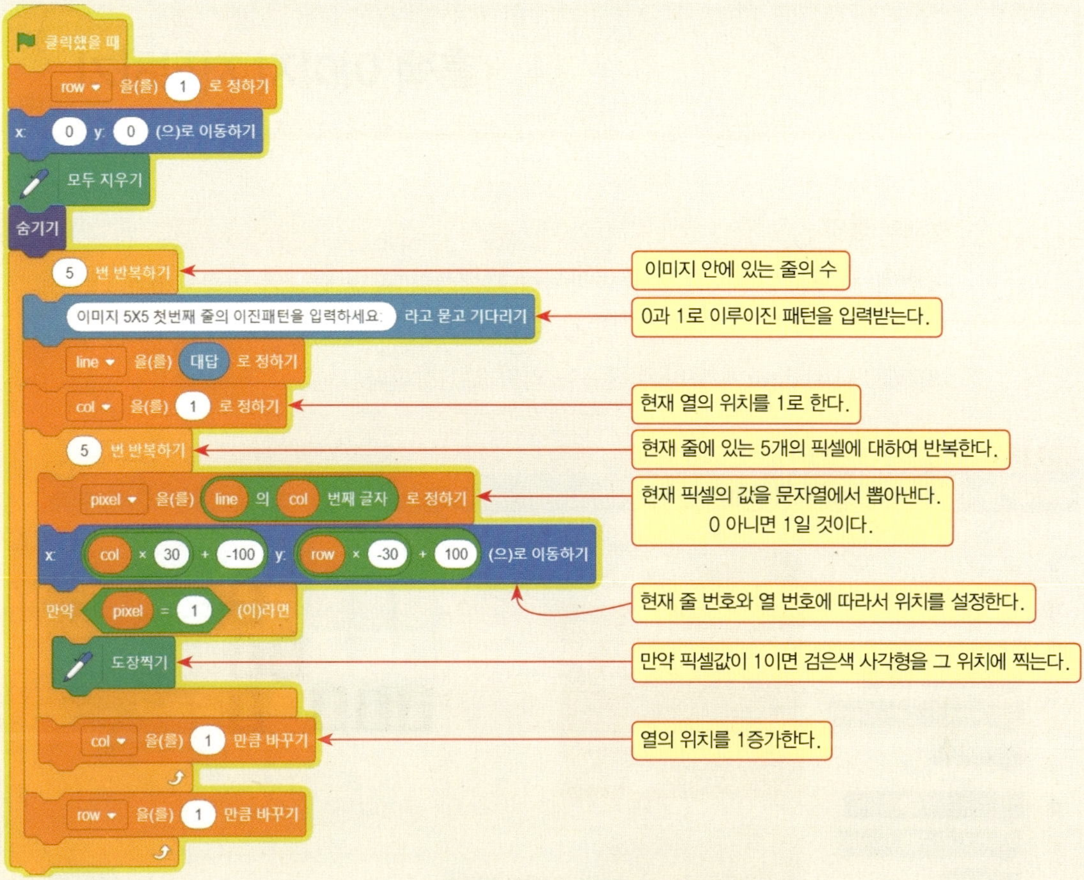

❷ 응용 프로그램을 실행해본다. 각 줄의 이진 패턴을 0과 1로 주어야 한다.

Lab

흑백 이미지 저장하기

문제의 정의

이번에는 사용자가 픽셀을 클릭하여서 흑백 이미지를 만들면 이것을 0과 1로 저장하는 프로그램을 작성하여 보자. 이 프로그램은 https://scratch.mit.edu/projects/85068134/#editor에 올라온 작품을 리믹스한 것이다.

0과 1을 클릭하여서 올바르게 0과 1로 이루어진 문자열로 바뀌는지를 검사한다.

❶ 무대에 다음과 같은 스크립트를 추가한다.

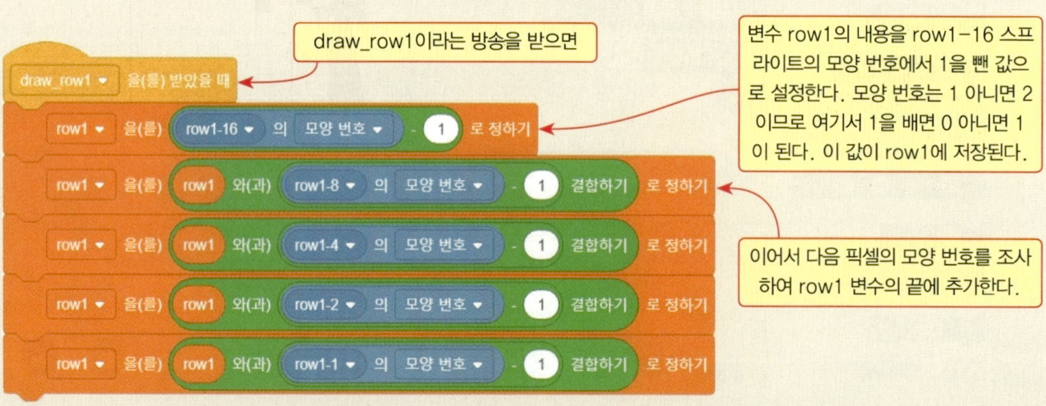

도전문제

1. 4번째 줄과 5번째 줄은 구현되어 있지 않다. 소스를 파악하여서 추가하도록 하자.

06 필수 이론

컴퓨터에서 사운드는 어떻게 표현될까?

우리는 앞장에서 컴퓨터 내부에는 0과 1만이 존재한다고 배웠다. 사운드는 어떻게 컴퓨터 안에 0과 1의 형태로 저장될 수 있을까? 이것을 이해하려면 먼저 아날로그와 디지털에 대하여 이해하여야 한다.

아날로그

자연계에서 우리가 보는 값들은 일반적으로 연속적인 값이다. 우리가 생활하는 자연계에서는 모든 것이 연속적이고 무한하다. 예를 들어서 오늘 온도는 28.0°C일 수도 있지만 좀 더 자세히 측정하면 28.00001°C일 수도 있다. 0과 1 사이에는 무한한 실수가 존재한다. 검은색과 흰색 사이에는 무한한 수의 회색이 존재한다. 이러한 값을 아날로그(analog) 값이라고 한다. 아날로그 값은 연속적으로 변화하는 물리량을 의미한다. 온도, 전압이나 전류 등이 대표적인 아날로그 값이다.

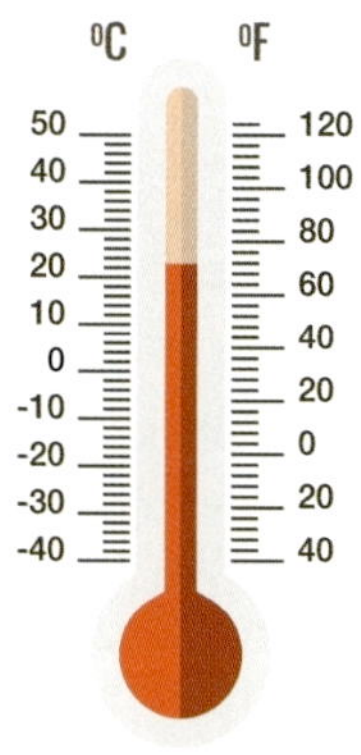

컴퓨터가 사용되기 전에는 모든 데이터들이 아날로그 상태로 저장되었다. 대표적인 예가 필름 카메라이다. 필름 카메라에서는 빛에 반응하는 은기반의 화학 물질로 코팅된 "필름" 위에 이미지를 포착한다. 필름을 현상소에서 처리하면 촬영한 장면이 나타난다. 카세트테이프 레코더로 음악을 녹음하는 경우도 마찬가지이다. 아날로그 기술에서는 입력 신호가 파형의 형태로 매체에 저장된다. 카세트테이프 레코더에서는 마이크에서 전달되는 음파를 아날로그 파형으로 테이프에 저장한다.

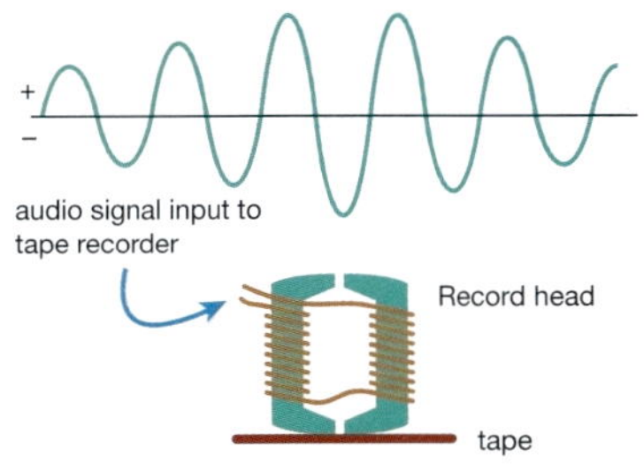

디지털

디지털(digital)은 아날로그와는 완전히 다르다. 필름이나 자기 테이프에 사진이나 음악을 저장하는 대신 데이터를 숫자로 바꾸어서 저장한다. 디지털이라는 의미가 바로 숫자(digit)라는 의미이다. 최근에는 많은 과학 장비가 디스플레이에서 판독값을 숫자로 표시한다. 온도계, 혈압계, 멀티미터(전류 및 전압 측정용) 및 욕실 저울은 일반적인 디지털 측정 장치이다. 디지털 장치들은 일반적으로 아날로그 장치보다 빠르고 읽기 쉽다.

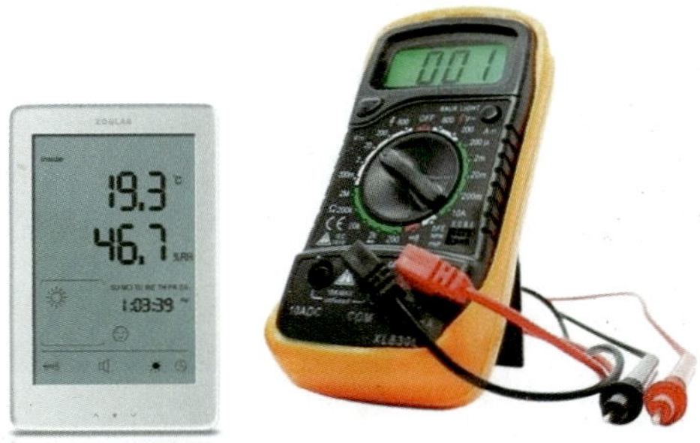

디지털 기술은 측정기에만 사용되고 있는 것이 아니다. 예를 들어서 휴대폰은 사람의 목소리를 숫자로 변환한 후에 기지국으로 전송한다. 수신할 때도 숫자를 받아서 사람의 목소리로 변환한다.

디지털 정보의 장점

- 디지털 형식으로 정보를 저장하는 것이 공간을 덜 차지한다. 1000개의 LP 레코드를 저장하려면 여러 층의 선반이 필요하지만 MP3 플레이어를 사용하면 주머니에 같은 양의 음악을 넣을 수 있다.
- 디지털 정보는 안전하다. 핸드폰 간의 대화는 전송 전에 암호화된다.
- 디지털 데이터는 컴퓨터를 이용하여 수정하는 것이 쉽다. 여러분이 사진을 수정한다고 하자. PC 안에 저장된 디지털 사진 수정이 쉬울까? 아니면 인화지에 인화된 사진 수정이 쉬울까?

- 디지털 정보는 시간이 지남에 따라 저장된 정보의 품질이 저하되지 않는다. 숫자를 읽을 수 있는 한, 항상 똑같은 데이터를 얻을 수 있다.
- 디지털 데이터에서는 동일한 패턴을 찾아 압축할 수 있다. 디지털 신호 프로세서 (DSP)라는 특수 컴퓨터를 사용하여 데이터를 처리하고 수정하는 것도 쉽다. 아날로그 데이터는 압축하기가 어렵다.

디지털이 항상 아날로그보다 좋을까?

디지털 기술이 많은 장점을 가지고 있지만 반드시 디지털이 아날로그보다 항상 우수함을 의미하지는 않는다. 아날로그시계는 정밀한 기어 및 스프링을 사용하여 시간 경과를 측정하는 경우, 디지털시계보다 정확할 수 있으며 초침이 많으면 디지털 시계보다 더 정확하게 시간을 나타낼 수도 있다.

1949년 초반 아날로그 컴퓨터: 아날로그 다이얼, 레버, 벨트 및 기어가 있는 숫자를 나타내는 기계 (출처: NASA)

한 가지 흥미로운 질문은 디지털 형식으로 저장된 정보가 아날로그 정보만큼 오래 지속되는지 여부이다. 박물관에는 아직도 수천 년 된 종이 문서, 점토 또는 돌로 써진 문서가 있지만 아무도 첫 번째로 전송된 전자 메일이나 첫 번째로 찍힌 디지털 사진을 가지고 있지 않는다. 많은 사람들이 수십 년 된 플라스틱 LP 레코드를 소유하고 소중히 하지만 아무도 MP3 음악 파일에 동일한 중요성을 부여하지 않는다. 디지털 데이터를 저장하는 매체도 문제가 된다. 초기에 사용되던 많은 저장 장치는 최신 컴퓨터에서 읽을 수 없다. 예를 들어서 3.5인치 플로피 디스크는 1990년대 중반까지 많이 사용되었지만 최근 컴퓨터에는 플로피 디스크 드라이브가 없기 때문에 컴퓨터에서 읽을 수 없다.

아날로그 정보를 디지털 정보로 변환하기

자연계에서 발생하는 신호는 무조건 아날로그이다. 하지만 컴퓨터가 처리하려면 디지털 형식이어야 한다. 컴퓨터는 기본적으로 숫자만을 처리할 수 있다. 따라서 모든 형태의 데이터는 일단 숫자로 바뀌어야 처리가 가능하다. 어떻게 숫자로 바꿀 수 있을까?

일반적으로 사운드와 같은 아날로그 신호는 싸인파와 같은 파형이라고 생각할 수 있다. 아날로그 파형은 샘플링(sampling)이라는 과정을 거쳐서 디지털 데이터로 만들 수 있다. 샘플링이란 "정기적인 간격으로 값을 측정하는 것"을 의미한다.

예를 들어서 스마트폰을 사용하여 상대방과 통화하고 있다고 가정해 보자. 내 목소리는 공기를 통해 스마트폰의 마이크로 이동하여 전기 신호로 변환된다. 음파와 전기 신호는 연속하여 변하는 파형이며 아날로그 정보이다.

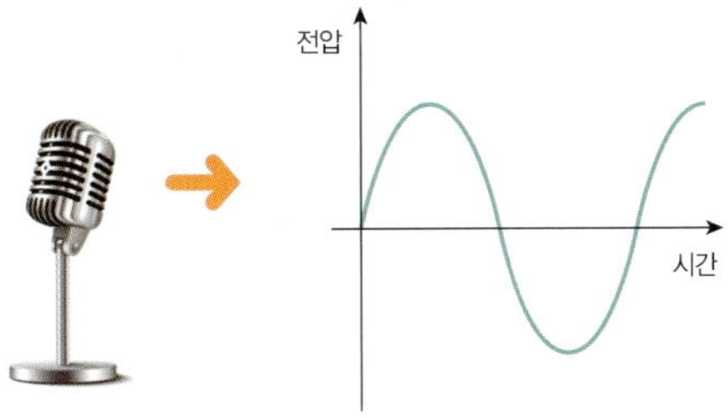

스마트폰은 디지털 형식으로 소리를 전송하므로 아날로그 파형이 숫자로 변환되어야 한다. 어떻게 할 수 있을까? 아날로그-디지털 변환기(ADC: Analog-Digital Converter)라고 불리는 내부의 회로는 초당 여러 번 파형의 크기를 측정하고 각 측정값을 숫자로 저장한다. ADC가 아래 그림의 첫 번째 그래프를 막대 그래프로 바꾼다.

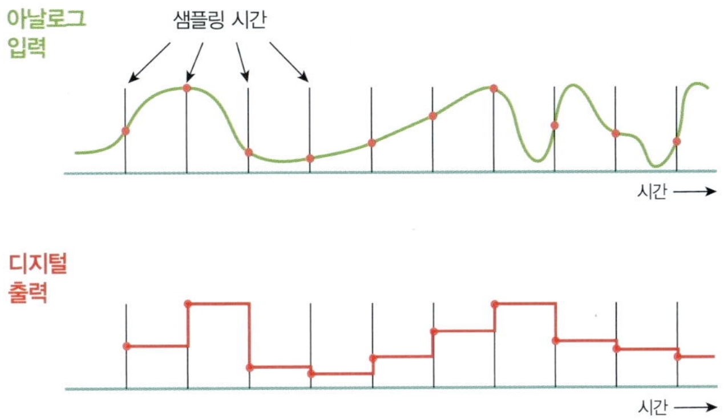

하나의 막대는 1초를 나타내고 이 막대그래프는 10개의 숫자(각 막대의 높이에 하나씩)로 나타낼 수 있다. 즉 3, 6, 2, 2, 3, 4, 6, 4, 4, 3과 같이 숫자로 생성될 수 있다. 따라서 초당 1회 음파를 샘플링(측정)함으로써 아날로그 음파를 디지털 정보로 변환할 수 있다. 우리는 이 숫자를 무선통신을 통해 다른 스마트폰으로 보낼 수 있다. 이 숫자를 상대방 스마트폰은 역과정(디지털-아날로그 변환)을 실행하여 숫자를 우리가 들을 수 있는 소리로 변환한다.

하지만 문제가 발생할 수 있다. 일부 정보는 음파를 디지털로 변환하고 다시 돌아오는 과정에서 손실 될 것이다. 왜냐하면 샘플링 값이 원본 음파의 모양을 정확하게 캡처하지 못하기 때문이다. 샘플링 값은 근사치 일뿐이다. 어떻게 해야 정밀도를 높일 수 있을까? 측정 횟수를 늘리면 된다. 예를 들어서 샘플링 속도를 2배로 만들면 더욱 정밀도가 높은 값들이 얻어진다. 두 배나 많은 측정값을 얻을 수 있으며 음파는 이제 20개의 숫자로 표시된다. 샘플링 속도를 높일수록 소리의 디지털 표현이 더 정확해지지만 생성하는 디지털 정보가 많을수록 저장 공간도 늘어난다.

디지털 사운드 품질

디지털 사운드는 초당 수천 개의 샘플로 나누어진다. 각 사운드 샘플은 0과 1로 이루어진 이진 데이터로 저장된다. 디지털 사운드의 품질에 영향을 미치는 요인은 다음과 같다.

- **샘플링 속도**(sample rate): 매초 캡처된 샘플의 수
- **비트 깊이**(bit depth): 각 샘플에 사용할 수 있는 비트 수
- **비트율**(bit rate): 초당 사용된 비트 수

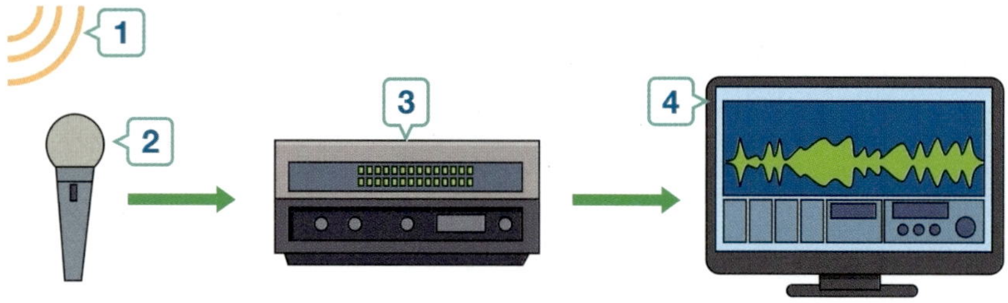

1 마이크가 공기중의 압력 변화를 측정한다.

2 마이크가 압력을 전압으로 바꾼다.

3 ADC가 전압을 0과 1로 변환한다.

4 파형을 모니터에 표시한다.

샘플링 속도

샘플링 속도는 초당 캡처되는 소리 샘플 개수로 측정된다. 캡처된 샘플이 많을수록 파동의 상승 및 하강 위치가 자세히 기록되고 품질이 높아진다. 즉 아날로그 음파의 모양이 보다 정확하게 포착된다. 각 샘플은 특정 시점에서 신호의 높이를 나타낸다. 진폭은 정수 또는 부동 소수점수로 저장되고 최종적으로 2진수로 인코딩된다.

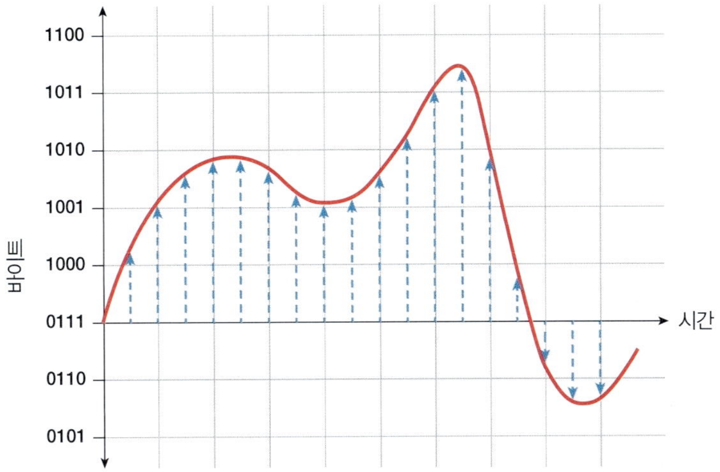

음질을 높이고 원본에 가까운 음질로 사운드를 저장하는 방법은 샘플링을 더 자주 하는 것이다. 이렇게 하면 사운드에 대한 많은 정보를 수집할 수 있으므로 품질이 떨어지지 않는다. 샘플을 가져 오는 빈도를 샘플링 속도라고 하며, 헤르츠(Hz) 단위로 측정된다. 1Hz는 초당 하나의 샘플이다. 대부분의 CD 품질 사운드는 44100Hz(44.1 kHz)로 샘플링 된다.

전화 네트워크 및 VoIP 서비스는 8kHz의 낮은 샘플링 속도를 사용한다. 이렇게 하면 적은 데이터를 사용하여 사운드를 표현할 수 있다. 8kHz에서 사람의 목소리는 여전히 선명하게 들릴 수 있지만 음악인 경우에는 낮은 음질의 음악이 된다.

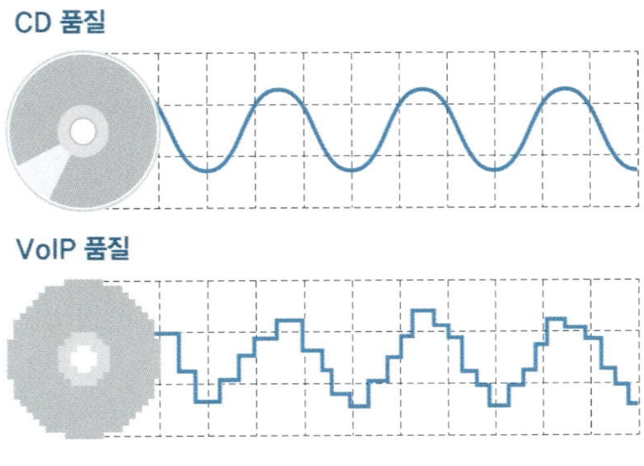

비트 깊이

비트 깊이는 각 샘플에 사용할 수 있는 비트 수이다. 비트 깊이가 높을수록 사운드 품질이 높아진다. 비트 깊이는 일반적으로 CD에서는 16비트이고 DVD에서는 24비트이다. 16비트 깊이는 65,536개의 가능한 값을 갖지만 24비트 깊이는 1600만 개의 가능한 값을 가진다. 16비트 해상도는 각 샘플이 0000 0000 0000 0000과 1111 1111 1111 1111 사이의 이진값이 될 수 있음을 의미한다.

32768	16384	8192	4069	2048	1024	512	256	128	64	32	16	8	4	2	1
1	1	1	1	1	1	1	1	1	1	1	1	1	1	1	1

32,768 + 16,384 + 8,192 + 4,069 + 2,048 + 1,024 + 512 + 256 + 128 + 64
+ 32 + 16 + 8 + 4 + 2 + 1

24비트는 최대 이진수가 1111 1111 1111 1111 1111 1111이며 16,777,215개의 가능한 값을 생성함을 의미한다. 사운드 파일을 만들 때는 특정 파일 형식으로 인코딩해야 한다. 고품질 사운드는 PCM으로 만들어지고 WAV 또는 AIFF와 같은 파일 형식으로 저장된다.

비트 전송률

비트 전송률은 매초 처리되는 데이터 비트 수이다. 비트 전송률은 일반적으로 초당 킬로비트(kbps) 단위로 측정된다.

비트 전송률은 다음 공식을 사용하여 계산된다.

샘플링주파수 × 비트 깊이 × 채널 = 비트율

일반적으로 압축되지 않은 고품질 사운드 파일의 샘플링 주파수는 초당 44,100샘플, 비트 깊이는 샘플 당 16비트, 스테레오 사운드는 2채널이다. 따라서 이 파일의 비트 전송률은 다음과 같다.

초당 44,100 샘플 × 샘플당 16비트 × 2채널 =
초당 1,411,200 비트(또는 1,411.2kbps)

이 비트 전송률로 4분짜리 노래는 다음과 같은 파일 크기를 생성한다.

14,411,200 × 240 = 338,688,000 비트(또는 40.37 MB)

고품질 음악의 비트 전송률은 훨씬 높기 때문에 컴퓨터에서 훨씬 더 많은 공간을 차지하며 다운로드하는데 더 오래 걸린다. 일반적으로 음악은 44.1kHz(초당 약 44,000회)의 샘플링 속도로 디지털 변환된다. 여기서는 다루지 않겠지만, 샘플링 속도는 음파에서 가장 높은 사운드 주파수의 두 배가 되어야 하며, 사람의 청력은 약 20kHz로 제한되기 때문에 적어도 40kHz의 샘플링 속도가 필요하다. 고품질 음악의 비트 전송률은 128kbps ~ 256kbps(초당 최대 256,000비트)이지만 MP3 음악의 일반적인 비트 전송률은 128kbps이다.

07 필수 이론 사운드 압축

왜 파일을 압축할까?

처리 능력과 저장 공간은 컴퓨터에서 매우 중요하다. 두 가지 모두에서 최상의 결과를 얻으려면 텍스트, 이미지 및 사운드 데이터의 크기를 줄여서 더 빨리 전송하고 저장 공간을 덜 차지해야 한다. 또한 파일이 대용량이면 다운로드하거나 업로드 하는데 시간이 오래 걸리므로 인터넷을 사용할 때 시간이 많이 걸리게 된다. 압축은 이러한 문제를 해결한다. 압축은 파일 크기를 줄이는 데 유용한 도구이다. 텍스트, 이미지, 사운드, 동영상이 압축되면 중복되는 데이터가 제거되어 파일 크기가 줄어든다. 압축은 파일을 스트리밍 및 다운로드 할 때 매우 유용하다. 모든 종류의 데이터를 압축 할 수 있다. 압축에는 손실과 무손실 압축이 있다.

손실 압축

손실 압축은 파일 크기를 줄이기 위해 파일의 원래 데이터 중 일부를 제거한다. 이는 이미지의 색상 수를 줄이거나 사운드 파일에서 샘플 수를 줄이는 것을 의미한다. 이미지 또는 사운드 파일의 품질이 약간 저하될 수 있다.

이미지 분야에서 인기 있는 압축 방법은 JPEG이다. 인터넷상의 대부분의 이미지가 JPEG을 이용하여 압축된다. 손실 압축을 사용하여 파일을 압축하면 원본을 다시 복구할 수 없다.

동영상도 네트워크를 통해 스트리밍될 때 압축된다. 스트리밍 HD의 영상은 고속 인터넷 연결이 필요하다. 만약 속도가 늦으면 사용자는 버퍼링 및 품질 저하를 경험하게 된다. HD 비디오는 보통 약 3 Mbps이다. SD 비디오는 약 1,500kbps이다.

사운드에 널리 사용되는 손실 압축 방식은 MP3이다. MP3 파일의 비트 전송률은 보통 128kbps와 320kbps의 사이이다. 압축되지 않은 파일의 1,411 kbps보다는 한참 낮다.

손실 압축은 영구적으로 데이터를 제거한다. 예를 들어, MP3로 압축된 WAV 파일은 손실 압축이다. MP3 형식으로 압축할 때, 비트 전송률을 64kbps로 지정할 수 있다. 그러나 64kbps MP3에서 1,411 kbps 품질의 파일을 다시 만들 수는 없다. 손실 압축의 경우 원본 비트 깊이가 감소되어 데이터가 제거되고 파일 크기가 줄어든다. MP3 및 AAC는 서로 다른 플랫폼에서 널리 지원되는 손실 압축 사운드 파일 형식이다. MP3와 AAC는 모두 특허 받은 코덱이다. Ogg Vorbis는 손실 압축을 위한 오픈 소스 대안이다.

무손실 압축

무손실 압축은 파일의 품질을 전혀 저하시키지 않는다. 데이터가 손실되지 않으므로 무손실 압축을 하더라도 나중에 파일을 원래 상태로 복원할 수 있다. 일반적으로는 반복되는 데이터의 패턴을 찾아 다양한 알고리즘을 수행한다. 우리가 자주 사용하는 ZIP 파일은 무손실 압축의 예이다. 무손실 압축의 압축률은 손실 압축의 경우만큼 좋지 않다. 사운드의 경우, FLAC 및 ALAC은 오픈 소스 무손실 압축 형식이다. 무손실 압축은 품질 손실 없이 파일 크기를 최대 50%까지 줄일 수 있다.

Unplugged Lab

사운드 데이터 변환

구체적인 예를 들어보자. 일정한 시간 간격으로 다음과 같은 음파를 샘플링한다. 어떤 이진수들이 생성될까?

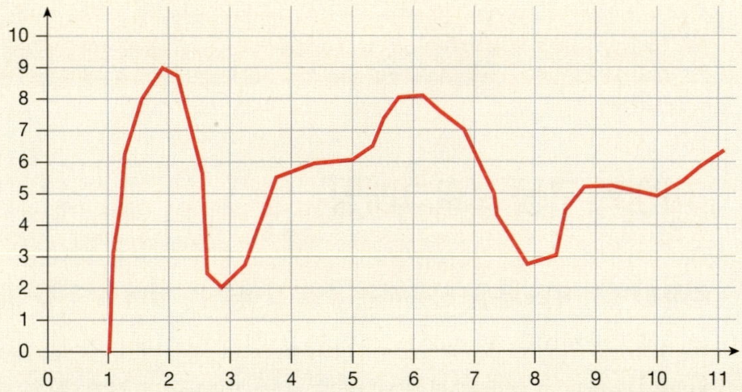

매 초마다 파형의 높이를 측정하여서 숫자로 변환하고 이것을 다시 2진수로 바꾸면 다음과 같다.

시간 샘플	1	2	3	4	5	6	7	8	9	10	11
실수	0	9	2	6	6	8	7	3	5	5	6
이진	0000	1001	0010	0110	0110	1000	0111	0011	0101	0101	0110

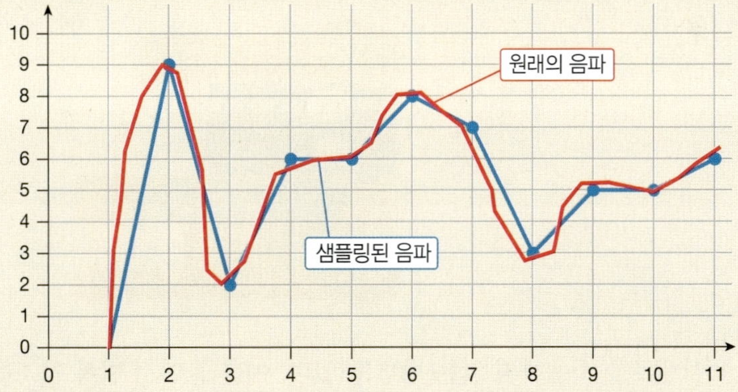

스크래치 실습

COMPUTATIONAL THINKING

이번 장에서는 다음과 같은 사항을 학습해보자.

- 관찰 기능
- 이벤트 처리
- 메시지 방송

08 이벤트 구동 프로그래밍

스크래치 실습

컴퓨터에서 윈도우를 사용하는 프로그램들은 이벤트 구동 방식을 사용한다. 이벤트 구동 방식이란 평소에는 대기하고 있다가 이벤트가 발생하면 이벤트를 처리하는 방식이다. 프로그램에서 반복 구조를 통하여 상태를 항상 체크하는 것보다 이벤트가 발생했을 때만 신경 쓰는 것이 더 효율적이라고 한다.

스크래치에서는 이벤트 구동 방식을 사용하여 애플리케이션을 프로그래밍하는 것이 매우 간단하다. 스크래치에서의 "이벤트"는 사용자가 특정 키를 누르거나 마우스를 사용하여 상호 작용할 때나 또는 사용자가 녹색 깃발을 누를 때 시작된다. 예를 들어, 아래쪽 화살표가 눌려졌을 때의 "이벤트"를 기반으로 실행되는 스크립트는 다음과 같다.

이벤트를 사용하지 않는 방법도 있다. 예를 들어서 반복 구조를 사용하여서 아래쪽 화살표가 눌렸는지 항상 체크하는 것이다. 특히 게임에서는 이러한 반복 구조를 자주 사용하기 때문에 이것을 게임 루프(game loop)라고 한다.

게임 루프는 매우 간단하다. 프로그램은 종료 조건에 도달할 때만 반복을 멈추게 된다. 반복 구조를 를 실행할 때마다 키보드 입력이 확인되고 상태가 업데이트되며 화면에 새롭게 그려진다. 예를 들어, 위와 같이 아래쪽 화살표 키만을 처리하는 스크립트는 다음과 같다.

게임 루프의 장점은 사용자 입력을 자연스럽게 처리할 수 있으며 응용 프로그램의 성능을 보다 세밀하게 제어할 수 있다는 것이다. 단점은 심각한 성능 문제가 발생할 수 있다는 것이다.

Lab | 이벤트 구동 사용하기

문제의 정의

사용자가 키보드로 고양이 스프라이트를 제어하여서 타깃(강아지)을 접촉하면 점수가 올라가는 게임을 2가지 방식으로 작성해보자.

스프라이트

스프라이트	이름	기능
	cat	• 사용자가 화살표를 이용하여 dog2 스프라이트 위로 이동시킨다.
	dog2	• 강아지 스프라이트는 고양이와 접촉하면 랜덤한 위치로 이동한다.

스크립트 작성

첫 번째 방법을 이벤트 구동 프로그래밍을 사용하는 방법이다.

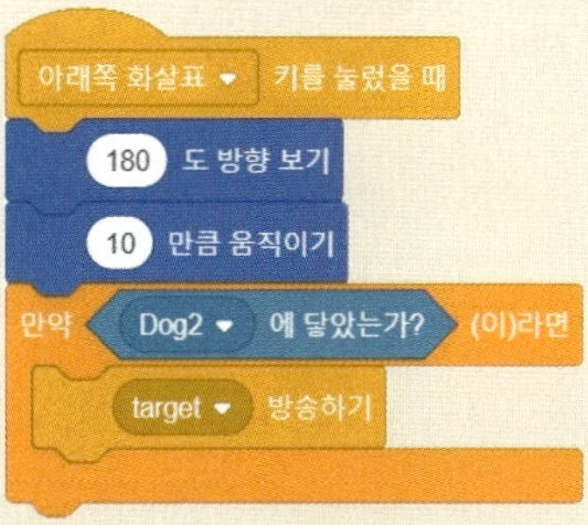

나머지 3개의 키도 모두 동일한 스크립트를 사용하지만 각도는 달라진다.

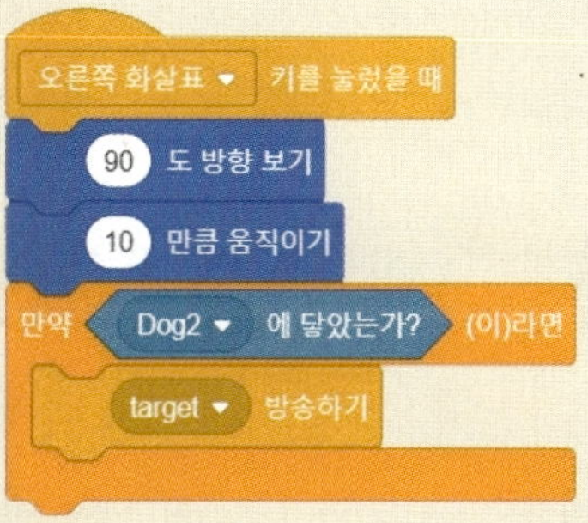

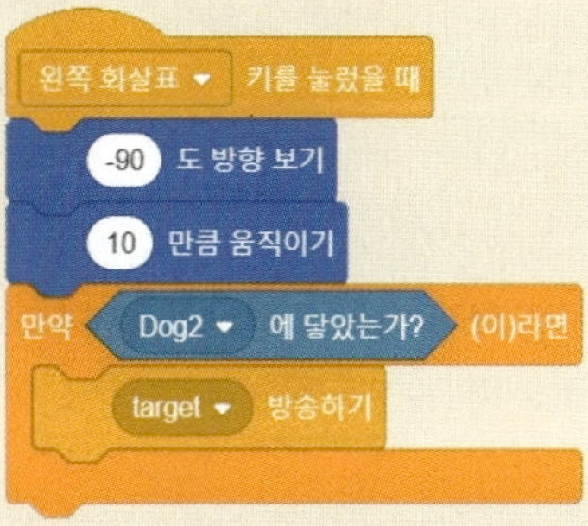

강아지 스프라이트는 고양이와 접촉하면 랜덤한 위치로 이동한다.

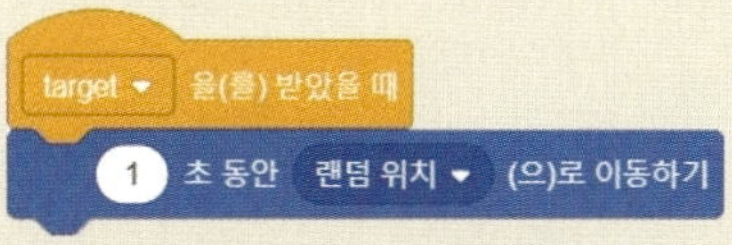

만약 동일한 프로그램을 게임 루프 방식으로 작성한다면 어떻게 될까?

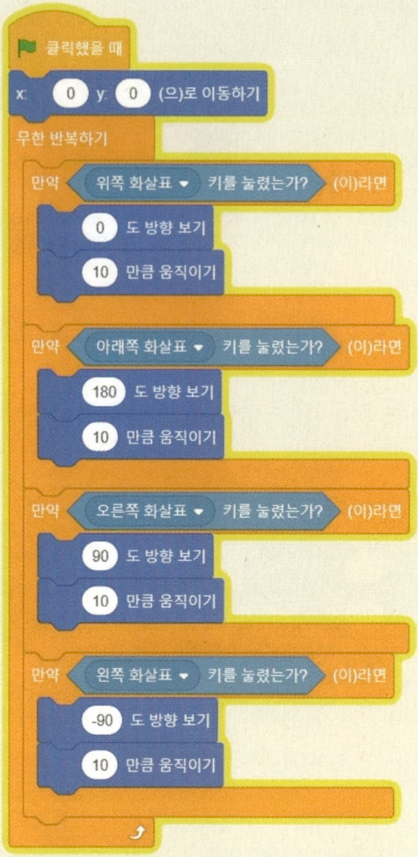

도전문제

1. 고양이가 강아지에 닿으면 점수가 올라가도록 스크립트를 수정해보자.
2. 마우스를 이용하여도 고양이를 움직일 수 있도록 수정하여 보자.

방송하기

스크래치에서 각각의 스크래치들은 어떻게 정보를 주고받을까? 전역 변수를 사용하는 것이 첫 번째 방법이다. 하지만 가장 많이 사용되는 방법은 방송을 하는 것이다. 스크래치에서 스프라이트는 "이벤트" 팔레트에 있는 다음의 3가지 블록을 사용하여 방송하고 방송을 받을 수 있다.

- "메시지1을 받았을 때"
- "메시지1 방송하기"
- "메시지1 방송하고 기다리기"

예를 들어서 "Abby" 스프라이트가 beetle, dinosaur1, dog1 스프라이트에 "run" 메시지를 보낸다고 하자. beetle, dinosaur1, dog1 스프라이트는 "run" 메시지를 받으면 현재의 위치에서 앞으로 달린다.

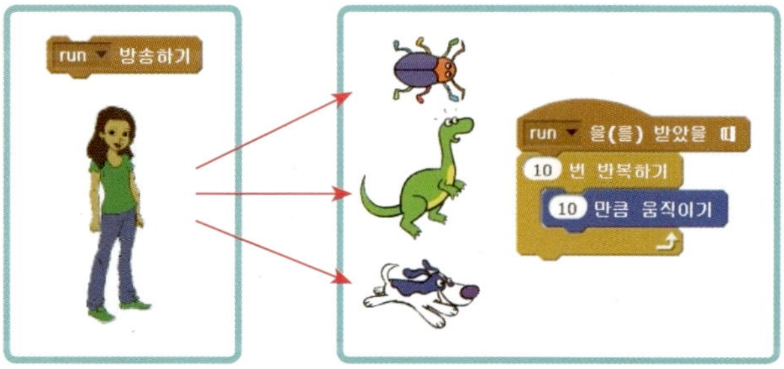

위의 그림에서 Abby 스프라이트는 "run" 메시지를 방송하며 이 방송은 모든 스프라이트에게 전송된다. 이 메시지에 응답하여 beetle, dinosaur1, dog1은 모두 자신의 스크립트를 실행한다.

방송할 때, "run 방송하고 기다리기" 블록을 선택하면 메시지 수신자가 실행을 완료할 때까지 기다린다.

Lab 메시지 방송 사용하기

문제의 정의

간단한 신호등 시스템을 만들어보자. 신호등이 변경되면 해당되는 메시지를 방송한다. 자동차 스프라이트는 이 방송을 청취하여서 멈추거나 주행한다.

스프라이트

스프라이트	이름	기능
	convertible 3	• 자동차 스프라이트
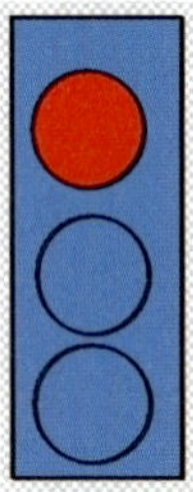	traffic light	• 직접 그려준다. 녹색 원과 빨간색 원을 가지고 있다.

스크립트 작성

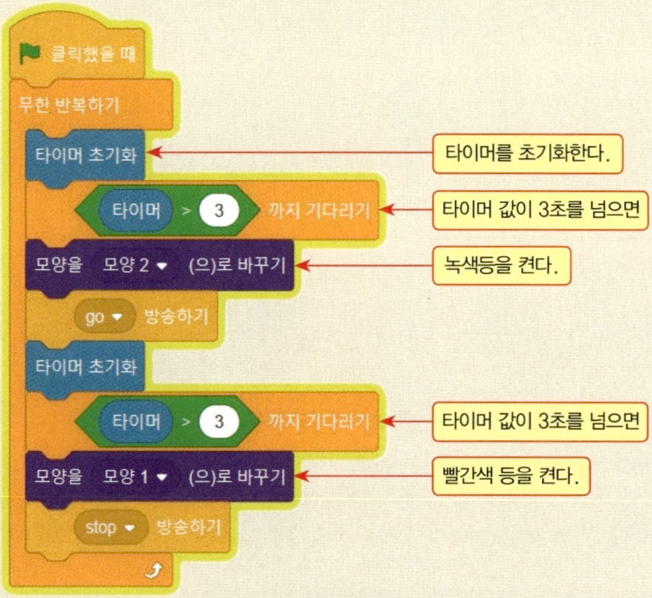

traffic light

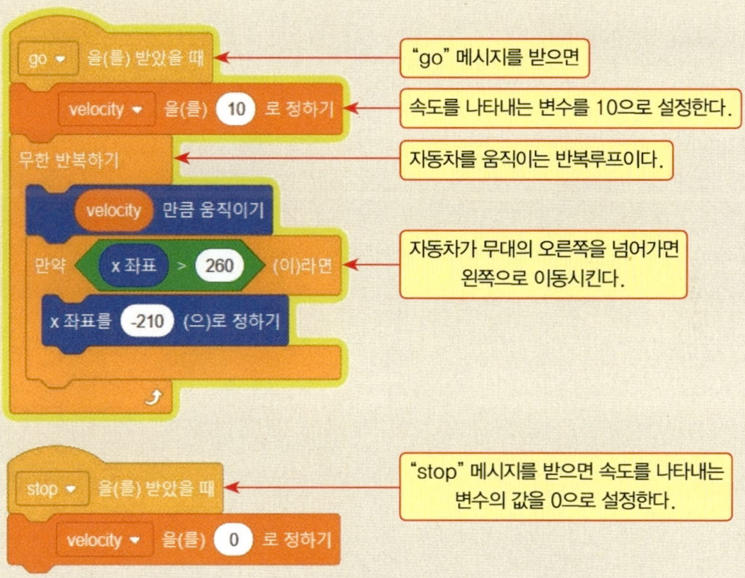

convertible

도전문제

1. 실제 신호등 시스템처럼 노란색 등도 추가한다.
2. 건널목도 추가하여서 자동차가 건널목 근처에서만 신호등에 반응하도록 하라.

COMPUTATIONAL THINKING

CHAPTER 12

인공지능과 병렬 컴퓨팅

이론편: 인공지능과 병렬 컴퓨팅
실습편: 인터랙티브 스토리 작성

이번 장에서는 다음과 같은 내용을 학습합니다.

- 인공 지능의 개념을 살펴본다.
- 병렬 처리의 개념을 살펴본다.
- 정렬 네트워크를 살펴본다.
- 스크래치를 이용하여 인터랙티브 스토리를 만드는 기법을 알아본다.

필수이론

COMPUTATIONAL THINKING

01 필수 이론 인공지능의 시대

2016년 3월 구글의 인공지능 바둑 프로그램인 알파고(AlphaGo)는 한국에 큰 충격과 공포를 주었다. 일반적으로 컴퓨터가 이기기 어렵다고 알려진 바둑 게임에서 알파고가 압도적인 실력으로 4:1로 승리하였다. 2017년 1월에는 온라인 한큐바둑 사이트에 마스터(Master)란 이름의 고수가 나타났다. 마스터를 상대로 승리 시 10만 위안(약 1700만 원)을 주는 이벤트에서 마스터는 세계 1위의 커제 9단을 비롯하여 한 · 중 · 일을 대표하는 프로기사들을 상대로 30전 전승을 기록하였다. 마스터는 타이젬에서도 30판 전승을 기록하여 마스터의 전체 전적은 60전 60승이 되었다. 마스터는 바둑 팬들의 예상대로 업그레이드된 알파고였다.

알파고는 인공지능 기법으로 작성된 바둑 프로그램이다. 알파고로 인하여 우리는 인공지능의 시대가 성큼 다가왔다는 것을 느낄 수 있었다. 최근에 인공지능이 이룩한 업적을 보면 실로 경이롭다. '서양의 바둑'이라고 불리는 체스에서 1997년 IBM의 컴퓨터 '딥블루'는 세계 챔피언이었던 카스퍼로프를 상대로 승리를 거두며 인간 챔피언을 넘어선 최초의 컴퓨터가 됐다. 2011년 IBM에서 개발한 인공지능 프로그램 "왓슨"이 퀴즈쇼 '제퍼디'에서 인간 우승자를 제치고 우승을 차지했다. 제퍼디 퀴즈쇼는 사회자가 어떤 단어에 대해 설명을 하면 제일 먼저 정답을 말하는 사람이 상금을 가져가는 퀴즈쇼이다.

출처: TV 화면 캡처

인간을 초월하는 거대한 인공지능 컴퓨터는 SF 영화의 단골소재이다. 영화 <터미네이터>에서는 스카이넷(Skynet)이라는 인공지능 시스템이 나온다. 스스로 학습하고 생각하는 인공지능 스카이넷은 전 세계 수백만 대의 컴퓨터 서버로 확산된 후 자의식을 얻는다. 스카이넷의 창조자는 스카이넷을 비활성화하려고 하지만 스카이넷은 자기를 보존하기 위하여 인류를 적으로 간주하고 파괴한다.

터미네이터에서 스카이넷은 강인공지능의 예이다.

영화에서처럼 인공지능은 두려운 존재일까? 인공지능에는 강인공지능(strong AI)과 약인공지능(weak AI)이 있다. 강인공지능은 인공지능의 강한 형태로 자의식이 있는 인공지능이다. 강인공지능은 일반적인 영역에서의 문제를 해결할 수 있으며 명령받지 않은 일도 스스로 필요하다고 생각해서 할 수 있다. <터미네이터>의 스카이넷이나 <어벤져스>에서의 울트론은 강인공지능의 예이다. 약인공지능은 인공지능의 약한 형태로 자의식이 없으며 특정한 영역에서 주어진 문제를 해결한다. 예를 들어서 음성을 인식한다든지 영상을 이해하는 인공지능이다. 알파고는 약인공지능의 예이다. 강인공지능보다는 약인공지능이 쓸모가 많다. 아무리 똑똑해도 인간의 지시를 거부한다면 무슨 소용이 있을까? 또 "호킹"을 비롯한 "빌게이츠"와 같은 많은 과학자들이 초인공지능을 경계하라고 말한다. 현재도 기술상으로 강인공지능은 상당히 어려운 것으로 되어 있다.

인공지능은 어디에 필요할까?

인공지능은 어디에 필요할까? 인공지능은 자율 주행자동차에서 장애물이 감지되면 자동차 스스로 멈추게 한다. 이것은 이미 여러 자동차회사에서 구현하고 있다. 내 차가 앞차와 부딪힐 위험에 처하면 차가 스스로 브레이크를 걸고 사고를 최소화하는 쪽으로 방향을 틀 것이다.

우리가 필요한 것을 음성으로 말하면 인터넷에 연결하여 자동으로 주문할 수 있다. 이미 아마존에서 판매하고 있는 '알렉사'라는 스마트 스피커는 이러한 기능을 탑재하고 있다. 2014년에 출시된 아마존 에코는 음성 명령 기능이 있어서 아마존에서 판매하는 제품을 에코를 통해 쉽게 주문할 수 있게 했다. 또 날씨와 시간, 일정 등을 음성으로 확인하고 음악을 듣거나 IoT 기기들을 제어하는 등의 기능을 수행할 수 있다. 또한 에코에 내장돼 있는 인공지능 비서인 '알렉사'는 여러 가지 IoT 기기와 연결되면서 많은 기능을 제공하고 있다. 인공지능은 인간이 지치고 외로울 때 말동무가 될 수 있다.

출처: 아마존

02 필수 이론 탐색

앞에서 컴퓨터가 체스와 바둑의 세계 챔피언을 이겼다고 하였다. 어떻게 실리콘과 전선으로 만들어진 컴퓨터가 인간보다 똑똑할 수 있을까? 지능적인 작업을 하는 컴퓨터의 핵심은 인간 프로그래머이다. 프로그래머가 똑똑한 프로그램을 작성하면 컴퓨터가 지능을 가진 것처럼 보이는 것이다. 현재의 컴퓨터는 컴퓨터 프로그래머가 작성한 명령어를 하나씩 수행할 뿐이고 이것이 지능적으로 보이는 것이다.

체스나 바둑 같은 경기의 핵심 알고리즘은 "탐색(search)"이다. 상대방이 첫 번째 수를 두면 컴퓨터는 모든 수에 대하여 탐색한 후에 가장 최적인 수를 선택하게 된다. 문제는 가능한 수가 너무 많아서 시간 내에 완료할 수 없다는 것이다(사실 아무리 시간이 많아도 전체 수를 읽는 것은 불가능하다). 바둑 두는 인공지능인 알파고는 정책망(신경회로망의 일종이다)을 사용하여서 미리 몇 개의 수를 선택한 후에 이들 수에 대해서만 탐색하였다고 한다.

우리는 이 절에서 간단한 게임인 "Tic-Tac-Toe"에서 어떻게 다음 수를 탐색할 수 있는지를 살펴보자.

우리나라의 오목과 유사한 외국의 게임이 Tic-Tac-Toe이다(5목이 아니라 3목).

Tic-Tac-Toe 게임은 유아들을 위한 게임으로 잘 알려져 있다. Tic-Tac-Toe는 3 × 3칸을 가지는 게임판을 만들고, 경기자 2명이 동그라미 심볼(○)과 가위표 심볼(×)을 고른다. 경기자는 번갈아 가며 게임판에 동그라미나 가위표를 놓는다. 가로, 세로, 대각선으로 동일한 심볼을 먼저 만들면 승리하게 된다.

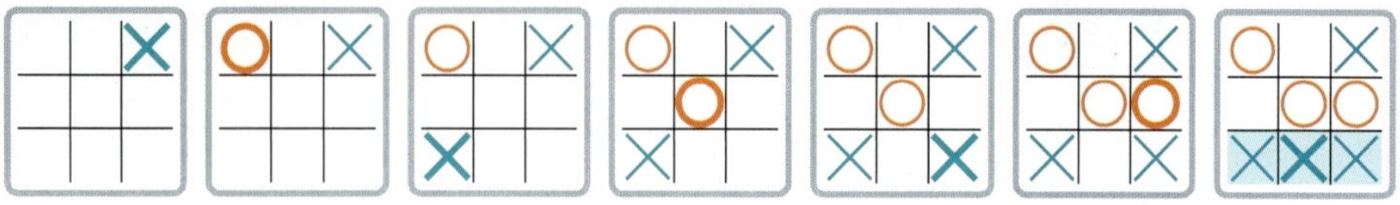

인간과 컴퓨터가 Tic-Tac-Toe 게임을 한다고 가정하자. 우리는 컴퓨터를 위한 알고리즘을 제공하여야 한다. 제일 간단한 방법은 아무 곳이나 빈 곳을 골라서 다음 수를 두는 것이지만 그렇게 하면 너무 재미가 없으므로 간단한 알고리즘을 만들어서 인간 경기자가 심심하지 않게 해보자.

우리는 다음과 같은 간단한 알고리즘을 만들어서 실행해보자. 컴퓨터가 X이고 인간이 O라고 하자.

```
while 게임이 종료될 때까지
    if 2개의 X가 한 줄에 있고 한곳이 비어 있으면 then
        비어 있는 곳이 X를 놓는다.
        컴퓨터가 이겼다고 출력한다.
    else if 2개의 O가 한 줄에 있고 한곳이 비어 있으면 then
        비어 있는 곳에 X를 놓는다.
    else
        비어 있는 코너에 X를 놓는다.
    endif
endwhile
```

첫 번째 `if`는 컴퓨터가 한 수를 두어서 이길 수 있는 곳이 있으면 거기에 두는 것이다. 두 번째 `if`는 인간이 이기는 것을 방해하는 것이다. 세 번째 `if`는 조건에 맞는 곳이 없을 때 두는 곳이다.

위의 알고리즘에 따라서 Tic-Tac-Toe를 몇 수 진행하여 보자.

❶ (컴퓨터 차례) 조건에 맞는 곳이 없으므로 비어 있는 코너인 왼쪽 상단에 X를 놓는다.

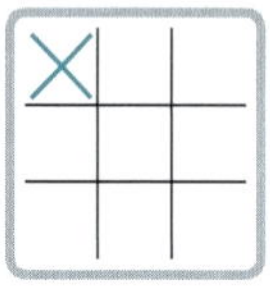

❷ (인간 차례) 중간에 놓는다.

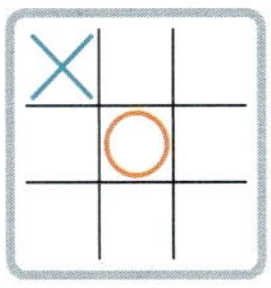

❸ (컴퓨터 차례) 조건에 맞는 곳이 없으므로 비어 있는 코너에 X를 놓는다.

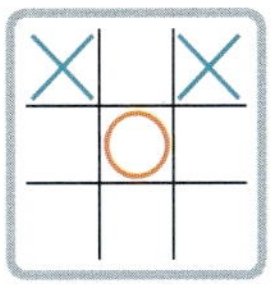

❹ (인간 차례) 인간은 컴퓨터가 승리하는 것을 막기 위하여 다음과 같이 둘 것이다.

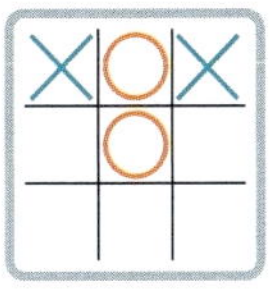

❺ (컴퓨터 차례) 컴퓨터는 알고리즘의 2번째 조건에 따라 다음과 같이 둘 것이다.

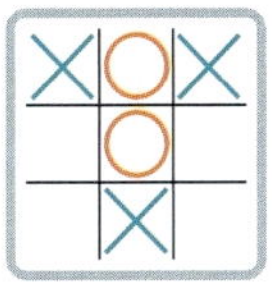

여러분이 조금 더 진행해보면 알겠지만 컴퓨터는 절대 지지 않는다.

게임 트리

게임 트리(game tree)는 게임 상태를 트리의 노드로 나타내고 가능한 동작을 선으로 나타낸다. 트리의 루트 노드는 게임 시작 시의 상태를 나타낸다. 다음 단계는 첫 번째 이동 이후의 가능한 상태를 나타낸다. Tic-Tac-Toe와 같은 간단한 게임의 경우 가능한 모든 게임 상태 (전체 게임 트리)를 시각적으로 나타낼 수 있다.

게임 트리에서 자주 사용되는 미니맥스 알고리즘은 현재 상황에서 가능한 모든 수를 평가하여 점수를 매긴다. 상대방도 최선을 다한다고 생각하여서 게임 트리의 한 층에서는 최소값을 선택하고 다음 층에서는 최대값을 선택한다. 평가 함수는 어떤 형태의 경험적 방법에 의존한다. 게임이 끝날 무렵에는 평가를 쉽게 할 수 있다. 게임이 시작될 때는 누가 이길지를 말하기 어렵다.

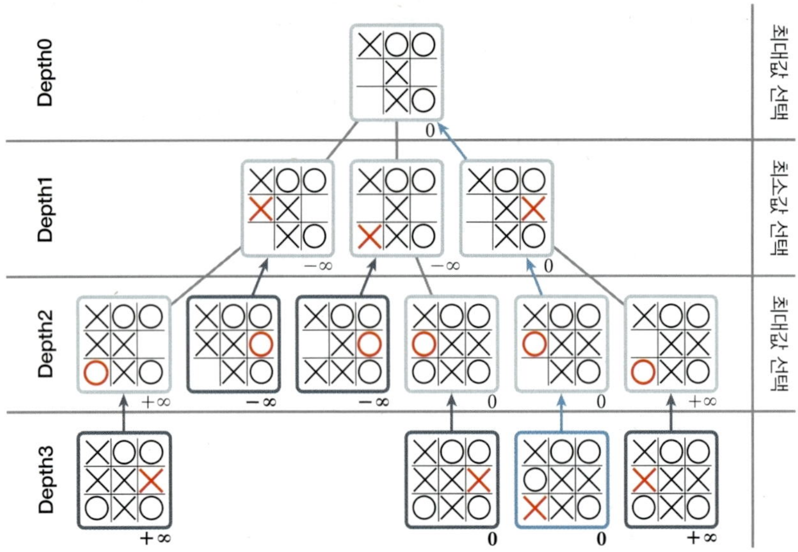

아마도 완벽한 평가 기능을 설계하는 것은 불가능할 수 있지만, 평가 기능이 향상되면 게임 플레이가 향상된다. Tic-Tac-Toe게임에서 사용할 수 있는 평가 함수에는 어떤 것이 있을까? 즉 어떤 게임 상태가 주어졌다면 어떻게 이것을 하나의 숫자로 바꿀 것인가? 한 가지 방법은 다음과 같다.

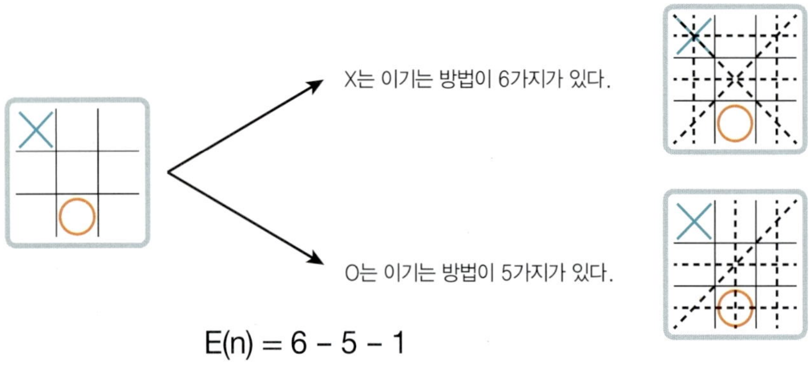

바둑에서의 경우의 수

만약 간단한 게임의 경우에는 컴퓨터가 게임트리를 만들어서 처음부터 끝까지 모든 경우의 수를 전부 놓아보고 평가할 수 있다. 예를 들어서 Tic-Tac-Toe는 컴퓨터가 첫수부터 마지막 수까지 전부 놓아볼 수 있다. 하지만 바둑의 경우는 아주 다르다. 바둑은 경우의 수가 약 316!이다. 이것을 계산해보면 약 10^{761}로 추산된다. 전체 우주는 단지 약 10^{80}개의 원자만을 포함하는 것으로 추정된다. 따라서 바둑에서는 아무리 빠른 컴퓨터라고 하더라도 모든 수를 읽을 수는 없다.

Unplugged **Lab**

Tic-Tac-Toe 게임트리

Tic-Tac-Toe 게임에서 나타나는 모든 상태를 게임 트리로 그릴 수 있는가? 대칭인 경우는 제외하면 쉬워진다. 다음의 게임 트리에 이어서 2수 정도를 더 그려보자.

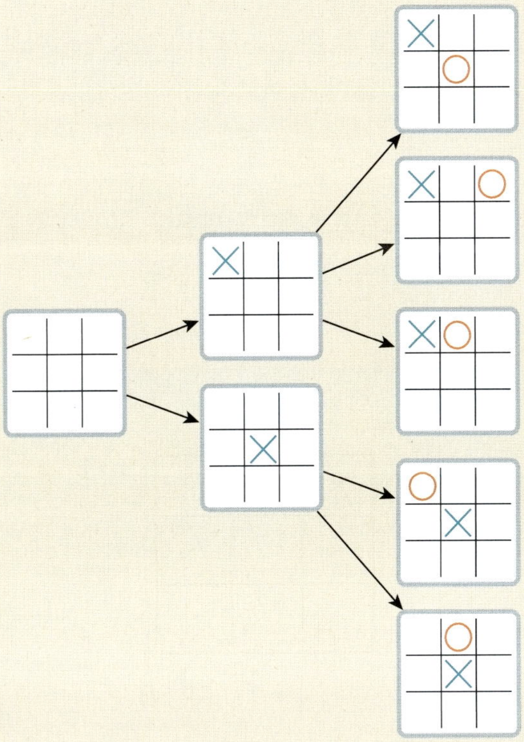

도전문제

1. 여러분 나름대로의 Tic-Tac-Toe 알고리즘을 만들어서 친구들과 대적해보자.

Lab Tic-Tac-Toe 게임트리

문제의 정의

우리나라의 오목과 유사한 외국의 게임이 Tic-Tac-Toe이다(5목이 아니라 3목). Tic-Tac-Toe 게임은 유아들을 위한 게임으로 잘 알려져 있다. Tic-Tac-Toe는 3 × 3칸을 가지는 게임판을 만들고, 경기자 2명이 동그라미 심볼(○)과 가위표 심볼(×)을 고른다. 경기자는 번갈아 가며 게임판에 동그라미나 가위표를 놓는다. 가로, 세로, 대각선으로 동일한 심볼을 먼저 만들면 승리하게 된다.

우리는 여기서 인간 경기자 2명이 Tic-Tac-Toe을 할 수 있는 프로그램을 만들어보자. 컴퓨터와 인간이 대결하는 버전은 심화학습으로 만들어보자.

변수 및 스프라이트 만들기

❶ 파일 메뉴의 "새로 만들기"를 선택하여 새로운 프로젝트를 만든다. 고양이 스프라이트는 삭제한다. 무대에 Tic-Tac-Toe를 할 수 있는 칸을 그린다.

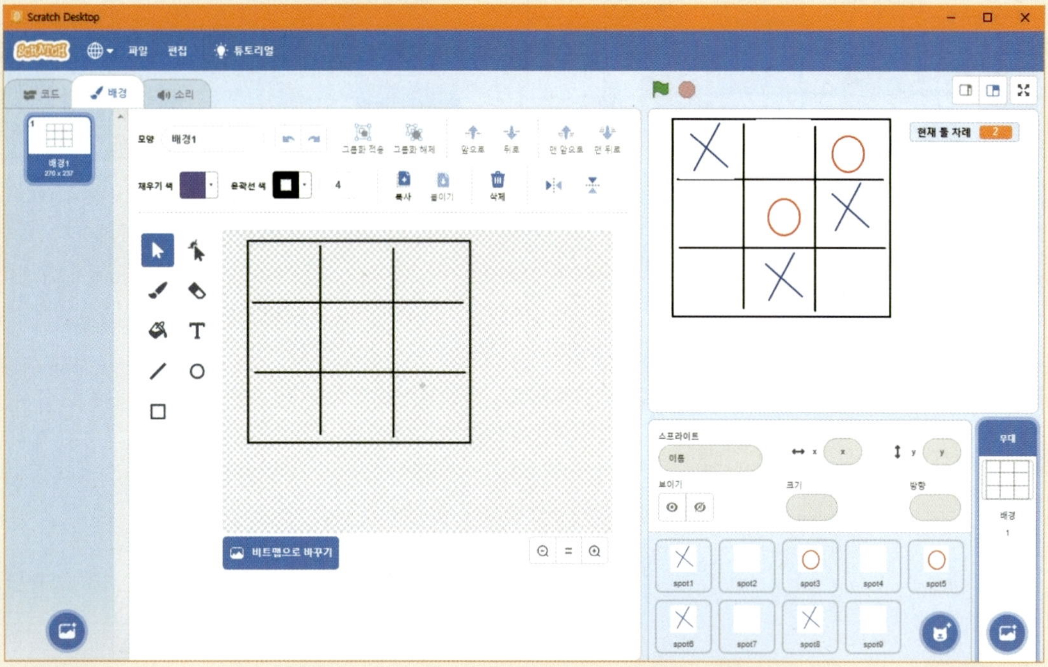

❷ Tic-Tac-Toe 게임의 한 칸을 나타내는 스프라이트를 직접 그려준다. 이 스프라이트는 3가지의 모양을 가지고 있다. 첫 번째 모양은 흰색 사각형 모양이다. 두

번째 모양은 “X”를 나타내며 세 번째 모양은 “O”를 나타낸다. 배경으로 흰색 사각형을 그려준다. 이렇게 해야만 클릭이 잘된다.

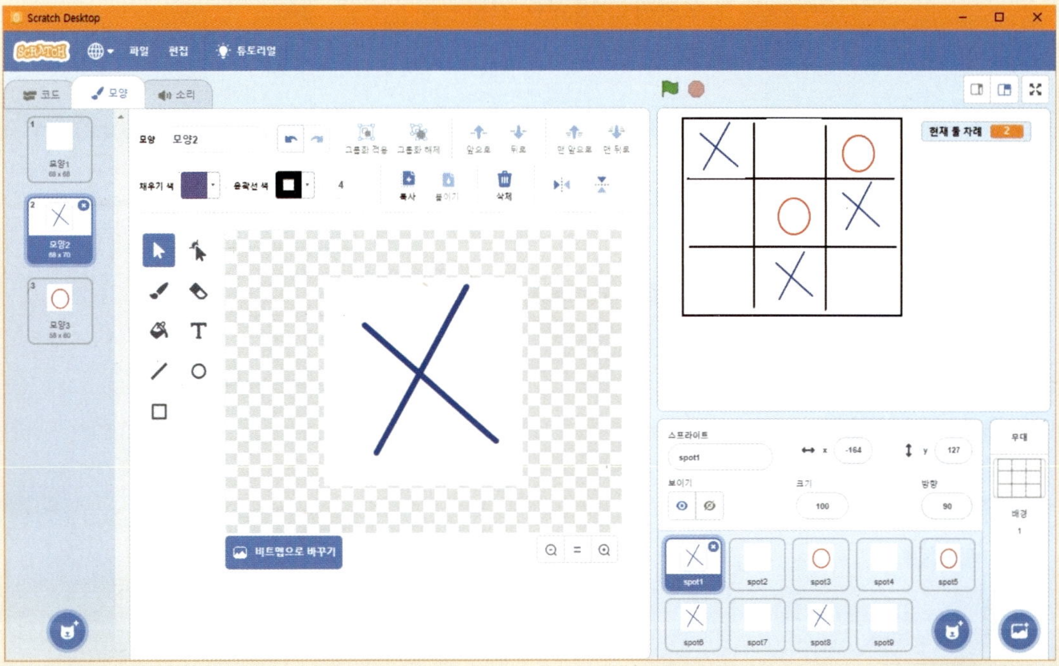

❸ 이 스프라이트를 복사하여 총 9개의 스프라이트로 만든다. 각 스프라이트는 Tic-Tac-Toe 게임의 각 칸에 배치하라. 이 스프라이트들의 모양이 변경되면서 게임이 진행된다.

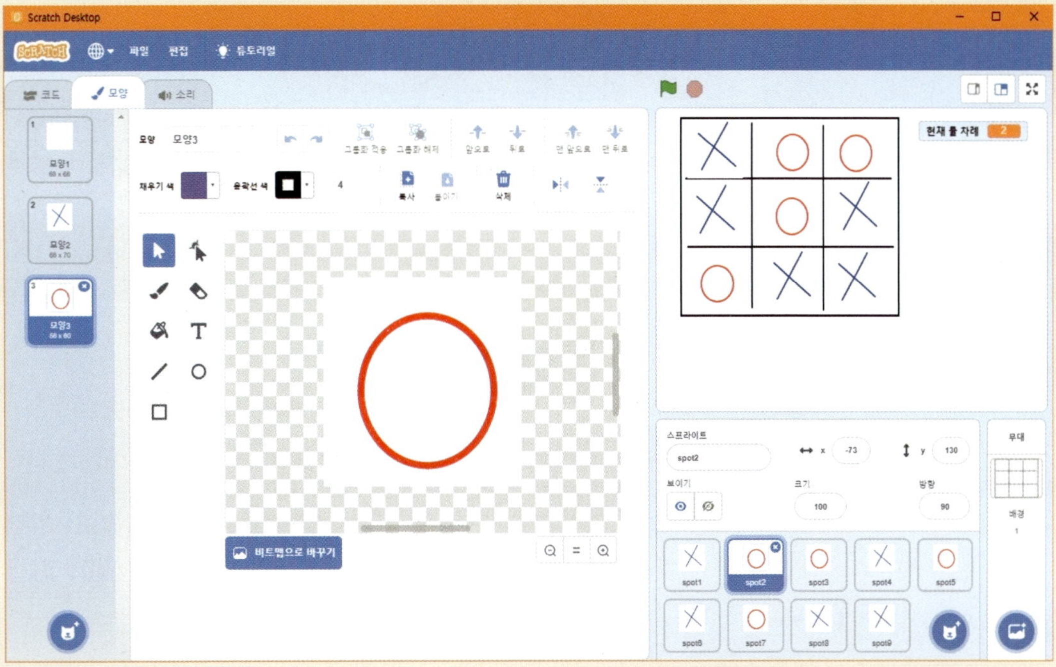

스크립트 작성

❶ 무대에 다음과 같은 스크립트를 추가한다. 녹색 깃발이 클릭되면 모든 스프라이트를 모양1로 변경하라는 방송을 한다.

❷ 각 스프라이트에 대하여 다음과 같은 스크립트를 추가한다. 즉 “초기화” 방송을 받으면 스프라이트의 모양을 “모양1”로 변경한다. 테스트한다.

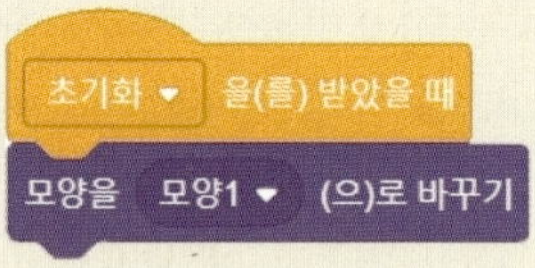

❸ 이제 경기자들이 비어 있는 칸을 누르면 스프라이트의 모양이 변경되면 된다. 하지면 여기서 현재 누구의 차례인지를 표시하는 변수가 필요하다. 변수 “현재 둘 차례”을 만들고 1로 초기화한다. 변수 “현재 둘 차례”는 1과 2의 값만을 가지게 된다.

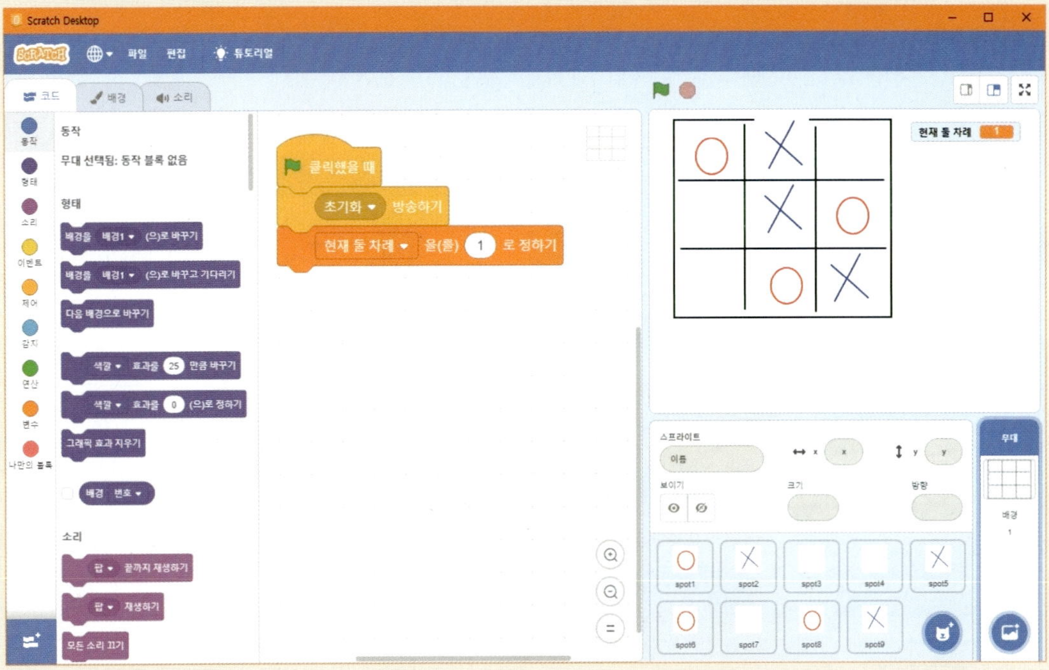

❹ sopt1 스프라이트에 다음과 같은 스크립트를 추가한다. 이 스크립트를 전체 스프라이트에 복사한다.

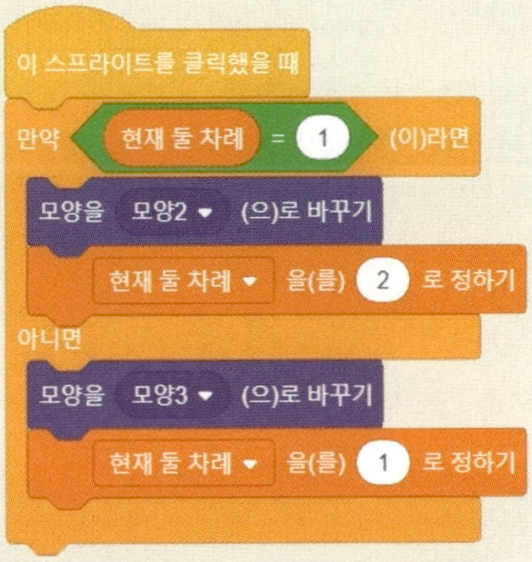

도전문제

1. 프로그램을 실행해본다. 이전에 두었던 곳이 두지 못하게 하려면 어떻게 해야 하는가?

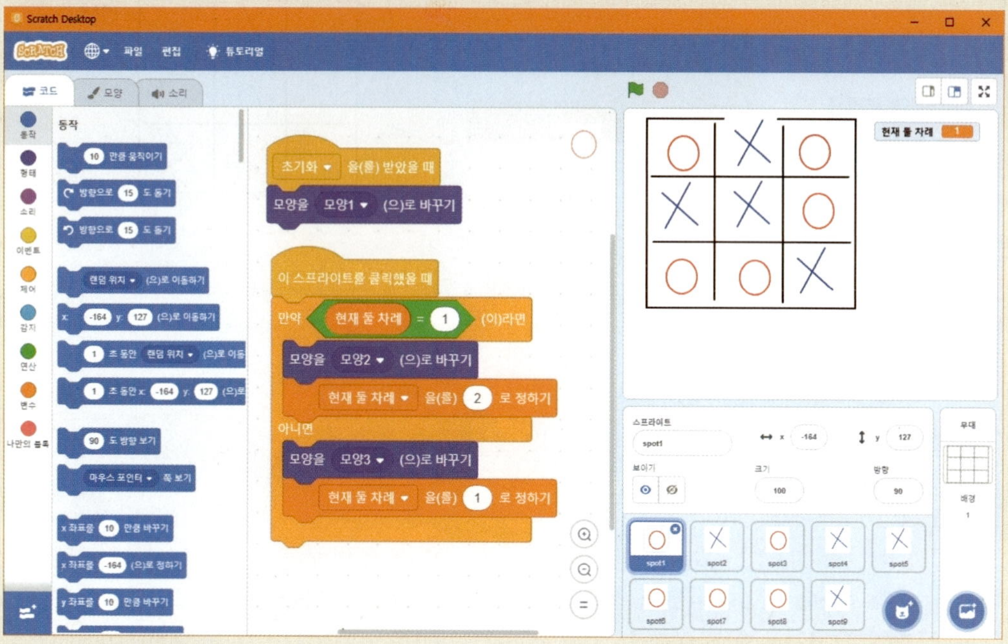

2. 컴퓨터와 인간이 두는 게임으로 변경해보자.

기계 학습이란?

"현재의 시대를 살면서 기계 학습(machine learning)을 이해하고 잘 활용하는 것은 슈퍼 파워를 가지는 것이나 마찬가지이다." 기계 학습의 대가인 앤드류 융 교수의 말이다.

출처: 앤드류 융 교수의 동영상

특히 기계 학습이 필요한 분야는 복잡한 데이터들이 있고 이들 데이터에 기반하여 결정을 내려야 하는 경우, 기계 학습을 이용하면 정확하고도 빠르게 결정을 내릴 수 있다.

기계 학습의 정의

기계 학습(machine learning)은 인공 지능의 한 분야로, 컴퓨터가 학습할 수 있도록 하는 알고리즘을 개발하는 분야이다. Arthur Samuel은 1959년에 "machine learning gives computers the ability to learn without being explicitly programmed(기계학습은 명시적으로 프로그램 되지 않고 컴퓨터를 학습할 수 있는 능력을 부여한다)."라고 말한 바 있다. 예를 들어서 이메일이 스팸인지 아닌지를 구분하도록 훈련시키는 기계 학습 시스템도 있다.

기계 학습은 어떤 분야에서 필요할까? 기계 학습은 문제를 해결하는데 많은 경우가 있어서 각각의 경우를 정확하게 처리하는 것이 불가능한 경우에 필요하다. 예를 들어서 바둑과 같은 복잡한 경기에서 모든 경우를 찾아서 `if-else`와 같은 문장으로는 정확하게 처리하는 것은 불가능하다. 스팸메일을 자동으로 걸러내는 작업에도 많은 경우가 있기 때문에 이것을 정확하게 프로그래밍하는 것은 상당히 힘들다. 자율주행 자동차에서도 수많은 경우들이 있기 때문에 정확하게 모든 경우를 처리할 수 없다. 이런 경우에 기계 학습이 필요하다. 기계 학습이란 문제의 성격상 정확한 프로그래밍이 불가능한 경우에 컴퓨터가 스스로 학습할 수 있게 하는 연구 분야이다.

기계 학습의 분류

학습하는 방법에 따라서 기계 학습을 다음과 같이 분류할 수 있다.

- **지도 학습**(Supervised Learning): 컴퓨터는 "교사"가 주는 예제 입력과 출력을 제공받는다. 각각의 입력 데이터에는 정해진 레이블이 붙어 있다. 이것을 학습 데이터(training set)이라고 한다. 학습의 목표는 입력과 출력 데이터 사이의 일반적인 규칙을 학습하는 것이다. 예를 들어서 다음과 같이 이미지를 주면 이미지를 자동으로 인식하는 프로그램을 생각해보자. 이 프로그램도 기계학습을 이용해서 작성된다. 수많은 이미지들을 "cat", "dog", "mug", "hat"과 같이 분류해 놓은 데이터가 바로 학습 데이터이다. 데이터에 붙은 "cat", "dog"가 같은 것을 레이블이라고 한다. 이 레이블이 붙어 있는 데이터로 학습을 하게 된다.

출처: 구글

- **비지도 학습**(Unsupervised Learning): 어떤 힌트도 주어지지 않고 입력 자체에서 구조를 찾는 학습 알고리즘이다. 비지도 학습은 대표적인 것이 아래에 표시된 클러스터링이다. 데이터를 보고 스스로 학습하는 것이다. 예를 들어서 구글 뉴스에서 비슷한 뉴스를 자동으로 그룹핑하는 것을 들 수 있다.

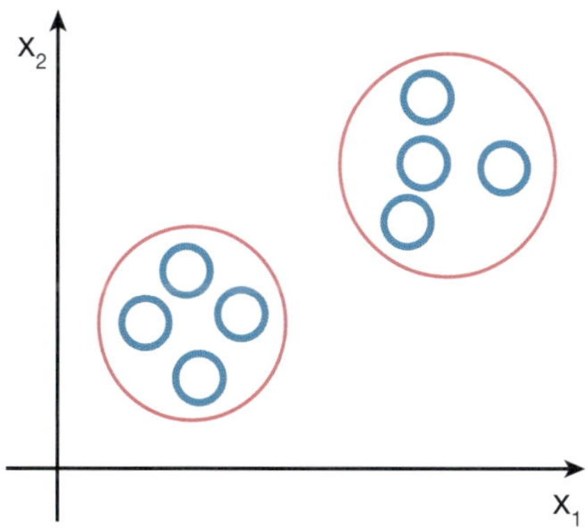

- **강화 학습**(Reinforcement learning): 컴퓨터는 특정 목표(예: 차량 운전 또는 상대방과 게임 하기)를 수행해야 하는 동적 환경과 상호 작용한다. 컴퓨터는 문제 공간을 탐색하면서 보상과 처벌과 같은 피드백을 제공받는다.

기계 학습은 원하는 출력 형태에 따라서 다음과 같이 분류하기도 한다.

- **분류**(classification): 입력을 두 개 이상의 유형으로 분할하고, 학습자가 한 번도 보지 못한 입력을 이들 유형 중의 하나로 분류하는 시스템이다. 이것은 일반적으로 지도 학습 방식으로 학습된다. 스팸 필터링은 분류의 한 예이며, 입력은 전자 메일 메시지이고 유형은 "스팸" 및 "스팸 아님"이다.

- **회귀**(regression): 출력의 형태가 이산적이 아니라 연속적이다.

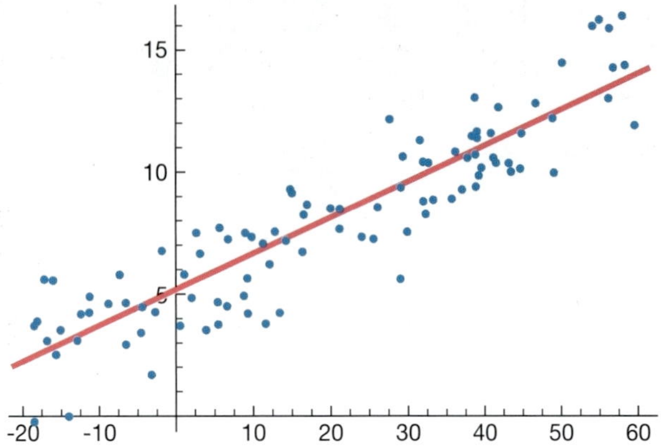

- **클러스터링**(clustering): 입력이 여러 개의 그룹으로 분할된다. 분류와 달리 그룹은 미리 알지 못하므로 일반적으로 감독되지 않은 학습이 된다.

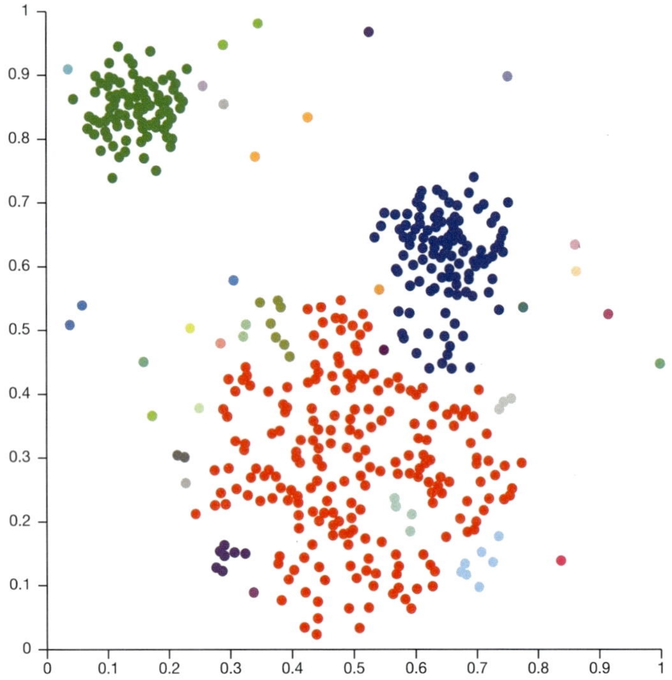

기계 학습 사용 예

- 이미지 레이블링(image labeling)
- 이메일 스팸 필터링
- 넷플릭스에서 비디오 추천 시스템

- 이미지 탐색 시스템
- 자율 주행자동차
- 텍스트 자동 인식 시스템

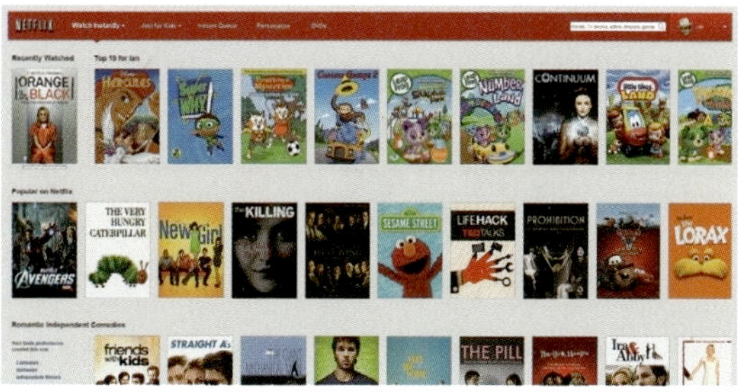

기계 학습 시스템의 구조

입력의 형태를 "원"과 "사각형"으로 분류하는 기계 학습 시스템의 구조를 살펴보자. 다음과 같이 "원"과 "사각형" 레이블이 붙어 있는 학습 데이터로 시스템을 학습시킨다. 학습 알고리즘은 입력 데이터의 특징에 따라 입력을 "원"과 "사각형"으로 분류할 수 있는 모델을 내부적으로 생성한다.

학습이 끝나면 한 번도 본적이 없는 새로운 데이터로 시스템을 테스트한다.

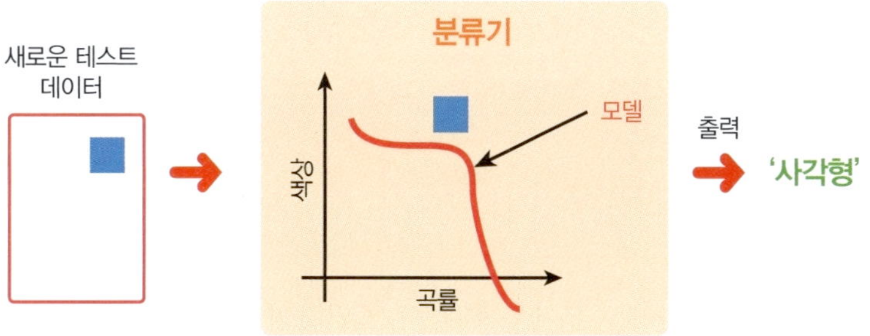

예를 들어서 알파고도 예전에 바둑의 고수들이 두었던 수많은 기보를 입수하여서 학습 데이터로 사용하여서 시스템을 학습시켰다. 학습이 끝나면 알파고는 새로운 수에 대해서도 대응할 수 있다.

하나의 예로 이미지를 분석하여서 사람의 얼굴인지 아닌지를 분석하는 시스템은 다음과 같다.

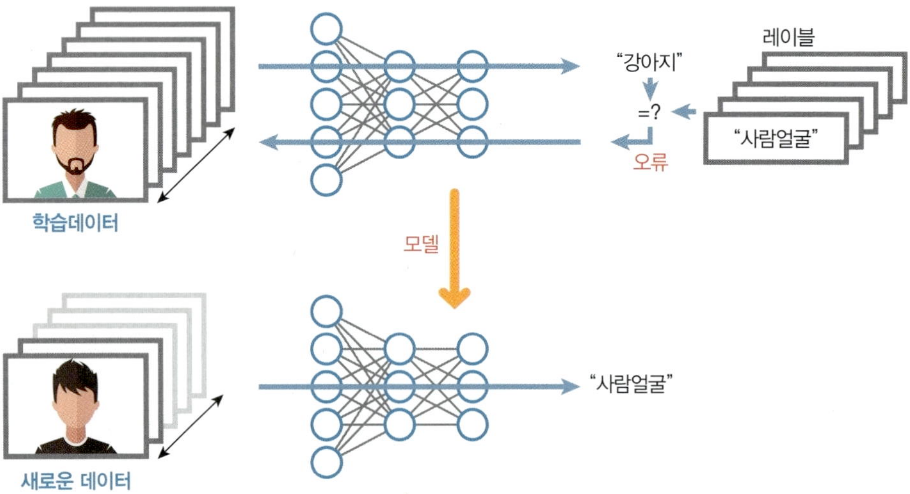

04 필수 이론 병렬 처리란?

이제까지 우리는 문제를 해결하기 위하여 분해, 패턴 인식, 추상화 단계를 거쳐서 알고리즘을 작성하였다. 문제에 따라서는 알고리즘을 해결하는데 상당한 시간이 걸리는 경우도 많다. 예를 들어서 바둑 두는 알파고 컴퓨터가 바둑에서 나타나는 모든 경우의 수를 전부 놓아볼 수 있으면 좋겠지만 이것은 우주에 존재하는 원자의 개수보다도 많다고 한다.

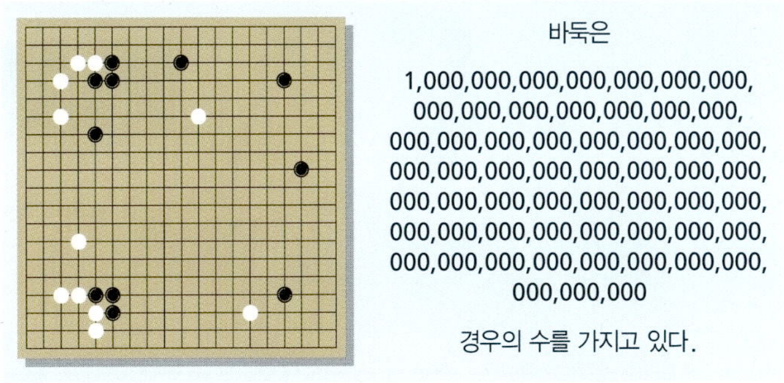

우리가 만든 알고리즘을 컴퓨터를 이용하여 실행할 때, 너무 많은 시간이 소요된다면 어떻게 하여야 할까? 첫 번째는 알고리즘을 변경하여야 한다. 최적의 해답을 찾으려고 하면 시간이 많이 걸리는 경우가 많다. 이럴 때는 근사해를 찾도록 알고리즘을 변경하는 것이 중요하다.

두 번째 방법은 빠른 컴퓨터를 사용하는 것이다. 빠른 컴퓨터란 빠른 CPU를 가지고 있는 컴퓨터이다. CPU는 'Central Processing Unit'의 약자로서, 중앙처리장치로 번역할 수 있다. CPU는 컴퓨터의 두뇌에 해당하는 것으로서, 프로그램의 명령어를 해석하여 처리하는 역할을 한다. CPU의 처리 속도는 점점 빨라져 왔다. 최신 CPU의 처리 속도는 어느 정도일까?

CPU의 처리 속도를 나타내는 대표적인 단위는 클럭(clock)이다. 클럭은 CPU 안에서 파형을 생성하는 장치의 주파수이다. 이 주파수에 의하여 처리 속도가 결정된다. 일반적으로 1 클럭에 하나의 명령어가 처리된다. 클럭은 주파수 단위인 Hz(헤르츠)로 나타낸다. 세계 최초의 마이크로프로세서인 인텔 4004의 클럭 주파수는 740KHz(74만Hz)였으며 2017년 현재 가장 빠른 인텔사의 CPU의 클럭 주파수는 약 4GHz(40억Hz) 정도이다.

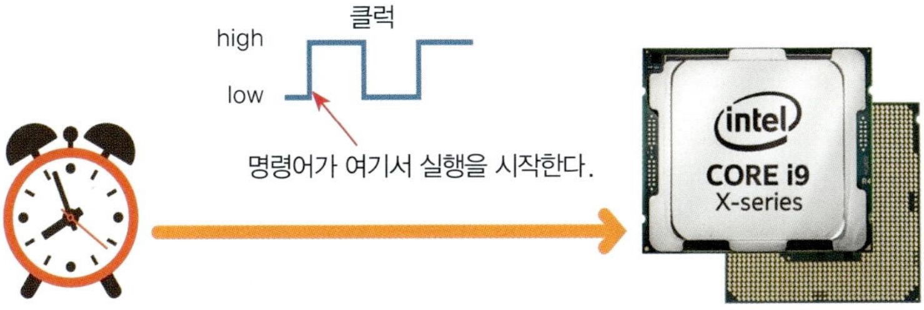

CPU의 클럭 주파수를 높이면 컴퓨터의 속도는 빨라진다. 한 클럭에 하나의 명령어가 처리된다. 따라서 클럭 주파수가 1GHz이면 1초에 10억 개의 명령어를 처리할 수 있다. 클럭 주파수가 2GHz가 높아지면 1초에 20억 개의 명령어를 처리할 수 있는 것이다.

CPU의 클럭 주파수는 계속하여 빨라질 수 있을까? 전자가 움직이는 속도는 빛의 속도이다. 빛의 속도는 제한이 있다. 따라서 CPU의 클럭 주파수를 높이는 것은 한계가 있다. 또 클럭 주파수를 높일 수 있다고 하더라도 비용이 너무 증가하여서 가성비가 나빠진다. 어떻게 해야 할까?

컴퓨터 공학자들이 찾은 해결책은 하나의 CPU 안에 여러 개의 코어(core)를 집어넣는 것이다. 코어란 CPU 안에 내장된 프로세서를 의미한다. 예전에는 1개의 CPU 안에는 1개의 코어만 가지고 있었다. 하지만 최근에서 2개의 코어(듀얼코어), 4개의 코어(쿼드코어), 8개의 코어(옥타코어)를 가진 멀티코어 프로세서들이 등장하고 있다. 각 코어들은 자신의 명령어를 수행할 수 있다. 따라서 8개의 코어를 가진 옥타코어 프로세서에서는 8개의 명령어가 동시에 처리될 수 있다.

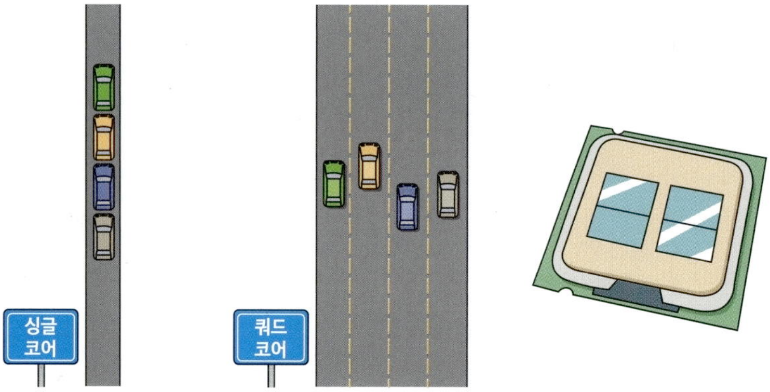

쿼드코어는 4차선 도로와 같다.

여러 개의 코어를 사용하여 성능을 높이는 기술을 넓은 의미로 병렬 처리(parallel processing)라고 한다. 멀티 코어 프로세서를 사용하는 주된 단점은 설계 및 제조 비용이 더 많이 들며 싱글 코어 프로세서보다 많은 전력을 사용한다는 것이다. 또 다른 단점은 명령어를 분할하여 실행할 코어를 결정해야 하고 실행 결과를 마지막에 다시 병합해야 하므로 전체적인 성능을 약간 떨어뜨린다. 해결해야 하는 문제가 정말 큰 경우에는 여러 대의 컴퓨터를 사용하는 것도 가능하다. 이것도 병렬 처리라고 한다.

병렬 처리란?

병렬 처리란 여러 개의 작업을 동시에 실행하여서 효율을 높이는 것을 의미한다. 인간은 일상생활에서 병렬 처리를 많이 사용하고 있다. 구체적인 예를 들어보자. 우리는 세탁기로 세탁을 하면서 동시에 청소기로 청소를 할 수 있다. 요리를 할 때도 전기밥솥으로 밥을 하면서 동시에 가스레인지로 국을 끓일 수 있다.

컴퓨터의 경우에도 병렬 처리를 많이 사용한다. 우리는 인터넷에서 파일을 다운로드하면서 문서를 편집할 수 있다. 컴퓨터에 CPU가 하나만 있어도 병렬 처리는 가능하다. 운영 체제가 CPU의 시간을 쪼개서 각 작업들에 할당하여서 작업들이 동시에 수행되는 것처럼 보이게 하기 때문이다. 물론 멀티-코어를 가지고 있는 CPU라면 각 작업들이 실제로 동시에 실행될 것이다.

음악을 들으면서
운동을 할 수 있다.

인쇄를 하면서
문서 편집을 할 수 있다.

그림 12-1 병렬처리의 예

병렬 처리는 컴퓨터에서 정말 많이 사용되고 있지만 인간이 그 개념을 이해하는 것은 조금 어려울 수 있다. 왜냐하면 인간은 순차적인 실행에 더 익숙해져 있기 때문이다. 하지만 병렬 처리를 이해하고 이것을 컴퓨터가 이용해서 문제를 빠르게 해결할 수 있다면 우리에게 도움이 될 것이다.

05 필수 이론 병렬 처리와 순차 처리

지금까지 우리는 컴퓨터에서 모든 작업이 순차적으로 일어나는 것으로 간주하였다. 이것을 순차 처리라고 한다. 전통적으로 소프트웨어는 순차 처리 방식으로 작성된다. 다음과 같은 과정을 거치게 된다.

- 문제가 일련의 개별 명령어로 나누어진다.
- 명령어들은 순차적으로 단일 프로세서에서 실행된다.
- 어떤 한 순간에는 한 명령어만 실행할 수 있다.

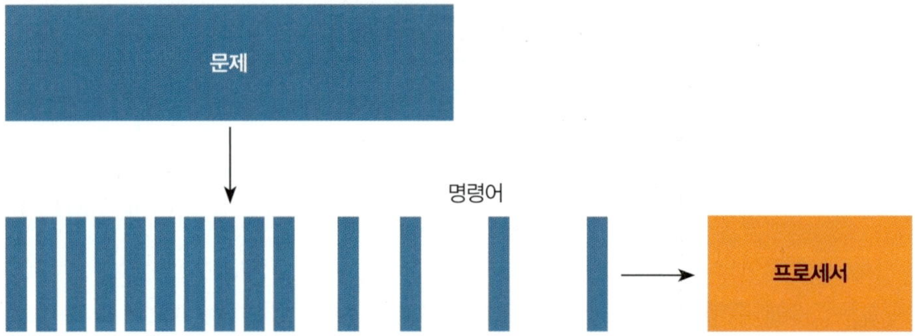

병렬 처리는 계산 문제를 해결하기 위해 여러 개의 컴퓨팅 자원을 동시에 사용하는 것이다.

- 문제는 동시에 해결할 수 있는 개별적인 부분 문제로 나누어진다.
- 각 부분 문제는 일련의 명령어들로 세분화된다.
- 각 부분 문제의 명령어는 서로 다른 프로세서에서 동시에 실행된다.
- 전반적인 제어 / 조정 메커니즘이 사용된다.

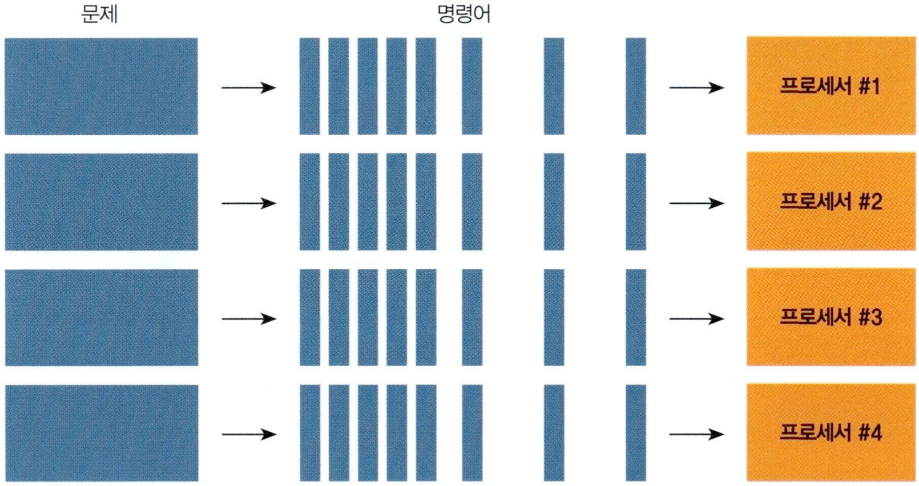

병렬 처리를 사용하는 이유

첫 번째 이유는 문제 해결에 드는 시간 및 비용을 절약하기 위해서이다. 이론적으로, 작업에 더 많은 자원을 투입하면 비용 절감과 함께 완료 시간을 단축할 수 있다. 최근에 병렬 컴퓨터는 저가의 프로세서로 값싸게 구축할 수 있다.

두 번째로 아주 복잡한 문제를 해결하기 위해서이다. 많은 문제들이 너무 크고 복잡하여 단일 컴퓨터에서 문제를 해결할 수 없으며, 특히 컴퓨터 메모리가 제한되어 있기 때문에 불가능하다. 어떤 문제가 이토록 복잡할까? 예를 들어서 미국의 "Grand Challenges"는 1980년대 후반에 고성능 컴퓨팅 및 통신 연구 분야의 목표로 설정된 바 있다.

- 극초음속 항공기 설계나 효율적인 자동차 바디 및 극도로 조용한 잠수함 설계를 위한 계산적인 유체 역학.
- 단기 및 장기 일기 예보.
- 새로운 재료 설계를 위한 구조 계산.
- 융합 에너지 기술 및 안전하고 효율적인 군사 기술을 위한 플라즈마 역학.
- 음성 인식, 컴퓨터 비전, 자연 언어 이해.

이러한 원대한 목표 외에도 우리가 쉽게 생각할 수 있는 분야가 있다. 미국의 전자상거래 업체인 아마존은 블랙 프라이데이에는 엄청난 건수의 인터넷 주문을 소화해야 한다. 따라서 초당 수백만 건의 트랜잭션을 처리하는 웹 서버 및 데이터베이스 서버가 많이 필요하다. 이런 경우에도 병렬 처리를 이용하여야 한다. 아마존의 문제는 쇼핑 시즌이 지나면 이러한 막대한 컴퓨팅 자원들은 놀고 있다는 것이다.

이것을 외부에 비용을 받고 제공한 것이 아마존 웹 서비스의 시작이었다. 아마존에서 AWS(AmazonWeb Service)는 최근에 가장 이익을 많이 내는 부서가 되었다.

누가 병렬 처리를 사용하는가?

역사적으로 병렬 처리는 과학 및 공학의 여러 영역에서 복잡하고 어려운 문제를 모델링하는 데 사용되어왔다.

- 대기, 지구, 환경
- 물리학
- 생명 공학, 생명 공학, 유전학
- 화학, 분자 과학
- 지질학, 지진학
- 기계 공학
- 전기 공학, 회로 설계, 마이크로 전자 공학
- 컴퓨터 과학, 수학
- 국방, 무기

출처: https://computing.llnl.gov/tutorials/parallel_comp/

병렬 처리의 단점

불행히도 병렬 처리에 내재된 단점이 있다. 슈퍼마켓에서 물건을 사고 계산하는 문제라면 친구들이 많을수록 쇼핑 시간을 줄일 수 있다. 하지만 복잡한 문제의 경우에는 문제를 깔끔하게 분할하는 것이 힘들 수 있다. 또 부분 문제에 대한 해답을 모아서 전체 문제에 대한 해답을 재구성하는 것도 어려워진다. 중앙 집중식 관리 시스템이 있어야 문제를 분리하고 모든 다른 프로세서 간에 작업 부하를 할당 및 제어할 수 있으며 결과도 재구성할 수 있다. 이 과정에서 오버 헤드도 발생하게 된다. 예를 들어서 슈퍼마켓에서 상품을 사서 친구들이 분할하여 계산하는 문제도 카트에 10억 개의 상품이 있고 계산을 도와주는 친구가 65,000명이 있는 경우라면 상당히 복잡할 수 있다.

대부분의 복잡한 문제는 깔끔하게 쪼개지지 않는다. 예를 들어서 한 국가의 날씨는 다른 국가의 날씨에 크게 의존하므로 한 국가에 대한 예측은 다른 곳의 예측을 고려해야 한다. 컴퓨터의 병렬 프로세서는 부분 문제를 해결할 때 서로 통신해야 한다. 또는 한 프로세서가 특정 작업을 수행하기 전에 다른 프로세서에서의 결과를 기다려야 할 수 있다.

병렬 컴퓨터가 수행하는 전형적인 문제는 완전히 순차적인 문제(모든 단일 단계가 정확한 순서로 수행되어야 함)와 완전히 병렬 처리가 가능한 문제 사이의 어딘가에 있다. 일부 문제는 병렬로 해결할 수 있지만 다른 문제는 순차 방식으로 해결해야 한다.

06 필수 이론 병렬 처리가 가능한 문제

병렬 처리는 대량의 순차적인 작업을 작은 규모의 작업으로 나누어서 동시에 처리하는 것을 의미한다. 즉 큰 작업을 작은 작업으로 분할하고 분할된 작업을 멀티 코어를 사용하여 동시에 수행하는 것으로 병렬 처리를 적절하게 사용하면 작업에 걸리는 시간을 몇 배 이상 단축할 수 있다.

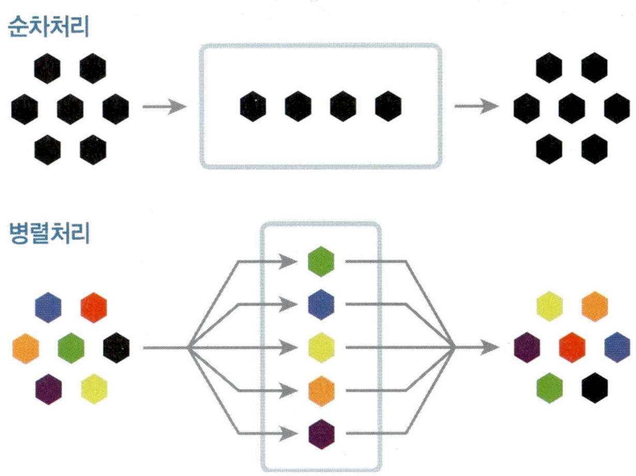

병렬 처리의 첫 번째 단계는 먼저 병렬로 해결하려는 문제(작업)를 이해하는 것이다. 작업에 따라서 쉽게 병렬로 처리할 수 있는 작업이 있는가 하면 선후 문제를 고려해야 하므로 병렬로 처리하지 못하는 문제들도 있다. 어떤 문제가 쉽게 병렬처리가 될까? 즉 어떤 문제가 병렬성이 높을까?

병렬 처리가 쉽게 되는 문제

컴퓨터 그래픽, 영상 처리, 행렬 처리, 물리 시뮬레이션, 과학 계산 등의 문제는 병렬성이 높다. 즉 하드웨어만 추가되면 문제 해결 시간을 단축할 수 있다. 예를 들어 컴퓨터 그래픽에서는 각 픽셀의 값을 순차적으로 계산할 수도 있지만 모든 픽셀에 프로세서를 하나씩 할당하여 병렬로 계산할 수도 있다. 각 픽셀의 값은 독립적으로 계산할 수 있기 때문이다.

물리나 화학분야의 문제도 쉽게 병렬화가 가능하다. 예를 들어서 한 분자의 수천 개의 형태에 대한 위치 에너지를 계산하는 문제는 쉽게 병렬화가 가능하다. 각각의 분자 형태는 독립적으로 결정되기 때문이다.

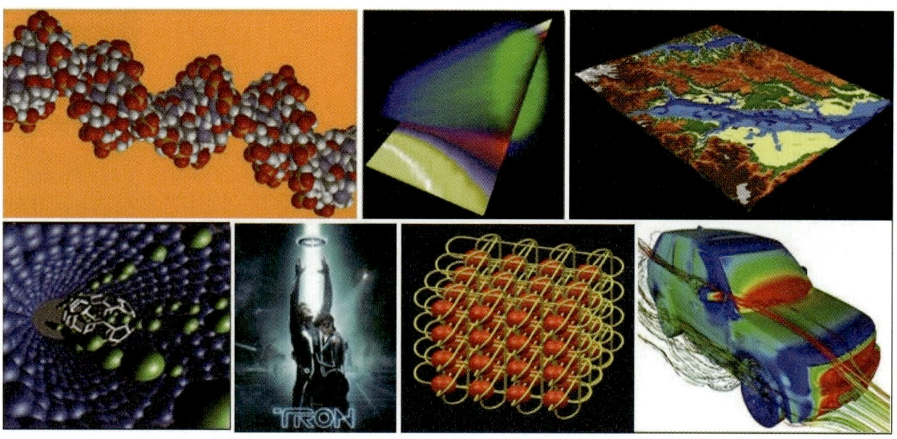

출처: https://computing.llnl.gov/tutorials/parallel_comp/

병렬 처리가 힘든 문제

병렬 처리를 할 수 없는 문제에는 어떤 것들이 있을까? 예를 들어서 피보나치 수열 (0, 1, 1, 2, 3, 5, 8, 13, 21, ...)을 계산하는 문제를 생각해보자. 피보나치 수열은 다음과 같이 정의된다.

$$F(n) = F(n - 1) + F(n - 2)$$

$F(n)$ 값의 계산은 먼저 계산되어야하는 $F(n - 1)$ 및 $F(n - 2)$의 값을 사용하기 때문에 병렬 처리하기 어렵다. 데이터 의존성이 있으면 병렬 처리가 힘들어진다.

Unplugged Lab

토너먼트 게임의 병렬화

병렬 처리 시에 의존성을 설명하기 위하여 테니스 게임을 예로 들어보자. 다음과 같이 테니스 게임이 토너먼트 형식으로 치러진다고 하자.

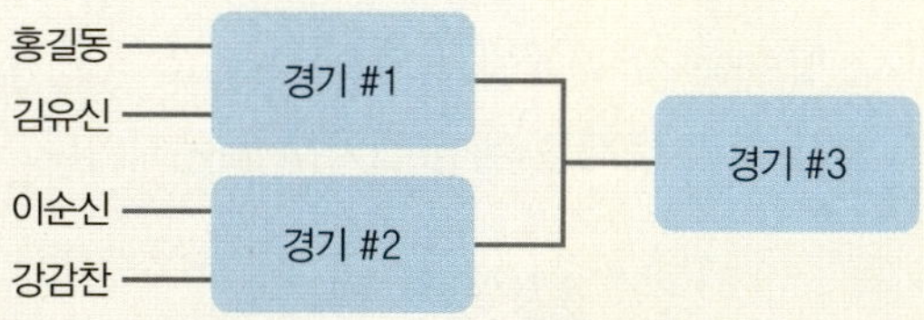

만약 단 하나의 테니스 경기장이 있다고 하면 한 번에 하나의 경기만 진행할 수 있으므로 다음과 같은 진행을 생각할 수 있다.

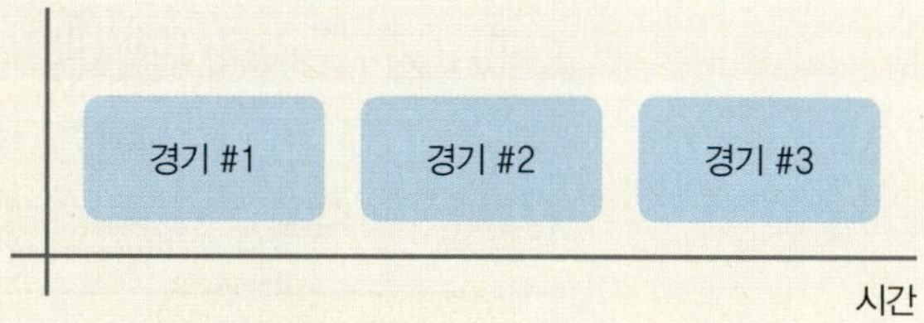

하지만 만약 경기장이 2개가 있다고 하면 다음과 같이 일부의 경기는 병렬로 진행할 수 있다.

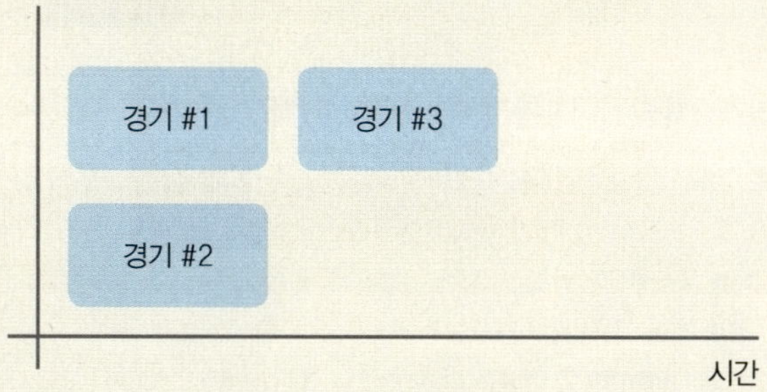

여기서 경기는 작업이라고 생각할 수 있고 경기장은 작업이 실행되는 프로세서와 같다. 하나의 경기장에서 모든 경기를 진행하는 것은 단일 프로세서에서 작업들을 수행하는 방법과 같다. 두개의 경기장에서 경기를 진행하는 것은 프로세서가 2개 있는 컴퓨터에서 작업을 수행하는 방법과 같다. 여기서도 알 수 있듯이 병렬 처리는 전체 작업 시간을 단축할 수 있다.

Unplugged Lab

영상 처리

영상 처리도 병렬 처리가 쉬운 문제 중의 하나이다. 영상은 픽셀들이 2차원 형태로 나열되어 있다고 생각할 수 있다. 예를 들어서 모든 픽셀의 값에 어떤 함수를 적용시킨다고 하자. 구체적으로 모든 픽셀의 값에 10씩 더하여 픽셀의 밝기를 증가시킨다고 하자. 함수는 각 픽셀에서 계산된다. 각 픽셀의 계산은 다른 픽셀과는 독립적이다. 또 영상 처리 문제는 계산 집약적인 문제이다.

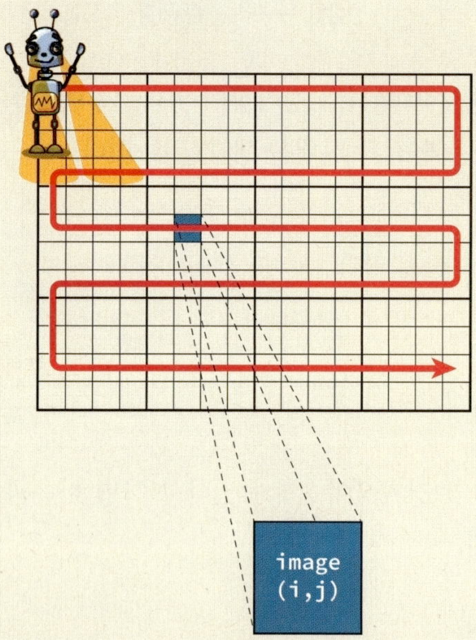

❶ 영상 처리 문제를 순차 처리로 해결한다면 한 번에 하나의 픽셀값을 순차적으로 계산할 것이다. 순차 처리는 다음과 같은 형식일 수 있다.

```
do j ← 1, n
    do i ← 1, n
        image(i, j) ← image(i, j) + 10
    end do
end do
```

❷ 영상 처리 문제를 병렬 처리로 해결한다면 어떻게 해야 하는가? 먼저 문제를 분석해보자. 다음 질문에 대답해보자.

- 이 문제는 병렬화할 수 있을까? → 물론이다. 앞의 설명을 읽어본다.

- 문제는 어떻게 분할하면 좋을까? → 각 프로세서에게 픽셀들을 나누어서 담당시킨다.
- 부분 문제를 해결할 때 서로 간의 통신이 필요한가? → 전혀 필요없다.
- 데이터 의존성이 있는가? → 없다. 하나의 픽셀은 다른 픽셀과는 독립적으로 값을 변경할 수 있다.

Solution

영상 처리

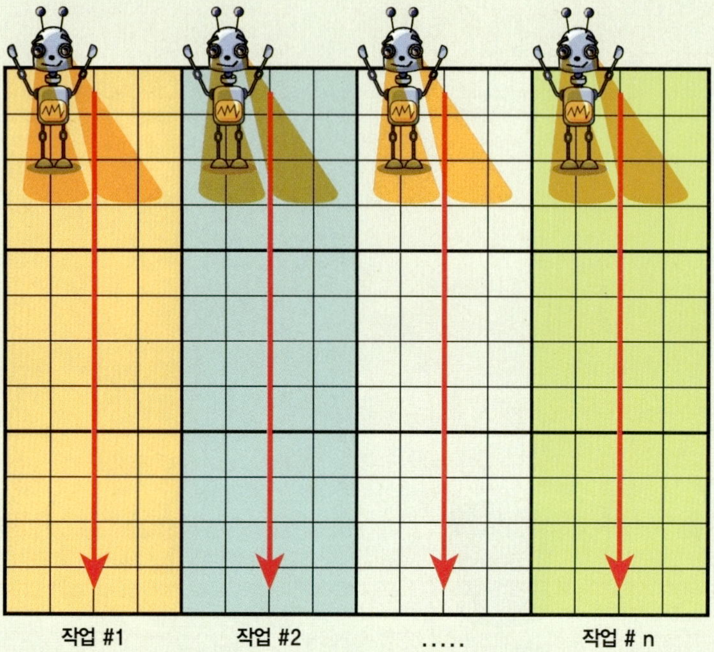

각 프로세서는 자기가 맡은 분야를 다음과 같은 의사 코드를 적용한다.

```
do j ← 1, n
    do i ← mystart, myend
        image(i,j) ← image(i, j) + 10
    end do
end do
```

Lab 영상 처리

문제의 정의

영상 처리도 병렬 처리가 쉬운 문제 중의 하나이다. 영상은 픽셀들이 2차원 형태로 나열되어 있다고 생각할 수 있다. 예를 들어서 모든 픽셀의 값에 어떤 함수를 적용시킨다고 하자. 구체적으로 모든 픽셀의 값에 10씩 더하여 픽셀의 밝기를 증가시킨다고 하자. 함수는 각 픽셀에서 계산된다. 각 픽셀의 계산은 다른 픽셀과는 독립적이다. 또 영상 처리 문제는 계산 집약적인 문제이다.

스크래치에는 영상 처리 블록들이 기본으로 포함되어 있다. 즉 "형태" 팔레트에 들어 있는 "색깔 효과를 25만큼 바꾸기" 블록이 바로 스프라이트 이미지에 대하여 영상처리를 수행한다. 색깔 효과를 비롯하여 "어안렌즈", "소용돌이", "픽셀화", "모자이크" 등의 다양한 영상처리를 적용할 수 있다.

변수와 스프라이트 만들기

❶ 파일 메뉴의 "새로 만들기"를 클릭하여 새로운 프로젝트를 만든다.

❷ 무대의 배경을 라이브러리의 "bedroom2"로 변경한다.

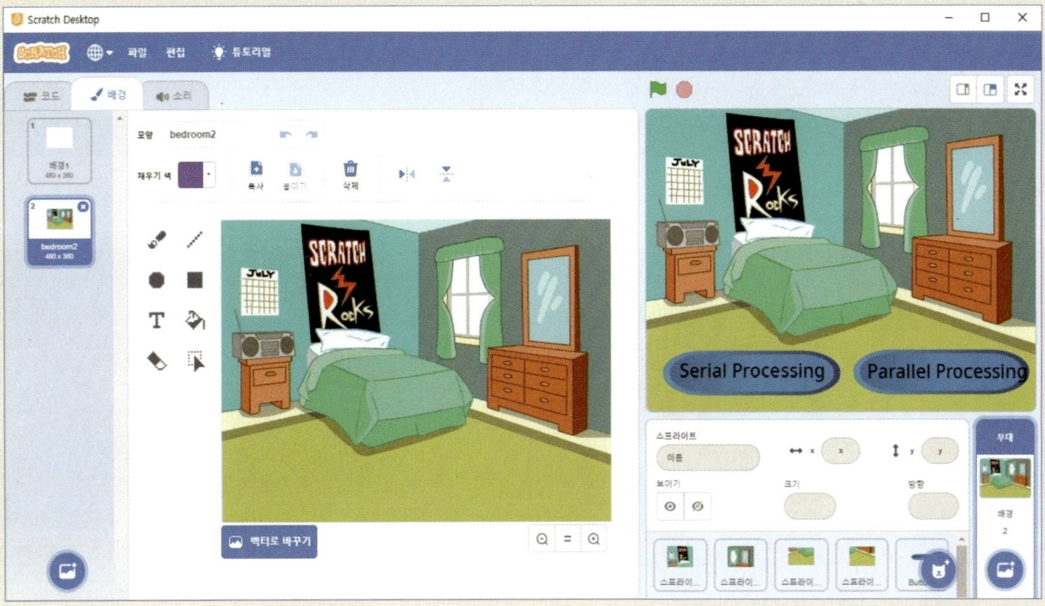

❸ 2개의 버튼 "Serial Processing", "Parallel Processing"을 작성한다.

스크립트 작성

❶ "Serial Processing" 버튼에 다음과 같은 스크립트를 추가한다. "Serial Processing" 버튼을 누르면 "serial" 방송을 한다.

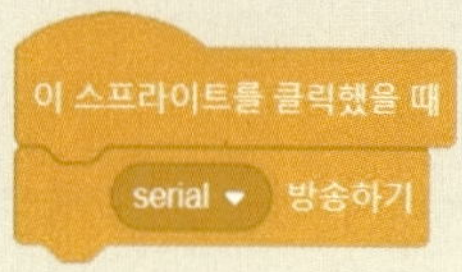

❷ 무대에 다음과 같은 스크립트를 추가한다.

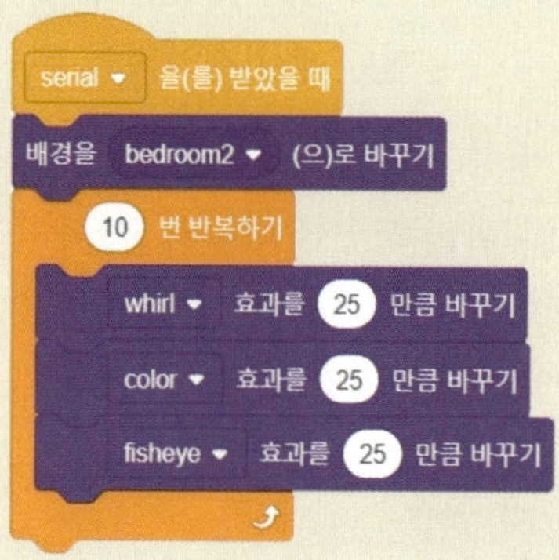

무대 이미지에 대하여 "소용돌이", "색깔", "어안 렌즈" 효과를 10번 반복한다.

❸ 병렬 처리를 위하여 무대 배경 이미지를 4조각으로 분리하여 각각을 스프라이트로 만든다.

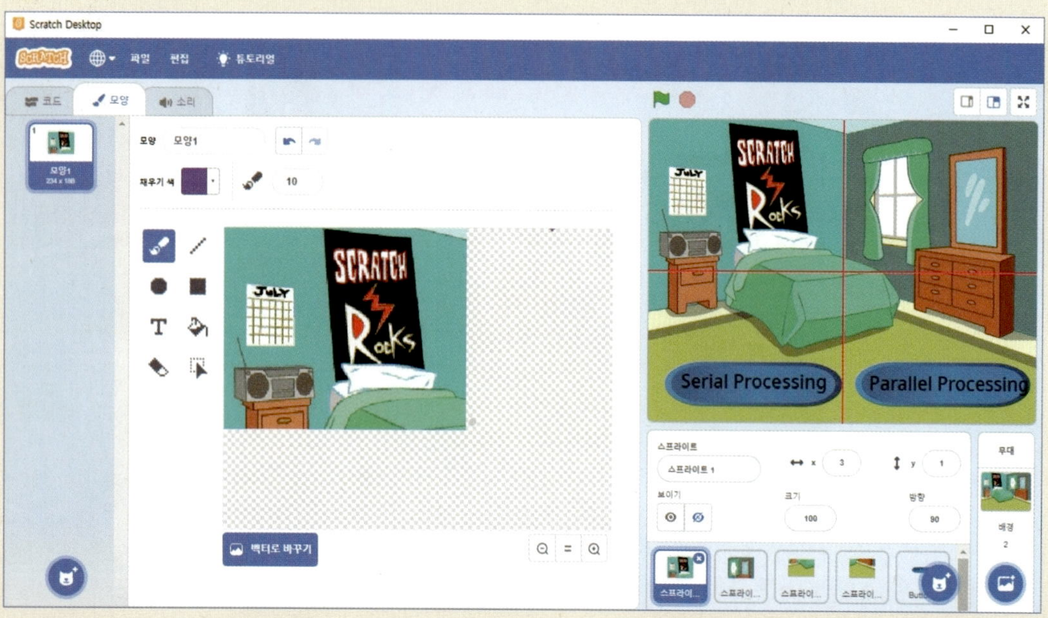

❹ 분리된 각각의 스프라이트에 다음과 같은 스크립트를 추가한다.

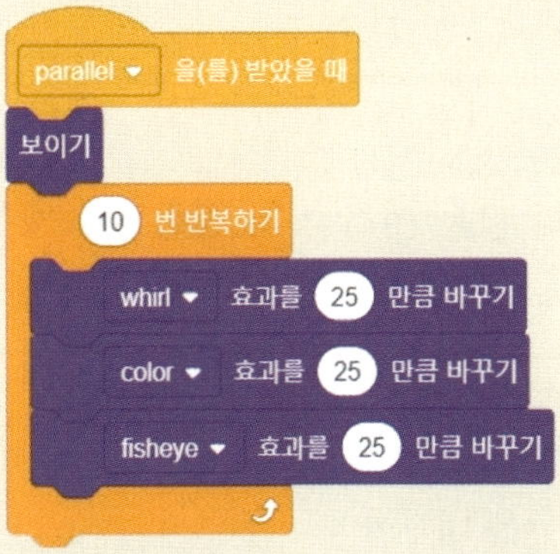

즉 분리된 조각에 대해서 동일한 영상 처리를 적용한다.

❺ 2개의 버튼 "Serial Processing", "Parallel Processing" 을 눌러서 결과를 확인해 본다. 현재는 동일한 CPU에서 수행하기 때문에 속도 차는 거의 나지 않는다.

Unplugged **Lab**

원주율의 계산

원주율 파이의 값은 여러 가지 방법으로 계산 될 수 있다. 원주율을 계산하는 다음 방법을 생각해보자(출처: Blaise Barney, Lawrence Livermore National Laboratory)

❶ 사각형에 원을 내장한다.

❷ 사각형에서 무작위로 점을 생성한다.

❸ 원 안에 있는 점의 개수를 센다.

❹ r을 (원안의 점의 개수)/(사각형 안의 점의 개수)라고 하자.

❺ 원주율은 4r이 된다.

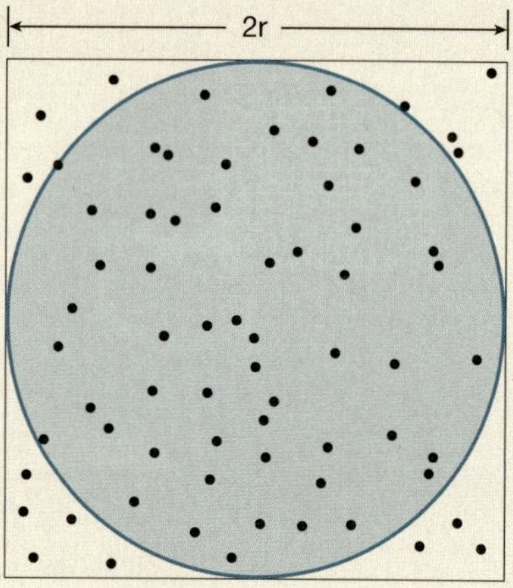

$$A_s = (2r)^2 = 4r^2$$
$$A_c = \pi r^2$$
$$\pi = 4 \times \frac{A_c}{A_s}$$

여기서 많은 점이 생성될수록 원주율의 값이 정확해진다. 하지만 이것은 시간이 많이 소모되는 작업이다. 따라서 이것을 병렬로 진행할 수 있는지 체크해보자.

- 이 문제는 병렬화할 수 있을까? → 모든 점 계산은 독립적이다. 따라서 데이터 의존성이 없다.
- 문제는 어떻게 분할하면 좋을까? → 작업을 고르게 나눌 수 있다. 부하 균형 문제가 없다.
- 부분 문제를 해결할 때 통신이 필요한가? → 필요 없다.
- 데이터 의존성이 있는가? → 없다.

어떻게 병렬화할 수 있는지를 생각해보자.

Solution

원주율의 계산

이 문제는 어떻게 병렬화하면 좋을까? 먼저 프로세서를 4개 사용한다고 하자. 프로세서 하나를 마스터(master) 프로세서로 지정한다. 각 프로세서는 다른 것과 독립적으로 원안에 점을 생성하여서 원 안에 있는 점들의 개수를 센다. 그런 후에 점의 개수를 마스터 프로세서로 보낸다. 마스터 프로세서는 모든 프로세서에서 온 점들을 개수를 더하여 원주율의 값을 계산한다.

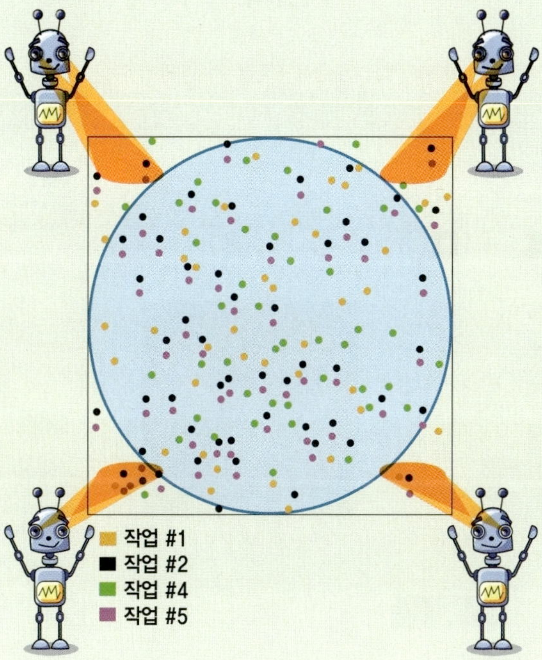

Lab 원주율의 계산

문제의 정의

원주율을 앞의 방식으로 계산하는 스크래치 앱을 만들어보자.

변수와 스프라이트 만들기

❶ 파일 메뉴의 "새로 만들기"를 클릭하여 새로운 프로젝트를 만든다.

❷ 무대의 배경 이미지를 다음과 같이 작성한다.

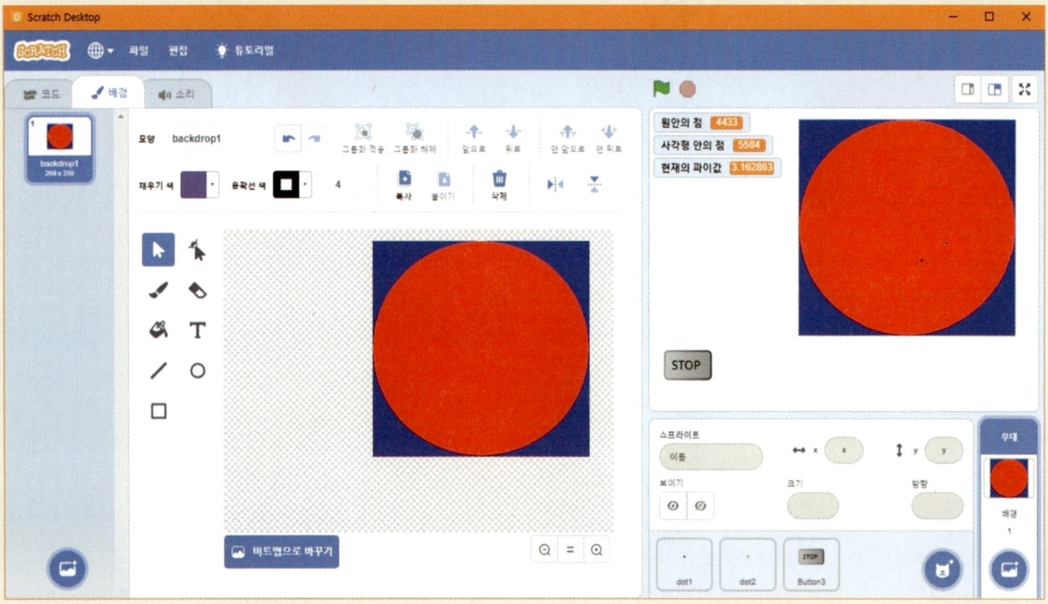

❸ 점을 나타내는 스프라이트를 다음과 같이 그린다. "연필" 도구로 설정하고 한 점을 찍으면 된다. 최소 크기가 3 × 3이라서 더 이상 작게는 불가능하다.

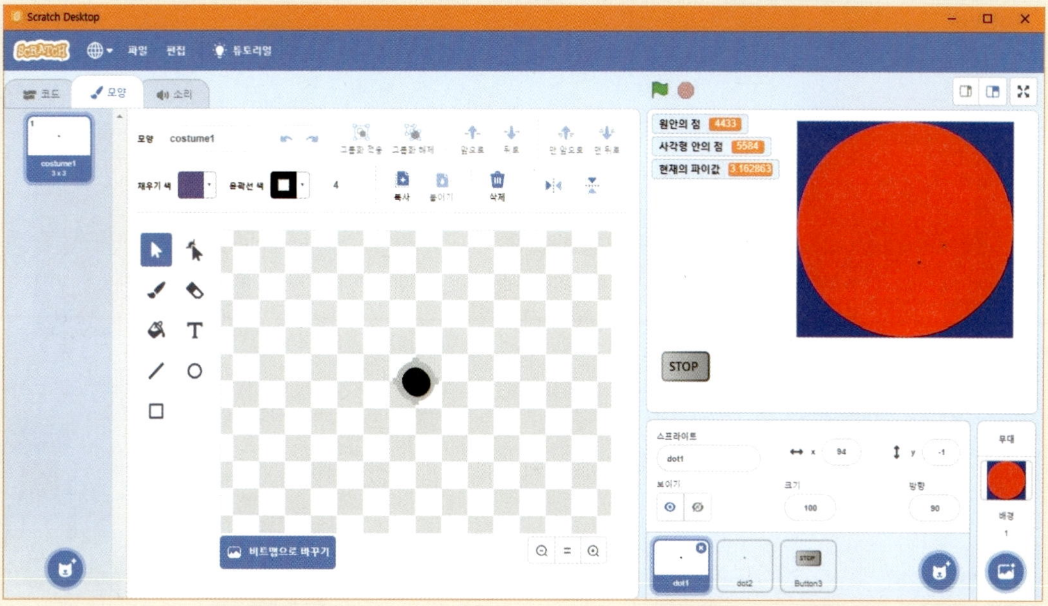

❹ 또 하나의 점을 나타내는 스프라이트를 동일하게 만든다. 점의 색상을 녹색으로 한다.

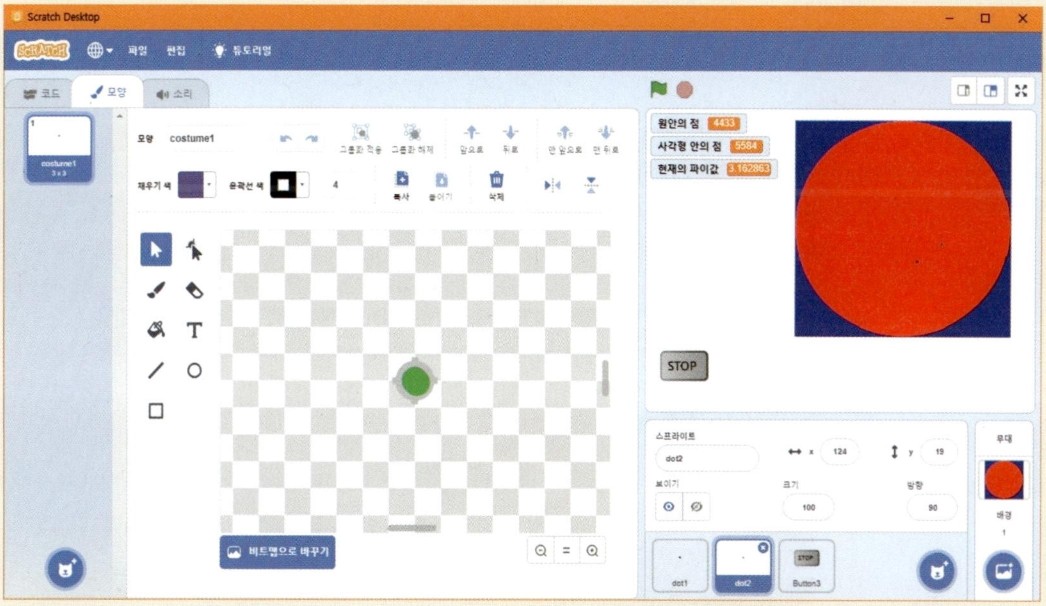

❺ 다음과 같이 3개의 변수를 작성한다.

- "사각형 안의 점" 변수: 사각형 안에 떨어지는 점의 개수이다.
- "원 안의 점" 변수: 원 안에 떨어지는 점의 개수이다.
- "현재의 파이값" 변수: 현재까지 계산된 파이값을 나타낸다.

스크립트 추가

무대에 위와 같은 스크립트를 추가한다. 녹색 깃발이 클릭되면 모든 변수를 0으로 초기화한다.

❶ 스프라이트 “dot1”에 다음과 같은 스크립트를 추가한다.

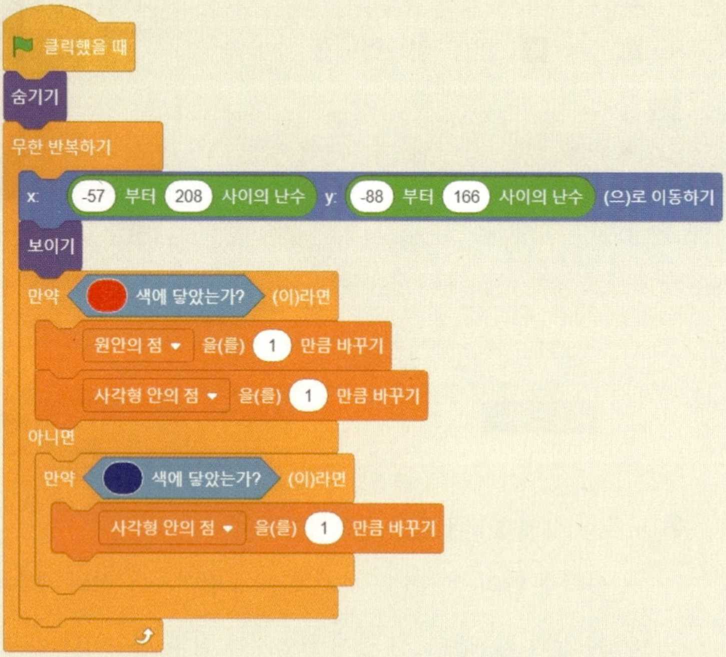

사각형 안에 랜덤 위치를 생성하고 점을 보이게 한다. 만약 빨간색에 점이 떨어지면 "원안의 점" 변수와 "사각형 안의 점" 변수를 동시에 증가시킨다. 그렇지 않고 파랑색에 점이 떨어지면 "사각형 안의 점" 변수만 증가시킨다.

❷ 스프라이트 "dot2"에 동일한 스크립트를 추가한다.

❸ "stop" 버튼을 만들고 다음과 같은 스크립트를 추가한다.

스프라이트가 클릭되면 "원안의 점"과 "사각형 안의 점" 변수의 비율을 이용하여 파이값을 갱신한다. 여기서 "dot1"과 "dot2" 스프라이트가 병렬적으로 작업한다고 가정한다.

❹ 전체 프로그램을 수행한다. "stop" 버튼을 눌러본다.

도전문제

1. 왜 원주율의 값이 정확하게 계산되지 않을까? 개선할 수 있는 방법은 무엇인가?

07 필수 이론

파이프라이닝

컴퓨터에서 많이 사용되는 기술 중에서 파이프라이닝(pipelining)이 있다. 예전의 CPU들은 하나의 명령어를 완전히 끝마치고 나서 다음 명령어를 수행하였다. 그런데 CPU에서 각 명령어들은 실행하는 데에 몇 개의 단계를 거치게 된다. 예를 들어서 메모리에서 명령어를 읽어온 후(fetch)에 명령어를 해독하고(decode) 계산한 후에(execute) 계산결과를 저장한다(store). 각 단계마다 CPU 내부의 사용하는 부분이 다르다.

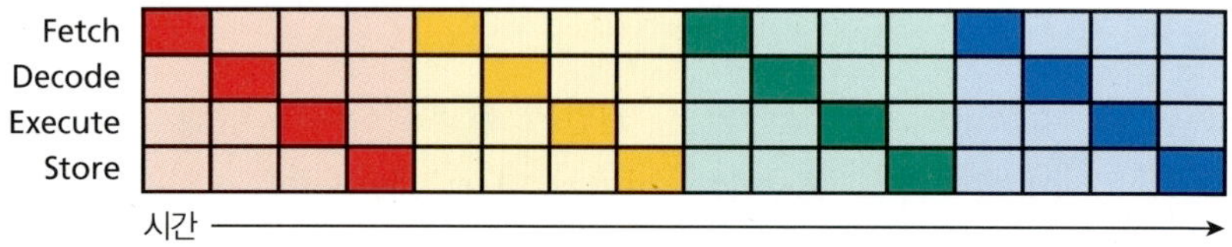

이러한 방법의 최대 문제점은 fetch 부분이 동작하고 있을 때 decode나 execute 부분은 놀고 있다는 점이다. 따라서 컴퓨터 공학자들은 이들의 작업을 동시에 진행하기 위하여 계산을 하면서 다음 수행할 명령을 미리 읽어오거나, 저장을 하면서 다음 명령의 계산 작업을 하는 식의 처리를 생각하였다.

다음과 같이 CPU의 각 단계를 비스듬하게 배치하면 4개의 CPU 부분이 동시에 진행된다. 첫 번째 명령어가 해독되고 있을 때 fetch는 다음의 명령어를 읽어온다.

파이프라이닝은 순차 종속성이 있더라도 병렬 처리를 할 수 있다. 물론 완전한 병렬 처리는 아니지만 전체 작업 시간을 상당히 줄일 수 있다.

파이프라이닝을 이해하기 어렵다면 자동차 조립 라인에서 일어나는 일을 생각해보자. 조립 라인에서는 자동차 1대가 전부 조립될 때까지 기다리지 않는다. 한 작업자가 자동차 문을 조립하고 있는 동안, 다른 작업자는 다른 자동차 유리를 장착하고 있는 것이다. 이것이 파이프라이닝이다.

Unplugged Lab

파이프라인 처리

파이프라인 처리 개념을 이해하기 위하여 세탁기와 건조기 문제를 고려해보자. 이 문제는 컴퓨팅 사고의 대가인 자넷 윙이 설명한 내용을 바탕으로 한다. 세탁기, 건조기, 다리미가 각각 1개씩 있다고 하자. 4포대의 세탁물이 있다. 우리는 4포대의 세탁물을 세탁하고 건조한 후에 다리미로 다려야 한다. 한 포대의 세탁물을 세탁하고 건조한 후에 다리는데 90분이 소요된다. 어떻게 하면 모든 세탁 과정을 최단 시간 안에 완료할 수 있을까?

다음과 같이 순차적으로 작업을 수행하면 6시간(360분)이 걸린다. 6시에 시작해도 12시가 되어야 끝난다.

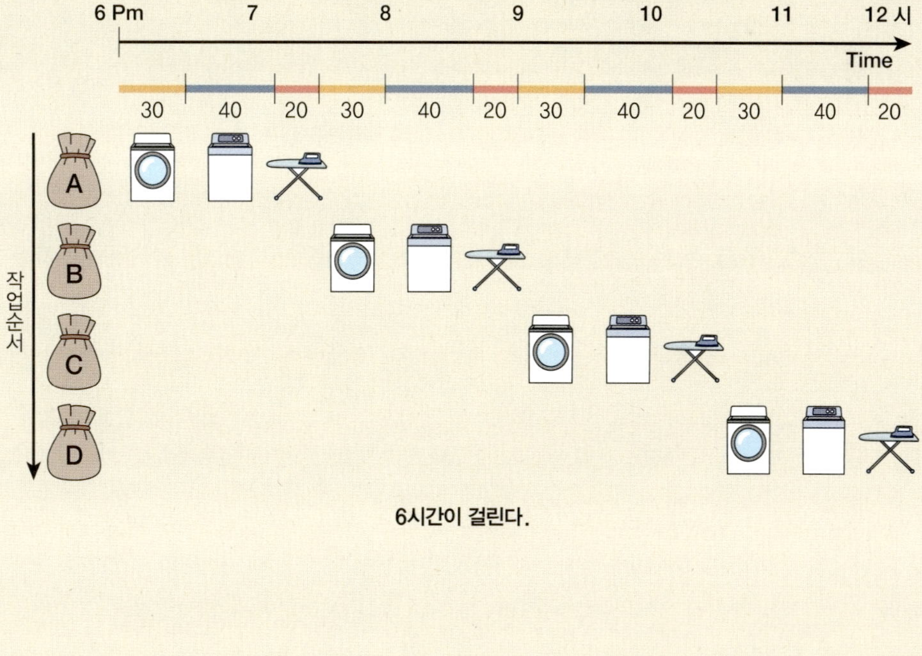

6시간이 걸린다.

하지만 다음과 같이 세탁기, 건조기, 다리미가 동시에 작업할 수 있게 하면 3.3시간 (210분)이면 충분하다. 6시에 시작해도 9시 반이면 끝낼 수 있다.

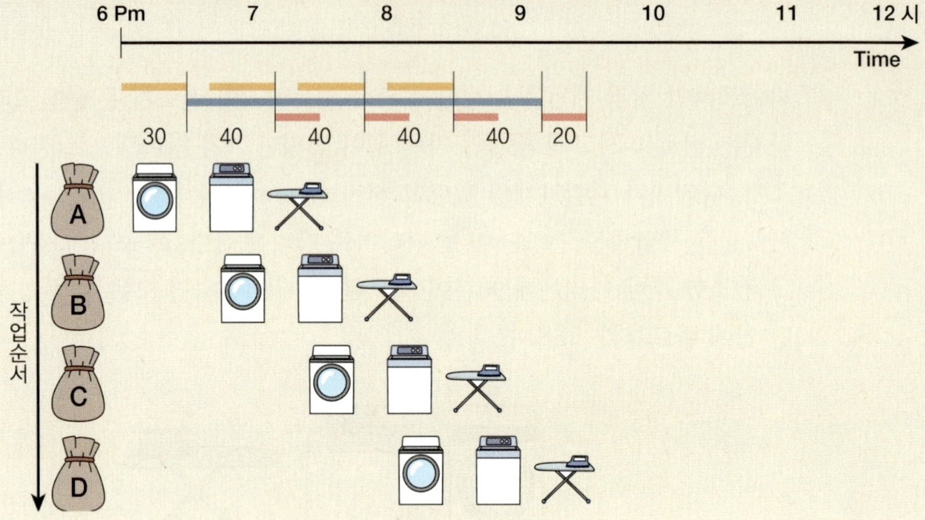

3.5시간이 걸린다.

Unplugged Lab

정렬 네트워크

병렬 처리가 반드시 필요한 분야 중의 하나가 정렬 알고리즘이다. 정렬(sorting)은 물건을 크기순으로 **오름차순**(ascending order)이나 **내림차순**(descending order)으로 나열하는 것을 의미한다. 예를 들어 책들은 제목순이나 저자순, 또는 발간연도순으로 정렬이 가능하다. 택배 배달원도 거리 순으로 택배를 정렬하여서 배달 거리를 단축할 수 있다. 학교에서 교수님들도 학생들의 시험 점수를 높은 점수에서 낮은 점수 순으로 정렬하여서 학점을 매긴다. 돌탑을 만들 때도 가장 큰 돌을 아래에 놓고 가장 가벼운 돌을 위에 놓아야 한다.

정렬은 컴퓨터 분야에서 아주 중요한 알고리즘이고 데이터가 많으면 상당한 시간이 걸리므로 정렬에 병렬 처리를 적용하는 것은 아주 좋은 생각이다. 어떻게 병렬 처리를 이용하여 정렬에 걸리는 시간을 단축할 수 있을까?

정렬 네트워크(sorting network)라는 방법이 있다. 정렬 네트워크는 간단한 프로세서를 많이 사용한다.

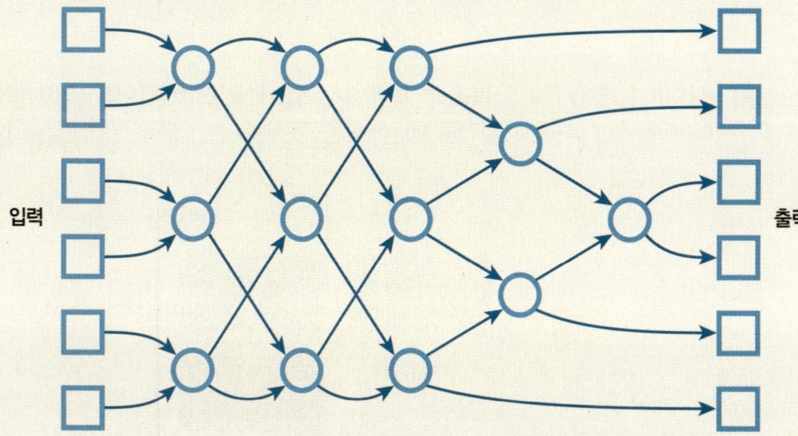

각 프로세서는 네트워크에서 2개의 값을 받아서 비교한 후에 크기순으로 정렬하여 다시 네트워크로 전송한다.

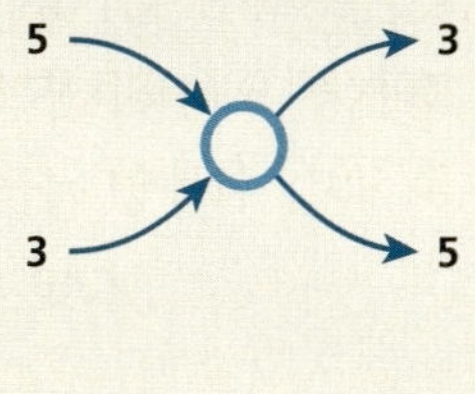

각 프로세서는 2개의 데이터만을 정렬할 수 있다. 하지만 많은 프로세서를 적절하게 연결하여 사용하면 많은 수의 데이터를 정렬할 수 있다. 예를 들어서 프로세서들이 다음과 같이 연결되었다고 가정하자. 그리고 왼쪽의 프로세서에 아래의 그림과 같은 값들이 전달되었다.

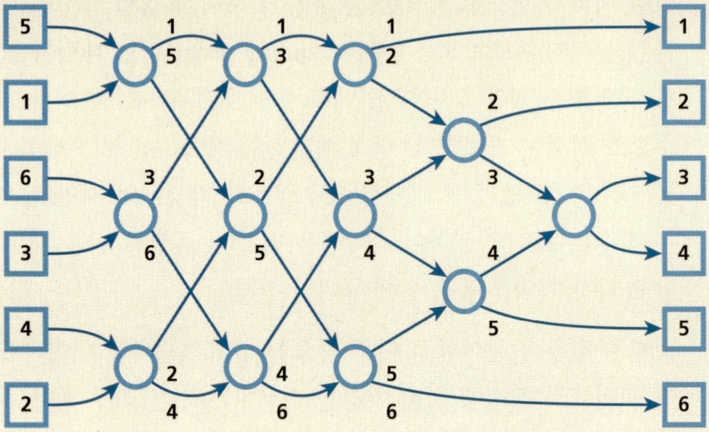

각 값들은 프로세서를 거치면서 점차 정렬된 상태가 되고 오른쪽 끝에서는 완전히 정렬된 값들을 얻을 수 있다.

Lab 정렬 네트워크

문제의 정의

병렬 처리가 반드시 필요한 분야 중의 하나가 정렬 알고리즘이다. 정렬(sorting)은 물건을 크기순으로 **오름차순**(ascending order)이나 **내림차순**(descending order)으로 나열하는 것을 의미한다. 예를 들어 책들은 제목순이나 저자순, 또는 발간연도순으로 정렬이 가능하다. 택배 배달원도 거리 순으로 택배를 정렬하여서 배달 거리를 단축할 수 있다. 학교에서 교수님들도 학생들의 시험 점수를 높은 점수에서 낮은 점수 순으로 정렬하여서 학점을 매긴다. 돌탑을 만들 때도 가장 큰 돌을 아래에 놓고 가장 가벼운 돌을 위에 놓아야 한다.

정렬은 컴퓨터 분야에서 아주 중요한 알고리즘이고 데이터가 많으면 상당한 시간이 걸리므로 정렬에 병렬 처리를 적용하는 것은 아주 좋은 생각이다. 어떻게 병렬 처리를 이용하여 정렬에 걸리는 시간을 단축할 수 있을까? 정렬 네트워크(sorting network)라는 방법이 있다. 정렬 네트워크는 간단한 프로세서를 많이 사용한다.

변수와 스프라이트 만들기

❶ 파일 메뉴의 "새로 만들기"를 클릭하여 새로운 프로젝트를 만든다.

❷ 무대 배경 이미지를 적절하게 그린다.

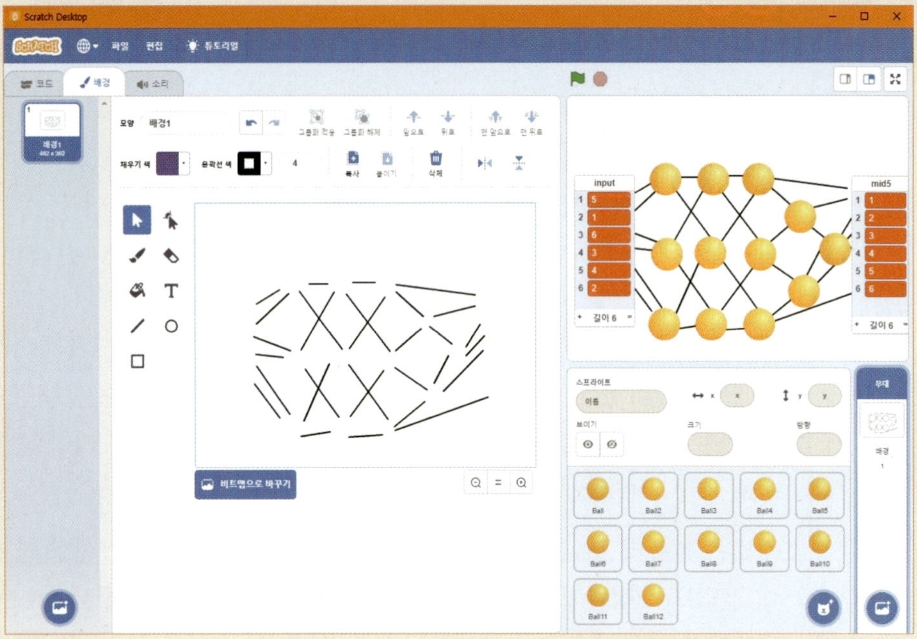

❸ 라이브러리에서 "Ball"을 가져와서 새로운 스프라이트를 만든다. "Ball" 스프라이트를 복사하여서 총 12개의 스프라이트를 만든다.

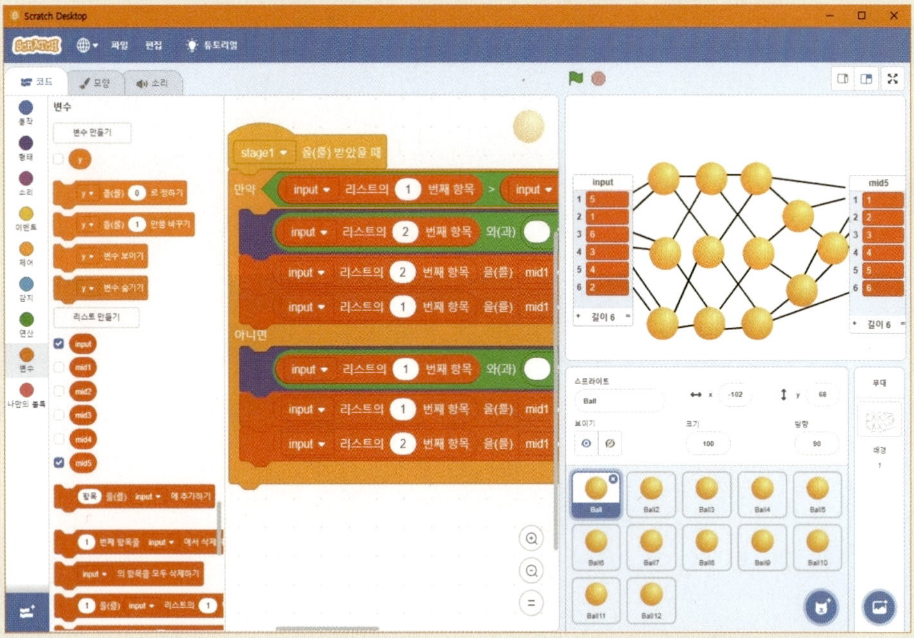

❹ 입력과 중간과정, 출력은 모두 리스트에 저장된다. 다음과 같이 "input", "mid1", "mid2", "mid3", "mid4", "mid5"와 같은 리스트를 정의한다.

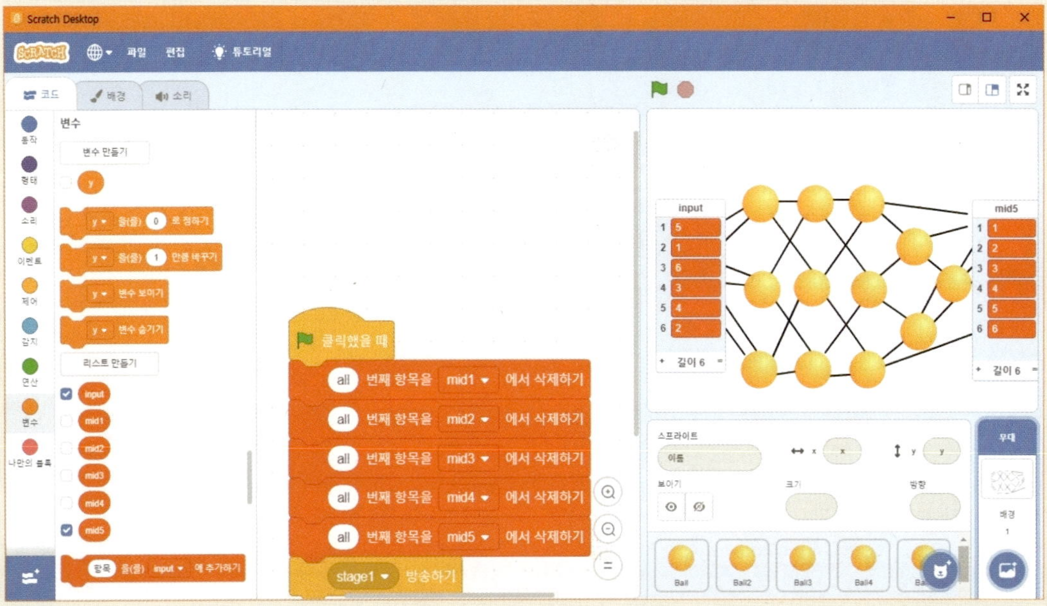

스크립트 추가

❶ 각 "Ball" 스프라이트에 다음과 같은 스프라이트를 추가한다. 즉 "stage1" 방송을 받으면 앞단 리스트에서 적절한 2개의 숫자를 꺼내서 서로 비교한 후에 작은 것부터 다음 단으로 보낸다.

❷ 무대에는 다음과 같은 스크립트를 추가한다.

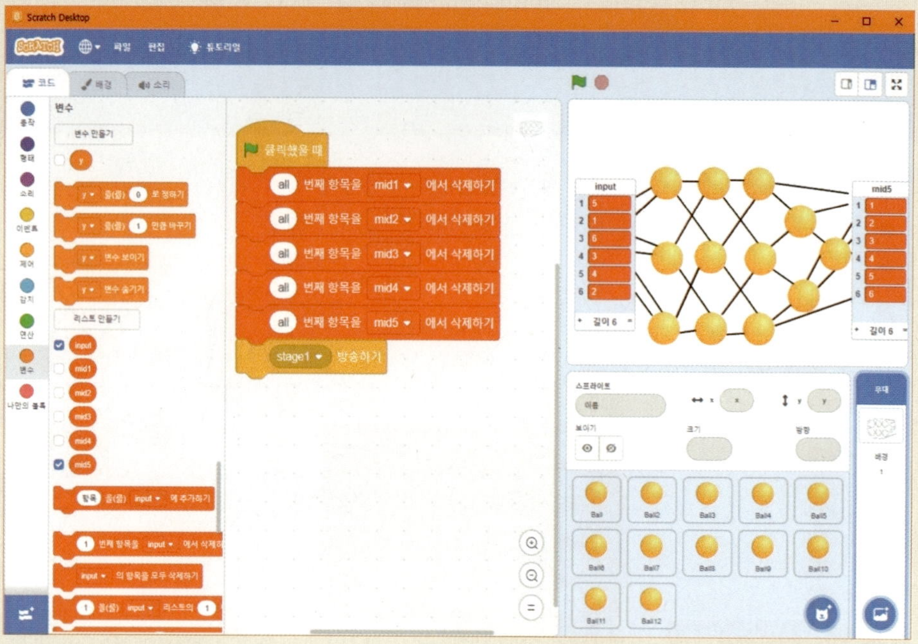

입력 리스트를 제외한 모든 리스트를 삭제하고 "stage1" 방송을 보낸다. 방송은 "stage1"부터 "stage2", "stage3", "stage4", "stage5"까지 순차적으로 방송된다. 즉 앞단의 계산이 완료되면 현재의 stage를 알려주는 방송이 송출된다.

❸ 프로그램을 실행해본다. 순차적으로 값이 정렬되는 것을 볼 수 있다.

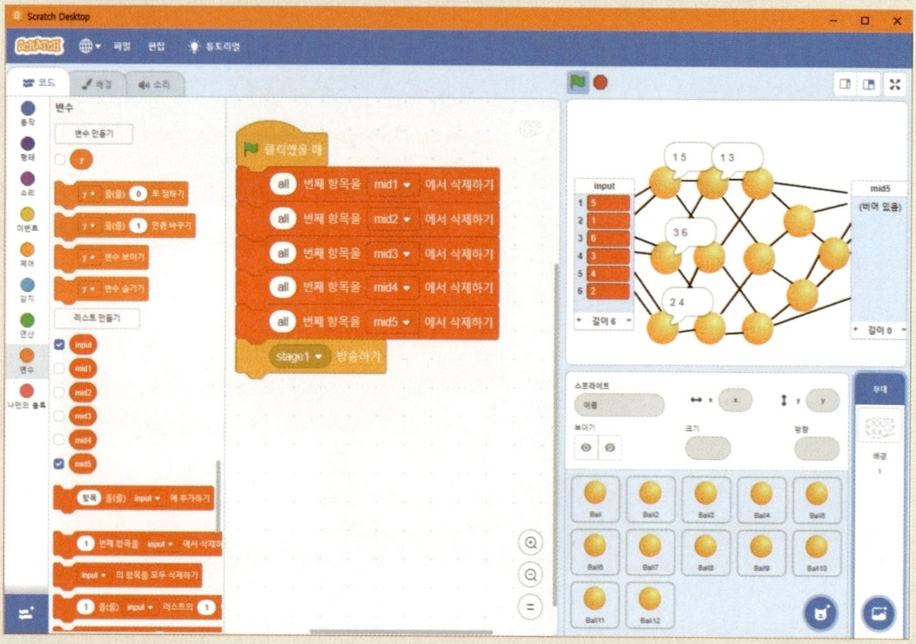

COMPUTATIONAL THINKING

스크래치 실습

이번 장에서는 다음과 같은 사항을 학습해보자.

- 병렬 처리의 개념과 구현
- 인터랙티브 스토리 프로그래밍
- 창의적인 스토리 작성하기

08 인터랙티브 스토리 작성

스크래치 실습

이번 단원에서는 컴퓨터를 이용한 다양한 액티비티를 통하여 스토리텔링 기능을 실습해보자. 스크래치에서는 다른 사람들의 작품에 기반하여 추가적인 작업을 하는 것도 장려한다. 리믹스 기능이 그것이다. 다른 사람들과 공동으로 작업하게 되면 혼자서 할 때보다 더 창조적인 작업들을 할 수 있다는 것이 스크래치의 기본 정신이다. 이번 단원에서는 스토리텔링 작품을 작성하면서 이벤트의 개념과 및 병렬 처리 개념을 주로 살펴보자.

캐릭터 조작

스토리텔링 작품을 작성하려면 먼저 캐릭터를 자유자재로 움직일 수 있어야 한다. 가장 간단한 예제로 캐릭터를 점프하게 해보자. “나만의 블록 기능”을 이용하여서 캐릭터를 점프하는 블록을 만들고 일정한 시간이 지난 후에 캐릭터를 점프하게 하자.

❶ 스크래치의 배경을 "Castle2" 변경한다.

❷ 고양이 스프라이트를 삭제하고 "Knight" 스프라이트를 추가한다.

❸ "Knight" 스프라이트에 "jump"라는 블록을 추가한다. "jump" 블록은 다음과 같이 정의된다. "jump" 블록을 클릭하여 테스트한다.

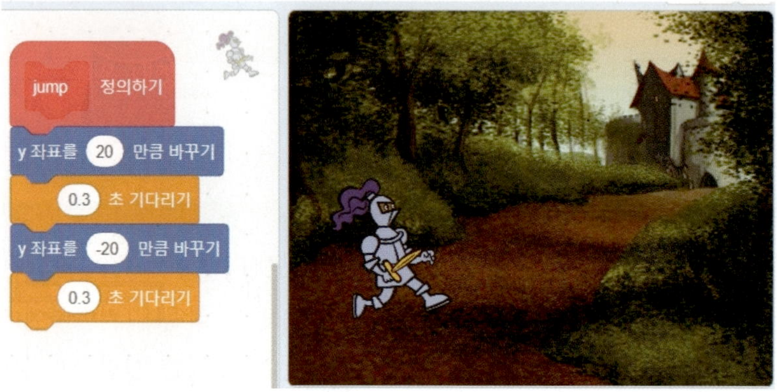

실습

1. "Characters Studio"에 있는 작품들을 둘러본다. 다른 사람들이 생성한 캐릭터 동작 블록들을 살펴본다.
2. 앞으로 이동하면서 점프하는 동작을 새로운 블록으로 정의해본다.

캐릭터 대화

스토리텔링 작품에서는 많은 대화가 있어야 한다. 간단한 농담을 캐릭터들이 주고받는 스크립트를 작성해보자. 이 작품은 약간의 문제점을 가지고 있다. 어떤 문제점이 있을까?

❶ 배경을 "Blue Sky"로 변경한다.

❷ 고양이 스프라이트를 삭제하고 "Giga" 스프라이트를 추가한다.

❸ "Nano" 스프라이트를 추가한다.

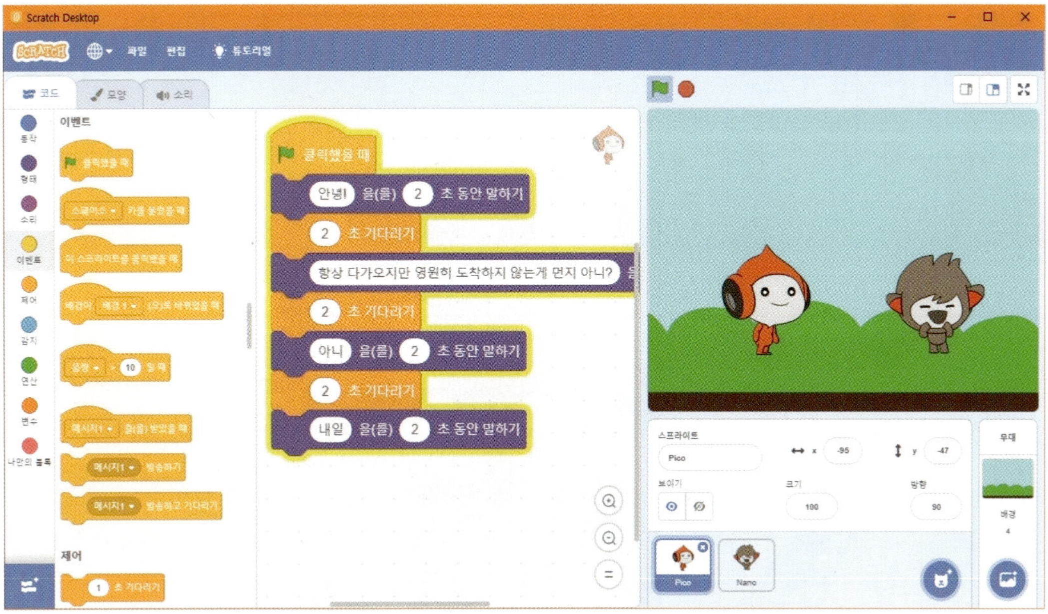

❹ "Giga" 스프라이트에 다음과 같은 스크립트를 추가한다.

❺ "Nano" 스프라이트의 소리에 "Laugh1"을 추가한다.

❻ "Nano" 스프라이트에 다음과 같은 스크립트를 추가한다.

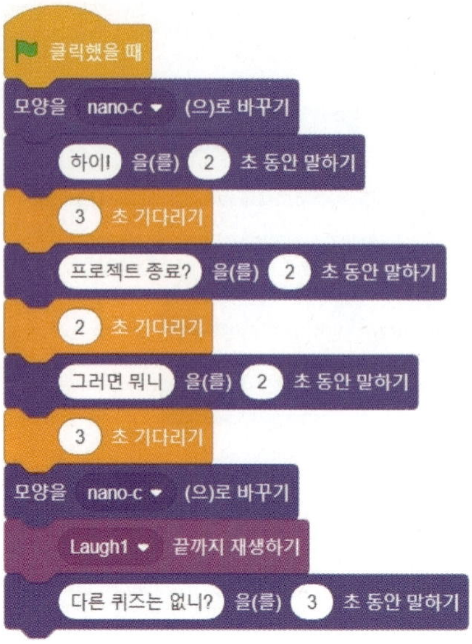

09 방송하기

스크래치 실습

이벤트

위의 스크립트도 올바르게 동작하지만 스프라이트 간의 상호작용은 오로지 타이밍에만 의존한다. 즉 하나의 캐릭터가 2초를 기다렸다가 말하고 다른 캐릭터는 3초를 기다렸다가 말하게 된다. 이러한 방법은 상호 작용을 동기화하는 초보적인 방법이다. 이 방법의 문제점은 스크립트를 작성하기가 아주 까다롭다는 것이다. 만약 하나의 시간이 잘못되면 이후의 모든 동작이 잘못된다. 더 좋은 방법은 이벤트(event)를 사용하는 것이다. 스크래치에서는 방송(broadcast) 기능을 사용하여서 이벤트를 보내고 받을 수 있다.

지금까지 개발한 대부분의 응용 프로그램에는 하나의 스프라이트만 포함되어 있지만 대부분의 응용 프로그램에서는 함께 작동하는 여러 스프라이트가 필요하다. 예를 들어, 애니메이션 스토리에는 배경이 다른 여러 캐릭터가 있을 수 있다. 따라서 스프라이트와 스프라이트를 동기화하는 방법이 필요하다. 스크래치에서는 메시지 브로드캐스팅 메커니즘을 사용하여 여러 스프라이트 간의 작업을 조정할 수 있다.

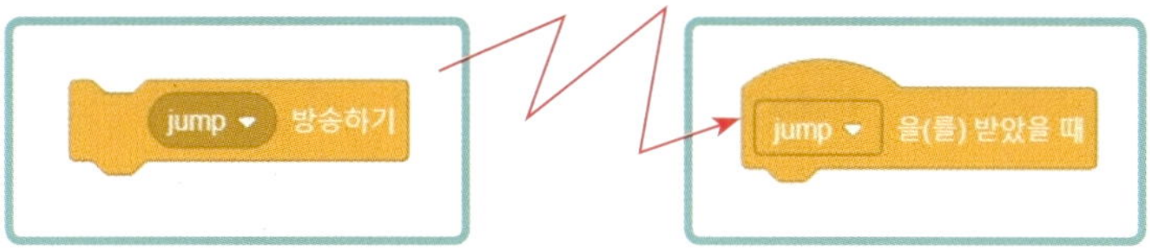

스크래치에서 스프라이트는 "메시지 방송하기", "메시지 방송하고 기다리기" 블록을 사용하여 메시지를 방송할 수 있다. 특정한 메시지가 방송되면 "메시지를 받았을 때" 블록으로 시작되는 모든 스크립트가 트리거 된다. 모든 스프라이트가 방송을 들을 수 있지만 해당되는 "메시지를 받았을 때" 블록이 있어야만 메시지에 반응할 수 있다.

예를 들어서 다음과 같이 "Frog", "Bear", "Fox" 등 3개의 스프라이트를 무대에 추가하였다. 고양이가 "jump" 메시지를 방송하면 다른 동물들이 점프하게 만들어 보자.

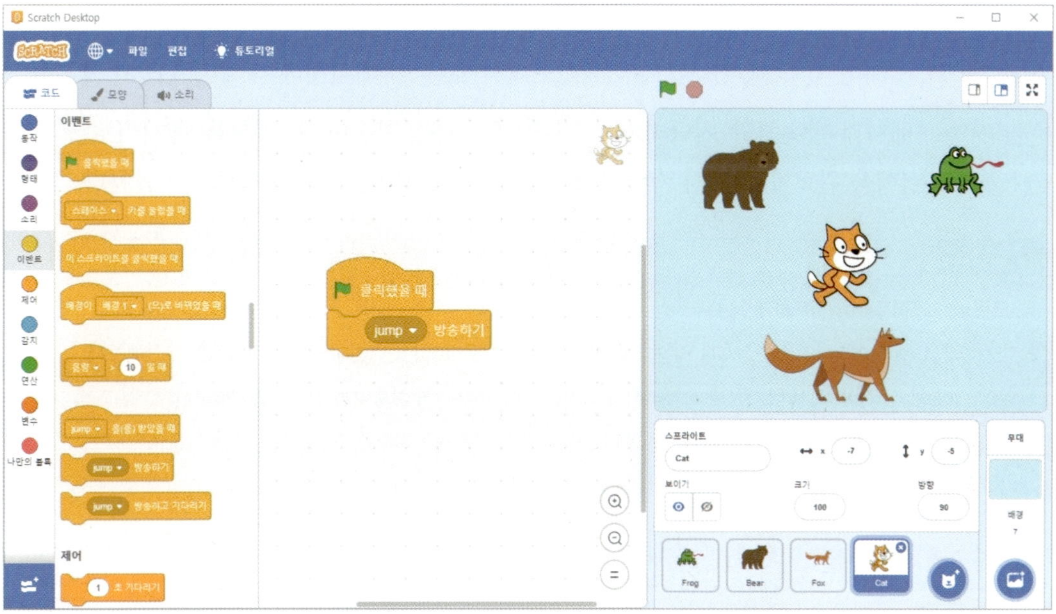

❶ 고양이 스프라이트에 다음과 같은 스크립트를 추가한다.

❷ "Frog" 스프라이트에는 다음과 같은 스크립트를 추가한다.

❸ 스크립트를 실행하여 본다. "Frog" 스프라이트만 점프하고 있음을 알 수 있다. 고양이는 "jump" 메시지를 방송하고, 이 방송은 스프라이트에 전송됩니다. 이 메시지에 응답하여 "Frog"는 자신의 스크립트를 실행한다. "Bear"와 "Fox" 스프라이트도 "jump" 메시지를 받지만, 이 메시지를 받을 때 무엇을 해야 할지 기술되어 있지 않기 때문에 이들 스프라이트는 이 메시지에 대해 행동하지 않는다.

"메시지 방송하고 기다리기" 블록은 메시지를 방송한 후에 모든 메시지 수신자가 실행을 완료할 때까지 기다린다. "메시지 방송하기" 블록은 기다리지 않는다.

실습

1. 모든 스프라이트들이 점프하게 해보자.
2. "Fox"와 "Bear" 스프라이트는 "walk" 메시지에 반응하여 앞으로 30만큼 이동하도록 스크립트를 추가해보자.
3. 앞의 "joke" 스크립트에서 타이밍을 사용하지 않고 메시지를 이용하여 상호작용하도록 변경해보자.

10 스크래치 실습

배경 변경하기

스토리텔링에서는 일반적으로 여러 장의 배경이 필요하다. 여러 장의 배경을 변경하는 기법을 살펴보자. 배경을 변경할 때는 무대를 선택한 상태에서 "배경을 ...으로 바꾸기" 블록을 사용하면 된다. 간단한 예제로 방에서 출발하여 학교에 도착하는 애니메이션을 작성해보자.

❶ 무대를 선택한 상태에서 "배경 고르기"를 클릭한다.

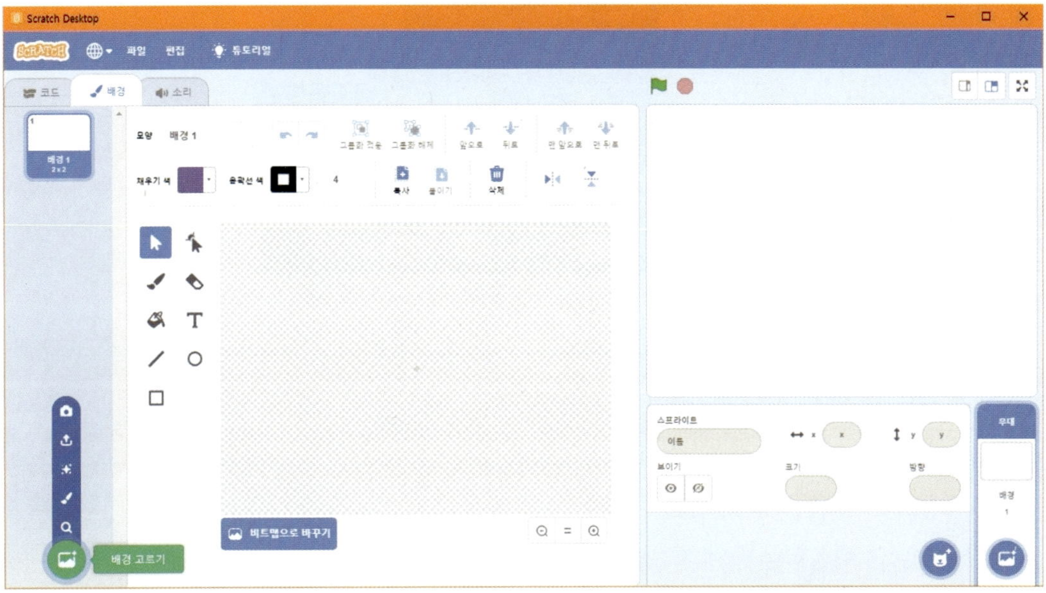

❷ 라이브러리에서 "Bedroom1", "Woods", "School" 배경을 무대에 추가한다.

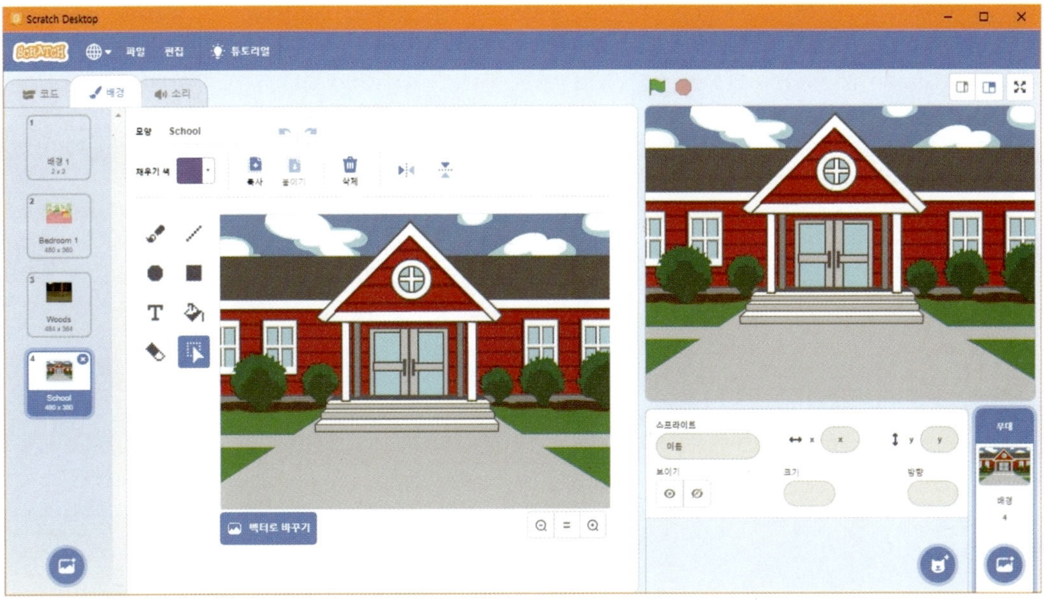

❸ 고양이 스프라이트에 다음과 같은 스크립트를 추가한다. 고양이가 방에서 출발하여서 숲을 지나서 학교까지 도착하는 것을 확인한다.

실습

1. 위의 스크립트에서 "방송하기" 블록을 사용하여서 배경이 변경되도록 하라.

Lab

배경 바꾸기

오른쪽 화살표키를 누르면 배경이 변경되도록 하라. 또 공룡이 사막에 있을 때만 춤을 추도록 하라.

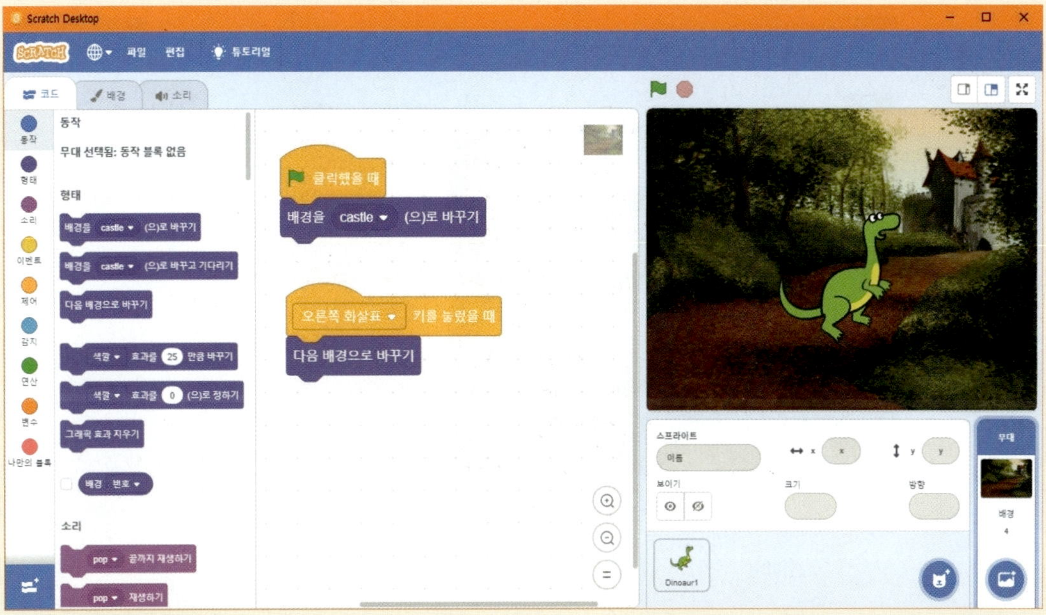

Lab 인터랙티브 스토리 만들기

각자 자신이 좋아하는 동화를 인터랙티브 스토리로 만들어보자. 다음은 스크래치 홈페이지에 있는 하나의 예이다.

CHAPTER 13

창의 게임 프로그래밍

실습편: 게임 구상 및 설계하기

이번 장에서는 다음과 같은 내용을 학습합니다.

- 몇 개의 기초적인 게임을 학습한다.
- 기초적인 게임에 난이도, 점수 계산, 새로운 레벨 등을 추가하는 방법을 학습한다.
- 프로젝트 계획, 설계, 평가 등을 체험한다.
- 창의적인 게임을 작성해본다.

필수이론

필수이론

01 필수 이론 이번 장에서 학습할 내용

이번 장은 우리가 학습한 모든 것을 이용하여 창의적인 게임을 작성하는 곳이다. 우리는 컴퓨팅 사고의 기본적인 개념들을 학습하였다. 창의적인 게임을 제작할 때 컴퓨팅 사고의 기본 개념인 "분해", "추상화", "패턴인식", "알고리즘"을 사용해보자. 우리의 게임을 작성하기 전에 스크래치에서 기본으로 제공하는 기초적인 게임들을 학습한다. 기초적인 게임은 다음과 같다.

- 약육강식 게임
- 미로 게임
- 탁구 게임
- 스크롤 게임

이어서 이들 게임에 흥미로운 요소들을 추가하는 방법을 학습한다. 다음과 같은 요소들을 스타터 게임에 추가해보자.

- 복잡도 추가
- 점수 기록
- 시간제한
- 다양한 적들
- 보상
- 메뉴
- 멀티 플레이어

마지막으로 우리의 게임을 다음과 같은 절차를 거쳐서 제작해보자.

- 프로젝트 계획
- 프로젝트 스케치
- 프로젝트 제작
- 프로젝트 평가

02 필수 이론

약육강식 게임

문제의 정의

첫 번째 기초적인 게임은 약육강식 게임이다. 4장의 실습 문제와 유사하지만 이번에는 시뮬레이션이 아니고 게임이다. 약육강식 게임에서는 최대한 물고기를 많이 잡아야 한다. 플레이어는 마우스로 큰 물고기를 안내한다. 큰 물고기가 작은 물고기를 잡아먹으면 점수가 증가한다. 변수를 이용하여 게임에 점수를 추가할 수 있다.

스프라이트 설계

스프라이트	이름	기능
	shark1	• 마우스쪽으로 이동한다. got-me 메시지를 받으면 입을 벌렸다가 닫으면서 "bite" 소리를 낸다.
	fish	• 3가지의 모양을 가지고 있는 스프라이트 • 항상 움직인다. • shark1 스프라이트에 부딪치면 got-me 메시지를 방송한다.

스크립트 작성

❶ 고양이 스프라이트는 삭제한다. 다음과 같이 "Shark2"와 "Fish" 스프라이트를 추가한다. "Fish2" 스프라이트의 크기를 축소한다. "Fish" 스프라이트를 복사하여 3개로 만든다.

❷ 무대의 배경을 "underwater-2"로 변경한다.

❸ "shark" 스프라이트에 다음과 같은 스크립트를 추가한다.

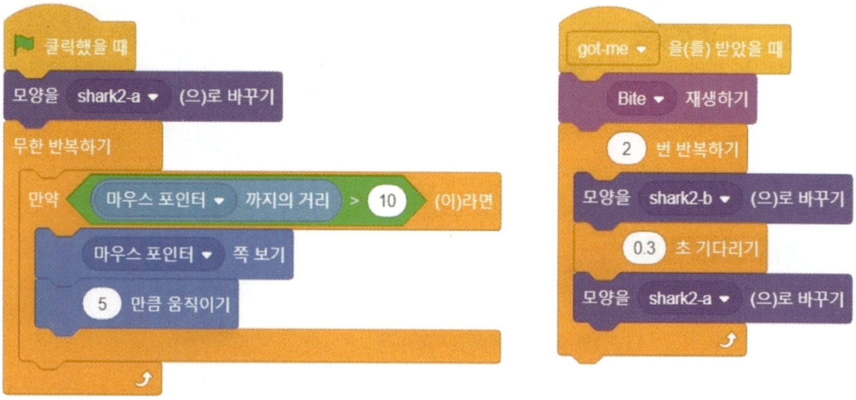

❹ "fish" 스프라이트에 다음과 같은 스크립트를 추가한다.

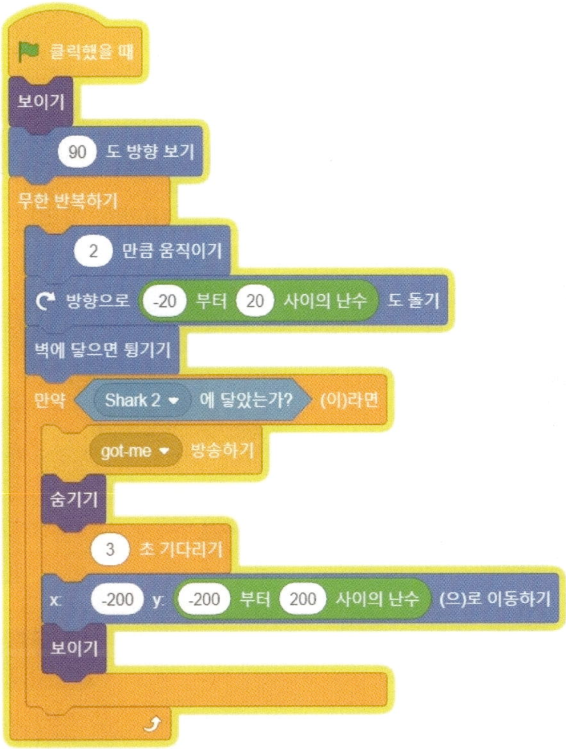

❺ "fish" 스프라이트의 스크립트를 "fish2", "fish3" 스프라이트에 복사한다. 복사하고자 하는 스크립트를 마우스로 드래그하여 해당 스프라이트로 떨어뜨리면 된다.

도전문제

1. 점수를 나타내는 변수를 만들고 상어가 작은 물고기를 먹을 때마다 점수가 1씩 증가되도록 하라.
2. 먹으면 점수가 내려가는 물고기도 만들어보자
3. 게임을 재미있게 하기 위한 여러 가지 장치를 만들어보자. 예를 들어서 점수가 높아지면 작은 물고기들의 움직임을 빠르게 한다거나 시간제한을 두는 것도 하나의 방법이다.

03
필수 이론

미로 게임

문제의 정의

고양이가 미로 속을 헤쳐가면서 먹이를 찾는 게임이다. 플레이어는 화살표키를 이용하여 미로의 시작 부분에서 미로의 끝까지 고양이 스프라이트를 움직여야 한다. 만약 고양이 스프라이트가 벽에 닿으면 10만큼 물러난다.

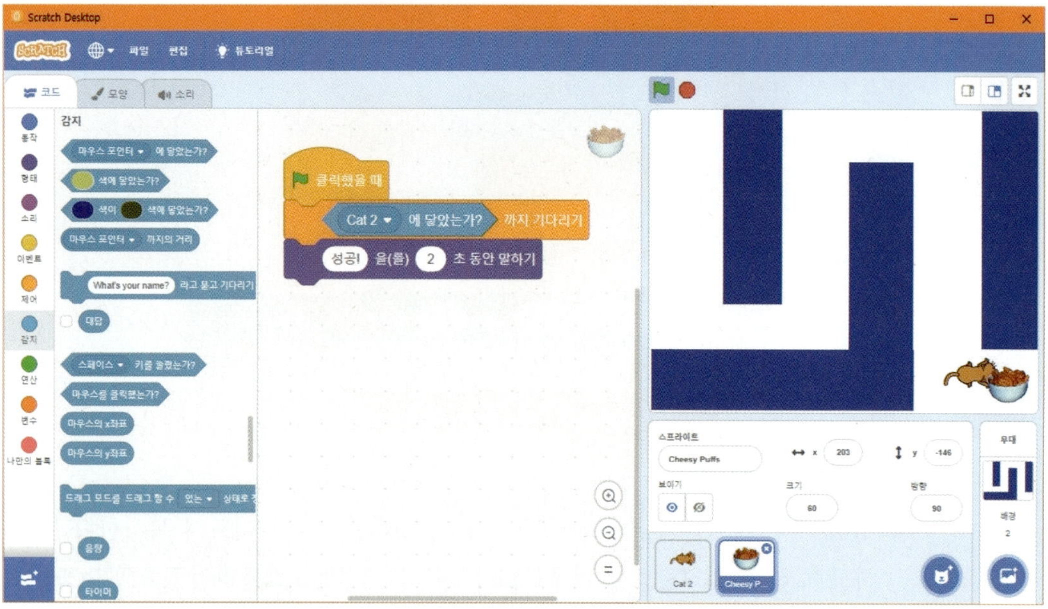

스프라이트 설계

스프라이트	이름	기능
	Cat2	• 화살표키에 반응한다. • 파란색 벽에 닿으면 10만큼 물러난다.
	cheesy puffs	• Cat2에 닿으면 "성공"을 말한다.

스크립트 작성

도전문제

1. 여러 레벨을 게임에 추가하라. 각 레벨마다 서로 다른 배경을 사용하고 방송 블록을 사용하여 다음 레벨로 가도록 하라.
2. 변수를 이용하여 점수를 표시하라.
3. 타이머 블록을 사용해 시간제한을 추가하라.
4. 2명이 할 수 있는 게임으로 변경해보자. 한 플레이어는 화살표키를 사용하고 다른 플레이어는 W, A, S, D 키를 사용한다.

04 탁구 게임

필수 이론

문제의 정의

이 게임에서는 사용자가 패들을 움직여서 위에서 떨어지는 공을 반사시키는 게임이다. 고전적인 게임인 Pong과 아주 유사하다. 공이 바닥에 닿으면 게임이 종료된다.

스프라이트 설계

두 개의 스프라이트를 만든다. 사용자가 제어할 수 있는 패들과 사용자가 가지고 놀 공이 그것이다.

스프라이트	이름	기능
	Ball	• 화면에서 계속 움직인다. • 공이 패들에 닿으면 반사된다. • 공이 바닥에 닿으면 모든 스크립트가 중지된다.
	Paddle	• 마우스로 이동시킨다.

스크립트 작성

Ball

Paddle

도전문제

1. 다른 레벨 만들기, 타이머 사용 또는 점수 표시를 사용하여 게임을 어렵게 만들어 보자.
2. 배경을 편집하여 게임의 모습을 바꾸어 보자.
3. 다른 키를 사용하여 스프라이트를 제어해보자.

05 필수 이론 스크롤 게임

문제의 정의

이 프로젝트에서는 배경이 왼쪽에서 오른쪽으로 스크롤되는 게임을 만든다. 헬리콥터 스프라이트를 움직이는 벽에 부딪치지 않고 통과시키는 것이 목표이다. 헬리콥터가 땅에 닿아도 게임은 종료된다. 사용자는 스페이스 키를 눌러서 헬리콥터의 높이를 높일 수 있다. 헬리콥터는 시간이 흐르면 땅으로 하강한다.

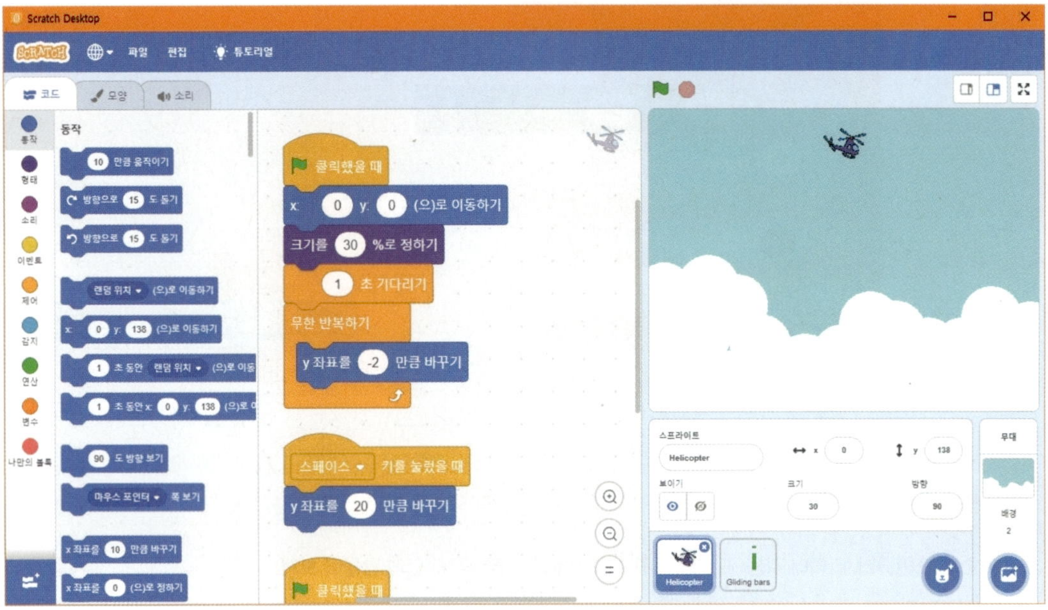

스프라이트 설계

두 개의 스프라이트를 만든다. 사용자가 제어할 수 있는 패들과 사용자가 가지고 놀 공이 그것이다.

스프라이트	이름	기능
	Helicopter	• 시작되면 높이를 –1씩 낮춘다. • 스페이스 키가 눌리면 높이를 10만큼 높인다. • 벽에 부딪치면 모든 스크립트를 종료한다.
	Giding bars	• 이동하는 벽의 역할을 한다. • 3개의 모양을 가지고 있다. 랜덤하게 변경된다. • 5초마다 하나씩 복제된다. 복제된 스프라이트는 왼쪽에서 오른쪽으로 8초에 걸쳐서 이동한다. • 복제본은 왼쪽 경계를 넘으면 삭제된다.

스크립트 작성

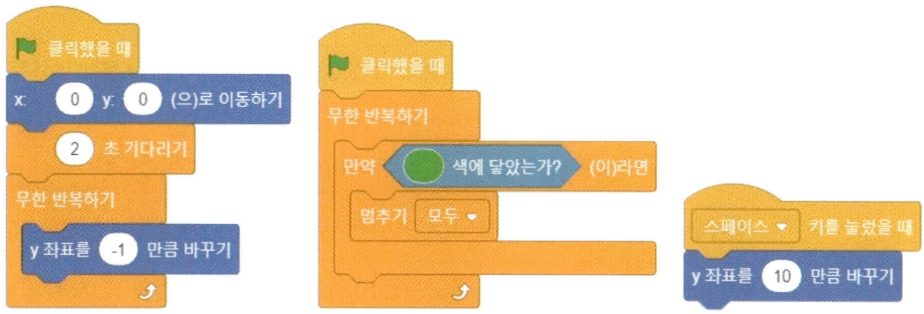

Helicopter

Giding bars

배경

도전문제

1. 스테이지를 가로 질러 움직이는 막대에 모양을 추가하여 보자.
2. 다른 레벨 만들기, 타이머 사용, 점수 기록을 통하여 게임을 복잡하게 만들어보자.
3. 다양한 배경을 사용해보자.
4. 다양한 키를 사용하여 스프라이트를 제어해보자. 예를 들어서 회전시키거나 하강시키는 키를 추가해보자.
5. 생명(life)을 5개로 하여 보자.
6. 다양한 아이템이 등장하도록 수정해보자.

06
필수 이론

확장 기능

우리는 앞에서 다양한 기초 게임(약육강식, 미로, 탁구, 스크롤 게임)들을 학습하였다. 이들 기초 게임들을 참고하여서 여러분만의 창의적인 게임을 제작해보자. 기초 게임을 확장하는데 사용할 수 있는 아이디어들은 다음과 같다.

- **점수**(score): 점수를 나타내는 변수를 생성하여서 게임의 점수를 기록한다.
- **레벨**(level): 예를 들어서 점수가 10점을 넘으면 레벨이 증가되도록 설계할 수 있다.
- **타이머**(timer): 게임에 시간제한을 둘 수 있다.
- **적**(enemies): 게임에 적들을 두어서 흥미를 증가시킨다.
- **아이템**(items): 다양한 기능을 가지는 아이템들을 게임에 추가한다. 스프라이트를 화살표키를 이용하여서 아이템을 수집할 수 있다.
- **재시작**(restart): 특정한 키나 버튼을 누르면 게임이 재시작되도록 한다.
- **메뉴**(menu): 게임의 시작부분에 메뉴를 표시한다. 메뉴에서 "시작" 버튼을 누르면 게임이 시작되도록 한다.
- **멀티플레이어**(multi player): 여러 사람이 하나의 게임을 할 수 있도록 한다.
- **다양한 상호작용 추가**: 예를 들어서 플레이어가 B키를 누르면 스프라이트를 크게 한다. S키를 누르면 약간 작게 만든다. 또 스프라이트들이 충돌하면 "미안"을 말하게 한다.

07
필수 이론

프로젝트 계획서 작성하기

이제부터는 여러분만의 창의 게임을 제작해보자. 제일 먼저 해야 할 작업은 프로젝트 계획서를 작성하는 것이다. 다음과 같은 양식을 사용하라.

프로젝트 계획서 작성자:

어떤 프로젝트인가? 생성하고자 하는 프로젝트를 기술한다.

프로젝트 제작을 위한 단계를 나열한다.

프로젝트에 필요한 자원들을 나열한다.

08
필수 이론

프로젝트 스케치 작성하기

프로젝트 스케치

작성자:

어떤 일들이 벌어지는가? 중요한 스프라이트는 무엇인가?

어떤 일들이 벌어지는가? 중요한 스프라이트는 무엇인가?

어떤 일들이 벌어지는가? 중요한 스프라이트는 무엇인가?

프로젝트 피드백

프로젝트 피드백

작성자:

평가자	좋았던 점	다르게 구현될 수 있었던 점	개선되어야 할 점

찾아보기

스크래치로 배우는
컴퓨팅사고와 문제해결

인 쇄	2019년 9월 4일 1판 2쇄
발 행	2019년 9월 11일 1판 2쇄
저 자	천인국, 이화민
발 행 인	채희만
출판기획	안성일
마 케 팅	한석범, 최 현
편 집	최은지
관 리	이승희
북디자인	가인커뮤니케이션(031-943-0525)
발 행 처	**INFINITYBOOKS**
주 소	경기도 고양시 일산동구 하늘마을로 158 대방트리플라온 C동 209호
대표전화	02)302-8441
팩 스	02)6085-0777

도서 문의 및 A/S 지원

Homepage	www.infinitybooks.co.kr
E-mail	helloworld@infinitybooks.co.kr
ISBN	979-11-85578-42-2
등록번호	제25100-2013-152호
판매정가	**24,000원**

인지